위대한 창업가들의
엑싯 비결

FINISH BIG

FINISH BIG: How Great Entrepreneurs Exit Their Companies on Top

위대한 창업가들의
엑싯 비결

보 벌링엄 **지음** | 강정우 **옮김**

FINISH BIG

일러두기

1. 'Exit'의 외래어 표기는 '엑시트'와 '엑싯'을 혼용하는데,
   책에서는 스타트업과 벤처캐피털 업계에서 주로 사용하는 '엑싯'으로 통일하였다.

2. 저자의 주는 모두 해당 페이지 하단의 각주로 넣었다. 옮긴이 주는 괄호로 묶고 별도 표기하였고,
   옮긴이 주 중 각주로 옮긴 것은 옮긴이 주임을 밝혔다.

3. 본문에 등장하는 책 제목 중 국내 출간된 도서는 한국어판 제목으로 표기하고,
   처음 인용될 때 원서 제목을 병기했다. 국내 미출간 도서는 원서 제목을 직역하여 표기하고,
   마찬가지로 처음 인용될 때 원서 제목을 병기했다.

엑싯 exit

'출구'를 뜻하는 엑싯은 창업가 입장에서는 '출구 전략', 투자자 입장에서는 '투자 회수'를 의미한다. 엑싯 전략은 크게 인수합병(M&A), 기업 공개(IPO), 매각, 기업 청산 등이 있다. 언제일지 시기의 문제일 뿐, 모든 기업가는 자신이 일군 사업을 떠나야 한다. 모든 사업은 매각되고, 주인이 바뀌며, 혹은 청산된다. 창업가는 시간과 선택권이 있을 때 엑싯을 계획해야 한다.

엑싯, 그 안에 모든 것이 담겨있다

독자들에게 미리 고백하건대, 애석하게도 이 책은 요즘 너무나 흔해 보이는 수천억 원 혹은 수조 원의 기업가치를 인정받아 소위 대박이 난 젊은 창업자들의 성공스토리는 아니다. 대신 연속된 실패와 자기 회의 속에서도 피니시 라인에 도달한(혹은 실패한) 연륜 있는 창업가들이 등장한다.

이 책의 주인공들이 엑싯Exit을 이루기 위해 쏟은 노력은 저마다의 연륜과 사업가적 경험에 비례하여 그 깊이가 모두 다르다. 사업가 이전에 한 가정을 이끄는 가장으로서 또한 뜻을 함께한 사람들이 모인 한 부족Tribe의 리더로서 그들이 거쳐 온 고뇌와 선택적 갈등의 폭에 독자들은 적잖이 놀랄 것이다. 이들은 자신의 모든 것을 쏟아부은 사업이 올바른 평가를 받을 수 있도록 숫자에 밝은 자본 시장의 전문가들과 숨 가쁘게 머리싸움을 하고, 올바른 거래를 만들기 위해 초인적인 인내심을 발휘한다. 그렇게 엑싯을 마치면 모든 게 끝난 것이 아니라 새로운 출발선에서 자신이 꿈꿔온 또 다른 도전을 앞두고 있는 또 하나의 자아를 만나게 되고, 새로운 무언가를 다시 시작하고 몰두함으로써 그들의 엑싯은 비로소 성공적으로 끝이 난다.

기업 상장IPO 혹은 대기업에 의한 인수합병M&A을 통해 수백, 수천억 원을 번 스타트업의 신화와 같은 눈부신 성공스토리들이 종종 우리의 눈을 가린다. 그러나 스타트업이 그렇게 성공하기까지 직원들이 팔을 걷어붙이고 함께 짊어졌던 책임과 부담, 어지러운 일상들, 헤쳐 나가야만 했던 곤경의 늪, 원치 않았던 비난, 감수해야 했던 대가들은 성공의 그림자에 가려 잘 드러나지 않는다. 또한 엑싯을 향해 달려가는 중에 겪은 작은 성공들과 소소한 이야기들 역시 큰 결과물에 가려 의미 있게 다뤄지지 못한다(우아한형제들의 김봉진 의장은 사업이 안착할 때까지 자신의 사무실 책상에 바퀴를 달아 문제를 풀지 못해 씨름하는 직원이 있다면 언제든 자리를 옮겨 함께 고민하고 방향을 설정했다는 이야기와 같은, 작지만 성공의 밑거름이 되는 이야기들 말이다).

이 책의 저자 보 벌링엄은 우리의 눈이 닿지 못하는 창업의 세계를 그 시작이 아닌 '엑싯'이라는 피니시 라인에 초점을 맞춰 역으로 추적하고 기록했다. 세상의 모든 비즈니스는 단순하면서도 같은 논리에 의해 움직인다는 점을 인정한다면 당신이 현재 어떤 사업에 종사하든 그의 메시지를 통해 분명 큰 울림을 얻을 수 있을 것이다.

또 한편으로 자신이 종사하는 비즈니스의 독특한 가치를 인정하고 자부심을 갖는 사람이라면 이 책의 살아 있는 교훈을 자신만의 성공적인 엑싯과 사업 성과를 만들어내는 자양분으로 삼을 수 있을 것이다.

당신은 자신의 사업이든 혹은 직원으로서 회사의 업무든 비즈니스의 목적은 결국 그 값어치를 끌어올리고 또 그에 합당한 평가를 얻어내는 것이라는 데 동의하는가? 그렇다면 당신의 일을 '멋진 요리를 만들어내는 작업'에 비유하여 다음 몇 가지 포인트에 중점을 두고 책을 읽어 나가길 바란다(이것을 일생의 업적이 아닌 요리에 빗댄 이유는 하나의 요리를 마치고 나면 또 다른 요리를 탐구해야 하기 때문이다. 이러한 사고가 '엑싯은 또 하나의 시작이기도 하다'는 저자의 메시지에 부합한다고 생각한다).

- 첫째, 사업의 가치를 제대로 평가받기 위해 당신이 관리하고 개선해야 할 지표는 무엇인가? 성공적인 엑싯을 위해 당신이 숫자로 증명해야 할 것은 무엇인가?(즉, 어떤 평론가들에게 어떤 부분에 있어 별 5개의 평점을 얻길 원하는가?)
- 둘째, 냉정히 평가할 때 당신의 사업은 투자자들이 원하는 수준 대비 어떤 모습인가?(즉, 지금 있는 그대로의 상태에서 당신의 요리는 백종원 씨에게 과연 몇 개의 별 평점을 받을 수 있을까?)
- 셋째, 엑싯을 하기로 마음먹었다면, 아니 그렇지 않더라도 당신 사업의 가치를 끌어올리기 위해 도입해야 할 올바른 처방과 경

영 기법은 무엇일까?(즉, 원하는 별 평점을 얻기 위해 참고해야 할 레시피는 무엇일까?)

- 넷째, 기업가치 개선을 위해 도입해야 할 경영 기법에 적합한 인적 자원을 보유하고 있는가?(즉, 요리의 재료가 적절한가?)
- 다섯째, 사업을 엑싯하고 난 뒤 당신은 무엇을 하고 싶은가? 더 이상 사업을 하고 싶지 않은가? 아니면 다른 사람의 사업이나 엑싯을 돕는 조언자 역할을 하고 싶은가?(즉, 하나의 요리를 마치고 난 뒤 당신은 무엇을 하고 싶은가? 더 이상 요리를 하고 싶지 않은가? 아니면 요리 품평가가 되거나 요리사를 키우고 싶은가?)

쉽게 접할 수 없는 창업자들의 엑싯 이야기를 세세하고도 흥미진진하게 전달해준 이 책의 저자 보 벌링엄에게 감사의 마음을 전하며, 사업 현장에서 자신만의 훌륭한 엑싯을 꿈꾸며 하루하루 땀 흘리는 사람들의 성공을 진심으로 기원한다.

강정우

• 차례 •

1장 모든 여정에는 끝이 있다

2장 사업과 분리된 나, 정체성을 묻다

3장 당신 회사는 팔릴 만합니까?

4장 관건은 타이밍이다

5장 내가 떠난 뒤

6장 누구에게 전화하시겠습니까?

7장 나와 함께한 사람들

8장 매각 전 주의사항

9장 엑싯은 끝이 아니다

언젠가 때는 반드시 온다

사업가라면 누구나 사업의 '끝'이 있기 마련이다. 이것은 비즈니스 세계에서 몇 안 되는 확고한 진리 중 하나다. 당신이 훌륭한 회사를 하나 창업하여 이끌고 있다고 가정했을 때 언제 어떻게 엑싯Exit할 것인지는 계획할 수 있지만 도중에 엑싯할 것인지 안 할 것인지는 쉽게 선택하지 못한다. 그럼에도 이것은 누구에게나 반드시 닥치는 일이라는 사실을 믿어야 한다.

이 단순한 진리가 아직도 많은 사업가들에게 낯설게 다가온다는 것은 창업자 혹은 기업의 오너들의 비즈니스 여정 중 가장 중요하면서도 마지막 단계인 이 단계가 여느 다른 단계들보다 훨씬 덜 주목받아왔다는 점을 반증한다.

마케팅, 재무, 고객 서비스, 경영, 조직 문화 등과 같은 사항을 구글에서 검색해보면 바다와 같은 방대한 양의 정보를 찾을 수 있지만 이와 달리 '엑싯'에 관한 정보는 작은 빗방울 정도에 불과하다. 설사 검색을 통해 알 수 있는 정보도 단순히 기업 매각을 통해 수취하는 금액을 최대화하는 기술에 관한 것들뿐이다. 하지만 엑싯의 과정에는 이밖에도 세심하고 심도 있게 다루어야 할 많은 측면이 있고, 매각 대금의 규모보다도 이러한 정보들이 오히려 사업가의 행복한 결말을 결정하는 데 있어 더 큰 역할을 한다. 즉 피니시 빅 Finish Big을 할 수 있는지의 여부가 이러한 정보들에 의해 판가름 나는 것이다.

나도 사실 엑싯의 중요성을 몸으로 직접 부딪히며 배웠다. 이 책을 쓰기 시작했을 때만 해도 엑싯에 관해 많이 알지 못했다. 지난 30년 동안 근무하며 칼럼을 기고해온 경제전문지 〈인크Inc.〉 또한 이 주제에 대해 거의 관심을 기울이지 않았다. 내가 이 주제를 처음 접하게 된 것은(〈인크〉의 많은 독자들 또한 마찬가지였을 것이다) 베테랑 사업가인 놈 브로드스키Norm Brodsky의 기록 스토리지 사업체인 시티스토리지Citistorage Inc에 날아든 회사 매각 제안에 대해 그와 내가 일련의 칼럼들을 함께 기고하면서부터였다.

그와 나는 〈인크〉에 매월 '스트리트 스마트Street Smarts(사업 수완이 좋은 사람들)'란 칼럼을 연재해왔다(우리는 같은 이름의 책도 집필했다). 그는 언젠가 시티스토리지를 매각할 것이라는 의사를 여러 번 밝혀왔지만 한편으로는 자신이 하고 있는 일을 즐겼다. 나는 회사 매각에 관해 그가 이야기할 때마다 그가 먼 미래에 대해 이야기하고 있다고 생각했다. 그래서 나는 2006년 여름 그가 잠재적 매수자와 진지하게 협상을 하고 있다고 말했을 때 적잖이 놀랐다.

브로드스키는 최근 한 업계의 컨퍼런스에 참석했다가 본인의 경쟁 회사에 상당한 지분을 투자한 사모펀드 회사의 파트너 한 명을 만났다. 그 파트너는 브로드스키에게 시티스토리지를 매각하는 데 얼마 정도의 가격을 희망하는지 물었다. 브로드스키는 스스로 생각하기에도 그 누구도 쉽게 지불하기 어려울 정도의 높은 액수를 불렀고 파트너는 그 자리에서 즉각 어떤 반응을 보이지 않았다. 브로드스키는 더 나아가 시티스토리지의 매각 조건으로 두 개의 인접 사업인 트럭 운송 회사와 문서 파쇄 회사를 함께 인수해야 한다는 조항을 덧붙였다. 그 파트너는 이 조건 또한 그다지 큰 문제로 보는 것 같지 않았다. 브로드스키는 내게 그때부터 잠재적 매수자가 인수 조건을 개략적으로 반영한 소위 투자의향서Letter of Intent/LOI를 송부하기만을 기다렸다고 했다. 아울러 투자의향서 후에는 매매 계약 조건 협상에 앞서 심도 있는 조사, 즉 듀딜리전스(기업 인수 실사)가 곧 있을 것으로 기대했다.

브로드스키는 그날의 논의가 어떤 식으로 결론이 날지 확신하지 못했지만 일생일대의 기회가 될 수 있을 거라고 생각했다. 매각 대금으로 거론되고 있는 금액의 규모는 그와 두 명의 소수 지분 파트너에게 만족할 만한 수준일 뿐만 아니라 회사의 간부나 직원들과 부를 나누기에도 충분할 것으로 보였다. 또한 그는 자신의 나이가 이제 63세로 고령이라는 점과 당시 2006년도가 시티스토리지와 같은 급의 회사에 이례적으로 높은 웃돈(기업 매각 프리미엄)이 매겨질

위대한 창업가들의 엑싯 비결

수 있는 적기라는 점 등에서 여러모로 때가 잘 맞았다고 생각했다. 나는 〈인크〉 편집자인 로렌 펠드먼Loren Feldman에게 브로드스키의 경험을 우리 칼럼에 연재하는 것에 대해 상의했고 브로드스키에게도 의향을 물었다. 그의 반응은 다행히 '대환영'이었다.

처음 연재를 시작했을 때만 해도 우리 중 그 누구도 앞으로 벌어질 이 일의 큰 의미에 대해 알지 못했다. 그것은 한 차례의 기고라기보다는 다수의 칼럼 연재 형태로 전개되기 시작했다. 9개월 동안 우리는 월간 출판물을 통해 거의 실시간으로 펼쳐지는 기업 매각의 드라마를 기록해나갔다. 이런 작업은 전례가 없었고 앞으로 일어나기도 어려운 것이었다. 칼럼 연재가 끝난 후에 브로드스키도 인정했지만 매각 논의나 연재가 시작될 때만 해도 실제로 매각이 성사될 것인가에 대해 그는 회의적이었다. 또한 우리가 독자들에게 종국에는 협상의 세세한 내용을 낱낱이 공개하리라는 점을 미리 알았더라면 자신의 이야기를 연재하는 것에 동의하지 않았을 거라고도 말했다.

그러나 일단 시작하고 나서는 멈추기 어려웠다. 특히 점점 더 많은 독자들이 다음 호의 연재 글을 열렬히 기다리고 있다는 사실을 알게 된 후로는 말이다. 어느 순간부터 브로드스키는 오히려 독자들에게 자신의 회사를 매각해야 하는지에 대한 조언을 요청했고 이에 대한 응답으로 수백 개의 메일이 쏟아졌다. 사람들은 거리에서 또는 회의에서 그를 만나면 아직 연재되지 않은 최근의 매각 협상 진전 내용을 공유해달라고 말하기도 했다.

한 편의 서사와도 같은 이 기업의 매각 스토리에는 여러 가지 많은 곡절이 담겼고 특히 마지막에 가장 놀라운 반전이 일어났다. 심사숙고하고 여러 차례 논의를 거쳐 브로드스키는 결국 회사 매각을 결심했고, 칼럼의 인기가 높아지자 〈인크〉의 편집국장 제인 베렌스턴Jane Berenston은 매거진 표지에 브로드스키의 매각 결정을 공표하기로 결정했다.

그러나 매각 계약 체결일을 불과 며칠 앞두고 브로드스키는 매수자 그룹 중 최종 의사결정자가 바로 자신이 가장 신뢰하지 않는 사람이라는 것을 알게 됐다. 이러한 중요 정보가 상대방에 의해 공유되지 못했고 지금까지 감춰져 있었다는 사실만으로도 브로드스키는 많은 의구심이 들었다. 기업 매각 후 직원들의 처우에 관한 약속이 과연 매수자에 의해 잘 지켜질 것인가와 같은 문제가 야기될 수도 있었기 때문에 이는 매우 중요했다. 결국 브로드스키는 자기 자신을 포함한 모두가 깜짝 놀랄 만한 의사결정을 내렸다. 바로 매각 결정을 철회한 것이다.

그렇게 우리의 연재 칼럼도 끝이 났지만 그의 기업 매각 스토리는 다른 방향으로 새롭게 전개됐다. 브로드스키와 그의 파트너는 리먼 브라더스 사태로 경제 불황이 야기되자 사업의 다수 지분을 이른바 사업 개발 회사(공개 상장된 사모펀드 회사)에 매각했다. 이렇듯 연재가 끝난 후 브로드스키는 기업 매각 과정에서 더 많은 곡절을 겪었지만 이는 대중에게 전달되지 못했다.

한편 나는 브로드스키의 경험을 연재하는 과정에서 나타난 대중의 높은 관심의 원인이 근본적으로 기업 매각에 관한 비즈니스 이론과 실제 기업 매각 사이에서 드러나는 현격한 차이 때문임을 이해하게 되었다. 정작 많은 사업가들이 기업 매각의 경험과 기회를 갖지 못하기 때문이다.

이 영역은 내게도 생소한 것이었다. 그 시점까지 나는 그저 기업의 엑싯 과정에 대해 매우 모호한 수준의 이해만을 가지고 있었다. 그 과정이 언제 일어나며 또 어떻게, 왜, 어떤 형태로 일어나는지에 대해 깊게 생각해본 적이 없었다. 내게 엑싯은 사업가의 비즈니스 여정을 마무리하는 하나의 이벤트에 불과한 것이었다.

사실은 그 여정 중에 일어나는 일들에 대해 늘 더 많은 관심을 기울여왔다. 사람들이 겪는 경험, 그들이 새로 발견하게 되는 것들, 그들 앞에 놓인 장애물들, 그들의 기쁨과 슬픔 등등. 나는 엑싯을 곧 현금을 얻고 사업을 접는 것과 연관 지어 생각했다. 이를 반영하듯 그동안 써온 글들과 집필한 세 권의 책 모두 위대하고 영속적인 회사를 만드는 데 관심 있는 창업가들의 이야기일 뿐 사업을 접는 것에는 조금의 관심도 없는 사람들에 관한 것이었다. 하지만 사실 그러한 창업가들 중 일부는 자신의 회사를 엉뚱한 사람에게 매각하는 위험을 감수한다기보다는 수천억 원대의 기업 매각 대금의 유혹을 멀리하는 사람들이었다.

그러나 시간이 흐름에 따라 그리고 우리 모두 나이가 들어감에 따라 자명해지는 것은 결국 언젠가는 그러한 위험을 감수할 수밖에 없는 순간이 오고야 만다는 것이다. 우리가 영생하지 못하는 것은 분명하다. 창업가가 할 수 있는 최선의 일은 그들이 일선에서 물러난 후 회사가 생존하고 더욱 번성할 기회를 높이는 방향으로 회사의 소유권과 리더십의 전환 과정을 조율하는 것이다.

그러나 어디서부터 어떻게 시작해야 할까? 특히 언제부터 매각을 준비해야 하는지, 매각한다면 어떤 옵션이 놓이게 되는지, 얼마만큼의 매각 대금을 기대해야 하는지, 참고할 만한 롤 모델은 존재하는지, 어떤 함정을 미리 알고 대비해야 하는지, 후임자에게 회사를 물려주겠다고 결심한다면 그러한 잠재적 후계자를 확인하고 검증하는 방법은 무엇인지, 회사를 떠난 후 어떤 삶을 살 것인지 등등 끝없는 질문들이 머릿속에 가득할 것이다.

이러한 질문들에 대해 생각하기 시작하면서부터 엑싯이라는 것이 내가 인식하고 있었던 것보다 훨씬 더 복잡한 주제라는 것을 깨달았다. 그것은 하나의 이벤트라기보다는 사업의 큰 단계라고 보는 것이 맞았다. 마치 스타트업도 사업의 한 단계인 것처럼 말이다. 스타트업처럼 엑싯의 경우도 많은 요인들에 의해 그 성공 여부가 결정된다. 또한 엑싯의 성공 여부를 가늠하는 다양한 평가 방식이 존재한다.

이러한 관점도 어디까지나 나의 직감과 다르지 않다. 실제로 내가 읽은 많은 책과 글 속에서 성공적인 엑싯이란 '기업을 파는 사람이 후회 없는 값으로 회사를 매각한 경우를 뜻한다'는 공통된 가정을 발견할 수 있었다. 하지만 그 어디에도 실제로 기업 매각 과정을 몸소 겪은 당사자가 쓴 책이나 글은 없었다. 브로드스키의 경험에서 보듯 성공적인 엑싯이란 단순히 좋은 값을 받아내는 것 그 이상의 무언가를 의미한다. 나는 다른 사업가들의 경험이 궁금할 수밖에 없었고 그것을 탐구하기로 마음먹었다.

그로부터 3년 후 나는 엑싯을 했거나 혹은 그 과정 중이거나 아니면 이제 막 엑싯을 준비하고 있는 수많은 기업가들과 대화를 나누었다. 그중 100회 이상의 대화는 직접 대면하거나 전화로 실시한 아주 심층적인 인터뷰였다. 모든 엑싯 경험이 하나하나 달랐고 독특했다. 그러나 분명한 것은 다른 사례보다 분명 나은 결과를 얻은 경험들이 존재한다는 것이었다. 즉, 어떤 이들은 행복하게 이 과정을 마무리하고 그 결과에 만족한 반면 또 어떤 사람들에게는 악몽으로 기억되며 깊은 후회를 남긴 과정이었다는 것이다. 내 질문은 '과연 무엇이 그러한 차이를 만들었는가' 하는 것이다.

훌륭한 엑싯을 과연 어떤 조건들이 만들어내는지 내 마음속에서부터 탐문하기 시작했다. 그리고 나는 대부분의 경우에서 공통적으로 크게 4가지의 주목할 점을 발견했다.

1. 그들은 엑싯 과정에서 공정하고 정당하게 대우받았고, 자신이 사업을 키우기 위해 들인 노력과 감내했던 위험들에 대해 적절히 보상받았다고 느꼈다.

2. 그들은 모두 성취감을 느꼈다. 자신이 걸어온 길을 되돌아보았을 때 스스로 사업을 통해 세상에 가치 있는 무언가를 제공했고 그 일이 즐거웠다고 회고했다.

3. 그들은 자기 자신뿐만 아니라 자신의 사업을 함께 일으키는 데 노력한 주변 사람들이 엑싯 과정에서 어떻게 대우받고 보상받았는지를 포함하여 엑싯 경험에 대해 갖는 전반적인 감정들을 살펴보았을 때 편안한 마음을 가지고 있었다.

4. 그들은 자신이 그동안 해오던 사업에서 벗어나 새로운 목적의식을 발견함으로써 완전히 새로운 삶에 몰입했고 또 흥분했다.

몇몇의 사람들에게는 다섯 번째 요소가 나타났다.

5. 자신이 매각한 회사가 그 어느 때보다 소위 잘나간다는 것. 그리고 이 세상 모든 CEO가 직면하는 가장 어려운 일 가운데 하나인 '후임 CEO 승계'를 이루어낸 방식에 자부심을 가진다는 점이었다.

실패한 엑싯에 대해 그 요건을 뽑아내는 것이 사실 더 어렵다. 이것은 사람마다 좋지 않은 경험의 포인트나 그것이 개개인에게 미치는 중요도가 각각 다르기 때문이다. 그럼에도 불구하고 나는 거의 모든 기업의 오너들이 엑싯 과정이 공정하지 못하다고 느끼거나, 충분한 보상을 받지 못했다고 느끼거나 혹은 그들이 만든 것이 엑싯 후에 파괴됐다고 느끼는 경우, 자신과 함께 일했던 사람들이 엉망이 된 경우, 심한 상실감을 느끼며 이제 무엇을 해야 할지 알 수 없는 감정일 때 이를 실패한 엑싯으로 받아들인다는 것을 알 수 있었다.

그렇다면 자연히 우리의 질문은 '훌륭한 엑싯을 이룬 사람들은 어떤 준비를 했는가? 그들의 경험 패턴은 무엇인가?'로 모아진다. 나는 총 8가지의 교훈을 추려냈고 이 책은 그에 따라 구성되었다.

첫째, 그들은 자신이 어떤 사람인지, 비즈니스를 통해 무엇을 얻고자 하는지, 왜 그것을 원하는지에 대해 뚜렷한 이해를 가지고 있었다(이는 나의 저서인 《스몰 자이언츠가 온다Small Giants》에서 다루었던 훌륭한 사업을 일군 경영인들이 가진 특성과도 일치했다).

둘째, 멋진 엑싯을 이룬 오너들은 하나같이 단순히 그저 '될 만한' 사업을 하는 것만으로는 충분치 않다는 것을 깨달았다. 대부분의 될 만한 사업들은 누군가에게 '팔릴 만한' 것이 되지 않는다. 시장 가치를 창출하기 위해 그들은 일찍이 잠재적 인수자 혹은 투자자의 눈을 통해 자신의 비즈니스 가치를 객관적으로 가늠하는 법을 배웠다.

셋째, 그들은 몇 달이 아닌 몇 년 만에 측정된 충분한 시간을 자신에게 주었고, 결국 출발을 준비하고 다양한 옵션들을 선택할 수 있는 권리를 개발했기 때문에 그들의 상속인은 불리한 환경에서 강제로 회사를 팔아야 하는 상황에 절대로 놓이지 않게 되었다.

넷째, 모든 오너에게 적용되지는 않았지만 회사에 대한 가장 높은 열망을 가진 사람들을 포함하여 상당수의 사람들에게 승계, 구체적으로 말하면 좋은 회사를 남겨 두는 것은 중요한 요소였다.

다섯째, 성공적인 엑싯을 이룬 오너는 회사의 인수 및 매각 부문의 전문가뿐만 아니라 스스로 자신의 회사를 매각하는 경험을 쌓으며 실수를 포함한 다양한 경험을 한 사업가로부터 올바른 방향의 도움을 받았다.

여섯째, 오너는 직원 그리고 투자자에 대한 책임에 대해 생각했다. 모든 오너가 같은 결론에 도달한 것은 아니지만 훌륭한 엑싯을 달성한 이들은 이 문제에 대해 진지하게 검토하고 해결책을 도출해 마음의 평화를 누렸다.

일곱째, 오너들은 자신의 회사를 누구에게 매각하는지 그리고 그 인수자들의 동기가 무엇인지 미리 이해하고 있었다. 기업의 새로운 주인이 거래 이후에 실제로 계획한 것이 만천하에 드러나도 이들은 불쾌한 놀라움을 겪지 않은 부류의 사람들이었다.

여덟째, 최선을 다해 엑싯을 준비한 오너들은 기업을 매각한 후 앞으로 자신이 무엇을 할 것인지에 대한 비전을 가지고 있었다. 따라서 조직의 정점에 있던 사람이 평범한 직업인이 되는 전환의 과정도 자연스럽게 받아들일 수 있었다.

이 8가지 요소는 내가 인터뷰한 기업가들의 각기 다른 방대한 차이를 설명하는 데 많은 도움이 되었고, 현재 또는 미래의 사업가들이 이러한 요소들에 대해 배우는 것이 분명 큰 도움이 될 거라고 생각하게 되었다. 따라서 이 책은 훌륭한 엑싯 방법을 알려주는 안내서를 지향하기보다 오히려 그것을 몸소 겪은 기업가들의 이야기를 통해 엑싯 프로세스를 조명하는 것에 그 목적이 있다.

많은 사업가들이 앞서 정의한 것과 같은 훌륭한 엑싯을 한다. 또 어떤 사람들의 이야기는 타산지석과 같이 무엇이 작동하지 않았는지에 대해 말해주기도 한다. 대부분의 경우 관련 인물 및 회사의 실명을 사용할 수 있었다. 그러나 두 가지 사례에서는 법적인 문제와 더불어 실제 인물에게 어떤 형태로든 해가 가해지는 것을 막기 위해 가명을 사용했다. 사업가의 이름과 회사의 표기를 변경한 경우 이를 표기했고 그밖에 실제 일어났던 일들에 대해서는 그대로 기술했다.

전작인 《스몰 자이언츠가 온다》에서 다룬 기업들과 같이 이책에 등장하는 회사들은 모두 비상장회사로 창업자들이 긴밀하게 소유하거나 통제하고 있는 회사다. 단 한 가지 예외는 있다. 바로 5장에 등장하는 케이던스Cadence Inc.로 나는 이 회사를 준공개Quasi-public회사로 묘사했다. 그리고 책에 등장하는 회사들 중 징거먼스Zingerman's, 시티스토리지, 에코ECCO그룹은 《스몰 자이언츠가 온다》에도 등장한다.

내가 의도적으로 피한 몇 가지 문제가 있는데 예를 들면 소유권과 리더십이 한 세대에서 다음 세대로 넘어갈 때 가족 경영에 있어 직면하는 고유한 승계 문제와 같은 것들이다. 이와 같은 주제에 대해서는 다른 여러 곳에서 충분히 많은 정보를 얻을 수 있다. 또한 오너에게 충분한 소득을 제공하는 것이 주목적인 매우 작은 규모의 비즈니스들이 갖는 고유한 문제에 대해서도 다루지 않았다. 만약 이러한 부류의 회사가 팔릴 만하다면(실제로 대다수가 그러하지 못하지만) 그것은 회사가 매각된다기보다는 그 회사의 특정한 '일'이 팔릴 만한 것인 경우가 대부분이다. 그럼에도 불구하고 나는 가족 경영을 하는 오너와 1인 기업가들 모두 책에서 전하는 이야기에서 공감할 수 있는 부분이 많으리라 생각한다.

기업가들과 인터뷰하는 과정에서 나는 끊임없이 다음과 같은 말이 떠올랐다. "사업을 일굴 때는 그것을 영원히 소유할 것처럼 하고, 동시에 당장 내일이라도 팔 수 있게끔 하라." 내가 알고 있는 대부분의 위대한 사업가들은 바로 이 격언을 따랐다. 내 친구이자 때때로 함께 글을 쓰는 SRC 홀딩스(직원들에게 회사를 매각했다)의 잭 스택Jack Stack은 이를 마치 당장 이사할 생각이 없어도 집을 고치고, 방을 늘리며, 정기적으로 페인트칠을 하여 집의 시장 가치를 유지하는 것에 비유한다. 이상한 일이지만 당신의 회사를 팔릴 만한 것으로 만들수록 그 회사는 오래 지속될 가능성이 커진다. 또한 그로써 행복한 엑싯을 하게 될 확률도 훨씬 더 높아진다.

물론 당신이 대부분의 기업가와 같다면 아마도 엑싯에 대해서는 아직 생각하고 싶지 않을 것이다. 다행히도 훌륭한 엑싯을 만들 수 있는 기회의 문은 꽤 오랜 기간 열려 있을 수 있다. 당신이 마침내 그것을 통과할 때 그 과정들이 당신의 회사를 더 훌륭하게 만들어 주는 놀라운 경험을 할 수 있는 자격을 부여할 것이다. 이는 2004년 레이 파가노Ray Pagano가 그의 회사인 비디오람Videolarm의 매각을 준비하기 시작했을 때 알게 된 것이었다. 회사는 크게 개선되었고 레이 파가노는 그 성과에 놀라 그것을 좀 더 일찍 시작하지 못한 것을 후회했다.

1장

모든 여정에는 끝이 있다

FINISH BIG

한낮의 열기가 미국 버지니아주 델타 빌Deltaville의 레가타 포인트 마
리나Regatta Point Marina에서 이글거리고 있었지만 보트 안의 공기는 시
원했다. '벨라비타'라는 이름의 보트는 이제 막 체사 피크만Chesapeake
Bay 주변을 돌며 3주간의 첫 항해를 마친 후 조용히 정박해 있었다.
기술자가 보트의 제어판에서 필요한 테스트를 수행하는 동안 티셔
츠에 반바지, 슬리퍼 차림의 레이 파가노가 한 손님에게 보트의 구
석구석을 구경시켜주고 있었다.

"이 보트 안에 웬만한 편의시설은 다 있다는 말씀입니다. 실제
로 필요한 것 이상으로 많죠!" 그의 나이 예순 여덟, 햇볕에 그을린
잘 다듬어진 몸매를 뽐내며 중국의 조선소에서 그를 위해 맞춤 제
작되어 이제 막 출고된 60피트(약 18.3미터) 길이의 셀레네 오션 트롤
러Selene Ocean Trawler(트롤러란 보통 저인망 그물을 끌고다니는 어선을 의미하지

만 레저 보트에서는 별장 같은 선실과 침실을 갖춘 보트를 의미함_옮긴이)를 손님에게 구경시키며 조금은 멋쩍은 미소를 머금었다. 그 보트는 바로 본인이 창업한 지 35년 된 회사 비디오람을 5년 전 성공적으로 매각한 후 스스로에게 준 선물이었다. 체리우드 갑판에 화강암으로 된 욕실 세면대, 배의 앞뒤 편에 넣은 퀸 사이즈 침대까지 정말 멋진 선물임에 틀림없었다.

그는 벨라비타와 함께 인생을 분명 즐기고 있었다. 회사를 매각한 후 많은 오너들을 괴롭히는 '이랬다면' 또는 '저랬다면' 하는 생각과 후회 따위가 그에게는 없었다. 실제로 그의 엑싯은 그 누구라도 기대해보고 싶은 것일 만큼 행복한 경험이었다. 바로 그 징표는 비디오람을 인수한 회사에 여전히 대부분 잔류해 일하고 있는 그의 예전 동료들의 태도에서 발견할 수 있었다.

"내가 회사에 들를 때마다 그들은 두 팔 벌려 나를 환영합니다. 그것은 놀라운 일입니다. 내가 기대했던 것 이상이죠. 나는 옳은 일을 했음에 틀림없습니다. 나 스스로에게 묻곤 하죠. '과연 무엇이 이런 놀라운 일을 만들어냈는가' 하고요." 파가노는 말했다.

그 질문에 대한 답은 파가노가 자신의 비즈니스가 아닌 또 다른 삶의 목표에 대해 진지한 고민을 시작했을 무렵인 2004년으로 되돌아가야 찾을 수 있다. 당시 비디오람은 어느덧 설립 28주년을 맞이했고 보안 카메라 외장 케이스 분야에서 선도 회사로 확실히 자리 잡은 상태였다.

1976년 파가노는 그의 나이 서른셋에 가로등을 닮은 그리고 다른 경쟁사의 옥외 보안 카메라 대비 훨씬 더 작은 모터를 사용하는 제품을 개발함으로써 업계에 일대 혁명을 일으켰다. 그러나 주요 카메라 제조업체들이 그 장치를 사용해보도록 설득하기까지는 그로부터 8년이란 시간이 더 걸렸다. 그는 자신이 직접 제품을 설치하고 보안 관련 컨설팅 서비스를 제공하는 등의 노력으로 사업을 가까스로 유지한 끝에 마침내 당시 카메라 제조업체로 명성이 높은 RCA로부터 계약을 따냈다. 그 후로 비디오람은 탄탄대로를 걸었다. 파가노의 제품은 고객에게 약속한 성능을 냈고, RCA에 성공적으로 납품을 이어감으로써 소니Sony, 파나소닉Panasonic, 도시바Toshiba 와 같은 다른 대형사들과도 거래를 하게 되었다.

그로부터 20년간 비디오람의 특허 디자인은 업계 표준으로 군림했다. 2004년 당시 그들의 제품은 어디서나 만날 수 있을 정도로 널리 보급되어 있었다. 회사는 그즈음 42명의 직원을 두고 있었고 연매출 1,040만 달러를 기록했다. 이제 막 61세가 된 파가노는 인생의 새로운 챕터를 열 준비가 되어 있었다. 그에게는 다른 관심사가 있었고 그곳에 열정을 추구하고자 하는 마음이 있었지만 지난 몇 년간 틈틈이 노력했을 뿐 사업으로 인해 온전히 몰입하지는 못한 상태였다. 급기야 그는 새로운 여정을 떠날 결심을 세웠다.

이제 남은 문제는 '어떻게'였다. 그는 언젠가 자신의 세 자녀 중한 명이 회사를 물려받을 수도 있겠다는 생각을 오랫동안 가지고 있었다. 그러나 그것은 실현 가능하지 않음이 분명해진 터였다. 그대신 회사를 매각하는 것은 가능했다. 또한 어떤 회사와 합병을 하거나 자기 대신 합병한 회사를 경영해줄 누군가를 찾는 것도 가능해보였다. 그러나 자신이 이 사업에 계속 관여되는 것만은 부정적이었다. "나는 매각 대금 이외에 추가적인 성과 보수 같은 것은 필요치 않았습니다." 파가노는 말했다.

그는 주변의 여러 자문가 중 자신이 회원으로 속해 있던 TEC The Executive Committee(중소기업의 사업주와 핵심 임원들을 위한 멤버십 모임으로 지금은 '비스티지 인터내셔널'로 개명되었다)의 개리 앤더슨Gary Anderson에게 이렇게 말했다. "나는 그저 회사를 매각하고 떠나고 싶습니다. 이 사업 말고도 내 인생에서 해보고 싶은 다른 일들이 있습니다."

같은 해인 2004년, 한 경쟁사가 파가노에게 접근해 회사 매각을 권유했고 가격대를 제안했다. 파가노는 이를 앤더슨에게 이야기했는데 돌아온 답은 '만약 회사에 몇 가지 변화를 준다면 이보다 훨씬 더 높은 금액에 회사를 매각할 기회가 생길 것'이라는 것이었다. 당시 비디오람의 모습은 한마디로 창업자가 손수 운영하는 회사의 전형적인 모습이었다.

다시 말하자면 비디오람은 '선의의 독재' 체제라고 할 만했다. 모든 사업의 운영이 오너인 파가노를 중심으로 이루어졌고, 파가노가 관여하지 않는 일은 없었으며, 모든 관리자가 그의 명령을 기다리고 따랐다. 의사소통은 결론을 정한 채 톱다운Top down(기획예산처가 예산의 총액 한도를 결정하면 각 부처가 자율적으로 예산을 편성하는 제도_옮긴이) 방식으로 이루어졌고, 회사의 주요 재무 정보들은 대부분 공개되지 않았다. 실제로 그럴 만한 것이 최고재무책임자CFO인 자넷 스폴딩

Janet Spaulding에게는 다른 직원과 재무 정보를 공유하는 것이 허락되지 않았다.

파가노는 회사의 모든 중요한 결정을 내렸고 또 중요하지 않은 일도 직접 결정하는 경우가 꽤 있었다. 회사의 관리자들은 파가노가 언제든 자신들이 하는 일의 기반을 송두리째 흔드는 일을 할 수 있다는 것을 알고 있었다. 스폴딩은 "사람들은 그를 존경하는 한편 무서워했습니다"라고 말한 뒤 "사실 두려움이 존경심보다 더 컸다고 생각합니다"라는 말을 덧붙였다.

다른 직원들도 파가노에 대해 비슷한 감정을 가지고 있었다. 하지만 그들은 분명 파가노가 자신들을 케어한다는 것을 알았다. 적어도 직원들을 공평하게 대우하려 한다고 생각했다. 또한 그들은 파가노가 직원들에게 요구하는 원칙과 잣대를 스스로에게도 똑같이 적용한다는 것을 알고 있었다. 만약 직원들의 마음에 조금의 의심이라도 있었다면 그것은 아직도 파가노의 눈에 눈물을 고이게 하는 하나의 사건으로 말끔히 지워졌을 것이다. 그것은 바로 아주 작은 회사의 규칙을 위반했다는 이유로 자신의 아들을 해고해버린 일이었다. 당시 파가노에게는 너무나도 고통스러운 결정이었다.

그러나 독선적인 경영은 그것이 선의에 의해서든 그렇지 않든 기업의 가치를 훼손할 수 있었다. 앤더슨은 파가노에게 회사 매각에 대해 자문해주며 바로 이점을 주목했던 것이다. "사업에서 자기 자신을 밖으로 끌고나와야 합니다"라고 그는 말했다. "당신은 회사의 경영진을 한 단계 끌어올려 앞에 내세워야 하고 더 많은 책임을 부여한 뒤 더 많이 코칭하고 그들이 당신 없이도 회사를 운영할 수 있도록 해야 합니다."

파가노는 반박하지 않았다. 그는 앤더슨이 옳다는 것을 알고 있었다. 일단 매각 가치를 제쳐두더라도 얼마나 많은 잠재적 인수자들이 관심을 보일 것인가 하는 문제와 파가노가 손에 쥘 엑싯 옵션들은 자신이 계속 회사 운영에 필수적인 존재로 남아 있는 한 심각한 제한을 받게 되는 모양새였다. 자신이 원하는 수준의 매각 거래 조건을 얻기 위해 이제 그는 본인이 없어도 회사가 잘 굴러갈 수 있도록 사업을 재구성해야 했다.

파가노는 스스로 여러 사례를 공부한 다음 회사의 모든 구성원이 더 많은 책임을 안고 일할 수 있는 실질적인 명분을 만드는 일부터 시작해야 한다고 결심했다. 그는 팬텀스톡Phantom Stock(가상 주식)이 답이라고 믿었다. 실제로 주식을 주고받는 일은 일어나지 않지만 비디오람의 가치가 오른다면 직원들도 그 혜택을 받게 만드는 장치가 필요했다. 생산직에서부터 사무직에 이르기까지 모든 직원이 그들의 급여와 그들 각자가 회사의 장기적인 성공에 기여하는 정도에 따라 평가에 근거하여 가상 주식을 부여받는 것이었다.

파가노는 TEC 회원들에게 자신의 계획에 대해 이야기했다. 그들 대부분이 파가노를 정신 나간 사람 취급했다. 그러나 그는 이것이 더없이 옳다는 확신을 가지게 되었고 계획을 실행에 옮겼다. 직원들에게는 만약 비디오람이 매각되는 경우가 생긴다면 모든 직원이 가상 주식을 통해 그 매각 대금의 일부를 얻게 되는 권리가 생긴다고 설명했다.

사실 직원들은 처음에 파가노의 이와 같은 행동을 어떻게 받아들여야 할지 난감했다. 파가노는 돈 문제에 있어서만큼은 악명이 높을 정도로 구두쇠였기 때문이다. 많은 직원들은 팬텀스톡 프로그램이라는 것이 직원들을 좀 더 열심히 일하게 하는 일종의 속임수 같은 것이라고 생각했다. 따라서 그것을 무시하거나 농담처럼 취급하기도 했다. "우리에게 그것은 기만적인 보상제도처럼 보였습니다"라고 스폴딩은 회고했다.

그러나 파가노는 이 계획을 매우 진지하게 추진했다. 그는 직원들에게 회사의 재무 정보를 공개하고, 일의 능률을 올리는 것은 물론 단순히 직원이 아닌 비즈니스 파트너로서 주체적으로 의사결정을 내리도록 하는 오픈북 경영Open-book Management• 방식을 도입했다.

그는 오픈북 경영에 관한 책들을 접하면서 다른 경영자들이 실천한 만큼은 못하더라도 분명 직원들이 사업 성과를 개선하고 또 회사의 가치를 늘리는 데 기여하려면 숫자에 관한 기본적 지식이 필요하다는 사실을 깨달았다. 그는 회의를 열어 직원들에게 회사의

• 직원들이 회사의 재무 정보와 성과에 관한 다양한 데이터를 제공받아 보다 나은 의사결정을 하도록 독려하는 경영 기법이다. 이는 직원들은 본래 피고용인으로서보다는 일종의 비즈니스 파트너로서 대우받을 때 더욱 동기부여가 되고 생산성이 높아진다는 철학에 기초하고 있다. 기존의 전통적인 방식이 단순한 재무 데이터의 공유에 초점을 두고 있다면 오픈북 경영은 사업 성과에 관한 다양한 데이터를 공유한다는 점에 있어서 차이가 있다. 이러한 운영 데이터는 직원들의 업무 성과 제고에 도움이 될 뿐 아니라 회사의 현재 그리고 향후 바람직한 미래에 관한 스스로의 판단에도 도움을 주는 성격의 것들이다. 직원들의 동기부여에 초점이 맞춰진 듯 보이지만 궁극적으로 기업의 가치를 제고하고, 결국 기업을 매각할 때 더 높은 가치를 획득하기 위한 엑싯 경영 전략으로 많이 활용된다._옮긴이

기본적인 매출과 이익을 가늠해볼 것을 주문했다. 돌아온 답은 파가노 입장에서 사실 기절할 만한 것이었다. 1,100만 달러(한화 약120억 원)가 채 안되던 실제 매출과 크게 차이 나는 금액을 답으로 내놓는 직원들이 있었기 때문이다(일반 사무직으로 구성된 회사와 달리 특수한 공정에 집중하는 생산직 근로자를 많이 보유한 회사에서 흔히 볼 수 있는 현상으로 저자는 일부 직원들이 실제 매출을 수천억 원 정도 되는 것으로 알고 있었다고 강조했다_옮긴이). 파가노를 더 당황스럽게 한 건 오너가 매월 수십억 원 정도를 챙겨간다고 믿는 직원들도 있었다.

파가노는 직원들에게 손익계산서와 대차대조표를 설명해주는 것을 시작으로 그러한 잘못된 인식에 대응했다. 비디오람과 같은 제조업체가 지출해야 하는 자본 투자, 지불한 세금, 정부의 감독과 규제 관련 비용, 직원들의 복리 후생 비용 등을 일일이 설명했다. 직원들은 더 많은 질문과 또 자신만의 의견을 갖기 시작했다. 파가노는 이 기회를 놓치기 싫어 건의함을 만들어 비치하고 문의사항에 대해 성심껏 응대했다. 또한 직원들의 가족에게 매월 편지를 써서 집으로 보낸 다음 그들을 회사로 초청해 신제품을 경험해보도록 권유했다. "모든 사람을 우리 비즈니스에 진정으로 참여시키고 싶었습니다"라고 파가노는 말했다.

그는 핵심 경영진을 강화하는 것이 무엇보다 중요하다는 것을 깨닫고 재무, 운영, 마케팅 부문의 고위 임원 3명의 자율성과 권한을 끌어올리기 위해 의식적으로 노력했다. 또한 연례 전략 회의를 계획하고 그 실행 체계를 개발하기 위해 이글스 위드 소어Eagles with Soar

라는 컨설팅 회사를 설립한 전 TEC 위원장 릭 후섹Rick Houcek의 도움을 받기로 했다. 후섹은 파가노에게 비단 고위 임원들뿐 아니라 모든 관리자급 간부들을 오프사이트 회의에 모이게 하여 다함께 연례 계획을 수립할 것을 촉구했다. 그는 이러한 노력이 분명 회사 가치를 높이려는 파가노의 목표를 달성하는 데 크게 기여할 것이라고 말했다.

파가노는 현장 관리자 등을 포함해 총 15명을 대상으로 3일간 오프사이트 워크숍을 실시했고, 후섹으로 하여금 각 세션들을 운영하도록 맡겼다. 후섹은 관리자들이 회사가 나아갈 방향에 대해 자신의 의견을 표출하는 동안 절대 개입하지 말고 잠자코 듣기만 하라고 파가노에게 당부했다. 파가노는 관리자들이 회사에 대한 불만을 이야기할 때 방어 본능이 치솟는 것을 제어하는 게 쉽지 않았다고 인정했지만 후섹의 설득으로 끝까지 참을성을 발휘해 그들 스스로 계획을 세우도록 놔두었다. 파가노는 만약 여기서 자신의 생각을 그들에게 강요하려 한다면 그들은 결코 그 실행의 책임을 진정으로 지지 않을 것이라는 점을 누누이 상기했다. 결국 관리자들은 비디오람의 관리 및 성과를 개선하기 위해 그들 스스로 만든 30여 가지 방안을 과제로 정했다. 그리고 그날 이후로 매월 한 그룹으로 모여 스스로 정한 약속들을 어떻게 지키고 있는지 검토하기 시작했다.

한편 또 다른 변화도 일어나고 있었다. 파가노는 회사의 특정 수익 목표 달성 및 부서별 목표 달성을 토대로 전체 인력에 대한 인센티브 프로그램을 재정비했다. 목표는 야심 차게 설정되었고, 과거에 회사가 수행한 것보다 높았으며, 파가노는 시간이 지남에 따라 이 목표를 더 상향할 의사를 밝혔다. 이 프로그램 역시 직원들의 불신과 의구심을 불러일으켰고 특히 생산 공장 현장에서 그러한 분위기가 두드러졌다. 하지만 파가노는 생산 업무를 쉽게 하기 위한 현장 시스템도 함께 재정비할 것을 직원들에게 약속했다. 그는 실제로 이 약속을 지켰고 결과적으로도 생산성이 향상되었다.

동시에 파가노는 사업적으로 몇 가지 중요한 전략적 결단을 통해 당시 큰 수익을 창출하고 있던 대형 카메라 제조업체향 매출을 증가시켰다. 이러한 움직임과 더불어 그가 도입한 회사 경영상의 주요한 변화들은 곧 재무적 성과로 나타났다. 파가노는 회사 세전이익의 초기 목표를 8퍼센트로 정했는데 그로부터 매년 12퍼센트, 15퍼센트, 18퍼센트씩 실적이 증가했고, 비록 그 후 연간 실적은 몇 년간 18퍼센트로 유지되었지만 사업 성과가 향상된 끝에 결국 약 234억 원(1,950만 달러) 매출에 세전이익율 또한 21퍼센트를 기록하게 되었다.

파가노는 단순히 눈에 보이는 결과에 기뻐하기보다 그 목표를 이룬 방식 자체에 만족해하며 다음과 같이 말했다. "새로운 시스템이 내 일을 완전히 바꿔놓았습니다. 그것은 나로 하여금 한 걸음 뒤에서 회사를 바라보게 했고 이는 모두에게 도움이 되었죠. 결과적으로 새로운 인재들이 발굴되고 부상하게 되었습니다."

앤더슨 역시 파가노가 이룬 변화에 감동받았다. "믿기지 않았죠. 파가노는 훌륭한 엑싯을 위해 필요한 준비를 올바르게 수행한 모범 사례가 되었고, TEC의 다른 구성원들에게 큰 인상을 남겼습니다. 회사 내부에 발을 들이자마자 그가 이루어낸 변화를 실감할 수 있을 정도였죠"라고 그는 말했다.

2008년 초에 접어들자 파가노는 이제야말로 회사를 인수할 구매자를 찾기 시작할 때라고 느꼈다(구매자를 찾는 과정은 이 장에서 주로 다루는 주제가 아니기에 생략했음을 밝힌다). 그는 결국 업계의 대기업인 무그Moog Inc.에 비디오람을 매각했는데 놀라운 것은 그 시점이었다. 모두가 근래 들어 가장 최악의 불황기라고 떠올리는 2009년 2월 13일 금요일, 리먼 브라더스 사태가 있은 지 5개월이 지난 시점으로 대공황 이후 가장 심각한 경기 침체가 시작되던 때였다. 최악의 타이밍에도 불구하고 기업 매각 가격은 자그마치 4,500만 달러(한화 약 540억 원)였다. 파가노가 성공적인 엑싯을 위해 준비를 이행하기 전 제안받았던 가격의 4배에 달하는 규모였다.

직원들 대부분이 파가노가 4년 전에 도입한 팬텀스톡 프로그램에 대해 완전히 잊어버린 상태였다. 기업 매각 전날, 파가노는 팬텀스톡 행사를 위한 서류를 가지고 직원들 앞에 나타났다. 그들은 자신이 받을 몫이 얼마나 큰지 확인하고는 큰 충격을 받았다. 생산직 직원들은 한 사람당 자그마치 4만 달러를 받았다. 이는 멕시코에 있는 부모를 위해 새 집을 지을 만큼 충분한 금액이었다.

파가노의 느낌은 어땠을까? 그는 '이제 해방된 기분이었다'고 말했다. 그는 보트 및 그와 관련한 작은 사업으로 바쁘게 지내면서 어느 정도 은퇴 수순을 밟고 있었다. 그의 아내와 함께 요트 장식품과 선물용품들을 판매하기도 했다. 낚시와 골프를 즐겼고 때로는 여행을 즐겼다. "사실 그런 활동들이 내가 할 수 있는 최대한의 것들이었어요"라고 그는 말했다. 그는 비디오람의 CEO 자리를 그리워하지는 않았지만 회사 매각 후에도 거의 변화가 없는 사람들과 비디오람만의 기업 문화에 대해 여전히 강력한 유대감을 느끼고 있었다. "무그의 문화와 비디오람의 문화가 잘 맞아 떨어진 것이 참 신기해요. 내 기대 이상으로 말이죠. 덕분에 나는 마음의 평화와 일종의 자부심까지 느낄 수 있었어요."

그는 매각이 진행된 과정과 그 결과물 모두에 대해 자랑스러워했다. "나는 가는 곳마다 우리 제품을 만납니다. 우리가 이 분야를 어떻게 혁신시켰는지 그 증거를 항상 보고 있죠. 그것은 회사가 수년에 걸쳐 발전하는 것을 보는 것만큼이나 자부심을 증폭시켜주는 장치입니다. 나는 정말 운이 좋은 사람이에요. 내게 일어난 모든 일은 행운이었고 또 내가 여전히 회사와 좋은 관계를 유지하며 회사가 만든 제품에 자부심을 가질 수 있다는 것에 감사할 따름입니다."

분명 그의 성공적인 엑싯에는 운이 많이 따랐을지 모른다. 그러나 그렇다고 해서 파가노가 처음으로 엑싯에 대해 진지하게 생각했던 해인 2004년 그가 행했던 의사결정의 중요성을 무시해서는 안된다. "회사 실적이 나아졌다는 것에 의문의 여지가 없었죠. 회사를 발전시키는 데 모든 사람을 적극적으로 개입시켰다는 것, 바로 그것이 주효했습니다. 할 수만 있었다면 더 빨리 불러일으켰어야 할 변화였습니다"라고 파가노는 말했다.

한마디로 비디오람은 오랜 창업주이자 경영주였던 파가노가 엑 싯을 마음먹고 준비했기 때문에 더 높이 도약할 수 있었다. 즉 그가 진정으로 회사를 떠나려고 마음먹었기 때문에 가능한 변화였다. 바로 이 부분에 엑싯을 준비하는 사업가들에게 주는 교훈이 담겨 있다고 할 수 있다.

사업은 여행과 같다

기업의 오너들 또는 스타트업을 꿈꾸는 사람들에게 하고 싶은 조언이 있다. 궁극적으로 아직 엑싯에 대한 생각을 해본 적이 없다면 바로 지금 그것을 시작해야 한다고 말이다. 현재 사업을 매각하고 싶지 않거나, 영원히 소유하고 싶거나, 자녀에게 혹은 직원에게 양도하거나 아니면 언젠가 정리하려는 마음을 어렴풋이 가지고 있는 경우에도 마찬가지다. 어떤 방식이건 중요하지 않다. 당신과 회사를 위해 당신이 떠날 수도 있는 상황에 대해 생각해야 하며, 회사가 어느 시점에 가능한 한 많은 가치를 평가받을 수 있을지 확인해야 한다.

당신은 언젠가 반드시 떠나야 하고 사업은 소유권이 바뀌거나 정리되거나 혹은 현금화될 것이다. 물론 먼저 스스로 잠시 한 발을 뗄 수도 있지만 당신이 회사를 영원히 떠나야 하는 날은 오기 마련이다. 만약 그 시점이 오면 준비가 많이 되어 있을수록 그러한 이별 자체가 행복한 경험이 되고 최소한 회사에 남은 사람들에게 부담이 되지는 않을 것이다. 그러나 이러한 기대가 엑싯 계획을 시작해야 하는 유일한 이유는 아니다. 적어도 나는 두 가지 이유를 더 말하고 싶다.

첫째, 레이 파가노의 경우와 마찬가지로 훌륭한 프로세스에 올라탐으로써 더 나은 비즈니스 방식을 찾고 또 채택할 수 있다. 이러한 의식적 노력을 통해 예전에는 생각해보지 못한 그러나 꼭 필요한 다음과 같은 질문들에 주의를 기울이게 되는 것이다.

- 우리 회사를 살 만한 잠재적 매수자는 어떤 사람들일까?
- 그들은 우리 회사가 가진 어떤 면을 가치 있게 생각할까?
- 그들의 지갑을 더 열게 할 방법은 없을까?
- 기대한 것보다 덜 지불한다면 그 원인은 무엇일까?
- 우리 사업의 취약성으로는 어떤 점을 꼽을 수 있을까?

이렇게 회사의 약점을 파악한 후에는 이를 제거하거나 또 재발하지 않도록 방지하는 일을 시작할 수 있다. 다시 말해, 자신의 사업과 회사를 하나의 '팔릴 만한 상품'인지 따져볼 수 있고, 그것을 최고의 상품으로 만드는 방법을 배우게 된다. 이를 통해 결과적으로 당신의 사업체는 분명 더 나은 회사가 될 것이다.

무엇보다 중요한 점은 엑싯 계획을 세우기 시작하면 스스로에게 중요하고도 어려운 다음의 3가지 질문을 하게 된다는 점이다.

- 나의 정체성은 무엇인가?

- 사업을 통해 이루려고 하는 것은 무엇인가?

- 왜 꼭 그것을 이루려고 하는가?

이에 대한 답을 명확히 하는 자세가 필요하다. 이러한 질문에 답을 할 수 있는 사람들은 대부분 행복한 엑싯을 경험하게 된다. 그리고 경영자이자 기업의 오너 자리에 있는 동안에도 자신과 사업체를 위해 더 나은 결정을 내릴 수 있다.

물론 대부분의 사업가들은 자신이 왜 그 사업에 종사하고 있는지 이미 알고 있다고 믿을지도 모른다. 당신이 대부분의 사업가와 같다면 생계를 꾸리고 또 스스로 최종 의사결정을 하는 리더가 되는 것을 꿈꿀 것이다. 또한 훌륭한 회사를 만들고, 자신이 속한 산업에 변혁을 일으키며, 인류를 위해 헌신하고, 훌륭한 일자리를 만드는 동시에 이 세상에 의미 있는 자취를 남기며, 지역 사회를 돕거나 아니면 단순히 재정적인 독립을 꿈꾸며 사업을 하고 있을 수도 있다. 이러한 꿈을 달성하기 위해서는 많은 노력과 규율, 끈기, 수완이 필요하다. 소위 '알아서 잘 굴러가는' 비즈니스를 창출하기 위해서는 어마어마한 노력이 필요하고 당신이 그것을 해낸다면 이는 분명 누구에게나 충분히 자랑할 만한 업적이다. 그러나 그것이 여정의 끝이 아니라는 것을 인식해야 한다.

바로 그것이 핵심이다. 사업을 구축한다는 것은 여행을 떠나는 것과 같다. 평생에 걸쳐 하는 여행일 수도 있고 단지 몇 년 동안 지

위대한 창업가들의 엑싯 비결

속되는 짧은 여행일 수도 있다. 또한 당신이 경험할 수 있는 유일한 여행일 수도 있고 수많은 여행 중 하나에 불과할 수도 있다. 당신에게 주어진 삶의 소명 같은 것일 수도 있고 다른 곳으로 가는 도중이거나 옆길로 우회하는 통로일 수도 있다. 우리가 이 여행에 대해 확실히 말할 수 있는 한 가지는 그것에는 분명 끝이 있다는 것이다. '언제, 어떻게, 왜'는 정해진 답은 없지만 꼭 필요한 질문이다. 당신이 엑싯에 대해 일찍 생각하기 시작한다면 그리고 단순히 훌륭한 사업체를 만들어내는 것이 여정의 끝이 아니라는 점을 명심한다면 이 3가지 중요한 질문의 답을 찾는 데 있어 상당한 통제력을 갖게 될 것이다.

사업을 일군다는 것은 다시 한번 말하지만 끝점이 아닌 중간점일 뿐이다. 끝이란 여정의 성공적인 완료를 의미한다. 진지한 산악인들이 말하는 것처럼 에베레스트산을 오를 때 가장 중요한 목표는 정상에 도착하는 것이 아니다. 살아 돌아와 그것을 이룬 경험을 평생 즐기는 것이다.

끝이 곧 시작이다

여정을 시작함과 동시에 선호하는 최종 목적지에 대한 구체적인 아이디어를 가지고 있어야 한다고 주장하는 사람이 비단 나뿐은 아니다. 스티븐 코비Steven R. Covey도 비슷한 주장을 했다. 《성공하는 사람들의 7가지 습관^{The Seven Habits of Highly Effective People}》이란 저서에서 그가 말한 습관 중 하나는 '끝을 염두에 두고 시작하라'였다. 이것은 1959년부터 1977년까지 ITT 코퍼레이션의 CEO로 일하며 현대적인 다국적 대기업 집단 경영구조를 창안한 것으로 유명한 헤럴드 제닌^{Harold Geneen}이 내세우는 아주 근원적인 비즈니스 원칙이기도 하다. 그가 알빈 모스코우^{Alvin Moscow}와 공동 집필한《당신은 뼛속까지 경영자인가^{Managing}》는 비즈니스 분야의 고전으로 평가되며 다음과 같은 견해와 함께 시작된다.

"책이란 처음부터 시작해 끝까지 읽게 된다. 그러나 사업은 정반대다. 끝에서부터 시작해야 한다. 그리하면 당신은 그것에 도달하기 위해 해야 할 모든 것을 할 수 있게 된다."

비록 이렇게 말하긴 했지만 적어도 우리의 관심사인 엑싯에 있어서는 '끝을 염두에 두고 시작하기'라는 모토가 정확히 무엇을 의미하는지 도출하기 위해 의식적인 노력이 필요하다. 우선 이것이 여정의 마지막 단계까지 모든 과정이 미리 계획되어 있어야 한다는 것을 의미하는 것은 아니다. 또한 계획에 틀어박힌 나머지 변경을 가할 수 없다는 의미도 아니다. '끝을 염두에 두고 구상하는 일 시작하기' 정도가 적절할 것으로 생각되는데 여기에는 처음부터 당신이 오너로서 사업에 개입하는 것이 영원히 이어지지 않음을 인식해야 한다는 것과 이렇게 너무도 간단한 진리가 당신의 여정 내내 계속 상기되어야 한다는 중요한 의미가 포함된다.

당신이 사업을 하며 내린 결정 중 많은 부분이 실제로 최종 결과에는 많은 영향을 미치지 않겠지만 몇몇 결정은 최종 결과에 영향을 주기도 한다. 또한 어떤 결정은 당신이 행복한 엑싯이라는 목표를 향한 습관을 키우지 않는다면 분명 결과에 안 좋은 영향을 미칠수 있다. 사실 이것은 일반적인 창업자와 기업의 소유주들이 쉽게기를 수 있는 습관은 아니다. 사업 초기에는 어쩔 수 없이 생존에초점을 맞출 수밖에 없기 때문이다. 일부는 '생존을 위한 투쟁 단계'에 영영 정체되어 머무르기도 한다. 여기서 일부 운이 좋은 사업가들만이 그다음의 '성장 단계'로 나아간다. 어느 쪽이든 그들은 코비가 '활동 함정Activity Trap'이라고 부르는 것에 붙잡힐 위험에 휩싸인다. 그것은 더욱더 열심히 일해 성공의 사다리를 오르려고 하지만 결국에는 잘못된 벽에 기댄 사다리를 오르고 있음을 발견하게 되는것을 말한다.

바쁘다는 이유로 많은 사업가들이 자신이 밟고 있는 여정이 진정자신이 원하는 곳으로 향하고 있는지에 대해 깊이 생각하지 않는다. 현재에 끊임없이 매몰되는 것이다. 다음 번 직원들의 급여를 맞추거나 다음의 대형 계약을 따내거나 혹은 현금흐름의 압박을 견디는 것 등에 비하면 그들에게 최종 목표Endgame를 고민하는 것은 절대긴급한 일로 다가오지 않는다. 엑싯에 관해 구체적으로 생각하는것은 쉽지 않은 일이며 이 또한 자꾸 생각을 미루게 되는 이유다. 따라서 대부분의 사업주는 이러저러한 이유로 때가 다다를 때까지엑싯에 관해 심각하게 생각하지 않으며, 막상 그 순간이 되면 실제로 엑싯에 관한 옵션은 현격히 제한되고 만다.

엑싯 과정에서의 많은 실수들이 엑싯을 단순히 하나의 이벤트 정도로 여기거나 혹은 매우 멀리 떨어진 일처럼 여기다가 준비 없이 맞이하는 데서 기인한다. 따라서 엑싯은 실제로 한 기업을 이끄는 오너로서의 여정에 있어 매우 중요한 단계이며 기업가적 경험의 필수적인 부분이다. 다섯 개의 사업을 시작해 네 개의 사업을 매각한 경험이 있는 캐나다의 창업가 존 워릴로우[John Warrillow]에 따르면 '엑싯은 마라톤의 골인 지점을 통과하거나 홈런을 친 후 홈플레이트를 밟는 것과 같다'며 다음과 같이 말했다. "사람들은 당신이 한 사이클을 완료하지 않았기 때문에 실제 엑싯을 경험하기 전까지는 당신을 진정한 사업가라고 생각하지 않을 것입니다. 야구로 치면 당신은 여전히 3루 베이스에 서 있는 것이죠. 창업과 경영이란 그저 사업의 일부일 뿐입니다. 사업은 누구나 '시작'할 수 있습니다. 당신이 실제로 사업체 하나를 매각하기 전까지는 야구에서 모든 베이스를 밟았다고 말할 수 없는 것과 같습니다."

워릴로우의 의견을 당신이 어떻게 생각하든 그것과는 무관하게 엑싯이라는 단계가 사업의 그 어떤 단계만큼이나 혹은 그 이상으로 중요하다는 것을 지적했다는 것에 의미가 있다. 이를 깨닫기 위해 당신이 기업가 정신에 관한 책을 반드시 정독할 필요는 없다. 스타트업과 창업에 관한 담론과 정보가 넘쳐나지만 이보다 엑싯이라는 과정이 훨씬 더 큰 사안이며 또 기업가들은 물론 그들의 가족, 직원, 그들이 관심을 갖고 있는 거의 모든 사람에게 광범위한 영향을 준다는 사실은 분명하다. 이처럼 훌륭한 엑싯을 이룰 수 있는가의 여부는 근본적으로 기업가가 처한 삶의 환경을 송두리째 바꿔버리거나 그들의 과거 주요 업적들을 돌아보는 관점에도 지대한 영향을 미칠 수 있다.

워릴로우의 엑싯 경험은 엑싯이 사업가의 인생을 바꿔버릴 수도 있음을 보여주는 좋은 예다. 그는 토론토에서 나고 자라 그곳에서 네 개의 사업을 런칭했다. 워릴로우앤코Warrillow&Co.는 그중 가장 큰 회사로 대기업을 대상으로 중소사업자 타깃 마케팅에 관한 심층적인 조사 및 분석 서비스를 제공했다. 이 회사는 2008년에 매각됐고 이를 계기로 워릴로우는 작가이자 연사로서 새로운 경력을 쌓을 수 있게 되었다. 엑싯 이후 그와 그의 아내 그리고 어린 두 자녀는 3년 동안 프랑스 남부로 이주하여 자유로움을 만끽했고 과거 회사 일에 몰두할 때는 생각조차 할 수 없었던 모험과도 같은 일들을 경험했다.

세 개의 회사를 창업하고 인력 파견 분야의 사업가로서 25년간 경력을 거치며 두 개의 회사를 매각한 마이클 르모니어Michael LeMonier의 경우는 또 어떤가? 그의 첫 번째 회사는 시카고 중심가에 위치한 사무직 직원 파견 업체였다. 당시 어려움을 겪고 있던 이 회사의 설립자가 르모니어에게 조언과 도움을 청했던 것이 시발점이 되었다. 컨설턴트가 되기 전 대규모 인력 파견 회사에서 수년간 근무한 그는 이 회사 주식의 49퍼센트를 사기로 하고 함께 턴어라운드 경영Turn around Management(침체된 조직을 생동감 넘치는 조직으로 급속히 바꾸는 조직개혁을 의미함_옮긴이)을 하는 것에 동의한 것이다. 18개월 후 턴어라운드가 완료되면서 그는 투자금의 14배에 해당하는 수익을 올리며 엑싯에 성공했다.

그 후 그는 사업의 돌파구를 찾지 못하고 있던 시카고의 또 다른 대도시권 소재 인력 파견 회사의 오너와도 비슷한 계약을 맺어 주식의 50퍼센트를 2,500달러에 인수했다. 그로부터 6년 동안 직원 수를 500명에서 600명으로 늘렸고, 12만 5,000달러였던 매출을 무려 1,100만 달러 수준으로 성장시켰다. 원소유주의 잔여 주식까지 모두 매수한 다음 그는 약 500만 달러(최초 투자 대비 약 20만 퍼센트의 투자수익율)의 수익을 올리고 이 업체를 대규모 공공 고용 서비스 회사에 매각했다.

이 거래를 통해 르모니어의 모든 것이 바뀌었다. 그는 '첫 번째 사업 매각은 컨설팅 파트너로서의 내 커리어를 끝내도록 해주었다'고 말했다. "좋았지요. 하지만 그게 전부였어요. 두 번째 거래는 마치 결승점에 골인하는 것과 같이 기념비적인 일이었습니다. 그것을 통해 재정적 자유를 얻었거든요. 그것은 내게 앞으로 나아갈 수 있는 선택의 특권을 부여하는 경험이었습니다. 덕분에 나는 그다음 사업(지금 내가 하고 있는)을 위해 얼마만큼의 시간을 쏟아야 할지 선택할 수 있었어요. 과연 얼마나 열정을 다해야 할지, 얼마나 오래 일할지, 또 얼마나 열심히 일할지 이 모두를 내 스스로 선택할 수 있었습니다. 이것이야말로 진정한 자유였죠."

배리 칼슨Barry Carlson의 엑싯 또한 살펴볼 필요가 있다. 그는 1996년 서부 캐나다의 외딴 지역에 인터넷 서비스 제공업체인 파라선 테크놀로지스Parasun Technologies Inc.를 공동 설립했을 때 이미 3개의 다른 회사 지분을 가지고 있는 소유주이기도 했다. 그중 두 기업은 매각했지만 그의 삶에 이렇다 할 영향을 미치지 못했다. 그러나 그로부터 11년이 지나 대략 1,500만 달러에 매각한 파라선 테크놀로지스의 경우는 분명 달랐다.

"추상적인 개념으로 기업 매각을 이야기하는 것과 누군가와 테이블 위에서 매각 금액을 실제로 주고받는 것은 완전히 다른 일입니다"라고 그는 말했다. "그것은 분명 인생이라는 게임을 변화시킬 만한 사건이죠. 나는 거래의 상대가 누구인지는 상관하지 않습니다. 그 누구라도 테이블에 큰돈을 올려놓고 내 회사를 사고 싶어 한다면 이는 기쁜 일입니다. 그렇다고 돈이 꼭 누군가의 삶을 변화시킨다고 이야기하는 것은 아니에요. 물론 일부 사람들에게는 그럴 수도 있지만 말입니다. 중요한 것은 당신이 엑싯을 어떻게 바라보는가입니다."

기업을 매각할 때 그는 이를 계기로 은퇴하겠다고 결심했다. 그는 부인과 함께 브리티시컬럼비아주 밴쿠버 중심가에서 조지아 해협을 건너 밴쿠버 아일랜드로 이사했고 이곳저곳으로 약간의 여행을 다녀오기도 했다. 그들은 정원을 돌보고 시간을 내어 골프를 즐겼다. 그러나 딱 1년 반 만에 칼슨은 다시 회사로 돌아가고 싶은 충동을 느꼈다. 그는 결국 몇 개의 사업체 이사회에 참여하는 것을 시작으로 두 곳의 스타트업 이사회 의장과 그의 세 번째 회사 CEO를 맡으면서 5년 만에 사업가의 삶으로 완전히 복귀했다.

이처럼 항상 엑싯의 끝이 해피엔딩만은 아니다. 심지어 많은 매각 대금을 챙기게 된 오너들에게도 말이다. 어쩌면 난생처음으로 재정적인 자유를 얻게 되었음에도 불구하고 많은 이들이 예상치 못한 후회와 무기력, 우울, 새로운 정체성과 목적의식에 대한 갈망 등의 감정과 싸우게 된다. 이들에게 엑싯 이후의 삶이란 황량한 시기에 가깝고 이러한 상태는 수년 동안 계속될 수도 있다.

엑싯의 4단계

왜 그러한 후회와 우울감이 어떤 사람들에게는 일어나고 또 어떤 사람들에게는 해당되지 않는 것인지 명확히 설명할 수는 없다. 사람들이 처한 상황이 제각각 다르고 개인의 성격과 편견 혹은 심리 상태 등 변수들이 너무 많기 때문이다. 그러나 내가 확신을 가지고 말할 수 있는 것은 엑싯에 관해 진지하게 오랜 기간 준비한 경우에는 이러한 일을 경험할 확률이 분명 적을 것이라는 점이다. 그저 생각할 시간을 오래 갖는 것만을 이야기하는 것이 아니다. 엑싯 프로세스의 4단계를 성공적으로 탐색하는 것이 반드시 필요하다.

- 1단계는 '탐험Explore'이다. 자신 앞에 놓인 많은 가능성을 살펴보는 것과 더불어 내면을 반추해보며 엑싯을 통해 내가 얻고 싶은 것 혹은 굳이 신경 쓰지 않아도 될 것을 결정하는 과정이다. 기업을 매각했을 때 받고 싶은 금액

과 그것을 몇 년 내에 이루고 싶은지 등이 이 탐험을 통한 결과물이 될 수 있다.

- 2단계는 '전략 수립Strategy'이다. 이제부터는 회사를 단순히 제품이나 서비스 공급자가 아닌 하나의 '상품'으로 보는 방법을 배워야 한다. 엑싯 시기에 맞춰 기업의 가치를 극대화하는 데 필요한 과정으로써 그것이 어떤 성격이든 자신이 꿈꾸는 엑싯을 하기 위해 필요한 특장점 등을 회사에 심는 작업이 요구된다.
- 3단계는 '실행Execution'이다. 실제 거래가 일어나기 위해서는 반드시 거쳐야 하는 절차에 해당한다. 제3자에 의한 회사 매각, 경영진에 의한 인수, 자산의 청산, 자녀에게 증여 등 그것이 어떤 형태이든 이행해야 할 절차를 차질 없이 수행해야 하는 단계다.
- 4단계는 '전환Transition'이다. 이 과정은 표면적으로 어떤 계약을 체결하는 식으로 '시작'될 뿐 그다음의 새로운 삶의 단계가 개시될 때까지 종결되지 않는 궁극의 단계다. 당신이 만약 육체적으로나 정신적으로 새로운 도전, 다시 정의된 역할 혹은 완전한 은퇴 생활에 몰입하기 전까지 당신의 엑싯은 아직 종결되지 않았다고 보아야 한다.

물론 모든 엑싯은 회사와 소유주에 따라 고유한 형태를 띠고, 그 과정은 실제 제각각 다르게 전개된다. 내가 아는 몇몇의 창업가 혹은 기업의 오너들에게 마지막 4단계인 전환기는 특히 극심한 고통의 연속이었다. 하지만 또 다른 이들에게 그것은 매우 빨리 그리고 고통 없이 지나갔다. 한 사업가는 엑싯 경험을 '9개월 동안의 발치

치료'라고 회고했고, 또 어떤 이들은 그것을 '재미있고 흥미진진하며 교육적이고 활기 넘치는 과정'으로 기억하기도 했다.

일부 기업가들은 몇 년 동안 그들이 원하는 엑싯에 대해 골몰한다. 그런가 하면 어떤 이들은 이러한 답을 매우 직관적으로 금세 찾아내기도 한다. 이 단계를 아예 건너뛰는 사람들도 있다. 그러고는 후에 아주 막대한 대가를 치르곤 한다.

앞서 말한 4가지 단계들, 특히 3단계까지는 사이사이에 중첩이 있을 수도 있고 이것이 반드시 하나의 방향으로 전개되는 것은 아니다. 예를 들어 현명한 기업가는 사업을 구축해나가는 동시에 내일이라도 당장 사업이 매각될 수 있도록 설계한다(1단계와 2단계가 함께 이루어지는 경우). 또 어떤 기업가들의 경우에는 어떤 방식의 엑싯을 원하는지 명확히 결정하지 않은 상황에서 사업 구축과 엑싯의 설계가 이루어지기도 한다(1단계를 건너뛰는 경우). 그런가 하면 오너가 매각 협상 단계(3단계)를 거치다가 막판에 물러나 본인이 깨달은 교훈을 취하고 그에 따라 되돌아가 전략(2단계)을 수정하는 일도 드물지 않다. 이 과정에서 자신이 원하는 엑싯의 이상적인 모습이 바뀌는 결과를 얻기도 한다(1단계).

그러나 유일하게 다른 단계들과 중첩되거나 수정, 회귀 등이 잘 허용되지 않는 단계가 바로 네 번째 '전환' 단계다. 그러므로 앞선 세 단계를 제대로 밟는 것이 매우 중요하다. 그것은 앞으로 일어날 많은 가능성들에 대한 이해로부터 시작한다. 사람들이 보통 상상하는 것보다 더 많은 경우들이 포함된다. 만약 당신이 사업을 정리하기보다는 누군가에게 매각하는 것을 바란다고 가정해보자. 이때 중요한 질문은 '누구에게 매각할 것인가?'이다. 가족 구성원? 제3자? 직원 또는 관리자? 아니면 공개 주식 시장? 여기서 더 나아가 각 유형의 매수자 형태에는 수십 가지의 잠재적인 변형이 있을 수 있다.

제3자에게 매각하는 경우의 예를 들어보자. 사모투자회사, 유망한 사업 기회를 찾는 개인, 경쟁자 또는 시장에서 본인들의 지배력을 확대하고자 하는 대기업에 매각하는 것을 선호할 것인가? 매각 후에 당신은 계속 회사에 남아 있고 싶은가 아니면 회사를 완전히 떠나고 싶은가? 매수자가 당신이 일군 회사의 문화를 보존하는 데 중점을 둘 것인가의 여부는 당신에게 얼마나 중요한 판단 요소인가? 당신이 가지고 있는 사업에 대한 장기적인 포부는 무엇인가? 기업의 매각이 직원들의 삶에 끼치는 영향에 대해서는 얼마나 관심이 있는가? 당신은 어떤 '유산'을 남기고 싶은가? 그리고 그것은 어떤 종류인가? 기업 매각 대금의 일부를 매각 후 회사의 실적에 따라 결정해 수취하는 언아웃Earn-out(기업의 매수자와 매도자 간에 미래의 성장 잠재력 그리고 무엇보다 당장 오고 가야 할 기업 매각 대금 수준에 이견이 있을 경우 대금의 일부를 미래의 기업 성과에 연동해 지불하는 방식_옮긴이) 형태를 수락할 것인가? 등등 이외에도 정말 많은 고려 사항들이 있다.*

조만간 이러한 모든 질문에 답해야 할 순간이 올 것이다. 당신이

---

* 엑싯 옵션의 전체 목록과 자신에게 물어볼 주요 질문 목록은 www.finishbigbook.com에서 찾아볼 수 있다.

이러한 질문에 어떻게 답하는가에 따라 당신이 원하는 엑싯 유형 또한 자연스레 도출될 것이다. 더 많이 숙고할수록, 다른 오너들의 경험에 더 많이 귀 기울일수록 자신이 원하는 것이 무엇인지 명확해지고 그 결과 또한 더욱 만족스러울 가능성이 크다.

당신은 이미 이러한 질문에 있어 답이 확실히 준비된 사람일 수도 있다. 어떤 오너들은 사업을 시작하기도 전에 원하는 엑싯을 달성할 계획이 짜여 있기도 하다. 또 어떤 오너들은 애초에 본인의 투자금 회수에 관한 분명한 방향성을 요구하는(보통 제3자 매각, 때로는 상장을 통한 기업 공개) 투자자들을 일찌감치 상대하기도 한다. 물론 자기 자신을 투자자 그리고 자신이 소유하는 기업을 하나의 투자 대상으로만 생각하는 오너들도 있다. 그들에게 있어 회사의 소유와 경영은 회사의 가치를 극대화하여 매각하는 것 그 이상도 그 이하도 아니다. 그러나 이러한 부류의 사람들은 매우 소수라고 할 수 있다. 경험상 이보다 훨씬 많은 오너들이 회사 운영에서 맞닥뜨리는 많은 도전 요인에 매달 그리고 매일 대처하기에 바쁘고 회사를 더나은 다음 단계로 도약시키는 데 온갖 에너지를 쏟았다. 이러한 방식의 부작용은 언젠가는 닥칠 수밖에 없는 엑싯에 관한 근원적 질문들에 관해서는 준비를 잘 하지 못한다는 것이다.

물론 운이 좋은 경우도 있다. 앞서 언급한 레이 파가노처럼 엑싯에 대해 많은 생각을 하지 않고 수년 그리고 수십 년 동안 지낼 수도 있다. 하지만 파가노 역시 막판에 몇 년간의 노력으로 우아한 엑싯을 만들어내는 조정 작업이 가능했다. 하지만 이러한 접근은 위험을 무릅쓰는 일이다. 사업의 여정은 절대 당신이 원할 때 혹은 예상할 수 있을 때 끝나지 않기 때문이다.

이 책에서 나는 버스에 치이는 교통사고와 같은 위험을 이야기하는 것이 아니다. 사실 그러한 위험은 항상 존재하며 신중한 회사들은 이에 대처할 만한 비상시 계획을 가지고 있다. 그러나 이러한 계획은 엑싯 계획과는 분명 다르다. 전자는 뒤에 남겨진 사람들을 보호하기 위한 것이다. 하지만 엑싯 계획은 결국 회사의 매각 그 자체만으로 여정이 끝나지는 않는 오너를 궁극적으로 보호하는 것이다. 엑싯의 가장 어려운 부분이 의외로 회사 매각 자체인 경우는 드물다. 그보다는 그 이후에 닥쳐오는 현실들, 즉 전환 단계에서 회사 매각 후 당신이 인생의 다음 단계로 접어들었을 때 맞닥뜨릴 당신의 의사결정이 빚어낸 결과물들이 주는 영향들인 경우가 더 많다.

레이 파가노의 경우를 예를 들면 그에게 엑싯의 결과는 자신이 엑싯 목표를 분명하게 설정했기 때문에 대부분 긍정적으로 다가왔다. 그가 궁극적으로 사업 이후의 새로운 삶에 발을 내딛기 시작했을 때 그는 자신이 원하는 바를 정확히 알고 있었다. 비디오람을 매각한 이후 그는 사업을 일구는 동안 장래희망이었지만 미루었던 모든 일을 할 수 있었다. 그 가설적인 삶의 형태에 대한 비전을 머릿속에 분명히 가지고 있었던 것이다. 그에게는 단순히 보트 타기를 즐기고 가족과 더 많은 시간을 갖는 것 외에도 자신이 회사를 떠나는 방식 자체 또한 본인에게 마음의 평화를 줄 수 있어야 한다는 꿈이 있었다. "나는 항상 떠날 수 있다고 생각했고 그런 생각을 할 때마다 기분이 좋으면 바로 그것이 내가 원하는 것이라는 생각을 평소에 늘 하고 있었습니다"라고 그는 말했다.

그의 행동 모두가 그러한 비전을 중심으로 자연스레 행해진 것이었다. 그가 회사 내부적으로 내린 변화의 결정들뿐만 아니라 매각 거래의 방식과 매각 조건 및 그가 회사를 넘기고 싶어 하는 인수자 유형에 대한 선택까지도 모두 그의 '엑싯 비전'이 바탕이 되었다. 비디오람의 최고재무책임자인 자넷 스폴딩은 이와 같은 파가노의 결심을 다음과 같이 회상했다. "나는 적어도 한 번 이상 그가 직원들의 처우가 지금보다 나빠지는 경우라면 절대 회사를 매각하지 않겠다고 이야기하는 것을 들었습니다." 그리고 그는 이렇게 덧붙였다. "그가 이러한 다짐을 종이에 적는 것을 보았어요. '직원들은 우리 가족이야. 나는 그들이 좋은 대우받는 것을 보고 싶다'라고 적었죠."

그러나 파가노가 가진 엑싯 비전의 선명함도 기업 매각 후 몇 달 동안 짓누르는 '해방감' 이면의 '상실감'을 막지는 못했다. 이러한 감정은 필연적인 것은 아니지만 매우 일반적인 것이다. 특히 오랫동안 기업 운영에 깊이 관여한 경우에는 더욱 그러하다. 그러나 이러한 감정도 일생을 기업가로서 성공했다는 성취감과 그의 남은 직원들이 새로운 오너 아래에서 번창하고 있다는 것에 대한 감사한 마음에는 비할 바가 되지 못했다.

결과적으로 그는 보통의 오너들에게 엑싯 과정을 불투명하게 하고 중요한 '전환'의 단계를 고통스럽게 만드는 여러 후회의 감정으로부터 자유로울 수 있었다. 그러나 이것은 정말 운이 좋은 경우라고 보아야 한다. 당신이 정서적으로 많은 준비를 할 수 있다면(당신 스스로 자신이 어떤 사람이며, 무엇을 원하는지, 왜 그것을 원하는지에 대해 명확히 인식하고 있는 것) 그리고 그에 따라 차곡차곡 준비를 해나간다면 당신의 엑싯은 파가노의 경우처럼 순조롭게 진행될 것이다.

2장

사업과 분리된 나,
정체성을 묻다

FINISH BIG

"엑싯 준비는 '나는 누구인지, 무엇을 원하는지, 왜 그것을 원하는지'에 대한 질문에서부터 시작해야 한다."

새벽 2시, 브루스 리치Bruce Leech는 크로스콤 내셔널CrossCom National에 대한 자신의 지배지분 매각을 앞두고 기업 매각 절차를 위해 서명해야 하는 서류들을 물끄러미 바라보았다. 불과 몇 시간 후면 그는 마흔여덟의 나이에 수백만 달러를 손에 쥐게 될 것이었다. 이뿐만이 아니다. 흠잡을 데 없는 이력과 든든한 재무 여건을 갖추고 있는 그의 회사가 몇 년 안에 한 번 더 매각될 때 남아 있는 자신의 지분도 팔리면서 또다시 큰 수익을 거두게 될 가능성이 높았다.

누가 보더라도 그는 곧 샴페인을 터뜨리며 사업의 긴 여정을 마무리할 준비가 되었고, 최고의 금전적인 보상을 받게 되었다고 생각할 수 있다. 그러나 그는 지난 23년간 자신의 삶을 대변하는 회사의 각종 서류 더미에 둘러싸여 마음이 편치 않은 채 앉아 있었다.

1981년 두 명의 동업자와 함께 회사를 창업했을 때만 해도 그는

위대한 창업가들의 엑싯 비결

젊었다. 수천 명까지는 아니더라도 수백 명의 다른 업계 사람들과 똑같은 바람으로 마벨Ma Bell(미국의 통신회사 AT&T의 애칭_옮긴이)의 해체에 따라 통신 업계가 분화되는 틈을 타 많은 통신장비를 판매해 수익을 낼 요량이었다. 말 그대로 힘든 스타트업의 삶이었다. 그의 동업자 중 한 명은 3년 만에 손을 털고 가까스로 빠져나갔다. 자신 또한 사업을 접기로 결심하고 새로운 직장을 얻기 위해 재훈련을 받고 있던 때 자동응답기에 남긴 월그린Walgreens의 음성 메시지 하나로 인해 그의 삶이 바뀌었다.

드럭스토어 업계의 거인이던 월그린은 앞으로 3개월 내에 총 1,200개의 매장에 통신시스템 설치를 원하고 있었다. 리치는 그 짧은 시간 안에 어떻게 그 많은 주문을 다 소화할 수 있을지 아무런 대책이 없었지만 자기도 모르게 "문제없어요"라고 말했다. 또한 그 순간 그는 옮기려던 직장 생각을 말끔히 잊었다.

그로부터 20년 동안 크로스콤 내셔널은 기업 내부의 통신시스템 설치 및 서비스 분야의 선도적인 회사로 성장했다. 직원은 300명으로 늘었고, 매출은 약 7,000만 달러로 증가했으며, 연이어 거대한 소매업체들이 그의 고객이 되었다. 리치는 그와 같은 호황기로 접어들던 시기에 대해 더할 나위 없이 행복했던 감정을 다음과 같이 회상했다. "하루하루가 정말 스릴 있었어요. 나는 아침마다 침대에서 말 그대로 뛰어 내렸죠. 매일 늦은 밤까지 일했고 모든 업무의 순간순간을 사랑했습니다."

그러나 시간이 지남에 따라 그의 열정도 점차 식기 시작했다. 그러다 크로스콤 내셔널이 1995년 영국에 진출했을 때 잠시나마 다시 에너지를 끌어모을 수 있었다. 미국 내수 시장만을 보고 사업을 해왔던 터라 유럽에 새로운 지사를 내게 되었다는 기대에 부풀었다. 심지어 그는 1년간 지사 설립과 회사 운영을 직접 도맡으며 런던으로 자신의 주거지를 옮기기까지 했다.

사실 그를 움직인 것은 단순히 유럽 진출의 기회만은 아니었다. "되돌아보면 미국이란 곳에서 탈출한 것일 수도 있습니다. 그 당시 삶이 조금 지루해지고 있는 듯했고, 영국은 새 출발과 같은 기분을 주는 곳이었습니다. 그래서 그로부터 몇 년간 영국 사업에 매진했죠. 그러던 중 아들 브루스의 장난감을 가지고 미국에 있는 집으로 돌아왔을 때 나는 내가 애써 외면하고 있던 진실과 마주했습니다. 그것은 내가 완전히 번아웃 상태라는 사실이었습니다."

그러나 그는 곧 자신이 완전히 지쳐버렸다는 것보다 더 많은 문제에 직면해 있음을 알게 되었다. 그의 오랜 부재로 인해 더 이상 결혼생활은 어려워졌고 회사는 혼란스러워 보였다. 결국 그의 결혼생활은 더 이어지지 못하고 아내와 2000년에 이혼하고 말았다. 그는 회사 운영에 재능을 보이던 야심에 찬 젊은 후배인 그렉 밀러Greg Miller에게 CEO를 맡긴 뒤 회사의 구조적인 문제를 해결하기 위해 노력했다.

사실 그는 일상적인 회사 운영에 큰 흥미를 느끼지 못하고 있었다. 그 후에도 영업과 마케팅에 시간을 쏟았지만 온전히 몰입하지는 못했다. "나는 의미 있는 그 어떤 것도 얻지 못하고 있었어요. 더 큰 무언가를 찾고 있었지만 그러는 사이에 많은 것을 잃었죠. 가령 결혼생활에서의 상실감, 아이들과 잃어버린 유대감, 후배에게 회사 경영을 맡기면서 회사와도 멀어지는 느낌이었습니다. 그 어떤 대체품도 없는 막대한 상실감이었죠. 재정적으로도 나는 온전한 모습이 아니었습니다. 은행 잔고는 바닥나 있었고 전처에게도 빚을 진 상태였습니다. 또한 아들은 곧 대학에 가야 할 나이였고 집은 은행에 담보가 잡혀 있었죠. 나는 무서웠습니다." 리치는 말했다.

그러나 그에게는 위기를 타개할 자원이 있었다. 바로 회사의 주식이었다. 그는 자신이 보유한 주식의 40퍼센트만 매각해도 여전히 회사를 장악할 수 있다고 생각했다. 그는 중개인을 고용하여 사모투자회사인 곤엔스 바운즈 앤 파트너스Goense Bounds&Partners와 연락을 취한 뒤 광범위한 거래 조건들을 살펴보았다. 리치는 그때 자신의 변호사에게 다음과 같은 질문을 들었다. "도대체 왜 외부의 큰 투자자를 자신의 삶 일부로 끌어들이려는 거죠?" 리치는 회사의 재무상 문제를 완화함으로써 더 많은 자유를 얻게 될 것이라고 말했다. 하지만 변호사는 이를 듣고 웃었다. "자유라고 하셨어요? 자유야말로 이제 당신이 절대 가질 수 없는 것이 될 겁니다. 새 투자 파트너와 협상 없이 회사에 대한 큰 결정을 내릴 수 없을 테니까요." 리치는 이 말에 충격을 받고 거래를 취소했다.

이와 같은 의사결정의 번복으로 크로스콤 내셔널은 수억 원의 손실을 보았다. 이는 당장의 거래 취소 페널티에 국한해 산정한 것일 뿐 기업의 매각 준비를 위해 열심히 노력한 그의 매니저들이 갖는 사기 저하는 말할 것도 없고 매각이 성사되면 받을 수 있었던 일정 금액의 수익금도 함께 날아가버렸다. 또한 외부 자본을 유치해 뭔가 사업을 적극적으로 성장시킬 수 있을 것이라는 기대도 꺾이고 말았다.

그러는 사이 회사의 재정적 압박은 계속되었고, 회사가 주요 고객 중 하나인 에커드 파머시Eckerd Pharmacy 체인을 잃고 말았다는 소식이 전해지자 리치의 두려움은 더욱 커졌다. 에커드 파머시는 크로스콤 내셔널의 전체 매출 7,000만 달러 중 약 900만 달러에 달하는 매출을 차지하는 고객이었다.

"완전히 식은땀에 젖어 새벽 3시에 잠에서 깨어나 출근했던 기억이 납니다. 나는 밀러에게 이러한 걱정들에 대해 말했고 그는 다음과 같이 대답했죠. '맞습니다. 당신은 정말 힘든 자리에 있습니다. 우리가 진짜 여기서 안 좋은 실수라도 하는 날에는 나는 단순히 직장을 잃는 것이지만 리치 당신은 한순간 모든 것을 잃을 수 있어요. 그게 당신을 힘들게 하는 것이죠. 그렇죠?' 나는 그 대화 이후 근 한 달 동안 잠을 제대로 자지 못했습니다"라고 리치는 말했다.

재정적인 파탄이 몰려온다는 생각은 리치에게 비록 그가 회사의 통제권을 잃는 한이 있어도 기업을 매각할 수밖에 없다는 확신을 갖게 만들었다. 그는 곤엔스 바운즈 앤 파트너스에 다시 거래를 제안했고, 그들은 이전의 기업가치 평가와 동일한 조건 하에 거래를 하겠다고 했다. 그러나 이제 차이가 있다면 그들이 40퍼센트가 아닌 60퍼센트의 지분을 원한다는 것이었다. 이미 경영진들에게 20

위대한 창업가들의 엑싯 비결

퍼센트의 주식을 부여한 리치는 회사의 20퍼센트 지분만 보유하게 되는 것이었다. 이 조건을 받아들이자 일은 일사천리로 진행됐다. 매각 날짜가 정해지고 변호사들이 법률적 절차를 준비해 서명해야 할 서류들이 리치에게 금세 날아들었다.

새벽 2시, 리치는 바로 지금 이 서류들을 앞에 놓고 고민하며 앉아 있는 것이었다. 그간 자신이 걸어온 사업가로서의 여정을 떠올리며 과연 자신이 올바른 결정을 내린 것인지 자문했다. 밀러가 전날 저녁 잠시 사무실에 들렀다. "리치! 당신은 필요한 모든 정보를 얻었습니다. 모두가 그것이 옳은 일이라고 생각하지만 결국 결정은 당신에게 달린 것 같습니다. 행운을 빌어요. 그럼 아침에 봅시다"라고 말했다.

밀러가 옳았다. 모든 사람, 즉 이사회와 그의 매니저, 변호사와 회계사, 친구와 가족들이 그에게 그 거래를 하는 것이 좋다고 이야기하고 있었다. 그러나 그는 뭔가를 놓치고 있다는 느낌을 떨칠 수 없었다. 몇 년이 지난 후 그는 당시의 심정을 다음과 같이 회상했다. "그때만큼 내 인생에서 혼자라는 느낌이 들었던 적이 없습니다. 정말 끔찍했어요. 뭔가 분명한 번뜩임 같은 것이 다가왔죠. 이 거래가 나에게 최선이라고 말하는 사람들 중 비록 많은 사람들을 나는 친구라고 부르고 있었지만 그들은 이 거래가 성사되면 어떻게든 이익을 보게 되는 사람들이었죠. 나의 내면에서는 진정으로 이 거래가 바람직한지 묻는 목소리가 있었지만 그 질문에 대한 답은 어디에도 없었습니다."

그러나 그 시점에서 그가 할 수 있는 것은 별로 없었다. "나는 두려웠습니다. 도저히 또다시 거래를 취소할 수는 없었습니다. 주변 사람들 모두 내가 방아쇠를 당기길 기대했고 나는 결국 모든 서류에 서명했습니다."

제대로 준비되지 못한 엑싯의 저주

사업가로서의 여정이 끝나는 방법은 다양하며 그중 많은 사람들이 리치처럼 준비할 시간을 갖지 못한 채 이를 맞이한다. 일부 오너들은 이 과정을 피곤해하고, 또 어떤 이들은 지루해하거나 개인적인 비극에 휘말리기도 한다. 또 다른 누군가는 그들이 도저히 거절할 수 없다고 느끼는 예기치 못한 제안을 받기도 하고, 또 어떤 이는 자신이 속한 산업 또는 거대한 경제 환경의 변화에 매몰되어 판단력을 잃기도 한다. 몇몇은 안타깝게도 자신의 고객에게 생긴 문제의 희생양이 되기도 하고, 일부는 단순히 현금이 바닥나 파산에 이른다. 이렇듯 목록을 만들자면 아마도 끝이 없을 것이다.

급하게 계획된 엑싯이 행복한 결말을 맺는 경우는 드물다. 엑싯 이후 자신이 직면할 현실에 대해 숙고하지 않은 오너에게는 특히나 어려운 상황이 펼쳐진다. 그들의 삶은 자신이 아닌 타인들의 니즈에 따라 좌우되고 다른 사람들이 해야 한다고 생각하거나 다른 사람들이 해야 할 일에 따라 전개되는 사건과 상황에 반응적으로 행동하게 된다. 이 과정에서 그들은 회사의 소유권이 제공하는 가장 큰 잠재적 보상, 즉 미래를 만들어갈 수 있는 능동적 기회를 상실하는 것이다. 대부분의 사람들이 사업을 시작하거나 인수하는 바로 그 중요한 이유이자 명분을 더 이상 함께할 수 없게 된다.

사업을 시작할 때만해도 그 종착점에 도달하는 방식에 있어 자신이 행사할 수 있는 영향력은 매우 커 보인다. 그만큼 많은 옵션을 가지고 있는 것이다. 그러나 시간이 지남에 따라 선택의 폭은 좁아진다. 의도적이든 그렇지 않든 당신이 내린 결정과 행동은 당신이 매각해야 할 것과 그로부터 얻을 대가, 잠재적 구매자가 누구인지와 회사를 매각하기 위해 필요한 것은 무엇인지 준비하는 것 등등 당신의 엑싯 전반에 영향을 미치기 시작한다.

자신이 어떤 엑싯을 원하는지 알고 있다는 전제 하에 가능한 한 많은 옵션들을 열어두는 것이 당연히 유리하다. 즉, 가장 먼저 당신이 누구인지, 비즈니스에서 원하는 것이 무엇인지, 왜 그것을 원하는지를 마음속에 명확히 해두어야 한다. 그렇지 않으면 옵션이 많아도 선택할 수 없거나 기회가 와도 알아차리지 못한다. 그리고 마침내 엑싯을 하고 나서도 그다음 무엇을 해야 하는지 모르는 상황과 마주하게 된다.

"회사를 매각한 후의 삶에 대해 진지하게 생각해본 적이 없었습니다"라고 리치는 말했다. "사업체를 매각한 경험이 있는 내 친구는 절대 자신이 그다음 할 일이 무엇인지 알기 전까지는 회사를 매각하지 말라고 조언했습니다. 나는 바로 어제 일처럼 그의 목소리를 기억하지만 그 말에 주의를 기울이지 않았고, 그 질문에 대한 답을 얻지 못했으며, 결국 그것은 나에게는 커다란 상실감을 안겨주었습니다."

회사를 매각하고 몇 달이 지나 리치는 자신이 처한 난처한 상황을 인식하게 되었다. 2004년 11월 초에 매각 계약이 체결된 후 연말까지 그는 계속 정신이 없었다. 해가 바뀌고 1월이 되자 그는 이제 다시 일하는 삶으로 돌아갈 때라고 생각했다. 그러나 그는 무엇을 해야 할지 몰랐다. 크로스콤 내셔널의 이사회에 여전히 그의 이름이 남아 있었지만 일상적인 책임은 더 이상 그의 몫이 아니었다. 처음에 그는 이런 상황에 그다지 개의치 않았다. 일할 준비를 갖추면 뭔가 할 수 있는 일이 생길 것이라고 생각했다. 이러한 마음으로 그는 시카고 다운타운에 사무실을 하나 임대하고 명함도 주문했다. 그런 다음 기다리고 또 기다렸다.

"나는 혼자라고 느끼기 시작했어요. 건물에 있는 다른 사업가들과 네트워크를 형성할 수 있을 것이라고 생각했지만 그들은 폐쇄적이었죠. 그리고 나의 모든 친구들은 여전히 바쁘게 일하고 있었습니다. 같이 어울릴 사람이 아무도 없었죠. 아이들조차 학교에 가니까요. 나는 무엇을 해야 할지 몰랐습니다. 스스로 쓸모없는 사람처럼 느껴지기 시작했죠. 크로스콤 내셔널에서는 300명의 직원이 나를 가까이 대했어요. 그런데 어느날 갑자기 나는 무의미한 존재가 되버린 것입니다. 그 누구도 더 이상 나를 필요로 하지 않았죠. 정말 아무도 신경 쓰지 않았어요. 사람들은 의무적인 인사말로 '어떻게 지내요? 은퇴하니 정말 좋죠?'라고 물었지만 나는 그 말이 무척 싫었습니다. 당시 나는 40대 중반이었고 돌이켜 생각해보면 모든 일들을 내려놓을 때가 아니었어요."

리치는 자신이 잃어버린 것을 대체할 무언가를 찾기 시작했다. 비영리 부문에서 새로운 것을 발견할 수 있으리라 기대하며 전 세계의 빈곤을 해소하는 데 주력하는 몇몇 단체에 가입하기도 했다. 그중 한 단체를 통해 아프리카를 여행하고, 볼리비아로 연례 의료 봉사활동을 하는 단체와도 함께했다. 또한 그는 자신의 마음속에 있는 교육에 대한 열정, 특히 비즈니스 세계에 이제 막 진출하는 젊은이들을 위한 교육에 열의가 있음을 깨닫고 그의 모교인 미시간 주립 대학과 MBA를 취득한 드폴 대학에서 학생들을 가르쳤다.

그러나 인생의 전환점과도 같았던 제3세계 여행이든 환상적인 비즈니스 관련 강의 경험도 그의 공허함을 온전히 채워주지는 못했다. "한번 기업가는 영원한 기업가라는 사실을 배웠죠. 나는 아직도 사업에 대한 갈망이 있습니다. 단순히 돈이 필요했다기보다는 세상에 가치 있는 일을 하고 그것을 통해 보상받는 것이 필요했죠. 봉사활동으로 시간을 보내는 것도 의미가 있지만 비즈니스에 종사했던 사람들은 진지하게 자신의 삶과 활동이 사업적으로 의미가 있는지 검증하는 것을 좋아합니다."

리치는 새로운 길을 찾기 위해 애쓰고 있는 한편 크로스콤 내셔널의 지배지분을 매각한 자신의 결정이 옳았는가에 대해 더 큰 의

문을 키워갔다. 새로운 지배주주는 그를 회사 밖으로 몰아내버렸고 이사회 이사이자 주요 주주로서의 지위에도 불구하고 그는 기여할 것이 거의 없는 외부인처럼 대우받았다. 전략적 의사결정에 전혀 개입할 수 없었고 아무도 그에게 의견을 묻지 않았다. 그는 완전히 소외되어 좌절감을 맛봤고 좌절감은 또 자신이 내린 결정에 대한 회의감으로 이어졌다. 그는 마치 자신이 거래를 위해 내몰렸던 것은 아닌가 생각했다. 그는 지쳤고 완전히 방전됐으며 아마 조금 우울했을지 모른다. 하지만 다른 가능성은 없었을까?

일리노이주에서 '일하기 가장 좋은 회사' 중 하나로 수차례 상을 받은 테이스티 케이터링Tasty Catering이라는 시카고 회사를 방문했을 때 비로소 그의 생각이 정리되었다. "나는 그들의 문화를 접하고 직감적으로 알았습니다. 크로스콤 내셔널의 문화가 가진 의미를 비로소 깨달았던 거죠. 우리는 특별한 것을 만들어냈지만 이내 그것을 잃어버렸습니다. 그러나 그때까지 나는 그것이 얼마나 특별한 것인지 깨닫지 못했어요. 당시에는 모두 나에게 '손에 2,000만 달러가 쥐어진다고 생각해봐요. 전 부인에게 돈을 갚고, 새 비행기도 사고 말이지요'라고 이야기했어요. 그러나 회사를 매각하고 나서 내게 남은 것은 아무것도 없었죠. 그 후로 3년간 앞으로 할 일을 생각하기보다는 내게서 사라진 것을 안타까워하며 보냈습니다"라고 리치는 말했다.

2008년에 그는 비로소 새로운 소명을 발견했다. 그와 마찬가지로 좋지 않은 엑싯을 경험한 친구 데이브 잭슨Dave Jackson과 함께 자신의 사업체를 매각했거나 혹은 앞으로 매각하려는 사람들을 위한 서비스 및 네트워킹을 제공하는 이볼브 유에스에이Evolve USA를 설립한 것이다(이에 대해서는 6장에서 더 자세히 다루겠다).

리치는 다음과 같이 회고했다. "나는 회사를 매각할 때 전혀 준비가 되어 있지 않았습니다. 준비되어 있어야 한다는 게 무엇을 의미하는지조차 몰랐죠. 사람들이 엑싯에 관해 이야기할 때 초점은 거의 항상 매각 거래 자체에 있지만 그것은 전체의 20~30퍼센트에 불과합니다. 나머지 70~80퍼센트는 정서적인 부분이에요. 그것에 대해 항상 미리 생각해야 합니다. 거래가 일단 시작되면 사람들은 거래 성사를 위해 당신을 내몰 것이고 앞만 보고 달리던 당신은 결국 어느 순간 길에서 벗어나 있는 자신을 발견하게 되기 때문입니다."

스스로에게 '왜?'라고 질문하라

비즈니스에서 '아는 것이 힘'이라는 점은 부정할 수 없다. 당신의 사업이 속해 있는 시장의 주요 트렌트를 아는 것의 중요성은 이루 말할 수 없을 정도다. 고객이 관심을 갖는 것이 무엇인지, 기술이 당신의 산업에 어떤 영향을 미치는지, 당신이 직면할 새로운 경쟁자는 누구인지, 직원들은 얼마나 헌신적이며 활기에 차 있는지 등이 이에 해당한다. 그러나 기이하게도 기업의 오너들이 가장 등한시하는 분석 주제는 바로 '자기 자신'이다.

오너 자신에 대해 깊이 이해하는 것보다 자신의 비즈니스에 더 큰 영향을 줄 수 있는 것은 없다. 즉, 당신이 원하고 또 원하지 않는 것을 이해해야 하고, 당신이 가장 중요하게 생각하는 것이 무엇인지, 무엇이 당신을 일으키는지, 당신의 진정한 열정이 무엇인지, 당신의 약점은 무엇이고 또 당신의 열정을 식게 만드는 것은 무엇인지 알아야 한다.

자신에 대해 잘 알고 있는 오너들이 더 나은 의사결정을 내리고, 더 나은 회사를 만들며, 더 나은 리더가 되고, 그렇지 않은 사람보다 보람 있는 비즈니스 커리어를 더 많이 쌓아나가는 경향이 있다. 또한 이런 이들에게 행복한 엑싯이 일어날 확률이 훨씬 크다. 이들은 자기 인식의 수준이 높을 때만 얻을 수 있는 좋은 감각을 개발할 수 있기 때문이다. 물론 자신의 궁극적인 목표를 알았다고 해서 꼭 그 목표에 도달한다는 보장은 없다. 그러나 아예 원하는 목표를 모른다면 그것을 이루지 못하는 것은 자명한 사실이다.

이제 우리는 자신이 어떤 사람인지 정확히 이해하는 일이 기업가에게 있어 평생의 과업이라는 사실을 깨달았다. 하지만 이것은 단순히 주말 동안 시간을 내어 생각한다고 해서 풀리는 문제는 아니다. 즉 장기적인 과제임을 인식해야 한다. 내가 알고 있는 한 기업인은 신년 초마다 앞으로의 10~15년 동안의 비전을 작성하는 데 시간을 할애한다. 그의 비즈니스 파트너들도 마찬가지다.

이러한 과정을 거치지 않는다면 여정이 끝날 때뿐만 아니라 다음 단계로 나아갈 때조차 제대로 준비하지 못할 위험이 크다. 그러다가 지금하고 있는 사업에서 엑싯할 때 나는 누구이고, 무엇을 원하는지, 왜 그것을 원하는지 스스로에게 묻게 된다. 피할 수 없는 순간을 맞이하게 되는 것이다. 엑싯 이후의 계획이나 삶에 대한 질문의 답을 우연히라도 찾게 되길 그저 운에 맡겨야 할 뿐이다. 그러나 이것은 상당 부분 확실하건대 답을 얻었을 때쯤이면 애초에 사업에 열심히 몸담고 있을 때부터 질문과 탐색을 했다면 가질 수 있었던 많은 옵션들이 더 이상 남아 있지 않게 된다. 따라서 엑싯 프로세스의 1단계에서 자신에 대해 이와 같은 근원적인 질문과 탐색을 하는 것은 매우 중요하다.

여기서 강조하고 싶은 것은 단지 내가 어떤 사람인지 그리고 무엇을 원하는지 답을 찾는 것뿐만 아니라 '왜 그것을 원하는지' 깨닫는 것이 무척 중요하다는 점이다. 처음 두 질문인 '나는 누구이며, 무엇을 원하는가'에 대한 피상적인 답을 얻는 것은 쉽다. 그러나 '왜'라는 질문을 하면 할수록 당신은 자신의 정체성과 당신이 원하는 것에 스스로 얼마나 확신이 있는지에 대해 더 깊고 진지하게 생각하게 된다.

때때로 나와 공동 저작을 하는 브로드스키는 바로 '왜'라는 질문의 중요성을 매우 고통스럽게 깨달았다. 그는 1980년대 자신의 첫 사업체인 메신저 배달 서비스 시티포스털Citipostal을 설립하면서 자신이 원하는 것을 정확히 알고 있었다. 1억 달러 이상의 매출을 올리는 회사를 만드는 게 그의 목표였던 것이다. 그는 스스로에게 결코 왜 그런 목표를 세웠는지 묻지 않았다고 했다. 대답을 굳이 강요한다면 자기 스스로 어떤 일에 있어 최고임을 증명하고 자부심을 채워줄 수 있는 주기적인 자양분이 필요했다고 답했을 것이라고 말했다. 하지만 그에게는 그 이상의 무언가가 있었고 만약 그가 자신의 동기에 대해 더 고민해보았다면 자신이 세웠던 목표를 분명히 재고했을 것이다. 그러나 그는 그렇게 하지 않았고, 결국 1억 달러 이상의 매출을 달성하겠다는 그의 결심은 그로 하여금 매우 나쁜 기업 인수 결정을 하게 만들었다. 그 기업 인수를 통해 회사의 매출은 단번에 4,500만 달러에서 1억 2,000만 달러로 뛰어올랐지만 연매출은 110만 달러 흑자에서 1,000만 달러의 손실로 바뀌었고, 이듬해 스스로 파산 법원에 서게 되는 일련의 사건들을 몰고 왔다. 그는 그로부터 3년간을 기업 회생 절차를 거치는 데 보냈고, 바로 그때서야 자신의 정체성과 자신이 무엇을 원했는지, 왜 그것을 원했는지에 대해 생각할 시간을 갖게 되었다.

그가 거친 첫 단계는 지금 그에게 막 일어난 일들을 어떻게든 이해하는 것이었다. 그는 처음에 외부 요인 탓으로 쉽게 돌릴 수 있는 바로 그 파멸에 관한 책임을 스스로 인정하려 하지 않았다. 어쨌든 세상 그 누구도 그를 거의 빈털터리로 만든 1987년 10월 주식 시장의 대폭락을 예측하지 못했다. 그리고 그와 거의 동시에 팩스가 메신저에 의한 배달 서비스를 대체하는 실용적 대안이 될 정도로 보급될 줄 누가 알았겠는가? 그는 스스로에게 말했다. '기업 인수는 실수였어. 하지만 누구든 실수할 수 있는 거잖아.' 그러나 문제는 그가 예상하지 못한 외부 사건이 발생한 타이밍에 있었다.

결국 그는 한 투자 은행가가 잡지에 남긴 한마디에 스스로 만들었던 부정의 벽을 깨야만 했다. 한때 시티포스털에 투자하려 했다고 밝힌 이 전문가는 당시 재무 상황을 접했을 때 이 회사가 빈 깡통이라는 사실에 놀라움을 금치 못했다며 "살펴본 결과는… 상당히 당혹스러웠습니다. 재무구조 상태가 도저히 엑싯할 수 없는 지경이었죠"라고 잡지에 인터뷰한 것이다.

브로드스키는 즉시 그 말의 의미를 파악했다. 투자은행 전문가는 실제로 파산이 이미 예견되어 있었지만 진작에 피할 수도 있었다고 이야기하고 있었다. 그것이 사실이라면 명백한 질문은 '브로드스키가 이러한 상황을 예견할 수 있었으면서도 피하지 않은 이유는 무엇인가?'로 모아진다. 그는 스스로 받아들이기 어려운 답이 이미 자신의 마음속에 있다는 것을 알고 있었다. 그는 기업 인수를 하기 전에 진지하게 실사를 진행하지 않았던 것이다.

그는 1억 달러의 매출을 올리겠다는 목표에 너무 집중했고 합병할 수 있는 능력에 대해 확신하고 있었기 때문에 위험 요소를 살피는 일에 소홀했다. 사실 그에게는 위험을 즐기는 면이 있었다. 심지어 위험이 그에게 의욕을 불어넣기도 했다. 그것은 그의 타고난 성격 때문이기도 했는데 그는 스스로 "나는 절벽의 가장자리에서 내려다보는 것을 좋아합니다"라고 말하곤 했다.

시티포스털이 불행한 결말을 맺은 것은 이처럼 주식 시장 붕괴나 팩스의 등장 때문이 아니었다. 그것은 브로드스키의 도박가 본능 때문이었다. 결국 위험을 즐기는 본능에 굴복함으로써 그는 예기치 못한 사건에 취약해질 수 있는 포지션에 서게 되었고 약 3,000명의 직원들이 절대 직면해서는 안 될 높은 수준의 위험에 처하게 되었다. 그중 98퍼센트 이상이 결과적으로 일자리를 잃었다. 본인들의 잘못 없이 말이다.

다른 여러 성향을 따지는 것과 무관하게 브로드스키는 양심적인 사람이었다. 그는 자신이 고용했고 그의 요청이면 모든 일을 했던 2,900명이 넘는 직원에게 닥친 재앙에 대해 직접적으로 그리고 개인적으로 책임이 있다는 사실을 깨달았다. 그는 두 번 다시 직원들의 생계를 위험에 빠뜨릴 수 있는 결정은 내리지 않겠다고 다짐했다. 그리고 그것은 브로드스키가 이전과는 다른 방식으로 사업을 이끌어가는 전환기의 첫 단계와 같았다. 그는 자기 자신을 바꿀 수 없다는 것을 잘 알고 있었다. 그러나 자신의 성격 가운데 한 측면을 제대로 통제하지 않으면 자신은 물론 다른 사람들이 위험에 처할 수 있다는 명백한 사실을 받아들일 만큼 스스로에게 정직했다. 이 점을 직시하며 그는 자신의 약점을 보완하고 강점을 보강하며 앞으로 똑같은 실수를 범하지 않도록 하는 여러 조치들을 취했다.

우선 그는 자신의 주변에 꾸준하고도 분석적이며 세부적인 사항을 잘 챙기는 사람들을 두기 시작했다. 그는 자신이 끔찍한 관리자였고 관리하는 업무를 즐기지 않았다는 점을 인정함으로써 결국 그 일을 다른 사람에게 맡겨야 한다는 것을 받아들였다. 이전 같았으면 그냥 지나쳐버렸을 직원들과의 논쟁을 피하지 않았고 그들의 의견을 경청하는 법을 배우기 시작했다. 그는 스스로 만들어낸 문제들의 원인을 들여다보고 해결책을 찾는 절차 또한 만들었다. 그리고 그는 샤워를 하고 나서야 중대한 의사결정을 한다는 한 가지 규칙도 세웠다. 그는 늘 아침에 샤워를 했기 때문에 이 규칙대로라면 적어도 하루 동안은 큰 결정을 미루고 차분히 생각할 시간을 가질 수 있었다.

그는 사업 목표를 변경하는 중대한 결정을 내리기도 했다. 파산 경험은 그에게 매출에 대한 과도한 집중과 기업의 규모를 키우겠다는 열망에 대해 반성하는 계기가 되었다. 1억 달러의 매출을 올리는 것은 그 자체로 큰 의미가 있는 것은 아니었다. 특히 메신저 배달 서비스와 같이 수익성이 낮은 비즈니스라면 더욱 그러했다. 그는 매출 규모가 2,000만 달러 정도로 작더라도 높은 이윤을 남기고 뛰어난 현금흐름을 보이는 기업을 만드는 것이 더 나은 선택이라고 판단했다.

바로 그 무렵, 그는 고객으로부터 매우 이례적인 요청을 하나 접수했다. 고객은 27개의 상자를 저장해둘 공간을 찾고 있었고 시티포스털이 그 서비스를 제공할 수 있을지 궁금해했다. 브로드스키는 그러한 서비스에 대해 들어본 적도 생각해본 적도 없었지만 빠른 시장 조사를 통해 기록 문서를 저장·보관하는 서비스가 자신들이 원하는 비즈니스 유형이라고 결론지었다. 이것이 그의 두 번째 회사인 시티스토리지가 탄생한 배경이다. 그로부터 17년간 그와 그의 직원들은 미국에서 가장 크고 존경받는 기업 중 하나인 기록 보관 전문업체를 일구게 되었다.

브로드스키는 2007년 시티스토리지와 두 개 계열사의 지배지분을 매각했고, 해당 시설이 입지해 있던 주요 부동산에 대한 지분을 사업 개발 회사인 얼라이드 캐피털Allied Capital에 1억 1,000만 달러에 매각했다. 그는 훗날 이 엑싯에 대해 자신이 누구인지, 무엇을 원하는지, 왜 그것을 원하는지에 대해 명확한 답을 갖게 된 계기가 되었고, 자신의 사업에 변화가 필요하다는 것을 깨달았기에 가능했던 일이라고 회고했다.

투자자의 마음으로
엑싯을 설계하라

다행히도 모든 사람이 기업 회생 절차라는 고통스러운 과정을 겪어야만 자신이 누구인지, 무엇을 원하는지, 왜 그것을 원하는지에 대한 명확한 답을 얻을 수 있는 것은 아니다. 그러나 위기라는 것은 분명 무언가를 배울 수 있는 기회가 될 수 있고 성공적인 엑싯을 이룬 많은 비즈니스 오너들은 고통스러운 사건을 통해 성공으로 가는 경로를 마침내 설정하게 되었다고 고백하곤 한다.

앞서 1장에서 언급한 인력 파견 분야의 사업가 마이클 르모니어에게는 9년간 근무한 대형 인력 회사에서 사업본부장까지 승진한 후 갑작스레 해고당한 사건이 계기가 되었다. 그는 새로 부임한 자신의 상관과 충돌한 후 해고당했고, 그의 표현을 빌리자면 자유의 몸이 되었다. "나는 그에게 '멍청이'라고 했죠." 르모니어가 말했다. 그의 퇴직을 촉발시킨 것이 무엇이든 간에 그는 그 경험으로부터 교훈을 얻었다. "그 사건을 계기로 내 모든 것을 회사 일에 묶인 채 보낸 날들이 얼마나 바보 같았는지 깨달았어요."

이러한 깨달음은 이후에 그가 기업가로서의 삶을 살아가는 데 있어 방향타와 같은 역할을 했다. 그는 자신이 소유한 사업을 인생 과업이라기보다는 일종의 투자로 바라보기 시작했다. "사업 하나하나는 내가 써내려가는 책의 한 챕터에 불과합니다. 사업 자체가 내 모든 것을 의미하지는 않죠. 물론 내가 하는 사업에 열정적이지만 그것은 어디까지나 내가 하는 투자를 성공시키는 데 있어 열정을 갖는다는 의미입니다. 이러한 시각은 내가 아는 다른 사업가들과는 조금 다른데 그것은 아마도 내가 사업에 뛰어드는 그 시작부터 다르게 접근하기 때문일 것입니다."

실제로 그는 사업의 시작과 엑싯 모두 동전의 양면에 불과하다고 생각했다. "나는 내 역할을 사업을 성장시키고 엑싯을 준비하는 것으로 설정했습니다. 어떤 사업에 뛰어들어야 한다고 생각할 때마다 나는 그 시작뿐 아니라 끝점 또한 염두에 두었죠"라고 르모니어는 말했다.

사실 그가 운영한 회사들은 그에게 정체성이나 자신이 무엇을 원하는지 그리고 왜 그것을 원하는지에 대한 질문에 답을 하는 데 있어 큰 역할을 하지 않았다. "사업이 곧 나의 목적은 아닙니다. 하지만 그것은 내게 더 깊고 개인적인 삶의 목적을 발견할 수 있는 기회를 제공해주었어요. 그리고 나 자신에게 '내 사업이 곧 내가 아니라면 나는 누구인가?'라는 질문을 던졌을 때 나는 항상 답을 가지고 있었습니다. 그것은 '내가 하느님의 아들이며, 아내의 남편이고, 내 아이들의 아버지'라는 것이었죠."

회의적으로 바라보면 르모니어가 실제로 사업이란 것을 시작했다고 보기는 어렵다. 그는 사업체를 사들이고 키운 다음 다른 이들에게 매각했다. 그는 순수 투자자가 아닌 운영자에 가까웠지만 왜 그가 자신의 사업을 투자로 바라보며 사업 자체에 자신의 정체성까지 매이게 하지 않았는지 쉽게 이해할 수 있다.

르모니어와 똑같은 이치를 존 워릴로우에게 적용하기는 어렵다. 그는 토론토에서 초등학교 3학년 때부터 사업을 시작했다. 르모니어와 같이 워릴로우 또한 사업을 시작할 때 그 끝점을 염두에 두었다. 성공한 사업가들에 둘러싸여 자라난 환경 덕분이었다. 그의 아버지 제임스 워릴로우는 캐나다판 〈인크〉라고 할 수 있는 〈프로핏 PROFIT〉의 발행인이었다. "의도적이었든 그렇지 않든 나의 아버지는 사업을 성공적으로 엑싯하고 사업의 시작 전부터 엑싯에 대해 고민했던 사업가들을 만나게 해주었습니다"라고 워릴로우는 말했다. 그렇다 하더라도 그가 자신의 정체성과 자신이 무엇을 원하는지 그리고 왜 그것을 원하는지에 대한 답을 스스로 명쾌히 찾는 과정이 없었다면 그가 아무리 환경적인 경험으로 회사를 매각하는 것에 익숙했다 하더라도 그의 사업 중 가장 규모가 크고 널리 알려진 워릴로우앤코를 매각하는 과정에서 훨씬 더 어려움을 겪었을 것이다.

워릴로우앤코에 대한 아이디어는 그가 제작하고 진행하는 라디오쇼에서 성공적인 기업가와 인터뷰하는 도중에 나왔다. 방송의 후원사 중 하나인 캐나다 왕립은행RBC Royal Bank은 중소기업 고객들이 은행의 다이렉트 마케팅 메일에 응답하고 영업사원들과 보다 더 적극적으로 협업하도록 하는 데 어려움을 겪고 있었는데 바로 이 은행의 마케팅 담당자가 그에게 도움을 요청한 것이다. 처음에는 광고주에 대한 호의 정도로 무료 자문을 해주었지만 다른 회사들도 유사한 니즈가 있을 것이라는 생각에 서비스를 유료로 전환했고 이를 통해 1997년 워릴로우앤코가 탄생하게 된 것이다.

그는 당시 26세였고 그가 고용한 대부분의 사람들이 그와 비슷한 연령대였다. 그는 당시의 회사 문화가 마치 '고등학교' 같았다고 묘사했다. 그들은 함께 일하고 또 함께 여가를 즐겼으며, 그로부터 7년 만에 약 400만 달러의 매출을 올리며 회사를 크게 성장시켰다. 그럴수록 워릴로우는 리더십을 비롯한 역량들을 향상시키고 훌륭한 비즈니스를 구축하는 데 중점을 두었다. 많은 세미나와 강연, 컨퍼런스에 참석했고, 훌륭한 업무 환경의 중요성을 설파한 경영 관련 서적들을 적극적으로 읽기 시작했다. 그는 당시의 이러한 과정들을 다음과 같이 회상했다. "직원들은 자신이 기르는 애완견을 직장에 데려올 수도 있었고 회사에는 이밖에도 재미있게 시간을 보낼 수 있는 꺼리들이 많았어요. 직원들이 서로서로 애정을 갖는 그런 종류의 문화를 만드는 긴 여정에 모두가 함께 발을 담그고 있었죠."

뿐만 아니라 그는 자신이 추구하는 방향이 옳다고 진정으로 믿었다. 그러다 보니 회사의 핵심 인물이 회사를 떠나기 시작했을 때 충격과 실망은 이루 말할 수 없었다. 제일 먼저 떠난 이는 고객 관리를 담당했던 핵심 중역이었다. 그는 고객사로 이직했고, 두세 달 후에는 시장조사 책임자가 또 다른 고객사로 떠났다. 이 두 사람을 따라 다른 직원들의 퇴직이 줄을 이었다. 대략 6개월 동안 직원의 40퍼센트가 떠났다. 이로 인해 회사 분위기는 매우 혼란스러웠고 고객과의 관계는 위태로운 상황이 되었다.

사실 직원들이 떠나는 이유는 어렵지 않게 알 수 있었다. "그들은 더 좋은 기회를 발견한 것이죠"라고 워릴로우는 말했다. "그들은 큰 회사에서 일하길 원했고 그들의 바람에 비해 우리 회사는 작았죠. 사실 우리는 작은 회사에서 많은 일을 하기 위해 무리를 하고 있었어요. 한 사람당 보통 세 가지 정도의 일을 맡고 있었으니까요. 회사를 떠받치는 구조라고 할 것이 없었습니다. 또 본질적으로 우리 사업이 대기업들을 고객으로 삼는다는 것도 원인이었습니다. 직원들은 대기업 고객들을 접하면서 그들의 복리후생 조건 등을 자연스레 많이 접하게 된 것이죠."

그럼에도 불구하고 그는 배신감을 느꼈다. "그것은 마치 십대에 겪는 여자친구로부터의 이별 통보와도 같은 것이었습니다. 그 느낌을 묘사할 수 있는 다른 상황을 떠올릴 수 없었어요"라고 그는 말했다. 그의 생각에 직원들은 자신이 훌륭한 직장을 만들기 위해 쏟았던 것만큼 회사에 애정을 가지고 있지 않았고, 그의 노력이 만들어낸 성과에 대해서도 전혀 고마워하지 않았다. '매우 어려운 시기였다'고 그는 당시의 기억을 떠올렸다.

그는 다시 마음을 가다듬고 새로운 사람들을 채용해 떠난 이들의 자리를 메웠다. 그들과 함께 다시 회사를 궤도에 올려놓는 데 성공했지만 그가 겪었던 일들은 그의 사업관을 근본적으로 바꿔놓았다. "나는 결코 다시 사업에 감정적으로 올인하지 않겠다고 다짐했습니다. 또한 일에 몰입하느라 나의 사회 생활 혹은 가족과 보내는 삶을 희생하지 않겠다고 마음먹었어요. 그 무렵 아내와 나는 첫 아이를 갖게 되었습니다. 아버지가 되는 것은 게임 체인저와도 같았죠. 회사보다 더 중요한 것들이 있다는 것을 깨달았습니다. 이를 계기로 회사에서 내 자신을 분리하는 과정이 가속화되었죠. 사업을 바라보는 관점에 있어 나는 더 단단해졌고 보다 객관적으로 판단할 수 있게 되었습니다." 워릴로우는 말했다.

실제로 그는 사업으로부터 자신을 감정적으로 분리해냈다. 한때 그는 훌륭한 직장과 회사를 만드는 데 열정을 갖고 있었지만 이제는 자신이 하는 일에 보다 냉정한 시각을 갖게 되었다. 그가 생각하는 사업은 부를 창출하기 위한 가장 중요한 도구였다. 이를 통해 기업의 오너로서 워릴로우는 역설적으로 회사 밖에서도 자아를 위한 훌륭한 삶을 만들어낼 수 있었고, 사업 자체를 목적으로 삼기보다는 훌륭한 자아를 실현하는 수단으로 인식하게 되었다.

이러한 관점의 변화는 그가 4년 후 사업을 매각했을 때 다른 기업가들보다 훨씬 더 수월한 과정을 거치도록 만들었다. 그는 사업 매각 이후 자신의 감정에 대해 다음과 같이 고백했다.

"자신의 사업을 매각하는 것이 마치 아이를 잃거나 이혼을 겪는 것과 같을 수 있다는 이야기를 들은 적이 있어요. 그러나 나는 그러한 감정에 빠지지 않았습니다. 아마도 이러한 변화는 내가 이전에 힘든 시기를 겪었기 때문일 것입니다. 만약 그런 경험이 없었다면 나 역시 매각한 후에 많은 후회와 미련이 남았을지도 모르죠."

소명일까?
그저 직업일까?

르모니어와 워릴로우만큼이나 자신이 누구인지, 원하는 것은 무엇이고 왜 그것을 원하는지에 대해 깊은 성찰을 한 뒤 그들과 정반대의 결론에 도달한 이들도 분명 있을 것이다. 그들은 곧 사업에 대한 자신의 감정적인 애착을 알아차리고 자신의 정체성이 그들이 소유한 회사와 완전히 얽혀 있음을 인정한다. 이들 중 일부는 자신의 일에 전력을 다하고, 고객에게 훌륭한 서비스를 제공하며, 공급업체와 훌륭한 관계를 구축하는 것은 물론 직원들의 뛰어난 근무 환경을 조성하는 것을 목표로 삼고 이를 위해 헌신한다. 또한 매일매일 회사가 접촉하는 사람들의 삶을 개선하는 방법의 예시들을 자신의 눈으로 확인한다.

그러나 이러한 오너라도 결국 언젠가는 엑싯해야 한다는 것은 엄연한 사실이다. 그리고 이들에게 행복하고 또 우아하게 엑싯하는 일은 르모니어나 워릴로우 같은 사람들보다도 더 큰 도전으로 다가온다. 우선 본인이 떠난 후 회사의 운명을 걱정하는 마음 때문에 새로운 주인을 선택하는 데 있어 고려해야 할 추가적인 요소가 생기게 된다. 워릴로우가 말했듯이 그들은 회사를 남의 손에 넘기고 떠나는 것에 대한 '양심의 가책'에 대한 문제를 해결해야 한다. 이들이 만약 더 큰 소명을 찾을 수 있다면 그러한 양심의 가책은 느끼지 않을 것이다. 이것은 충분히 가능한 일이다. 사람은 변할 수 있으므로 그들이 변화에 의식적으로 주의를 기울이고 자각하며 그러한 계획을 세우고 이행한다면 말이다.

칩 콘리Chip Conley가 자신에게 무엇인가 변화가 일어나고 있음을 깨달은 것은 2007년 무렵이었다. 그는 이미 자신의 직업적 삶의 대부분을 저명한 부티크 호텔 체인 사업을 운영하는 데 보낸 후였다. 26세라는 젊은 나이에 샌프란시스코의 탠더로인Tenderloin 지구에 자신의 첫 호텔인 피닉스Phoenix를 여는 것으로 그의 사업가로서의 삶은 시작됐다. 20년 후 그가 만들어낸 호텔 체인 주아 드 비브르 호스피탈리티Joie de Vivre Hospitality는 캘리포니아에 30개가 넘는 숙박시설을 포함한 프랜차이즈로 성장했고 독창적인 호텔 콘셉트, 모범적인 고객 서비스를 바탕으로 샌프란시스코에서 가장 일하기 좋은 직장으로 수년간 선정되며 전국적인 명성을 얻었다.

콘리 또한 다수의 훌륭한 경영자들이 모여 있는 샌프란시스코 베이 지역에서 혁신적인 경영자로 추앙되어 존경을 받았다. 그는 틈틈이 책을 쓰기도 했는데 이제 막 자신의 세 번째 책을 집필하려던 참이었다(이 책은《매슬로에게 경영을 묻다Peak》라는 제목으로 훗날 비즈니스 업계에 많은 영향을 끼쳤다). 그는 호텔 체인을 성장시키며 겪은 시련들(닷컴 버블과 9·11 테러, 캘리포니아 호텔 업계를 강타한 불황 등)과 자신이 생존하기 위해 고안한 조직 운영 아이디어, 원칙 및 경영 기법 등에 대해 차분히 설명하며 책을 완성해나갔다.

그때까지만 해도 그는 결코 회사를 떠날 생각이 없었다. 콘리는 수년간 회사 매각에 대한 제안을 여러 차례 받았지만 아직 마음의 준비가 되어 있지 않았던 탓에 아무런 일도 일어나지 않았다. "나는 최고경영자 역할을 포기할 생각이 조금도 없었습니다. 주아 드 비브르 호스피탈리티 호텔 체인이 곧 나의 소명이었고, 내 나이 75세 또는 80세가 될 때까지 계속 그 일에 매진할 생각을 하고 있었죠." 콘리는 말했다.

그러나 책을 집필하고 또 사람들과 자신의 책(《매슬로에게 경영을 묻다》뿐만 아니라 이전에 집필한 《마케팅의 중요성Marketing That Matters》)에 관해 이야기를 나누면서 뭔가 변화가 생겨났다. 그는 글쓰기 과정의 독창적이고 내적 지향적이며 성찰적인 면에 매료되었고 대중 연설의 사교적인 경험과 교훈을 사람들과 나누는 것을 자신이 진정으로 즐기고 있음을 발견했다. 급기야 주아 드 비브르 호스피탈리티 호텔 체인을 운영하는 것보다 글쓰기와 말하기를 자신이 더 좋아할 수도 있다는 생각이 들기 시작했다. "소명은 사람에게 활력을 불어넣는 것이고, 일이나 직업은 사람의 에너지를 고갈시키는 것이라고 정의한다면 호텔 체인의 CEO 자리는 나에게 소명이라기보다는 직업에 가깝다는 생각이 들기 시작했습니다"라고 그는 말했다.

"일주일에 네다섯 번의 연설을 해도 피곤함을 느끼지 않았어요. 하지만 나의 주된 일은 여전히 호텔 체인의 CEO였습니다. 그러다 불현듯 깨달았죠. '이건 뭔가 문제가 있어'라고요. 20년 동안 나를 고갈시킨 일에 나의 미래까지 희생시키고 싶지 않았습니다."

그럼에도 불구하고 2008년 초 그에게 다시 한번 매각 제안이 왔을 때 그의 초기 반응은 여전히 "나는 아직 준비가 되지 않았어요"였다. 그렇지만 그는 끝내 재고하지 않을 수 없었다. "머릿속에 계속 맴도는 무언가가 있었어요. 바로 '두 가지 일을 동시에 할 수는 없잖아!'라는 생각이었죠."

결국 그는 매각 작업을 진지하게 추진하기로 동의했다. 그의 조력자이자 가장 가까운 자문가인 그의 아버지에게도 이야기하지 않은 채 그는 매각 협상을 시작하여 인수 대상자, 투자 은행가 및 실사 과정에 참여한 다른 사람들과 비밀리에 만남을 가졌고, 이런 매각 협상은 거의 6개월 동안 지속되었다.

"내 회사가 누군가에게 평가받고 실제로 거래가 될 수 있다는 생각에 스스로 익숙해지는 상황이 매우 어색했습니다. 그러나 결국 6월 어느 날 밤 저녁 식사 자리에서 회사의 매각 가치에 대한 합의가 이루어졌습니다. 나는 '이대로 합시다'라고 말했죠."

그러나 일은 순조롭게 풀리지 않았다. 인수자는 주아 드 비브르 호스피탈리티 호텔 외에도 아직 거래를 완료하지 않은 다른 두 호텔의 합병도 함께 계획하고 있었다. 콘리는 2주 동안 아무런 소식도 듣지 못했다. 그는 마침내 인수자에게 직접 전화를 걸었고 인수자가 합병 대상인 다른 두 호텔 인수에 어려움을 겪고 있음을 알게 되었다. 이때 경기는 미국의 주택 가격 거품이 꺼지면서 이미 침체기에 접어들고 있었다. 일주일이 지난 후에야 인수자는 거래 중단을 콘리에게 통보했다.

콘리는 당시 결혼식장에 혼자 덩그러니 남게 된 신랑이 된 기분이었다고 말했다. "나는 정신적으로나 정서적으로 또 심리적으로 완벽히 회사를 매각할 준비가 된 상태였어요." 그에게 남은 질문은 '그래 좋아, 이제 어떻게 해야 하지?'였다.

사실 매각이 무산됐다는 소식은 그가 그날 접한 두 번째 나쁜 소식이었다. 그날 이미 회사의 회계 담당자가 지난 4년에 걸쳐 100만 달러 이상의 호텔 자금을 횡령한 사실을 인정했기 때문이다. 그리고 그날 저녁 콘리는 야구 경기를 하다가 발목이 부러졌고 그로부터 10일 동안 병원 신세를 져야 했다.

그날 이후로 상황은 점점 악화되어갔다. 발목 골절로 인해 생긴 많은 합병증이 그를 괴롭혔고, 8월 중순에는 세인트루이스Saint Louis에서 강연을 마치고 사인을 해주던 중 쓰러져 몇 초 동안 아찔한 심정지 상황에 빠지기도 했다. 응급요원에 의해 간신히 살아난 후 며칠 동안 병원 신세를 졌고, 리먼 브라더스의 파산 신청으로 미국 경기가 곤두박질 치는 신호를 알린 9월 15일에도 그는 여전히 병상에 누워 있었다.

이즈음 호텔 업계 전반은 거품 경제 시기에 과도한 차입을 일으

위대한 창업가들의 엑싯 비결

키고 있었고, 주아 드 비브르 호스피탈리티 호텔 역시 이로 인해 큰 타격을 입었다. 연매출은 20~25퍼센트 떨어지기 시작했고, 콘리는 어느새 9·11 테러 이후 7년 만에 또 다시 두 번째 파산을 막기 위해 사투를 벌여야 했다. "첫 번째 파산 위기 때는 내가 마치 검투사인 것처럼 느껴졌죠. 하지만 두 번째로 접한 내 모습은 마치 죄수처럼 느껴졌습니다"라고 그는 당시 자신의 모습을 떠올렸다.

리먼 브라더스 사태가 불어닥친 그 무렵 주아 드 비브르 호스피탈리티는 21개월 안에 15개의 새로운 호텔을 오픈하는 공격적인 계획을 추진 중이었기 때문에 부담이 훨씬 더 크게 다가왔다. 위기가 심화되자 하루는 자신의 호텔 체인에 속한 어느 호텔 경영자의 아내로부터 늦은 밤 술 취해 걸어온 전화를 받기도 했다. 그녀는 자신들이 파산에 직면했고 자녀를 대학에 보낼 수 없을지도 모른다며 괴로워했다.

이보다 더 끔찍한 일은 친구들의 자살 소식이 들려오기 시작한 것이다. 2년 동안 7명의 친구들이 세상을 등졌다. 그중 한 명은 언제나 단단한 바위처럼 흔들림 없던 보험 중개인이자 자신의 조언가였고 공교롭게도 이름 또한 자신과 같았다. 그는 친구의 장례식에서 자신의 이름을 부르는 연사들의 추모사를 들어야만 했다.

역설적이게도 연이어 계속되는 나쁜 뉴스들이 오히려 콘리에게 호텔 체인 사업에서 벗어나 새로운 소명을 찾아야 한다는 목표와 힘을 불어넣기 시작했다. 이러한 힘은 그해 말 캘리포니아 해안의 빅서Big Sur에서 일주일간 휴가를 보내던 중 더욱 강렬하게 다가왔다.

"그 시간은 내가 지난 5년에서 10년간 지낸 그 어떤 시간보다 훌륭했습니다. 3일 동안 내리 글을 쓰는 것부터 시작해서 내가 원하는 일들을 했죠. 앞으로 영영 이렇게 시간을 보내도 문제가 없을 것 같다는 느낌이 들었습니다."

이러한 경험을 하고 난 후 콘리는 자신이 택해야 하는 길에 대해 가지고 있던 모든 의문이 사라졌음을 알게 되었고 결과적으로 더 바람직한 상황을 맞이하게 되었다. 실존적이며 추상적인 문제가 갑자기 손에 잡힐 만큼 명확한 것으로 변한 것이다. '사업을 그만둘 것이냐 아니냐의 문제가 아니라 어떻게 그만둘 것이냐'로 생각이 바뀌었다. 휴가 때의 기억은 그렇게 몇 달간 콘리를 떠나지 않았다.

"기업의 오너로서 사업을 계속 해나가야 할지 큰 고민에 빠졌을 때, 마치 사방의 벽이 나를 옥죄어 오는 것과 같은 상황에 처했을 때 나는 내 자신에게 솔직하게 이야기할 수 있었습니다. '언젠가는 결국 그쪽으로 향하게 될 거잖아. 그 일이 나는 정말로 좋아!'라고요. 나는 엑싯 이후의 삶의 모습을 손으로 만지듯 또 그것을 맛보듯 그려보며 그 느낌이 무엇인지 알 수 있었습니다. 일주일간의 그 휴가 덕분에 미래는 더 이상 추상적이지 않은 손에 잡을 수 있는 것이 되었습니다. 어떤 사람들은 사업을 매각한 후에 아일랜드 또는 이탈리아에 살면서 한가롭게 골프를 치며 살아가는 삶을 상상하곤 합니다. 그러나 그러한 삶은 현재 자신의 모습과는 너무 동떨어진 것이어서 감이 잘 잡히지 않죠. 계속 그렇게 살 수도 없고 그러한 삶은 당신을 지탱해주지 못합니다."

콘리가 회사를 매각하기까지는 그로부터 1년 반의 시간이 더 걸렸다. 그는 25명도 넘는 잠재적 인수자를 만났고, 프리츠커 가문의 상속자 중 한 명인 존 프리츠커John A. Pritzker가 이끄는 사모투자회사인 지올로 캐피털Geolo Capital에 회사를 매각했다. 2010년 6월에는 주아 드 비브르 호스피탈리티의 지배지분을 매각하기에 이른다. 그로부터 16개월 후 지올로 캐피털은 인수한 호텔 체인을 다른 부티크 호텔 체인인 톰슨 호텔스Thompson Hotels와 합병했고 이 합병으로 콘리는 사업 운영으로부터 자신을 더욱 분리시킬 수 있게 되었다. 이러한 상황을 반긴 콘리는 '회장' 직함을 내려놓은 채 약간의 지분을 보유한 '전략 고문'으로 회사에 남았다.

이 무렵 그는 자신의 새로운 소명에 흠뻑 빠져 있었지만 여전히 자신이 매각한 호텔 체인과의 정서적 유대 관계를 완전히 단절시키지 않았고 훌륭한 회사로 남길 바라는 희망을 이어갔다. CEO로 재임하는 동안에는 모든 것이 그의 결정 아래 이루어지는 하나의 회사였지만 이제는 새로운 합병 호텔 체인인 커뮨 호텔 앤 리조트Commune Hotels and Resorts의 일부일 뿐 회사의 운명에 관해 그가 할 수 있는 일은 사실상 없었다.

그는 현실을 받아들였고 그것은 주아 드 비브르 호스피탈리티가 완전히 사라질 가능성까지 수용하는 것이었다. 호텔 업계의 베테랑인 톰슨 호텔스의 CEO가 합병된 회사의 CEO가 된 이후 상황은 더욱 그러했다. "나는 주아 드 비브르 호스피탈리티에 무슨 일이 일어날지 전혀 확신하지 못했습니다. 다만 내가 만든 유산이 반드시 지난 24년 동안 노력해 쌓아올린 이 회사 자체는 아니라는 생각에 마음이 편안해졌죠. 임금조차 받지 않고 일한 기간이 수년에 달합니다. 왜 그랬을까요? 나는 다른 사람들이 본받고 따라할 수 있을 만큼 기억에 오래 남고 앞으로도 지속되는 무언가를 이루고 싶었습니다. 그러나 나는 더 이상 영향력을 행사할 수 없는 지점에 도달했고, 만약 내가 통제할 수도 없는 일에 집중한다면 이는 내게 걱정만 안겨줄 것임을 깨달았죠. 또한 내게는 마음을 쏟고 싶은 다른 일들이 있었습니다"라고 콘리는 말했다.

그는 이미 《감정관리도 전략이다Emotional Equations》라는 새로운 책을 집필 중이었고 많은 강연들로 바쁜 일정을 보내고 있었다. 2013년 1월에는 새로운 사업도 시작했다. 동료와 함께 '페스트Fest 300'이라는 축제 마니아들이 최고라고 판단하는 전 세계 300개의 축제들을 소개하는 온라인 서비스였다. 그런 그에게 3월이 되자 에어비앤비 Airbnb의 공동 창립자이자 CEO인 브라이언 체스키Brian Chesky가 그를 찾아왔다. 체스키는 에어비앤비가 세계에서 가장 존경받는 숙박 서비스 회사가 되기를 바란다며 콘리에게 도움을 청했다. 콘리는 체스키의 제안에 따라 파트타임 경영 고문직을 수락했고 한 달 만에 글로벌 숙박 서비스 전략책임자로 정식 임명되었다. 그 시점에 주아 드 비브르 호스피탈리티는 더 이상 그의 관심사가 아니었다. 이를 반영하듯 그는 2014년 초에 커뮨 호텔 앤 리조트의 나머지 주식마저 현금화하고 완전히 엑싯했다.

콘리는 거의 25년 동안 자신의 삶을 온전히 지배해온 회사를 매각한 것에 대해 회한이 없었다. 오히려 그는 필요 이상으로 호텔 체인 사업에 5~10년은 더 머물러 있었다고 판단했다. "당신이 끊임없이 배우기를 좋아하는 호기심 많은 사람이라면 한 가지 사업을 하는 과정에서 언젠가 효율이 낮아지는 지점에 도달하게 될 것입니다. 당신이 투입하고 있는 시간과 에너지에 비해 원하는 만큼 혹은 예전에 얻었던 만큼 배움에 대한 효과를 얻지 못하고 있음을 깨닫게 되는 것이죠."

그는 자신의 회사에서 가장 좋았던 때만큼이나 훌륭하고 재미난 시간을 보내고 있다고 말했다. 하지만 예전과는 성격이 달랐다. "그때의 즐거움은 완전히 몰입한 사업체에 오로지 나의 지문을 남기는 것이었어요. 하지만 지금은 내 지문을 남기는 일에 머무는 것이 아니라 내 자신보다 더 큰 무언가를 위해 일하고 그 일부가 되는 과정에서 즐거움을 느끼고 있습니다."

엑싯은 자아 성찰의 과정

콘리는 자신의 오랜 열정이 식어가기 시작했을 무렵 새로운 열정을 발견한 행운아였다. 하지만 그의 사례가 꼭 전형적이라고 할 수는 없다. 특히 '오래 기억될 수 있는 무언가를 이루겠다'는 목표를 가진 많은 기업가들은 이러한 열정을 쉽게 놓지 않는다. 가능한 한 자신의 사업을 계속하고자 하는 것이다.

그러나 그들도 언젠가는 엑싯해야 한다. 들것에 들려 강제로 퇴장당하는 모습일지라도 말이다. 그리고 그때까지 적절한 준비를 하지 않는다면 의도치 않게 자신이 일군 사업의 수명이 더 짧아질 수도 있다. 중요한 것은 준비되지 않은 채 엑싯이 일어날 경우 그들은 다른 누군가가 대신 치워줘야 하는 많은 골칫거리들을 남기게 된다는 것이다. 이러한 일을 막기 위해서는 매우 섬세한 의식적인 노력이 필요하다. 즉 다가오는 위험이 무엇인지 면밀히 살피는 한편 무엇보다 그러한 재난과도 같은 상황으로 자신의 엑싯이 기억되지 않도록 필요한 조치들을 미리 취하려는 노력이 바로 그것이다.

미시간주 앤아버Ann Arbor의 징거맨스 델리카트슨Zingerman's Delicatessen의 공동 창업자 폴 새기노Paul Saginaw와 애리 웨인즈웨이그Ari Weinzweig가 경험한 엑싯 과정은 그러한 섬세한 자아 성찰의 과정에 얼마나 많은 노력과 시간이 드는지를 잘 보여준다.

그들은 1982년에 사업을 시작해 그로부터 10년 뒤 그들의 가게를 세계적인 관광명소로 발돋움시켰고(실제로 에어비엔비와 트립어드바이저 등의 여행 플랫폼 서비스에서 이곳을 디트로이트와 앤아버 여행 시 반드시 방문해야 할 곳으로 꼽는다_옮긴이) 그들이 만든 음식은 각국의 잡지와 신문에서 최고의 델리 중 하나로 언급되었다. 그러나 이루고자 했던 목표를 달성한 창업자들은 그다음 가야할 길에 대해 의문을 갖게 되었고 그로부터 2년간 치열한 토론과 성찰 끝에 새로운 비전을 만들어냈다. 그것은 징거맨 브랜드를 모토로 앤아버 지역에서 일종의 음식 관련 사업 커뮤니티인 징거맨스 커뮤니티 오브 비즈니시즈

Zingerman's Community of Businesses/ZCoB를 만드는 것이었다.

ZCoB에는 샌드위치 가게 이외에도 제과점, 식당, 생크림 음식점, 커피숍, 캔디 메이커, 통신 판매업, 출장 요리 서비스, 요리 강습 사업 등이 포함되었다. 각 사업은 원소유주를 파트너로 하여 새기노와 웨인즈웨이그가 소유한 모회사인 댄싱 샌드위치 엔터프라이즈Dancing Sandwich Enterprises/DSE가 공동으로 주식을 갖게 되는 구조였다. 그것은 담대한 비전이었고 그들 스스로 자신의 정체성과 자신들이 무엇을 원하고 왜 그것을 원하는지에 대해 정확히 알지 못했다면 결코 생각할 수 없는 성격의 포부였다.

그러나 그들에게도 사각지대가 있었다. 엑싯 계획에 대해 물으면 웨인즈웨이그는 흥분하며 반응했다. "내가 왜 꼭 그만두어야 하죠? 나는 내가 사랑하는 모든 것을 할 수 있게 해주는 직업을 스스로 만들었습니다. 나는 세계 곳곳을 여행하고 정말로 훌륭한 사람들과 함께 일하고 있죠. 또한 나쁜 음식은 결코 먹지 않습니다. 하루 종일 공부하고 많은 것을 가르치며 사람들이 좋은 삶을 누릴 수 있도록 돕고 있어요. 여기에서 할 수 없는 일은 하고 싶지 않습니다. 그런데 내가 왜 이곳을 떠나겠어요?"

그러나 새기노는 그 누구도 피할 수 없는 한 가지에 대해서만큼은 인정했다. "나는 엑싯할 필요성을 느끼지 않지만 영원히 일할 수 없다는 것은 압니다. 그래서 더욱 엑싯 계획에 대해 숙고할 것입니다." 그는 그렇게 말하며 한마디 덧붙였다. "현재 우리의 엑싯 계획은 죽음입니다."

그들은 예기치 못한 결말의 가능성에 대비하여 몇 가지 예방적 조치를 취했다. 예를 들어, 둘 중 한 명이 사망했을 때 발생할 수 있는 재정적 문제를 인지하고 있었다. 살아남은 파트너는 국세청^{Internal Revenue Service/IRS}과 복잡한 문제를 해결해야 했는데 국세청은 상속세를 징수하려고 할 것이며, 현금으로 상속받고자 하는 상속인들도 문제였다(이들은 상속자 중 그 누구도 사업을 승계하지 못한다는 데 동의했다). 따라서 그들은 둘 중 오래 생존하는 사람이 그러한 재정적 문제를 해결할 수 있는 충분한 자금을 확보할 수 있도록 서로 상대방의 이름으로 생명보험을 계약했다.

그러나 가족이 있는 새기노는 더 많은 대비를 해야 한다는 것을 알고 있었다. '남아 있는 한 사람까지 죽으면 어떻게 해야 하지?' 때때로 그는 웨인즈웨이그와 이 문제를 상의했다. '그럴 경우 누가 주식을 얻게 될까?' 그럴 때마다 가족이 없는 웨인즈웨이그는 좀 의아해했고 이렇게 말했다. "왜 우리가 그런 것까지 걱정해야 하지? 어쨌든 우린 결국 죽을 거야. 누구든 여전히 여기에 있는 사람이라면 그들이 원하는 방식으로 문제를 해결해나갈 수 있을 거라고 믿어!"

다행히 그들은 그 일이 있은 후에도 살아 있었기에 계속해서 사업을 해나갔다. 따라서 그와 관련된 모든 사람이 엑싯과 후계구도 등의 머리 아픈 문제를 뒤로 미뤄놓을 수 있었다. 그러나 새기노는 여전히 그 문제를 때때로 공론화했고, 2000년에 ZCoB의 자회사인 징거맨스 서비스 네트워크^{Zingerman's Service Network}에 합류한 경영관리 부사장 겸 최고재무책임자인 론 마우러^{Ron Maurer}가 그 일을 함께

위대한 창업가들의 엑싯 비결

고민해주었다. 2008년에 마우러는 그가 알고 지내던 재무설계사를 새기노에게 소개했다. 새기노는 그들과의 긴 토의 끝에 회사가 가진 합당한 시장 가치에 대해 매우 현실적인 평가를 내려볼 필요성이 있음을 깨달았다. 그것 외에는 두 공동 창업자가 엑싯을 위한 충분한 재정적 준비를 해놓았는지 알 수 있는 방법이 없었다.

그들은 시카고에 기반을 둔 회사를 고용하여 기업가치 평가를 맡겼다. 결론은 충격적이었다. 그들의 준비 상태가 턱없이 모자랐던 것이다. 새로운 준비를 위해 두 공동 창업자는 이를 테면 회사에 대한 건강검진을 다시 받아야 하는 상황이었다. 특히 새기노는 기분이 상해 그를 성가시게 하는 일이라면 무엇이든 그냥 사라지기만을 바랐다.

그 일이 있은 후 모든 것을 바꾼 사건이 발생했다. 2009년 7월 테니스를 치던 새기노는 뭔가 몸에 이상 기운을 느꼈다(그것이 심장마비 증세라는 것을 그는 훨씬 나중에서야 알았다). 그는 테니스 게임을 끝내고 하루 하고도 반나절을 더 일한 다음에야 캘리포니아에 있는 아내에게 자신이 겪은 일을 이야기했다. 아내의 권유로 마지못해 급히 응급실을 찾은 그에게 내려진 진단 결과는 충격적이었다. "갑자기 그러한 사건을 겪은 뒤 의사로부터 관상 동맥 심장질환을 앓고 있다는 진단을 받고 나서야 '죽음'이란 단어를 떠올렸습니다. 대부분의 사람들은 그 시점에서 자신이 얼마나 더 살 수 있을까를 스스로 가늠해보게 되죠"라고 새기노는 말했다.

자신이 죽을 수도 있다는 사실이 마음에 새겨지면서 그동안 그저 조금씩 생각해오던 회사의 미래에 관한 이슈들이 굉장히 다급한 문제들로 다가오기 시작했다. '나와 웨인즈웨이그가 죽는다면 회사의 앞날은 어떻게 될까?' '공동체를 이룬 다른 이들을 보호하려면 어떤 일을 미리 해놓아야 할까?' '나와 웨인즈웨이그뿐만 아니라 파트너십을 맺은 다른 사업체의 대표들 또한 건강과 관련하여 나와 비슷한 문제와 미래에 대한 재정적 고민을 가지고 있지는 않은가?' '창업자가 떠난 회사는 어떻게 꾸려져야 할까?' 등등 많은 생각이 오갔다.

2010년 1월, 새기노는 마침내 이 문제를 샌프란시스코에서 열린 총 16명의 사업 파트너들과 함께한 워크숍 회의에서 꺼내들었다. 그는 ZCoB가 미래에 과연 어떤 구조로 운영될 것인지에 대한 포괄적인 이슈들을 다루기 위한 특별위원회를 구성해야 한다고 주장했다.

"나는 우리가 기업의 소유권과 경영권을 어떻게 넘겨야 하는지 숙고할 필요가 있다고 생각합니다. 소유권과 경영권 이 두 가지는 분명히 서로 다릅니다. 웨인즈웨이그와 내가 둘 다 사라지고 없다면 그것은 회사 차원에서 단순히 전문지식이나 영적인 지도력 같은 것이 사라지는 것을 의미하지 않는다는 것을 여러분도 잘 알 것입니다. 그럴 경우 우리는 우리의 공동체를 어떻게 유지할 것인지에 대해 미리 시간을 내어 방법을 찾지 않은 것에 대한 책임에 직면할 것입니다. 그리고 나아가 우리가 생각하는 방법이 과연 확장성이 있는가도 깊이 고민해야 합니다. 지금 현재 우리의 소유방식과 경영방식은 잘 작동하고 있지만 이것이 과연 파트너가 30명이 될 때 또는 60명 혹은 100명으로 늘어나도 움직일까요? 어떤 변화가 필요할지 생각해보아야 합니다."

워크숍 참석자들은 특별위원회의 필요성에 대해 동의했고 새기노는 특히 웨인즈웨이그를 포함해 그의 생각에 대해 비판적 시각을 가진 이들이 반드시 이에 동참하도록 만들었다. 그 후 새기노는 다음과 같이 말했다.

"위원회가 구성되면 기본적으로 내가 할 일은 끝났다고 봐야 해요. 이제 자동으로 비행하는 비행기에 올라탄 셈이죠. 나는 필요한 것을 얻었습니다. 바로 모든 사람들, 특히 특별위원회에 있는 이들이 이 문제에 대해 고민하게 만드는 것이었죠. 그들은 훌륭한 비판적 사고의 소유자들입니다. 나는 그들이 우리가 알아야 할 것들을 잘 찾아낼 것임을 알고 있었습니다."

평정을 유지한 채
앞으로 나아가기

그로부터 4년이 지난 후 여전히 새기노는 특별위원회와 함께 답을 찾는 과정에 있었다. 한 주제가 또 다른 주제로 이어지고, 또 그것이 연관되는 다른 논의 꺼리를 낳았다. 이제 특별위원회는 단계를 거쳐 '두 명의 창립 파트너가 모두 회사를 떠났을 때 회사는 어떻게 운영되어야 하는가'에 대해 원점에서부터 그것을 완전히 재구상하고 있었다.

예를 들어, 한 사람이 죽으면 새로운 공동 CEO는 어떻게 선출되는가? 나머지 한 명의 공동 창업자마저 사망했을 때는 어떤 일이 일어날까? 누가 DSE를 물려받을 것인가? 아니면 이제 회사는 사라져버리는 걸까? 그렇다면 회사가 소유하고 있던 지적재산은 어떻게 되는가? 그리고 회사의 매출 흐름은 어디로 갈 것인가? 새로운 법인체가 생성되는 것인가? 누가 그것을 소유하게 되는가? DSE가 각 사업에서 소유하고 있는 지분은 어떻게 되는가? 등등 검토되어야할 사안은 이렇듯 계속 줄을 이었다.

그 과정에서 새로운 문제, 특히 '우리 사주 제도Employee Stock Ownership Plan/ESOP'•에 대한 의문이 제기되었다. 새기노와 웨인즈웨이그는 사실 오랫동안 직원들이 회사의 일부 지분을 소유할 수 있는 방안을 마련하고 싶어 했다. 그러나 ZCoB는 사업체가 아닌 파트너십 형태의 연합체였던 관계로 우리 사주 제도를 통해서든 개인적으로 주식을 갖든 직원들이 지분을 소유하는 것은 불가능했다.

물론 DSE는 사업 법인체이기 때문에 우리 사주 제도의 적용이 가능했지만 이 회사에 대해서만 부분적으로 제도를 도입하는 것은 공동 창업자들이 아직 감내할 준비가 되지 않은 많은 복잡한 이슈

• 직원들이 회사의 주식을 소유하는 여러 방법 중 하나로 미국의 연방법에 의해 허용되는 일종의 직원 퇴직 계획·보상 제도라고 볼 수 있다. 다른 방법으로는 스톡옵션 제도, 직원에 의한 주식 매수 제도, 주식 유보 제도, 우리 사주 조합 제도 등이 있다(이에 대해서는 5장과 7장에서 더 자세히 다루었다).

들을 타사업체들이 분명 만들어낼 것이었다. 또한 그들은 직원을 대변하는 이들이 파트너십 그룹에 포함되기를 원했다(이뿐만 아니라 고객 대변자들, 공급자 대변자들도 일원이 되기를 원했다). 하지만 그러한 아이디어는 실현되기에는 매우 까다로운 것이었다. "그래서 우리는 아이디어만 가진 채 한동안 실행을 미뤄왔죠"라고 새기노는 말했다.

우리 사주 제도의 실행 여부와 상관없이 회사는 정기적으로 주식 가치를 평가하는 방법이 필요했다. 우리 사주 제도를 실시하는 민간 기업은 복잡한 공식을 사용하여 국세청이 수용할 수 있는 공정한 시장 가격을 산출하는 전문회사에 의뢰해 매년 평가를 수행해야 했다. 웨인즈웨이그는 그런 방식이 달갑지 않았다. "결국 손에 쥐는 것은 어느 누구도 이해할 수 없는 마치 블랙박스에서 나온 숫자가 되지 않을까요? 우리 회사는 오픈북 경영을 채택하고 있고 따라서 핵심 인력들이 직접 회사의 가치를 평가할 수 있기를 희망했습니다."

웨인즈웨이그는 회사 지배구조 위원회의 일원으로서 회사가 다루어야 할 다양한 이슈들을 조금은 비전통적인 방식으로 해낼 수 있는 방법을 찾기 시작했다. 한 사업 관련 모임에서 그는 네덜란드에서 온 한 참가자로부터 기업가치 평가에 있어 좀 색다른 '경험치에 의한 계산법'에 대한 이야기를 접했다. 웨인즈웨이그와 몇몇 동료들은 그 아이디어를 차용하여 국세청과 법원에 의해 '공정 기업가치Fair market value'에 근접한 개념으로 인정될 수 있는 '사업 가치 Business value'라고 부르게 될 수치 계산법을 고안해냈다.

실제 이 방법을 사용하여 계산했을 때 ZCoB가 고용한 평가회사가 제공한 수치에 가까운 결과가 산출되었다. 파트너들은 이를 채택하기로 결정하는 한편 이 방식의 지속적인 신뢰성에 대한 점검 차원에서 정기적으로 전문 평가회사에 의한 '블랙박스' 평가 또한 병행하기로 했다.

지난 4년 동안의 과정을 고찰하면서 새기노는 창업주인 자신과 웨인즈웨이그가 기존에 가지고 있던 엑싯에 관한 접근법의 한계를 인식하게 되었다. "예전에는 엑싯에 대한 뚜렷한 로드맵이 없는 것이 문제될 게 없다고 생각했어요. 왜냐하면 그러한 불확실성이 엑싯을 추진하는 과정을 더 재미나게 만들어 줄 것이라고 생각했거든요."

그들은 지난 4년의 과정 그 자체가 자신들의 부를 더 늘려주지 못한다는 것도 알게 되었다. 또한 단순히 사업의 수지를 맞추는 문제가 아니라 사업을 함께 일군 이들이 자신의 몫이라고 주장할 수 있는 보상을 유예할 것인지 아닌지의 문제에 답해야 했다. 그들은 이 회사를 일구는 데 자신의 모든 삶을 바친 사람들이었다. 어려운 초창기부터 모든 재무적 위험을 떠안았고 시간이 갈수록 책임 또한 커져만 갔다. '자신들이 만든 가치에 대해 그들 또한 보상받아야 하는 것이 아닌가?' 새기노는 이에 대해 숙고할 수밖에 없었다. 그는 이에 대해 다음과 같이 말했다.

"이 모든 과정이 상대적으로 수월했던 것은 웨인즈웨이그와 내가 서로 다른 구석이 많은 만큼이나 이 사업을 순전히 돈만 바라보고 하지 않는다는 공통된 철학을 가지고 있었기 때문입니다. 돈에 대한 강한 집착에서 벗어나면 사업과 관련한 다양한 생각과 실험을 해볼 수 있는 엄청난 자유를 얻게 된다는 것은 매우 중요한 사실이죠. 돈이란 그저 적당히 넉넉한 정도만 있으면 됩니다. 사업을 매개로 하여 우리는 많은 사람들에게 기쁨을 선사하고 에너지를 심어주는 일에 집중할 수 있습니다. 즉 최고의 권한을 부여하는 데 집중할 수 있는 것이죠. 당신은 비범한 사람이 될 수 있습니다. 당신이 돈만 밝힌다면 절대 할 수 없는 그런 멋진 일을 이루어낼 수 있죠. 더 많이 원하기 시작하면 결코 충분하게 가질 수 없는 것이 바로 돈이기 때문입니다."

이 두 명의 창업자들이 언제 생을 다할지는 알 수 없다. 새기노와 웨인즈웨이그 그 누구도 그 전까지는 사업을 그만둘 생각이 없음을 분명히 했다. 그런 관점에서 여전히 그들의 엑싯 전략은 '죽음'이라고 말할 수 있다. 그리고 그와 같이 어마어마한 존재감을 가진 두 사람이 떠나고 난 뒤 회사가 변화를 겪지 않을 것이라고는 믿기 어렵다. 그러나 그들이 엑싯을 대비하여 이러한 결정을 내릴 수 있었던 것은 바로 단 한 가지 이유에서였다. 그들은 자신이 누구인지, 무엇을 원하는지 그리고 왜 그것을 원하는지에 대한 명확한 답을 가지고 있었던 것이다.

3장

당신 회사는 팔릴 만합니까?

FINISH BIG

"팔릴 만한 사업을 일궈라! 당신이 원하는 때에 그리고 원하는 상대에게 팔 수 있는 사업 말이다."

캘리포니아의 목가적인 지방 도시인 볼리나스^{Bolinas}에서 빌 니만^{Bill} Niman에게 그가 겪은 엑싯 경험(그는 첫 사업에서 엑싯한 이후에 2017년에 오픈한 비엔 목장을 미국 최대의 밀키트 회사인 블루에이프론에 성공적으로 매각했다. 여기서 소개하는 그의 엑싯 경험은 이러한 성공적 엑싯을 하기 전에 겪어야 했던 힘든 시기에 관한 것이다_옮긴이)에 대해 들은 때는 11월의 어느 날 오후였다.

그는 기꺼이 내게 자신의 불행한 엑싯 경험에 대해 털어놓을 태세였지만 그보다 먼저 급하게 돌볼 일이 있었다. 그는 아내 니콜렛 Nicolette과 함께 울타리에 앉거나 온 사방으로 날아다니며 저항하는 78마리의 칠면조 떼를 우리 안에 가둬야 했다. 그뿐만이 아니었다. 헛간에서는 최근 분만하던 도중 아기 송아지를 잃은 채 시름에 잠겨 있는 암소 한 마리도 그들을 기다리고 있었다. 빌과 그의 아내는 출산 후 어미 소로부터 버려진 송아지 한 마리를 그 암소에게 붙여 줄 요량이었다. 나머지 소 떼는 태평양 바닷가에 접한 산기슭 위에 있는 1,000에이커 규모의 그의 또 다른 목장에 이리저리 자리하고 있었다.

요즘 그의 목장은 법적인 이유로 비엔 목장BN Ranch으로 불린다. 그는 2007년 니만 목장Niman Ranch을 떠나기 전에 맺은 계약으로 인해 육류 판매 사업을 목적으로 하는 목장에 더 이상 그의 성Family name을 붙일 수 없게 되었다. 하지만 그는 여전히 고기를 생산해 팔 목적으로 자신의 목장을 운영하겠다는 강한 의지를 가지고 있다. 거기서 더 나아가 그는 칠면조와 소 이외에도 다른 농장주들과 협력해 100 퍼센트 자연산의 방목 형태로 길러지며 목초만을 뜯어먹고 자란 양과 돼지로부터 나오는 유기농육Organic meat을 공급할 생각도 있다. 이전과 한 가지 다른 점이라면 이번에는 과거의 니만 목장과 같은 전국적인 유통을 목적으로 하는 육류 회사를 세울 계획이 없다는 것이다. 대신 비엔 목장을 하나의 테스트 베드로 만들고자 했다. 호르몬과 항생제를 쓰지 않고 친환경적인 목축 방식을 추구하면서도 돈을 벌 수 있음을 선도적으로 증명하는 일종의 롤모델을 만들겠다는 계획으로 말이다.

이 계획을 접하면 사실 많은 사람들은 "이미 당신은 한 번 해봤고 가장 맛난 고기를 생산해내며 당신의 생각을 증명했습니다. 그런데 왜 다시 하는 거죠?"라고 반응할 법하다. 그가 운영하던 니만 목장은 일찍이 1970년대 중반부터 세계에서 가장 품질이 좋고 맛이 홀륭한 쇠고기, 돼지고기, 양고기를 생산하는 농장으로 명성을 쌓았다. 고기를 생산한 농장의 이름이 고급 레스토랑의 메뉴판에 선명히 오르고 대형 슈퍼마켓 선반에도 공개된 거의 첫 번째 주인공이었다. 아울러 미식가들의 세계에서도 니만 목장의 명성은 상당하다. 이러한 가운데 그의 목장은 지속 가능한 목축업 추구, 인도적인 동물의 사육 및 대우 등 그가 옹호해온 대의명분과 관련하여 시민운동에도 많은 영감을 불어넣었다.

하지만 그는 자신의 이름까지 들어간 회사와 더 이상 관계없는 사람이 되어버렸다. 2006년 8월, 일리노이주 노스브룩Northbrook에 위치한 힐코 에쿼티 파트너스Hilco Equity Partners의 자회사인 내추럴 푸드 홀딩스Natural Food Holdings에 지배지분을 매각했기 때문이다. 니먼은 매각 후 새로 들어온 경영진이 추구하는 변화의 방향을 견딜 수 없어 암소와 수소 한 마리를 데리고 회사를 떠났다. 그에게는 니먼 목장의 잔여지분이 여전히 남아 있었지만 이후에 이 주식은 휴지조각이 되고 말았다. 2009년 특별 주주총회에서 100퍼센트 회사를 인수하려는 내추럴 푸드 홀딩스의 건의안이 통과됐고 이 과정에서 가장 최근의 투자자들은 적절한 보상을 받았지만 니먼을 포함해 초기에 투자한 보통주 주주들의 몫은 거의 없었기 때문이다.

평생을 바쳐 업계에 혁신을 일으키고, 육류의 품질에 대한 새로운 기준을 세운 것은 물론 훌륭한 브랜드를 창출하여 수억 달러의 연매출을 달성했던 그에게 남은 것이라곤 결국 아무것도 없게 된 것이다.

이러한 사정을 아는 사람에게는 불편한 상황이 눈에 띄지 않을 수 없다. 여전히 니만 목장에서 생산, 유통되는 제품에 '니만'이라는 그의 이름이 붙어 있기 때문이다. "나는 니만 목장의 쇠고기에 대해 신뢰가 없습니다. 먹지 않아요. 그러니 다른 사람들에게도 권하지 않습니다"라고 니먼은 말했다.

어떻게 이런 일이 일어났을까? 니먼이 회사를 떠난 후 몇 년 동안 그가 정확히 풀어내지 못한 의문이기도 했다. 그는 화려할 것 없는 전형적인 침실 네 개짜리의 집(그곳에서 아내 니콜렛과 네 명의 어린 아들 마일스와 니콜라스, 데인, 클레어가 가족을 이루며 살고 있다) 거실에서 그가 회사를 떠날 수밖에 없었던 이유를 내게 들려주었다. 자신의 주장을 펼치는 그의 목소리에는 열정이 있었고 얼굴에는 옅은 미소를 머금고 있었다. 그는 여전히 관련 이슈들에 대해 진지하게 이야기하고 있었지만 한편으로 그러한 문제들에 더 이상 연연하지 않는 모습이었다. 그럴 만도 한 것이 니만 목장은 이제 그의 삶의 일부가 아니며, 니먼 역시 그런 현실에 익숙해진 듯 보였다.

'초연해지지 말라는 법은 없으니까'라고 나는 생각했다. 결국 그는 태평양 해안선과 맞닿은 사람의 손이 타지 않은 대지에서 그가 사랑하는 일을 하며 환경운동가이자 작가인 아내와 행복한 생활을 누리고 있었다. 특히 아이들의 탄생은 그의 삶에 새로운 기쁨을 안겨주었다. '이러한 기쁨들을 내가 놓쳐야 하나?'라고 그는 한때 스스로에게 물었다. '젠장! 안 돼. 내가 여태껏 누려보지 않은 삶의 순간이야. 나는 그것을 만끽하고 싶어!'라는 대답이 돌아왔다.

회사를 떠난 후 자신의 삶을 반추하던 그는 어느 순간 이야기를 멈추었다. 그러다 "하지만 업계에서 여전히 무슨 일이 벌어지고 있는지 또 동물들이 매일 어떻게 학대를 당하는지… 예전에 사업을 해보았기에… 그러한 것들을 알고 있는 상태에서 어떠한 감정에 휩싸이지 않는 것은 정말 어렵습니다"라고 말하는 그의 목소리는 떨렸다. 그는 입 밖으로 이 말을 꺼내지는 않았지만 한 단어가 공기 중에 떠다니고 있었다. 그것은 바로 '후회'였다.

나는 그때서야 깨달았다. 그는 아직 마음속에 니먼 목장을 붙들고 있었다. 니먼은 내가 회사를 떠나기로 한 당시의 결정에 대해 평화로워 보인다고 이야기했을 때 감정적으로 흔들렸다. 그는 이렇게 말했다. "내가 그렇게 보인다고요? 회사를 떠난 뒤 내가 느끼는 것은 쓰라린 실망감입니다. 나에게는 아직 업계에 대한 책임이 남아 있어요."

등 떠밀려 매각한 회사의 비참함

앞서 언급했듯이 엑싯은 사업을 하는 중에 발생하는 '하나의 이벤트'라기보다는 '하나의 커다란 단계'라고 할 수 있다. 그것은 분명 가장 중요한 단계다. 이 단계에서 당신이 회사를 일궈온 과정에서 그토록 바라던 것을 얻어낼 수 있느냐 마느냐가 결정된다.

이 단계의 절정이 바로 '거래'다. 우리는 거래 혹은 딜이라는 것을 회사의 주인을 바꾸는 과정에서 매겨지는 금액 정도로 생각하는 경향이 있지만 좋은 거래는 단순히 돈 이상의 무언가가 있어야 한다. 또한 좋은 거래를 판가름 짓는 것은 거래의 타이밍과 거래를 할 상대방에 대한 선택권을 내가 가질 수 있느냐에 관한 것이기도 하다. 만약 당신이 원하지 않는 시점에 좋아하지도 신뢰하지도 않는 상대방에게 다른 방책이 다 바닥난 상태에서 회사를 매각해야 한다면 이는 액수의 많고 적음이 보상해줄 수 없는 '좋지 않은 거래'임이 분명하다.

이러한 경우를 보통 '등 떠밀린 회사 매각Forced Sale'이라고 부르는데 이러한 일은 매우 흔하며 언제든지 또 여러 가지 이유들로 인해 발생할 수 있다. 회사의 주인이 예기치 않게 사망한 나머지 그 후손이 상속세를 내기 위해 불가피하게 회사를 팔아야 하는 경우도 있고 고객이 요구하는 자격 요건을 더 이상 충족할 수 없는 지경에 이르러 회사를 매각해야 하는 경우도 있다. 또 핵심 납품처를 잃거나, 엄청난 소송으로 타격을 입거나, 회사가 잘못된 인수 전략을 실행했거나, 오너가 개인적으로 암 판정을 받거나 혹은 난잡한 이혼 소송 과정에서 회사를 결국 포기하게 될 수도 있다. 경우의 수는 무한하며 이 경우에도 악마는 언제나 매우 작은 부분에 숨어 있다.

로버트 토미Robert Tormey는 '등 떠밀린 (강제) 회사 매각' 분야에 관한 전문가로 25년 동안 활동해왔다. 그가 이 분야에서 첫 경력을 쌓게된 때는 1988년으로 거슬러 올라간다. 문제의 강제 매각은 몇 년전 세 명의 파트너가 시작한 캘리포니아주 산타바바라Santa Barbara에 있는 소액 금융 서비스 사업과 관련이 있었다. 토미는 그중 한 명으로 당시 30대 초반의 젊은 나이였다.

그를 숫자에 밝은 사람으로 만들어준 것은 오랜 훈련과 그의 타고난 성향 모두에서 비롯됐다. 그는 경영대학원을 졸업한 뒤 아더 앤더슨Arthur Andersen 컨설팅에 합류했고 후에 공인회계사 자격을 딴 뒤에는 시어슨 리먼/아메리칸 익스프레스Shearson Lehman/American Express(리먼 브라더스 투자 은행/증권사의 전신이다_옮긴이)로 직장을 옮겼다. 바로 그곳에서 1985년 주식과 채권을 트레이딩하며 많은 돈을 벌어들였다. 그러고는 직장에서 만난 두 친구와 사업을 시작한 것이었다.

당시 그는 이렇게 생각했다. '시어슨에서 내가 데리고 일했던 사람들만 해도 20~30명이었는데 실제 사업이라고 해서 얼마나 더 힘들겠어?' 하지만 현실은 그가 상상했던 것보다 더 힘들었다. 토미는 곧 찰스 슈왑Charles Schwab(미국의 온라인 기반 증권사_옮긴이)과 같은 염가형 증권 중개사의 등장으로 급격한 변화를 겪고 있는 동시에 규제까지 엄격한 소매 증권 브로커 사업을 일구는 것이 얼마나 어려운지에 대해 자신이 과소평가했음을 깨달았다.

이러한 환경적인 어려움 아래서도 다행히 이들의 사업에는 돌파구가 될 수 있는 두 가지 형태의 수익원이 있었다. 하나는 부유층을 위한 투자 자문 서비스였고 다른 하나는 중견기업(연매출 120억 원 이상에서 약 6,000억 원 이하의 기업들로 매우 느슨하게 정의된다)을 대상으로 하는 재무 서비스로 모두 토미의 소관이었다.

회사는 블랙먼데이 주식 대폭락이 다가온 그날도 사업을 지속하고 있었다. 마침내 운명의 날인 1987년 10월 19일 월요일, 다우존스 산업 평균 지수는 하루 동안 역사상 최대 하락치인 22.6퍼센트 폭락했고, 이로 인해 전국의 수많은 주식 중개회사들이 사업을 접었다. 동업자들 중 그 누구도 이러한 재앙에 따르는 혼란을 예상하지 못했다. "나는 그 상황을 도저히 감당할 수 없다고 느꼈습니다. 그 어떤 일반 투자자도 주식을 사려고 하지 않았고, 주식 중개업은 밤새 모두 소멸해버린 듯했죠. 매달 우리는 주식 중개 서비스 부문에서 돈을 잃고 있었습니다. 그때 당시 내 머리를 가득 채운 단 하나의 생각은 '이 사업을 어떻게 없애버리지?'였어요"라고 토미는 말했다.

탈출구는 사업 매각이었지만 블랙먼데이의 여파로 주식 중개회사를 인수하려는 사람을 찾기 어려웠다. 업계 모두가 엄청난 감축 분위기였기 때문이다. 이 상황에서 동업자들이 할 수 있는 최선의 방법은 산타바바라 지역에서 리테일 주식 중개 회사를 보유하는 것에 관심을 가지고 있는 지역 증권회사를 수소문해보는 것뿐이었다.

한편, 토미는 이 사업에 더 이상 미래가 없다는 것을 알면서도 사업이 무너지지 않도록 겨우 떠받치고 끌고가는 데 많은 시간을 할애해야 했다. "바로 그때가 등 떠밀려 회사를 팔아야 하는 상황이 무엇인지 배운 때였습니다. 일단 무너져 가는 사업을 지탱하는 일이 당신의 거의 모든 것을 소진시켜버리게 되면 당신 머릿속에는 밤낮으로 그놈의 것을 치워버리는 일로만 가득하게 되죠"라고 토미는 그날의 기억을 떠올렸다.

동업자들은 마침내 뉴포트 비치Newport Beach에서 회사를 인수할 브로커 딜러를 한 명 찾아냈다. 매각이 마무리되었을 때 토미는 이미 회사를 떠난 상태였다. 그는 "회사의 부채가 많은 탓에 이에 대한 책임을 진다는 것을 전제로 엑싯했습니다. 그 부채로 인해 우리가 가진 주식은 가치 없는 것이 되었고 오히려 나는 개인 자산을 더 쏟아내야 했습니다"라고 말했다.

창업가로서 토미의 이른 실패와 그 짤막한 경험은 오히려 그 이후의 훨씬 더 긴 성공적인 경력의 시작을 알리는 것이었다. 그는 중견기업들의 재무책임자 혹은 자문가로서 성공했는데 그의 특기는 바로 어려워진 회사의 턴어라운드를 돕는 것이었다. 오늘날 그는 사업이 어려워져 강제적으로 매각되는 사례에 대해 누구보다도 더 많은 경험을 공유할 수 있게 되었다. 그중 어떤 회사들은 자신이 직접 매각을 도왔고 자신의 자문 고객사가 부진에 빠진 회사를 매수한 경우도 있었다.

예를 들면, 그중 한 회사는 약 3,000만 달러(한화 약 3500억 원) 이상의 수익을 내고 성장하는 중이었는데 문제는 이 회사의 소유주들이 부동산 개발업에 뛰어들면서 생겨났다. 이들은 정원이 있는 200여 세대의 신축 아파트 단지 개발에 투자하기 위해 회사 법인으로부터 돈을 빌렸고, 이어서 필요 자금을 더 마련하기 위해 비은행권으로부터 추가 대출을 받았다.

그러나 흔히 그러하듯 부동산 개발 프로젝트의 진행은 지연되기 시작했다. 소유주들은 부동산 개발업에 있어서는 초보들이었다. 결국 그들은 초기 시공비를 대기 위한 단기 대출의 만기가 도래할 시점에 모기지 형태의 장기(25년 이상 만기) 대출로 갈아타지 못했다. 그리고 아파트 단지가 완공될 무렵 금융위기가 들이닥쳤다. 설상가상으로 아파트 단지의 실제 완공이 더 늦어져 시공비 대출을 갚아야 할 즈음 분양률은 40퍼센트 밖에 되지 않았다. 파트너들은 장기적으로 돈을 융통할 수 있는 금융사를 찾지 못했고 그들 스스로 빚을 감당할 여력도 되지 못했다. 대출을 내줬던 금융사는 부동산 자산을 차압해버렸고, 파트너들은 그들의 지분 투자금과 금융사에서 빌린 돈을 그대로 날려버릴 위험에 처했다.

이들이 회계사에게 자문을 구하자 회계사는 분양하려던 아파트에 들어가 있던 창업자들의 지분이 금융사에 차압됨으로써 더 이상 회사는 이들 소유주에게 나눠줄 만한 자산이 남아 있지 않은 상황임을 알렸다. 이제 채무를 갚을 수 있는 수단은 그들이 회사로부터 받는 월급 외에는 없었다. 따라서 회계 기준에 따르면 회사는 그들이 잃게 된 돈을 과세 가능한 배당금으로 처리해야 했고, 기업의 이익 그리고 자본에서 이를 감해야만 했다. 이로 인해 파트너들의 개인 순자산은 줄어들었고 자신들의 주거래 은행과 약속한 채무를 불이행하게 되는 상황에 처했다. 은행은 대출의 상환을 요구했고, 회사를 자신들이 거래하는 한 회사에 매각할 것을 강권했다. 그러는 동안 파트너들은 회사의 가장 값진 자산마저 탕진해버리는데 그것은 다름 아니라 서로를 고소하는 지경에까지 이른 것이다.

이러한 상황도 회사의 소유주들이 등 떠밀려 회사를 팔아야 하는 경우 중 하나지만 전형적인 예는 아닐 것이다. 이러한 불행한 결말을 불러오는 상황들은 모두 제각각 다르기 때문에 일반화된 형태를 이야기하는 것은 불가능하다.

그럼에도 불구하고 매우 공통적인 특성을 발견할 수 있는데 그것은 바로 회사의 주인들이 예기치 못한 상황을 대비하는 데 실패했다는 점이다. 회사의 소유주가 충분한 대비를 하지 못한 이유는 사례마다 다르며, 회사를 억지로 매각해야 하는 최악의 수를 피하는 방법도 마찬가지로 다양할 수밖에 없다. 그러나 각각의 경우를 살펴보면 회사의 소유주가 자신의 회사가 가지고 있는 어떤 약점이나 취약점을 인식하지 못했음을 발견할 수 있다. 이러한 약점이나 취약점이 일단 만천하에 드러나면 파산이나 청산을 피할 수 있는 유일한 방법으로 '등 떠밀린 회사 매각'만이 남게 되는 것이다.

회사를 잃는 법

빌 니먼의 이야기로 다시 돌아가보자. 그의 사례 또한 절대 전형적이지 않다. 그러나 그의 사례를 통해 아주 스마트하고 경험 많은 사업가조차 성공하고 싶은 유혹 앞에 경계심을 놓아버려 곤경에 빠지는 상황을 엿볼 수 있다.

사건의 발달이 된 1990년대 니먼의 회사에 들어오게 된 경영진과 투자자들에 관해 이야기하려 한다. 그 무렵 니먼 목장은 굉장히 고전하고 있었다. 사실 1970년대에 문을 연 이 목장은 한 번도 이익을 낸 적이 없었고, 1984년에 엄청난 행운이 찾아오지 않았다면 벌써 사라졌을지도 모른다. 그 행운이란 바로 미국 국립공원청이 니먼 목장을 '포인트 레이에즈 국립해안공원Point Reyes National Seashore(캘리포니아주에 있는 유일한 국립해안공원)에 포함되도록 지정한 일이다. 미국 정부는 니먼과 그의 파트너 오르빌 쉘Orville Schell에게 샌프란시스코 북쪽 볼리나에 위치한 200에이커의 부지에 대한 보상금으로 약 130만 달러(한화 약 15억 원)을 지불했다. 이뿐만이 아니었다. 그들은 평생 그 땅에서 살며 목장 일을 하고 또 그 주변에 인접한 800여 에이커의 추가적인 부지를 임대받을 수 있었다.

몇 년 후, 니먼과 쉘은 에스프리 의류Espirit Clothing의 공동 창업자인 수지 톰킨스 부엘Susie Tompkins Buell을 설득해 약 6억 원을 빌리는 데 성공했다. 정부로부터 받은 보조금과 부엘에게 빌린 돈을 가지고 그들은 10년간 회사의 적자를 걱정하지 않고 회사 규모를 성장시킬 수 있었다. 그러는 동안 회사의 명성도 높아졌는데 여기에는 샌프란시스코 지역의 고급 레스토랑들이 니먼 목장의 브랜드를 메뉴에 곧바로 사용했던 것이 주효했다.

그러나 1997년 즈음, 정부의 보조금과 부엘이 빌려 준 돈이 모두 바닥나면서 회사는 파산 위기에 몰렸다. 갑자기 실리콘밸리에 있는 한 기업의 임원으로 일하고 있던 마이크 맥코넬Mike McConnell에게 전화가 걸려 왔던 때가 바로 이때였다. 그는 니먼 목장에 자신이 성당에서 대부 역할을 하고 있는 한 젊은 교인이 일할 만한 자리가 있는지 물어왔다. 이때 니먼은 "글쎄요. 일할 사람은 필요없지만 나에게 좋은 사업 기회가 있습니다"라고 답했다. 맥코넬은 이때를 다음과 같이 회상했다. "그는 사업을 확장하고 싶어 했지만 동업자인 쉘은 그렇지 않았습니다."

이미 테크놀로지 분야에서 돈을 벌었던 맥코넬은 50만 달러의 돈으로 동업자인 쉘의 지분을 사들이면서 니먼의 파트너가 되었다. 몇 달 후 그들은 네슬레Nestlé의 전직 임원인 롭 헐버트Rob Hurlbut를 임원으로 맞이했다. 그는 때마침 니먼에게 그가 시작하길 원하는 해산물 사업에 대한 조언을 구하고 있던 참이었다. 조언 대신 니만은 그를 임원으로 고용한 것이다.

맥코넬과 헐버트의 등장은 분명히 니먼 목장에 있어 큰 전환점이 되었다. 그들은 니먼과는 태생이 다른, 즉 목장주가 아닌 전문적인 사업가였다. 그들이 회사에 합류한 이유는 창업자와 가치를 공유하고 기업의 사명에 대해 믿음을 가진 것도 맞지만 그들을 정말로 매료시킨 것은 일반 식품 분야에서 전국적인 명성의 브랜드로 회사를 키울 수 있는 기회의 가능성이었다. 그들은 분명 적기에 회사에 합류한 것이었다.

니먼은 이때 이미 아이오와주에 있는 돼지 농장주 폴 윌리스Paul Willis와 의기투합하던 차였는데, 윌리스는 전통적인 사육법을 유지하던 수십만 개의 농장들이 파산하거나 대규모의 실내 농장에 흡수되어 명맥을 잃어버린 중서부 지방의 전통 수퇘지 사육 사업을 되

위대한 창업가들의 엑싯 비결

살리고자 하는 자신만의 비전을 가지고 있었다. 윌리스와 니먼이 공급망을 구축해나가자 홀푸드 마켓Whole Foods Market은 자신들의 모든 매장에서 그들이 공급하는 방목형 사육 돼지고기를 판매할 뜻을 밝혔다. 니먼 목장에는 실로 엄청난 기회였다. 비단 많은 판매량에 대한 기대뿐만은 아니었다. 돼지고기는 쇠고기나 어린 양고기보다 더 많은 이익을 창출할 수 있는 잠재력이 있었지만 기존에 그들이 가지고 있는 사업 규모로는 전혀 이익을 내지 못하고 있었기 때문이다.

헐버트가 돼지고기 사업의 기회를 잡는 데 집중하는 동안 맥코넬은 성장에 필요한 자본을 키우기 시작했다. 맥코넬은 이 과정이 그리 어렵지 않았다고 회고했다. 당시는 닷컴 붐이 일던 시대였고 샌프란시스코 베이 지역이야말로 빠르게 부를 모을 수 있다는 믿음이 가장 강한 곳이었기 때문이다. 회사는 돈을 거의 벌지 못하고 있었지만 사실 수익이란 것은 투자자들에게 그다지 중요하지 않았다. '브랜드'와 '확장성'이 모든 것을 좌우하는 시기였고 특히 회사가 어떤 분야의 '퍼스트 무버First movers(새로운 분야를 개척하는 선도자_옮긴이)'란 점은 분명 투자자에게 어필하는 요소였다. 니먼 목장은 비록 수익성이 당장 좋지는 않았지만 브랜드 가치가 뛰어나고 확장성이 큰 사업 모델을 보유한 퍼스트 무버로서 높은 관심을 끌었고, 그 결과 맥코넬은 1998년부터 2004년까지 75명의 투자자로부터 약 1,100만 달러를 모을 수 있었다.

니먼은 들어온 많은 투자금이 회사의 문화에 미친 영향에 대해 긍정적으로 평가하지 않았다. "회사 운영에 있어 조심하던 모습은 어느 순간 사라져버렸습니다. 기업 문화 프로그램에 돈을 쓰고, 다수 업계의 박람회에 참석하기 위해 돈을 썼죠. 전문 컨설턴트까지 고용해 전략적인 비전을 수립하는 활동도 하고요. 이 모든 것은 갑자기 돈이 많아진 작은 회사가 큰 회사 흉내를 낼 때 하는 전형적인 일들이었습니다. 부족한 듯 근검절약하는 모습은 더 이상 찾아볼 수 없었죠."

그러나 그는 자신의 이러한 평가를 일단 뒤로 미뤄두었다. "나는 이렇게 생각했어요. '내가 사업에 대해 아는 것이 얼마나 있나. 이 사람들은 비즈니스 세계에서 돌아가는 일들을 나보다 더 잘 알지 않을까? 이들이 옳은 일을 하는 것임에 틀림없어'라고요. 또한 고백하건대 나도 니먼 목장이 정말 크게 성장하여 업계에 큰 영향을 미칠 수 있다는 기대에 부풀었습니다. 그런 생각에 부합하도록 마침 투자 은행가들이 '당신 회사는 1억 달러에 팔릴 가능성이 있고, 당신이 가진 지분 가치는 3,000만 달러에 달하게 될 것입니다'라고 이야기했죠. 정말 유혹적일 수밖에 없었습니다"라고 니먼은 말했다.

이 시기에 이러한 유혹을 느낀 것은 빌 니먼뿐이 아니었다. 대부분의 비즈니스가 닷컴 열풍에 휩쓸렸다. 니먼 목장은 이 무렵 뜨거운 닷컴 열풍의 수혜를 입을 만한 모든 자질을 갖추고 있었다. 단 한 가지만 빼고 말이다. 그것은 바로 인터넷 회사가 아닌 육류 회사라는 점이었다. 당시 사람들은 매출의 증가 속도와 규모로 측정한 '브랜드 자산'이란 것은 통장에 들어 있는 현금과도 같다고 강하게 믿었다. 이 생각대로 라면 니먼 목장은 계속 판매량이 급증했으니 브랜드 자산도 점점 커지고 있던 셈이다. 아무도 이익이 나지 않는 것을 걱정하지 않았다. "대금이 들어오면 곧바로 회사에 다시 돈을 쏟아부었습니다"라고 니먼은 회상했다. "우리의 초점은 오로지 매출 증가에 있었죠."

그러나 현실 세계에서 이러한 전략은 미래에 더 높은 매출 수준에 도달할 시 이익이 나는 비즈니스 모델을 가진 경우에만 통하는 것이었고, 더욱이 자본이 다 떨어지기 전에 바로 그 수준에 도달해야만 했다. 니먼 목장은 헐버트와 윌리스가 개발한 돼지고기 사업 쪽에서는 지속 가능한 비즈니스 모델을 가지고 있었지만 니먼이 맡았던 쇠고기 사업 쪽에서는 비즈니스 모델이 없었다. 헐버트는 니먼에게 돼지고기 사업의 비즈니스 모델을 쇠고기 사업에도 적용할 것을 설득했지만 니먼은 고집을 꺾지 않았다. 맥코넬은 당시의 상황을 다음과 같이 말했다. "니먼은 이렇게 말하곤 했죠. '만약 그렇게 한다면 브랜드는 파괴되고 말 겁니다!' 그리고 이사회의 힘은 니먼의 의견과 반대로 갈 만큼 강력하지 못했습니다."

그러나 니먼에게 모든 책임을 묻는 것은 공정하지도 적절하지도 않다. 계속된 외부 투자 유치로 그 시점에 니먼의 지분은 희석되어 12.5퍼센트 정도에 불과했고, 맥코넬과 헐버트뿐만 아니라 이사회를 움직이는 투자자들까지 니먼은 실로 노련한 사업가들과 함께 사업을 하고 있었다. 하지만 그들은 모두 이익이 나지 않는 비즈니스 모델은 지속 가능하지 않다는 것을 인식하지 못했고, 닷컴 동화의 신화가 주변에서 이미 무너지기 시작했음에도 불구하고 자신들의 사업에 대해 어떠한 변화도 추구하지 않았다.

2006년, 결국 진실의 순간이 다가왔다. 그해 니먼 목장 매출은 6,000만 달러에 400만 달러의 손실을 냈고 현금은 거의 남아 있지 않았다. 주주들은 더 이상 투자 의사가 없었다. 이제 회사의 미래는 오로지 '브랜드 자산'의 가치에 달려 있었다. 이사회는 그것이 실제로 얼마나 가치가 있는지 알아보기로 했고, 그로부터 6개월간 잠재적 인수자와 교섭하는 거창한 활동에 돌입했다. 결과는 주주들과 회사가 스스로 믿었던 그리고 투자 은행가들이 믿도록 부추겼던 기업가치와는 너무나도 거리가 먼 수치였다. 그들에게 인수 제안을 한 곳은 힐코 에쿼티 파트너즈Hilco Equity Partners 단 하나뿐이었고, 43퍼센트의 지분과 회사 경영에 대한 의결권을 조건으로 단돈 500만 달러를 지불하겠다는 의사를 밝혔다.

파산 직전에 있던 상황에서 니먼을 포함한 주주들은 누구라도 회사를 살 용의가 있다는 점에 안도했다. 또한 힐코 에쿼티 파트너즈와 그 자회사인 내추럴 푸드의 경영진들이 니먼 목장의 가치와 사업 철학을 수용하는 모양새에도 위안이 되었다. 인수자 측에서는 헐버트와 맥코넬을 더 이상 필요로 하지 않았지만 니먼이 이사회 의장 및 회사의 대변인으로 계속 남아주기를 강력히 원했다. 니먼은 이에 동의했지만 그가 나중에 회사를 떠나게 될 경우의 조건들을 규정한 고용 계약을 맺을 것을 요구했다. 이것은 결과적으로 매우 현명한 예방 조치로 밝혀졌다. 2006년 7월, 회사가 매각된 지 한 달 만에 니먼과 인수 측의 관계는 틀어지기 시작했고 결국 1년 후 니먼은 회사를 떠났다.

돌이켜 생각해보건대, 니먼은 자신이 한 가장 큰 실수로 헐버트 와 맥코넬 그리고 이사회에 회사의 통제권을 넘겨준 것이라고 믿었다. 그러지 않았다면 결과가 달라졌을지는 분명하지 않지만 그가 한 가지 인정하는 것은 자신이 '과대망상과 큰 금전적 보상'에 이끌렸었다는 점이다. 물론 니먼은 그러한 유혹에 빠져 엑싯을 망친 첫 번째 사업가는 아니다. 또한 결코 마지막 사업가도 아닐 것이다.

당신의 비즈니스는 누구에게 팔릴 만합니까?

자, 당신은 이 시점에서 다음과 같은 의문이 생길 수 있다. '원하지 않는 회사 매각을 불러일으키는 요소들은 내 통제권 밖인데 그것을 어떻게 피할 수 있단 말인가?' 물론 그럴 수 있는 장치나 확실한 보장이 있는 것은 아니다. 그러나 당신은 일어날 수 있는 상황에 대해 대응력을 높이는 방향으로 사업을 구축할 수 있다. 자신의 사업에 있어 부족한 점과 약점을 찾아내기 위해 '만약 이런 상황이 닥친다면?'과 같은 테스트를 끊임없이 실행할 수도 있다. 이러한 의식적인 노력의 이면에 작용하는 힘을 SRC 홀딩스의 잭 스택은 '창조적 편집증'이라고 했고, 인텔Intel의 앤드루 그로브Andrew Grove는 '오직 편집

증적으로 대비 태세를 갖추려는 사람만이 살아남는다'고 표현했다.

특별한 유형의 편집증에는 분명 긍정적인 면이 있다. 이러한 자세는 사업을 통해 가장 큰 가치를 창출하는 동시에 자신이 원하는 엑싯의 가능성을 극대화할 수 있는 최고의 도구가 될 수 있다. 한마디로 이러한 자세가 회사의 매각 가능성Sellability 혹은 매력도를 높인다. 즉 사업가로서 당신의 여정이 행복한 결말을 맺는 데 있어 꼭 필요한 요건임에 틀림없다.

이즈음에서 회사의 매각 가능성이 뜻하는 바를 명확히 하고자 한다. 단편적으로 볼 때 회사는 인수자가 있어야만 매각이 가능하다고 할 수 있지만 이러한 정의는 별반 큰 의미를 갖지 못한다. 이에 따르면 원치 않게 매각되는 회사도 인수자는 있는 셈이고, 그에 따라 매각 가능성 혹은 매력도가 있는 것으로 결론지을 수 있기 때문이다. 실제로 대다수의 미국 중소기업은 이러한 수준에도 다다르지 못하는 게 현실이다.

미국 상공회의소SCC의 한 조사에 따르면 매각을 희망하는 회사의 약 20퍼센트만이 궁극적으로 매각에 성공한다. 이는 5명 중 4명은 엑싯을 원했지만 빈손으로 돌아선다는 것을 의미한다. 잠재적으로 회사를 매각하고 싶어 하는 65~75퍼센트에 달하는 오너들은 실제 회사를 매물로 내놓는 것조차 하지 못한다는 통계도 있다. 이들은 자신의 회사를 살 만한 사람을 구할 가능성이 거의 혹은 전혀 없음을 일찍이 깨달은 사람들이다.

그러나 좋은 엑싯을 하기 위한 조건이 비단 인수 의사가 있는 사람을 찾는 것에 국한되는 것은 아니다. 이와 더불어 당신이 회사를 떠나는 시기와 당신 다음으로 회사를 소유할 사람을 결정할 수 있는 위치를 확보하고 있어야 한다. 이때 '회사를 소유할 사람을 선택할 수 있는가'의 여부는 일정 부분 당신 회사의 유형에 달려 있다. 예를 들어, 많은 중소기업들은 오너에게 단순히 생계를 유지하는 수단을 제공하는 것이 존재의 목적이다. 이러한 벤처기업 중 일부는 팔릴 만한 것일 수도 있지만 이때 잠재적 인수자는 가족, 직원 또는 자신이 직접 자신의 일에 최고의사결정자가 되기를 원하는 부류의 사람들 등으로 제한된다. 이러한 많은 경우에 오너 입장에서 가장 좋은 선택은 회사를 매각하겠다는 생각을 접고 사업에 의한 수입이 자신의 라이프스타일을 뒷받침해줄 수 있을 때까지 계속 회사를 운영하면서 종국적으로 회사 문을 닫은 뒤에도 쓸 수 있을 만큼의 부를 축적하는 것이다.

반면 테크놀로지 기반의 스타트업은 독특한 범주에 속한다. 캐나다 밴쿠버에 있는 스트래티직 엑싯 코퍼레이션Strategic Exits Corp.의 바질 피터스Basil Peters는 이 부문의 전문가로서 이러한 회사의 경우 '회사의 규모와 수익성이 회사의 매각 가능성과 큰 상관관계가 없다'는 견해를 밝혔다. 이러한 회사의 오너들이 회사의 매각 가능성을 인정받는 것은 특정 수준의 매출을 달성하거나 일정 금액의 수익을 올릴 때가 아니라 바로 그 사업의 비즈니스 모델을 증명했을 때라는 것이다.

예를 들어, 반복적으로 매출이 발생하는 유형의 사업, 즉 일종의 구독 서비스 회사의 경우 다음의 3가지를 기록하고 제시할 수 있어야 한다. '고객당 매출총이익, 고객이 유지되는 기간, 고객 획득 비용'이 바로 그것이다. 다시 말해, "고객 한 명이 얼마나 가치를 만들어내고 또 고객 한 명을 얻는 데 얼마의 비용이 드는지가 관건이죠"라고 피터스는 말한다. 그리고 다음과 같은 말을 덧붙이며 강조했다. "실제 데이터여야 합니다. 장래 예상치 말고요."

이밖에도 또 다른 형태의 사업들은 약 5~6가지의 요소들로 이루어진 그들 나름의 평가지표에 기반을 두고 사업 모델이 입증되어야 한다. 피터스에 따르면 이러한 것들을 제시함으로써 '투자자가 일정 금액을 투자하게 되면 전체 사업의 가치가 얼마가 될 것인지'에 대해 신뢰성 있는 정보를 전달할 수 있고 이러한 기초가 있어야만 기업가치에 있어 사실에 기반한 협상이 가능해지는 것이다. 물론 경쟁과 시장 트렌드와 같은 다른 요소들 그리고 현재의 매출과 이익도 협상의 주제일 수 있지만 그보다 인수자에게 중요한 것은 바로 앞서 예를 든 것과 같이 '투자금이 들어온 후 미래의 회사 가치'를 가늠해볼 수 있는 지표들이다.

피터스가 실질적으로 주장하는 바는 그와 같이 사업 모델이 증명된 기업의 오너는 가능한 빨리 사업을 매각하고 엑싯하는 것을 진지하게 고려해야 한다는 것이다. "사업이란 언제나 상승 국면에 있을 때 매각하는 것이 최선입니다!"라고 그는 말했다. "당신은 눈앞의 현실이 아니라 '약속'을 파는 겁니다. 사업 모델을 증명할 충분한 정보가 갖춰져 있다면 최상의 가격을 받을 수 있습니다. 하지만 당신이 더 기다린다면 당신은 과대한 기업가치를 받아내기 위해 노력해야 하는 위험에 처합니다. 대부분의 창업가들이 이러한 위험을 택하곤 하죠."

그의 이러한 주장을 뒷받침하는 사례들은 많다. 특히 이러한 접근은 새로운 사업을 일으키고, 키우고, 매각하는 일련의 과정들 자체를 즐기는 창업가들에게는 여지없이 잘 들어맞는다. 이들은 특히 어떤 특정한 회사를 아주 오랜 기간 동안 운영하는 일에는 별 관심이 없는 부류의 사람들이다.

그러나 세상에 압도적으로 많은 대부분의 사업가들에게 이는 해당되지 않는다. 특히 매우 오랜 기간 동안 사업을 해오고 있고, 또 이미 아주 오래전 사업 모델이 입증된 이들에게는 더욱 그러하다. 이들에게 회사의 매각 가능성은 다른 관점에서 판단되어야 한다.

오너는 무엇을 팔고, 투자자는 무엇을 사는가?

우선 회사를 매각할 때 무엇을 팔게 되는 것인지를 이해해야 한다. 답은 바로 '미래현금흐름Future cash flow'이다. 이에 반해 구매자가 회사를 인수 검토하게 되는 최초의 동기는 다양한데 예를 들면 수입 증대, 신시장 진출, 경쟁업체 방어, 산업 구도의 재편 등이 될 수 있다. 그러나 구매자들이 종국적으로 사려고 하는 것은 바로 '장기현금흐름Long-term cash flow'이다. 다른 회사를 인수하는 모든 회사는 인수를 통해 현금흐름이 미래에 더욱 증대될 것을 기대한다.

벤처캐피털, 사모펀드, 엔젤투자자들 모두 마찬가지다. 회사를 인수한 주체가 전문 투자가가 아닌 임직원 혹은 가족이라고 해도 같은 기대를 품어야만 한다. 만약 회사를 인수한 후 돌아오는 현금흐름이 더 줄어들었다면 비참한 상황에 처하게 될 가능성이 높다. 그야말로 형편없는 인수 거래를 한 것이다. 물론 예외의 경우도 있으리라 가정해보지만 그러한 예외가 어떤 것일지 떠올리기는 정말 쉽지 않다. 매출, 이익, 시장점유율, 시너지 같은 것들도 중요하지만 이는 개념적인 것에 불과할 뿐 절대 그 자체로 지출할 수 있는 것들이 아니다. 누가 뭐래도 현금이 '왕'이다. 오직 현금만 지출이 가능하다. 사람들이 회사를 인수하는 이유는 종국에 현금을 더 많이 갖기 위함이다.

이것이 바로 기업 인수자들이 전통적인 비기술 회사들의 기업가치를 상각 전 영업이익EBITDA(에비타)으로 평가하곤 하는 이유인데, 이는 상각 전 영업이익이 바로 '잉여현금흐름Free cash flow'과 유사하게 회사의 현금 창출력을 측정하는 지표이기 때문이다. 이는 기업이 1년 동안 벌어들인 수입에서 모든 원가와 운영비용을 지불한 후 남은 금액으로 세금과 이자비용 및 자산의 감가상각비용을 차감하기 전의 금액을 뜻한다. 따라서 이는 '순이익'보다 회사의 본원적인 운영 수익성을 잘 나타내는 지표로 알려져 있다. *

이제 당신이 팔아야 할 것은 '미래현금흐름'이란 사실을 인식했다면 현명한 투자자들이 당신의 회사로부터 읽어내고 싶은 것이 무언인지 추론하는 것이 가능할 것이다. 첫째, 그들은 당신 사업의 현재의 현금흐름과 다가올 해의 현금흐름 예상 규모에 관심을 가질 것이다. 둘째, 투자자들은 그러한 예상 및 예측이 얼마나 믿을 만한것인지 따질 것이다. 이는 다시 말해 일이 기대했던 것과 어긋날 가능성을 사전에 가늠하려는 것이다.

이러한 관점에서 본다면 이제 사업의 매각 가능성을 높이는 방법은 명확해진다. 즉 회사의 미래 성장 가능성을 십분 선전하고 위험은 줄이는 것이다. 인수자들이 거래의 위험을 평가하는 방식은 무엇보다도 회사의 과거 실적들을 면밀히 평가하는 것이므로 당신이 사업을 일구기 위해 하는 거의 모든 조치들이 회사의 매각 가능성에 결국 영향을 미치게 된다.

물론 좀 다른 시각을 가지고 접근하는 인수자도 있을 수 있다. 회사 자체보다는 그 회사를 인수했을 때 자신의 미래현금흐름 증대에 도움을 줄 가능성을 찾는 경우가 이에 해당한다. 이는 다시 말해, 인수를 통해 예전에는 갖고 있지 못하던 역량을 얻게 된다거나 새로운 시장의 진입로를 찾게 되고 혹은 경쟁자를 제거해버리는 효과를 노린다는 것이다. 이 경우 인수자에게 당신의 회사 규모나 수익

• 기술적으로 잉여현금흐름은 상각 전 영업이익에서 ①비현금 운전 자본(주로 재고 및 외상매출채권)의 변화량을 뺀 후 다시 ②일상적 자본 지출(CAPEX로 약칭)을 뺀 수치를 말한다. 그러나 단순화를 위해 구매자와 판매자 모두 일반적으로 회사의 EBITDA에 몇 배수 정도를 곱하여 기업가치를 산정할 것인지 논의한다.

성보다는 보유하고 있는 특허 혹은 상표권의 가치, 보유 고객의 이전 가능성 등이 더 큰 관심사가 될 수 있다. 이러한 인수자들을 전략적 투자자Strategic Investor/SI라고 부르며 이는 사모펀드로 대변되는 재무적 투자자Financial Investor/FI와는 반대되는 개념이다. 전자는 명칭에서 드러나듯 회사의 인수 목적이 자신의 사업에 있어 전략적으로 도움을 얻기 위해서인데 반해, 후자는 어떤 사업이든 인수해서 그것을 3~7년 후에 훨씬 더 큰 금액으로 매각해 차익을 얻는 것에 있다. 쉽게 유추할 수 있듯이 재무적 투자자는 전략적 투자자보다 쉽게 그 후보를 찾을 수 있고 기업 인수 건을 평가하는 데 사용하는 '기준'이 보다 더 일관성을 지닌다.

이러한 기준이 중요한 이유는 또 있다. 당신이 이러한 기준을 염두에 두고 회사를 일궈나간다면 사업의 매각 가능성이 더욱 높아지는 것은 물론 회사의 설립에서부터 매각까지의 과정에 있어 보다 더 훌륭한 회사, 강한 회사, 단단한 회사가 될 수 있을 것이다. 그이유는 재무적 투자자들은 세상에서 가장 까다롭고 또 세련된 투자 집단이기 때문이다. 이들은 자신에게 돈을 맡기는 투자자, 오로지 투자의 재무적 성과만을 기대하는 사람들에게 책임을 져야한다. 그렇기 때문에 재무적 투자자들이야말로 회사의 장점은 물론 단점과 취약점을 찾아내는 데 매우 전문적인 역량을 가진 사람들이라고 할 수 있다.

아울러 사업주가 재무적 투자자에게 회사를 매각할 마음이 전혀 없더라도 이들의 잠재적 인수 대상에 대한 평가 방법을 활용하면 회사 고유의 약점과 강점을 파악할 수 있고 이는 미래의 회사 소유 주들(오너의 가족 또는 임직원 혹은 그 누구든 간에)에게 보다 좋은 결과를 안겨줄 것이다.

회사가 팔릴 만하다는 뜻의 의미

비상장회사의 소유주 중 영리한 이들은 일찍이 전문 투자자들이 회사를 평가하는 방식을 터득하는 일이 얼마나 가치 있는지 이해하고 있다. 이들은 인수합병 전문가들로 하여금 실제 인수 대상 회사를 분석하게 하거나 그들을 자문단으로 활용하는 방식 혹은 기업 실사를 진행함으로써 실제 기업가치의 산정 방식을 이해하려는 등 다양한 방법을 취한다. 투자자의 관점에서 사업의 강점과 약점을 평가하는 일을 시작해볼 수 있는 소프트웨어 도구들도 점점 늘고 있다.

이 책의 1장에서 소개한 존 워릴로우도 그러한 도구를 여러 방면으로 찾던 차에 직접 소프트웨어를 개발하게 되었다. 그는 2008년 그의 네 번째 회사를 매각한 후 작가이자 강연가로서 새로운 커리어를 시작했고 《팔리도록 회사를 일구다Built to Sell》라는 책을 출간했는데 이는 도저히 매각 가능성이 없던 광고회사를 팔릴 만한 회사로 혁신한 어느 광고회사 오너의 가상의 이야기를 다루고 있다. 그는 책을 홍보하기 위해 www.builttosell.com이라는 웹사이트를 만들었는데 여기에 '회사가 인수자를 만날 가능성Sellability'이라는 간단한 퀴즈 형식의 설문지를 만들어 게시했다. 이를 통해 사업가들에게 자신의 회사가 투자자에게 매력적인지 아닌지에 대한 감을 키워줄 수 있었는데 워릴로우는 스스로도 놀랄 만큼 사람들이 점차 이 지수를 활용한다는 것을 깨달았다. "이러한 결과들이 나에게 뭔가 시사하는 바가 있음을 알게 되었어요." 그는 평가 도구를 좀 더 개선해 '매각 가능성 스코어Sellability Score'라는 지표를 만들었다.

비단 워릴로우만이 이러한 소프트웨어 도구를 개발한 유일한 사람은 아니다. 애리조나주 메사Mesa의 B2B 최고재무책임자, 버몬트주 노리치Norwich의 코어밸류 소프트웨어Core-Value Software, 조지아주 재스퍼Jasper의 내비게이터Navigator, 오스트레일리아 뉴사우스웨일즈주 브룩밸류Brookvale의 마우스 비즈니스 시스템즈MAUS Business Systems 등이 유사한 도구를 출시한 바 있다. 이 도구들은 객관적으로 자신의 사업을 평가하는 방법을 배워야 하는(이들에게 이보다 더 어려우면서도 중요한 과제는 없을 것이다) 사업가들에게 도움을 줄 수 있다. 특히 자신과 어떠한 정서적 유대도 없는 냉정한 투자자의 눈으로 자신의 사업을 바라볼 수 있다는 점에서 객관적인 도움을 얻을 수 있다.

이러한 방법을 터득한 사업가는 분명히 그렇지 않은 사업가들보다 '등 떠밀린 회사 매각' 상황에 처할 위험이 훨씬 덜할 것이다. 또한 그들은 자신은 물론 그들의 회사에서(그들이 떠나기 전과 후 모든 상황에서) 펼쳐지는 일들에 관해 훨씬 더 큰 통제력을 가질 수 있게 된다. 단 오해가 생기지 않도록 분명히 해두고 싶은 것이 있다. 그것은 바로 이러한 도구들 중 그 어느 것도 곧장 회사의 매각 가능성을 높여주는 길을 열어주지는 않는다는 것이다. 또한 언젠가 당신이 최고의 가치로 회사를 매각하는 것을 보장해주는 것도 아니다. 이러한 도구들이 도움이 되는 것은 적어도 당신이 가야할 방향에 대해 몇 가지 옵션을 주기 때문이다. 일부 도구들은 이러한 옵션과 진척도를 대시보드로 보여줄 수도 있다. 또 어떤 도구들은 주기적인 평가를 가능하게 하고, 회사의 발전을 위해 점검해야 할 핵심적인 변수들을 계속해서 부각시켜준다.

예를 들어, 워릴로우가 개발한 매각 가능성 스코어*는 오너로 하여금 자신의 사업에 대한 일련의 질문에 답하게 한 뒤 일반적인 투자자에게 회사가 매력적일지의 여부에 관한 전체적인 평점은 물론 세부적인 요인에 관한 점수를 제시한다. 대부분의 오너들에게 도움이 되는 요소는 아마 평점 자체보다는 뒤따라 제시되는 보고서일 텐데 여기에는 다음부터 이야기할 총 8개의 세부 요인에 관한 자세한 설명이 포함되어 있다.

첫 번째 요인은 '재무 성과Financial performance'다. 투자자의 입장에서 기업의 인수 금액을 산출하는 일련의 사고 과정을 제시한다. 예제

---

* 이 프로그램을 소개하는 이유는 이것이 다른 프로그램보다 더 훌륭하기 때문은 아니다. 다른 모든 프로그램을 조사하지 못한 이유도 있지만 소개할 만한 가치가 있다고 보는 이유는 이 서비스가 기업의 오너들에게 무료로 제공되기 때문이다. 워릴로우가 이 서비스를 통해 얻는 수익은 기업 인수 또는 매각 중개인, M&A 전문 변호사, 재무적 자문가 및 투자 은행이 지불하는 수수료로부터 나온다. 오너가 온라인 설문지를 작성하면 보고서가 생성되어 M&A 전문가들에게 전송되고 이들은 오너와 연락해 그들과 함께 이 보고서를 함께 검토하게 된다. 이 과정에서 잠재적 인수자에게 회사를 더욱 매력적으로 만들 수 있는 방법이 제안되는데, 이때 시스템상에서 파악된 회사의 취약점들이 판단의 근거가 된다.

를 통해 회사의 '현재가치Present value'를 어떻게 계산하는지 설명하고 투자자가 인식하는 리스크 정도에 따라 이 가치가 어떻게 영향을 받는지에 관해 이야기한다. 작은 규모의 기업들은 필연적으로 리스크가 따르기 마련인데 소위 '소기업 디스카운트Small company Discount'라는 것이 생겨난다.

두 번째 요인은 '성장 잠재력Growth potential'이다. 이 섹션에서는 성장률이 현재가치의 계산에 미치는 영향을 보여줌으로써 논의를 더욱 심화시킨다. 회사의 성장 속도가 빠를수록 현재가치는 높아진다. 이전에 언급했듯이 비즈니스의 '확장성'은 인수자에게 중요한 요소이며 보고서는 오너로 하여금 확장성에 관해 생각할 수 있는 다양한 방법을 다음과 같이 제안한다. ① 사업을 지리적으로 확장하는 것 ② 기존 고객에게 새로운 제품을 제공하는 것 ③ 유휴 상태인 생산 역량을 활용할 수 있는 새로운 고객을 찾는 것 ④ 하나의 문화권에서 다른 문화권의 니즈에 맞게 제품이나 서비스를 변형시키는 것 등이 제안된다.

세 번째 요인은 '과도한 의존성Overdependence'이다(존 워릴로우는 이것을 '스위스 구조'라고 부르며 중립성과 독립성의 이점을 이야기한다). 이 주제는 사업이 어떤 고객이나 공급업체 또는 직원에게 과도하게 의존한 상태에서 그러한 대상이 사라져버릴 때 생기는 위험을 피해야 한다는 생각을 담고 있다. 투자자들은 특히 매출이 특정 고객 집단에 집중되어 있는 것을 면밀히 들여다보며 이를 핵심적인 취약성으로 간주한다. 가령 한 고객의 매출액이 15퍼센트 이상을 차지하면 그에 따라 투자자는 기업의 인수 금액을 낮추려 한다.

네 번째 요인은 '현금흐름Cash flow'이다. 자체적으로 창출된 현금흐름을 통해 비즈니스의 성장을 뒷받침할 수 있다면 그 기업은 외부 자본에 의존할 필요가 줄어들게 된다. 인수자는 회사를 인수한 후 외부 자본이 덜 필요한 회사에 대해 더 많은 금액을 지불하게 되며, 반대로 외부 자본이 더 많이 필요할수록 지불하려는 금액은 낮아지게 된다(존 워릴로우는 이것을 '기업가치 시소 타기'라고 부른다). 보고서는 나아가 고객으로부터 외상매출금 회수 기간은 줄이면서 매입금 지불을 늦추는 것을 통해 보다 많은 현금을 축적할 수 있는 방안에 대해 제안한다.

다섯 번째 요인은 '반복적인 수입Recurring revenue'이다. 이는 중요한 요인으로 회사가 매각된 후에도 지속적으로 매출이 발생할 것이라는 확신을 제공함으로써 잠재적 구매자가 인식하는 위험을 낮추고 사업의 매각 가치를 높일 수 있다. 존 워릴로우는 다음과 같은 것들을 예시로 제시했는데, 미래의 매출에 대한 확신이 커질수록 위험은 줄어들고 기업의 가치는 올라간다. ① 사람들이 정기적으로 계속 구매해야 하는 소모품(치약, 샴푸, 화장지 등) ② 반복적으로 구매하는 구독 서비스(신문 및 잡지 등) ③ 재사용이 가능한 구독 서비스(블룸버그 터미널 등) ④ 자동으로 사용 계약이 갱신되는 구독 서비스(문서 저장 서비스 등) ⑤ 가입 시 수년간의 장기 계약으로 고객을 묶는 형태의 서비스(통신 약정 서비스 등) 등이다.

여섯 번째 요인은 '독특한 가치 제안Value proposition'이다(존 워릴로우는 이것을 '독점력'이라고 부른다) 경쟁자가 당신 회사의 제품이나 서비스를 베끼는 것이 어려울수록 인수 금액의 하락 압력은 더 적어진다. 워렌 버핏Warren Buffett은 경쟁 회사들이 자신의 성에 침입해 고객을 훔쳐가는 것을 막기에 충분할 만큼 넓고 깊은 '해자'가 있는 회사를 인수하는 것에 대해 이야기한다. 해자는 난공불락의 경쟁우위를 보유했을 때 가장 넓어지는데 이 또한 인수자의 위험을 감소시키고 사업의 가치를 높인다.

일곱 번째 요인은 '고객 만족Customer satisfaction'이다. 여기서 중요한 점은 '비즈니스가 일관되고 엄격하게 고객 만족도를 측정할 수 있는 기틀을 마련했느냐'의 여부다. 만족한 고객으로부터 받는 증언이나 대부분의 일반적인 고객 만족도 설문조사로는 불충분하다. 워릴로우는 고객 충성도 전문가인 프레드 라이켈트Fred Reichheld(고객 평생 가치측정 모형 창시자_옮긴이)가 개발한 고객 순추천지수Net Promoter Score 방법론에 주목한다. 이 방법은 그의 저서인 《1등 기업의 법칙 The Ultimate Question》에도 실렸으며, 규모에 관계없이 훌륭하게 운영되고 있는 다수의 회사들이 채택하고 있는 방법이다.

이 방법은 단 하나의 질문에 대한 답변을 통해 성장의 두 가지 중요한 동인인 고객의 구매 가능성 및 제품을 다른 사람에게 추천할 가능성을 제시하는데, 그 질문은 바로 "1~10의 지수로 이 제품을 친구나 동료에게 추천할 가능성은 어느 정도입니까?"이다. 이때 9 또는 10의 점수를 주는 사람은 소위 추천자Promoter로 간주되는데 이들은 제품을 다시 구매하고 다른 이에게도 추천할 가능성이 높은 사람들이다. 7 또는 8의 점수를 주는 사람은 중립적인Neutral 고객 또는 라이켈트식 표현에 따르면 '수동적으로 만족한 고객'을 뜻한다. 그밖의 모든 점수를 주는 사람은 이탈자Detractor로 보며 순추천지수는 옹호자의 백분율에서 이탈자의 백분율을 빼는 것으로 계산된다. 존 워릴로우가 지적한 것처럼 이 방법론은 중소 규모의 민간 기업에서 특히 잘 작동하는데 그 이유는 구현하기 쉽고 투자자들에게 공통의 언어를 제공하며, 저렴하고, 예측력이 뛰어나기 때문이다.

여덟 번째이자 마지막 요인은 '경영진의 힘Strength of the Management team'이다. 이것은 회사의 중요한 의사결정에 있어 오너의 역할에 관한 것이다. 모든 핵심 의사결정이 오너에 의해 이루어진다면 필연적으로 오너의 엑싯 후 회사의 생존 가능성에 대한 큰 의문이 생길 수밖에 없다. 잠재적 인수자는 고객 관계에 대해 특히 주의 깊게 살펴보는데 이는 고객의 충성도 또한 회사보다는 오너에게 더 높을 수 있기 때문이다. 당신의 회사가 당신 없이 잘 작동되게 만들수록 매력도는 더 높아질 것이다.

궁극적으로, 당신이 많은 종류의 인수 후보자들을 손에 쥐고 매각 의사결정을 할 수 있다면 최상일 것이다. 이들은 재무적 투자자, 전략적 투자자, 직원, 임원진 혹은 가족 구성원 등 다양할 수 있다. 또한 당신이 만약 사모펀드에 팔릴 만한 회사를 일굴 수 있다면 당신은 진정으로 모든 옵션을 갖게 된다. 사모펀드에게 매력적인 대상은 그 외의 모든 인수자 후보들에게도 매력적인 회사가 될 수 있기 때문이다.

사모펀드를 이해하라

앞으로 다가올 몇 년 동안 사모펀드 그룹Private Equity Groups/PEG은 수백만 개의 기업을 인수하게 될 것이다. 사모펀드의 수가 너무 많아서 투자할 기업을 찾아야 한다는 압력이 너무 강하기 때문이다. 그것은 사실 업계가 최근 몇 년간 겪었던 가장 큰 문제 중 하나다.

베인 앤 컴퍼니에 따르면 사모펀드 회사들은 2014년에 1조 달러가 넘는 '놀고 있는 실탄Dry powder' 즉 그들이 모으고 아직 투자하지 못한 돈을 가지고 있었다. 투자자들은 다른 종류의 투자에서 얻을 수 있는 것보다 더 나은 수익을 원하고 있고, 사모펀드가 이 수익을 제공하는 길은 성장하는 기업에 돈을 넣는 길 밖에 없다. 돈이 놀고 있는 기간이 길어질수록 투자자들은 더 불만족스러워지며 이런 감정을 노골적으로 사모펀드에 알리게 된다. 사모펀드들은 따라서 시간 제약을 받는다. 주어진 기간(일반적으로 5년)에 돈을 투자하지 않으면 자금에 대한 접근성이 떨어져 미래의 펀드 조성 능력이 저하되기 때문이다.

그렇다고 해서 사모펀드에 회사를 매각하는 것이 쉽다는 뜻은 아니다. 지난 20년 동안 30개의 사모펀드 회사와 함께 일한 기업 매각 전문가인 로버트 토미Robert Tormey는 '사모펀드는 최종적으로 투자하기 전에 수백 개의 기업을 검토한다'고 지적했다. "투자 은행을 통해 두 개의 기업체 매각을 시도한 적이 있는데, 첫 번째 사례에서는 투자 은행 담당자가 100개 이상의 투자설명서를 자격 요건을 갖춘 여러 사모펀드에 배포했습니다. 이중 5개의 사모펀드가 참여 의사를 보내왔고, 이 정도의 성과도 엄청난 성공으로 간주되었죠. 두 번째 사례에서는 100건이 넘는 투자설명서를 발송하고 3건의 응답과 1건의 투자의향서를 받았습니다. 보통 이 정도의 확률로 움직인다고 보면 됩니다. 사모펀드가 하나의 회사에 투자한다고 하면 그때마다 검토되는 후보들은 100개 이상인 셈이죠."

사모펀드에 회사를 매각하려는 경쟁은 앞으로 점점 더 격화될 것이다. 그것은 미국에서 고용을 창출하는 기업체 중 약 400만 개를 소유하고 있는 베이비붐 세대가 은퇴를 앞두고 있기 때문이다. 바로 그러한 관점에서라도 사모펀드가 기업을 인수할 때 어떤 점을 중요시 하는지 이해하고 이를 당신의 사업에 적용하는 것은 매우 의미 있는 일이다. 비록 사모펀드는 상각 전 영업이익이 약 500만 달러(한화 약 60억 원) 이상의 회사들에 주로 투자한다는 제약이 있긴 하지만 말이다. 이 정도 규모일 때만이 사모펀드가 대출을 일으켰을 때 전주(자본가)들에게 약속한 수익률을 제공할 만한 현금흐름이 생겨나기 때문이다.

그러나 가장 영민한 투자자와 인수자들이 중시하는 기업 운영의 원칙과 우수 사례를 만들어 내기 위해 꼭 500만 달러의 상각 전 영업이익을 가진 회사를 운영하고 있어야 하는 것은 아니다. 그들의 기준에 부합하는 경영 기법을 적용함으로써 당신이 종국에 어떤 엑싯을 선택하든 보다 강하고, 복원력이 있으며, 값어치 있는 사업체를 일궈낼 수 있다. 또한 당신은 회사의 성장을 위해 필요한 자본에 있어서도 더 높은 접근성을 확보할 수 있다.

토미의 백서라고 불리는 아직 출판되지 않은 그의 저서 《엑싯 전략 관리법: 사모펀드 투자자에게 배우는 교훈The Care and Feeding of Your Exit Strategy: Lessons Learned from Private Equity》에서 토미는 사모펀드가 인수했던 제조업체의 최고재무책임자로서의 경험을 털어놓았다. 회사는 소위 산업 구도를 재편하고 있었다. 즉 한 산업 분야의 여러 중소기업을 인수한 후 하나의 큰 회사로 이를 통합하려는 것이었다. 토미는 인수 후보자 파악에서부터 인수 기업 통합 회사에 이르기까지 모든 것을 담당하는 역할을 맡았다.

인수 대상 후보는 항상 넘쳐났고 하나의 회사를 인수하는 데 통상 5개 이상의 후보들이 검토되었다. 이렇게 많은 후보들을 검토하는 과정은 토미로 하여금 자신이 최고재무책임자로 재직하는 회사를 운영하는 방향에도 많은 교훈을 안겨주었다. 토미와 그의 팀은 시간이 갈수록 그들이 인수한 기업의 훌륭한 사례나 경영 기법을 점점 더 많이 채택해나갔다.

"우리는 모든 행동과 계획에 있어 기업가치를 창출하는 데 집중했습니다. 상각 전 영업이익을 극대화하기 시작했고 세금 절약에는 그다지 집중하지 않았죠. 우리의 운전 자금을 지키고, 미수금을 면밀히 모니터링하며, 단지 금액보다는 (지불 기한 등의) 상세한 거래 조건에 따라 구매 결정을 내렸습니다. 이러한 노력을 계속하는 가운데 우리는 운전 자본 관리를 통해 얻을 수 있는 이점과 현금흐름을 잘 관리함으로써 추가적인 차입 자금을 조달할 수 있는 방법에 대해 이해하게 되었습니다. 또한 우리는 더 많은 회사의 인수를 감당할 수 있는 인프라를 갖추기 위해 노력했어요. 결과적으로 우리는 24개월 만에 800만 달러였던 매출을 4,000만 달러까지 끌어올렸습니다."

즉, 매우 똑똑하고 경험이 풍부한 투자자(예를 들면 사모펀드 그룹)가 잠재적 인수 물건을 판단하는 관행을 기업 경영에 잘 채택하면 미래에 엑싯을 염두에 두고 있는 당신은 어떤 목표든 달성할 수 있는 기반을 갖출 수 있다. 최종적으로 어떠한 투자자에게 엑싯하든 상관없이 말이다. 그 이유는 이러한 접근이 회사의 발전에 필요한 자본에 대한 접근성을 높이기 때문이다. 물론 자본이 전부는 아니다. 그러나 사업을 통해 성취하고자 하는 꿈을 가진 사람에게는 너무나 중요하고 필수적인 요소다. 자신의 돈이든 다른 사람의 돈이든 자본에 대한 접근성 없이 당신의 꿈은 앞으로 나아가지 못한다.

사모펀드는 어떻게 작동하는가?

당신은 '투자자들이 왜 유독 사모펀드가 좋아하는 경영 기법에 높은 가치를 부여하는가?'와 같은 질문을 할 수 있다. 답을 얻기 위해 사모펀드가 기업 인수 거래를 통해 이익을 얻는 방식에 대해 이해할 필요가 있다.

사모펀드는 인수한 기업을 성장시켜 3~7년 후에 더 많은 돈을 받고 매각하는 것이 목표다. 이를 위해 회사의 재무구조를 바꾸고, 지분을 투자하여 부채를 일으킨다. 그렇게 함으로써 회사가 결국 매각될 때 투자자는 자신의 지분 투자에서 나오는 수익 증대 효과를 극대화할 수 있다.*

부채를 추가로 일으키는 것이 사모펀드 거래의 핵심 요소다. 대부분의 경우 이중 많은 금액을 전통적인 은행 대출 형태는 아니지만 은행으로부터 조달한다. 이것은 고도의 부채를 동반한 거래Highly Leverage Transactions/HLT로 알려진 특수한 유형의 차입이다. 이러한 차입에 대한 지침은 연방 규제 당국에 의해 정해지며 그러한 규칙들은 차입거래 계약서에 포함되어 있는데 이는 일반적인 대출 협약과는 상당히 다르고 또 엄격하다.

예를 들어, 전형적인 HLT 차입 거래의 약정 중 하나는 계약 기간 전체(통상 7~10년까지에 이르는)에 대해 회사가 매 3개월마다 만들어내야 하는 최소 상각 전 영업이익을 시기별로 규정한다. 이때 요구되는 수준의 영업이익을 유지하는 데 필요한 재무관리 및 운영 기술은 대부분의 사기업에서 갖추기 어려운 레벨이다. 잠시 생각해보라. 회사 소유주는 향후 10년 동안 매 분기 최소 영업이익 수준을 유지할 것을 약속하며 그 약속은 자신과 관리자가 정확히 어떻

---

* 이는 마치 10년 동안 가치가 두 배될 현재 100만 달러짜리 주택을 구입하기 위해 부채와 자본을 어떠한 비율로 사용하느냐의 문제와 같다. 100만 달러를 모두 자본으로 지불하면 10년 후 다시 판매할 때 투자 수익은 100퍼센트가 된다. 그러나 10만 달러의 돈과 90만 달러의 대출로 주택을 구입한 경우 1,000퍼센트의 수익(200만 달러−90만 달러=110만 달러)을 얻게 된다.

게 할 것인지 자세하게 기술한 장기 사업 계획에 의해 뒷받침된다. 그들이 만약 목표를 달성하지 못하면 차입 거래 계약은 수정되어야 하며 이는 기업과 기업 오너에게 분명히 많은 재무적 손실을 가져 오는 방향이 될 것이다.

이러한 체계에서는 회사를 방만하게 운영할 빈 구석을 찾기 힘들다. 또한 HLT 아래에서는 오너와 고위 관리자는 사기업에서 일상적으로 통용되는 혜택들을 누릴 수 없다. 친구나 가족에게 호의로 추가 급여를 얹어주는 일도 있을 수 없다. 오너에게 좋은 조건으로 회사가 대출을 해주는 일도 있기 힘들다. 세금을 회피하기 위해 상각 전 영업이익을 줄이는 등의 행위도 불가능하다. 오로지 목표는 모든 기회를 활용해 상각 전 영업이익과 기업가치를 극대화하는 것이다.

토미의 백서에 따르면 일부 중소기업 경영 자문가들은 오너들에게 각종 특혜를 부여하고 세금을 회피하는 관행에 대해 크게 걱정하지 말라고 조언한다. 일단 지출되는 돈만 잘 추적하면 후에 기업을 매각하거나 투자를 받아야 할 때가 되었을 때 얼마든지 이를 다시 미래의 상각 전 영업이익에 추가할 수 있다는 논리다. 하지만 토미는 이러한 조언은 여러 가지 이유로 그릇된 것이라고 지적한다. 우선 그러한 기업의 오너는 회사의 미래 성장을 위해 투입되어야 할 자금을 빼앗아 엉뚱하게 소비한 것이기 때문에 그 자체로 그렇지 않은 경우보다 상각 전 영업이익이 낮아질 수 있음을 의미한다는 것이다. 이렇게 되면 투자자는 오너의 자금 사용 행태로부터 투자금을 넣어도 딱히 더 좋은 활용법이 없을 수도 있다는 힌트를 얻고 상각 전 영업이익에 곱할 배수의 수준을 낮출 수 있다. 또한 이렇게 추가하는 방식은 미래 예측에 대한 불확실성을 불러일으키며 인수자와 대출 기관이 관련된 위험을 평가하는 행위에 영향을 줌으로써 결과적으로 매각 금액을 하락시킬 수 있다.

토미에 따르면 가장 심각한 피해는 기업 문화에 주는 영향이다. 오너가 회사의 현금을 마치 개인 돼지저금통처럼 활용하면 책임 있는 기업 문화를 일구는 것은 불가능하다. 관리자들은 회사의 주인이 사업의 성장과 주요한 마일스톤을 달성하는 것 이외의 다른 사적인 목표가 있음을 알게 되고 결국 회사의 재정에 관한 원칙은 훼손되고 만다. 가장 높은 사람이 원칙을 지키지 않으면 그 누구도 지키지 않게 된다.

많은 부채를 가지고 있지 않고 은행이 당신 회사의 모든 움직임을 면밀히 조사하지 않는 여건이라면 당신은 사업을 그런 방식으로 운영할 수도 있다. 그러나 돈을 많이 빌려 HLT 신용 협약에 서명했다면 도저히 그럴 수 없다. 이 계약으로 인해 당신은 연간 회사 운영 계획을 제출해야 하고 해마다의 실적과 변화에 관해 모니터링을 받게 된다. 따라서 당신은 현금 관리를 잘해야 하며 명시되어 있는 각종 재무 비율 타깃을 준수할 것을 요구받는다. 전사적 차원에서 재무 결과에 대한 책임을 묻게 되는 것이다. 즉, 모든 영업과 마케팅, 운영상의 의사결정은 그것을 수행하기 전의 재정적 관점에서 검토되어야 한다.

토미는 다음과 같이 결론지었다. "간단히 말해, 사모펀드가 주는 제약으로 인해 회사는 부채 없는 가족 기업들이 따를 필요가 없는 선진적이고 모범적인 경영 기법들을 채택해야만 한다. 통상적으로 알려진 사모펀드가 훌륭한 성과들을 만들어내는 것은 차입 경영 기술이나 투자자의 놀라운 사업 수완 때문이라기보다는 바로 이러한 훌륭한 경영 기법들 때문이다. 좋은 소식은 이러한 경영 기법을 터득하기 위해 실제 사모펀드의 투자를 받거나 차입을 일으킬 필요는 없다는 것이다."

책임감 있는 기업 문화 만들기

적어도 이론상으로는 그 어떤 기업이라도 고도의 차입 경영에 활용되는 경영 기법들을 터득하고 비슷한 결과를 낼 수 있다는 토미의 말은 틀리지 않다. 그러나 그러한 경영 기법을 아는 것과 실제 구현하는 것은 서로 다른 이야기다. 그가 말했듯이 책임감 있는 기업 문화가 필요한데 이러한 문화를 일구는 것은 매우 어려운 일이다.

마틴 바비넥Martin Babinec은 1995년 캘리포니아 샌리앤드로San Leandro에 소재한 트라이넷TriNet(상장사에 매각된 후 자회사로 있다가 2014년 미국 증권거래소에 상장될 정도로 훌륭히 성장했다_옮긴이)의 경영권을 상장사이던 전략적 투자자에게 매각할 때의 경험을 통해 이 일이 얼마나 어려운 것인지에 대해 털어놓았다.

트라이넷은 인력 관리와 관련된 다양한 업무에 관한 아웃소싱 서비스를 제공하는 회사Professional Employer Organization/PEO다. 서류상으로 고용주 역할을 하며 서비스를 이용하는 기업 고객들의 인력 관리에 대한 부담을 덜어주는 것이다. 이 회사는 1990년에 파산 직전까지 갔지만 엔젤투자자들의 투자로 극적으로 살아났다. 1994년 초에 회사는 이익을 내고 있었고 매출은 250만 달러에 이르렀는데, 이제 막 성장해가는 테크놀로지 회사들을 주 고객으로 삼아 사업 기반을 잘 다져오고 있었다.

그러나 바비넥은 회사가 장기적으로 성공하기 위해서는 규모를 훨씬 더 키워야 한다는 사실을 뒤늦게 깨달았다. 예를 들면 직원들의 의료보험 가입 계약을 맺는 일, 고객사의 복잡한 요구를 처리하는 데 필요한 기술을 지속적으로 업그레이드하는 일 등 모두 규모의 경제가 필요했다.

물론 트라이넷은 비교적 아직은 작고 사업을 잘하는 업체로 성장할 수 있는 기회가 정말 많았다. 그러나 이러한 기회를 활용하기에 필요한 '자본'은 정작 풍족하지 못했다. 따라서 바비넥과 그의 최고 재무책임자인 더그 데블린Doug Devlin은 결국 외부 자금 조달을 모색한 끝에 런던에 기반을 둔 대형 상장사이자 인력 조달 회사인 셀렉트 어포인트먼츠 홀딩스Select Appointments Holdings Ltd.(이하 셀렉트)의 중역들과 미팅을 하게 되었다. 그들은 트라이넷의 경영권 인수를 위해 프리미엄을 지불할 뜻을 보였다. 바비넥은 그의 경영진 및 투자자와 상의한 끝에 이 제안을 수락하기로 결정했는데, 그 이유는 조사

결과 셀렉트는 회사를 인수한 후 많은 기능을 통합해 비용을 절감하는 식의 전형적인 인수자가 아니라는 사실을 알고 있었기 때문이다. 오히려 이들은 여러 차례 입증한 바와 같이 잘 운영되고 있지만 성장을 위해 자본과 경영 자문이 필요한 회사를 인수한 뒤 기존의 훌륭한 경영진이 잔류한 상황에서 계속 독립적으로 움직일 수 있도록 하는 투자자였다. "본질적으로 우리는 회사를 계속 운영하게 된 것입니다"라고 바비넥은 말했다.

논의된 인수 계약 조건에 따르면 셀렉트는 총 390만 달러를 투자해 50.1퍼센트의 지분을 얻게 되었는데 이중 30만 달러는 회사의 성장 자금으로, 9만 달러는 창업자인 바비넥이 회사를 설립할 때 일으킨 차입금을 변제하는 용도 및 만에 하나 새로운 CEO가 선임되어 그가 직장을 잃을 때를 대비한 비상 자금으로 책정됐다. 이는 바비넥에게 일어날 수 있는 가장 최악의 시나리오를 대비한 것이었다. 하지만 그는 여전히 주요한 주주였으며 총 35퍼센트의 지분을 갖게 될 예정이었다.

양자 간 투자 의향에 관한 각서가 체결되고 공식적인 실사가 시작되었다. 셀렉트는 회계 자문을 위해 딜로이트 앤 투시^{Deloitte&Touche}를 고용했고 투자에 있어 조심해야 할 사항에 대해 자문을 얻었다. 트라이넷의 경영진이 갖는 독립성을 고려할 때 감사인들은 셀렉트가 투자금 총 390만 달러를 한 번에 투입하는 것은 너무 위험하다고 보았다. 대신 단계를 나누어 자금을 투입하는 것이 권고되었고, 이때 조건으로 트라이넷이 미리 합의될 매출과 상각 전 영업이익 목표를 맞추는 것이 제시됐다. 바비넥과 그의 경영진은 그러한 조건이 충분히 합리적이라고 보았고 그들이 제안한 목표치를 충분히 달성할 수 있다고 확신했다.

그렇게 계약은 체결되었고 첫 번째 투자금인 100만 달러가 투입됐다. 이는 마치 댐의 수문이 열리는 것과 같았다. 바비넥은 당시 상황을 다음과 같이 회상했다. "우리는 지난 2년 동안 회사의 미래 성장 계획을 미리 준비해놓았고 마침내 의미 있는 수준의 자금이 들어오게 된 것이죠. 우리는 즉시 고용을 늘리고 다른 계획들도 실행해나가기 시작했습니다." 1995년 7월의 일이었다.

그해 12월에는 보다 확대된 트라이넷 팀이 자리를 잡았고, 두 번째 투자금이 투입되는 즉시 앞으로 나아갈 준비가 되어 있었다. 그러나 회사에 문제가 있었다. 트라이넷의 사업은 본질적으로 주기성이 있었다. 많은 고객들이 덩치가 커지고 나면 결국 그와 같은 아웃소싱 서비스를 더 이상 원하지 않게 되었고, 세금 이슈로 인해 그러한 계약 종료가 연말에 몰려 일어나는 것이다. 1995년 12월 초, 회사는 연간 매출의 거의 25퍼센트를 차지하는 최대 고객 3곳을 잃고 있다는 사실을 알게 되었다. 이는 경영진이 예상했던 것보다 더 큰 사태였고, 트라이넷이 두 번째 투자금을 받기 위해 달성해야 할 매출 목표를 달성하지 못할 것임을 의미하는 것이었다.

목표치에 미달한다는 것은 분명 바람직하지 않은 것이었지만 다행히 재앙 수준은 아니었다. 미래의 잠재 고객 관리 층에 있는 새로운 고객들이 구멍 난 매출을 곧 메울 것으로 예상되었기 때문이다.

만약 셀렉트와 투자 계약을 하기 전이었다면 바비넥은 실망감을 표시할 뿐 계획대로 나아갔을 것이다. 그러나 두 번째 투자금 없이는 그의 성장 계획을 실행할 수 없었고, 이에 트라이넷의 이사회에도 참여하고 있던 셀렉트의 CEO 토니 마틴^{Tony Martin}의 승인이 필요했다.

바비넥은 그날의 기억을 떠올리며 다음과 같이 말했다. "나는 토니 마틴에게 전화를 걸었죠. 그러고는 '토니, 말하자면 이렇습니다. 우리는 우리의 성장 계획에 대해 매우 확신합니다. 정말 훌륭한 사람들을 고용했고, 운영계획상에서 요구되는 사업의 지원 인프라도 다 갖추었습니다. 물론 현재 고객 이탈로 인해 약간의 어려움을 겪고 있지만 신규 고객 파이프라인을 한번 살펴보세요. 우리 회사의 상황은 좋으며 다음번 투자금을 계획대로 집행해나가는 것은 충분히 일리가 있습니다."

그러나 토니 마틴은 대답은 'No'였다. 바비넥에게는 정신이 번쩍 드는 순간이었다. "지난 2년간 대부분의 시간을 쏟아부어 마침내 투자금을 유치하게 된 상황을 한번 생각해보세요. 우리는 우리의 사업 계획에 흥분했어요. 진정으로 훌륭한 중역 간부들이 팀을 이루었고 시스템에도 투자를 했죠. 정말 오랜 기간 꿈꾸어오던 일들을 실행에 옮기고 있었습니다. 헌데 이러한 상황에서 현금 부족 문제에 직면하게 된 것입니다. 정말 최악이었던 것은 직원들을 해고해야 한다는 것이었어요. 이제 막 고용해서 훈련시키던 사람들을 내보낸다는 것은 정말 어이없는 일이었죠. 특히 우리는 매출 회복을 자신하고 있었기 때문에 더욱 안타까웠죠. 우리는 모두 장기적으로는 인력을 줄이는 것이 회사에 해가 된다고 믿었습니다."

그러나 토니 마틴은 확고했다. "그는 우리에게 제시한 목표를 달성해야 한다고 이야기했습니다. 모기업이 상장회사이기 때문에 그러한 세계에 적응해야 한다는 것이었죠. 절대 유쾌한 상황이 아니었습니다. 특히 사람들을 해고해야 하는 일은 정말 힘들고 고통스러웠어요. 나의 리더십은 실패했고 그로 인해 아무 잘못 없는 헌신적이고 열심히 일한 팀원들이 길거리로 내몰린다는 생각에 괴로웠습니다. 그러나 그것은 우리의 새로운 현실이었습니다. 우리는 현재 상장회사의 자회사였고 이런 종류의 일은 자연히 따라오는 것이었습니다."

바비넥이 이날의 경험을 값지게 여기게 된 것은 시간이 지나 이를 되돌아보며 깨달은 것이지 당시에는 알아채지 못했다. "나는 교훈을 얻고 있었던 것입니다. 비단 나뿐만이 아니라 모든 경영진이 그러했죠. 그 이유는 우리 모두가 이 과정을 거치며 매우 협력적이고 투명한 방식으로 일하게 되었기 때문입니다. 그 일을 겪은 이후 우리는 우리가 달성해야 할 목표를 설정하고 실행하는 일에 매우 신중해졌습니다. 대단히 말이지요."

스스로 제시한 예상 실적을 준수해야 한다는 사실을 배운 것은 트라이넷에 '책임의 문화'를 만들어내는 데 있어 가장 먼저 그리고 가장 크게 기여했다. 시간이 지남에 따라 바비넥은 그것이 얼마나 중요한지를 깨닫게 되었다. 결국 그의 목표는 자신이 CEO로 재임하는 기간뿐 아니라 또한 셀렉트가 주주인 것과 관계없이 지속적으로 훌륭한 성과를 만들어내는 자립성을 갖춘 회사를 일구는 것이 되었다.

그는 한참이 지난 후 더 이상 트라이넷의 경영진으로 일하지 않고 이사회에 참여하는 지위가 된 후에야 다음과 같이 회고했다.

"내가 셀렉트에서 배운 것은 상장회사들의 세계에서 통용되는 규율이었고, 토니 마틴은 나의 스승이나 마찬가지였습니다. 사람은 누구나 필연적으로 실수란 것을 저지르게 되지요. 결국 성공한 경험에서 배운 것보다 훨씬 더 많은 것을 실수로부터 배웁니다. 시간이 지남에 따라 우리는 상장회사 수준의 규율을 갖고 운영되는 비상장회사가 되는 법을 터득하게 되었습니다. 우리는 회사의 가치를 끌어올린 것입니다. 무엇보다 상장회사는 높은 투명성을 지녀야 합니다. 특수 관계자와의 거래는 지양해야 하고, 오너는 시장에 목표를 제시하고 이를 달성해야 합니다. 그것은 단지 계획서를 만드는 일이 아니며 약속을 지켜내야 하는 것으로서 실제 그 방법을 터득하는 것은 굉장히 어렵습니다. 특히 대량의 자본금이 유입된 후 고속 성장을 해나갈 때는 말이죠."

트라이넷과 바비넥 개인에게 돌아간 보상은 실로 엄청났다. 예를 들어 트라이넷에 책임의 문화가 없었다면 바비넥이 트라이넷의 CEO로 일하면서 1999년 뉴욕 북부의 작은 상류층 타운인 리틀 폴스Little Falls로 가족과 함께 이주하는 결정이 가능했을지 의문이다. 그는 그곳에서 자랐고, 그의 부모는 여전히 그의 여자 형제 중 한 명과 함께 살고 있다. 바비넥과 그의 아내 크리스타^{Krista}는 자녀들이 소도시 생활의 혜택을 누리길 원했고 학교 또한 캘리포니아보다 낫다고 생각했다. 이러한 결정 덕분에 바비넥은 샌리앤드로에 있는 회사 사무실까지 만만치 않은 출퇴근을 반복하게 되었지만 그는 가족에게 필요한 새로운 환경을 고려하면 충분히 가치 있는 일이라고 판단했다. 그리고 이사회는 그의 계획에 전적인 지지를 보냈다.

또한 트라이넷의 훌륭한 경영 성과가 없었다면 바비넥이 2005년 유수의 사모펀드인 제너럴 애틀랜틱^{General Atlantic/GA}으로의 지배지분 이전 과정을 잘 관리해내는 것도 쉽지 않았을 것이다. 모회사인 셀렉트가 네덜란드 회사인 베디오르^{Vedior}에 인수되며 트라이넷과 같은 미국 소재의 회사는 더 이상 새로운 대주주의 그림에 적합하지 않게 되었고 이에 새 대주주는 트라이넷이 계속 성장하는 데 필요한 자본 투자를 꺼려했다. 이로 인해 바비넥은 새로운 인수자를 찾는 2년여의 노력 끝에 매우 이상적인 파트너로 간주되는 GA와 지배지분 인수 거래 계약을 체결했다.

GA의 자본은 원하는 효과를 냈다. 트라이넷은 기업을 인수하기 시작했고, 그 덕에 회사의 성장 속도는 엄청나게 빨라졌다. 하지만 그것은 바비넥에게 딜레마를 불러일으켰다. 트라이넷의 사업이 커지면서 CEO인 자신이 본사가 있는 캘리포니아에 있는 것이 바람직한 것으로 여겨졌지만 그는 가족을 다시 캘리포니아로 이주시키고 싶지 않았다. 또한 그는 GA가 적절한 때에 트라이넷이 상장하기를 원하고 있다는 것을 알고 있었다. 그는 그 목표를 지지했지만 자신의 커리어에 있어 상장회사의 CEO 역할은 어울리지 않는다는 사실을 인지하고 있었다.

결국 2008년 이사회에서 그의 후계자가 결정되었고, 바비넥은 2009년 말까지 회장직으로 활동하다 자신보다 적합한 후임자에게 CEO 자리를 내주었다. 그러나 동시에 바비넥은 이사회의 멤버로서 회사가 상장하는 데 필요한 모든 지원을 아끼지 않았다. 이사회에 그가 남아 있다는 점은 GA 입장에서 매우 중요했는데 그 이유는 그가 여전히 회사의 주요 주주이자 트라이넷의 사업에 대해 잘 알고 있었기 때문이다.

내가 말하고자 하는 바는 '책임의 문화'라는 것이 당신이 사업을 꾸려가고 엑싯하는 데 필요한 한 가지 요소가 아니라 바비넥의 경우를 보면 알 수 있듯이 그것은 한마디로 없어서는 안 될 필수 요소라는 점이다. 그가 내린 많은 의사결정들, 가령 맨 처음 전문적인 인력 공급 사업에 진입하기로 한 것, 재력이 뛰어난 투자자를 유치하기로 결정한 것에 비춰 봐도 이는 정말 없어서는 안 될 중요한 요소다. 그러나 상장회사의 운영 규율을 채택하지 않고서도 훌륭하게 엑싯한 오너들의 사례가 많은 것도 사실이다. 즉 여기서 중요한 것은 반드시 상장회사의 규율을 따르지 않더라도 책임의 문화를 일궈내면 회사의 매각 대상과 시기 그리고 그 방법 등에 관한 결정력을 갖는 위치에 서게 될 가능성이 커진다는 점이다.

또한 책임의 문화를 일굼으로써 당신은 사업의 여정을 훌륭하게 마무리할 수 있는 조건을 갖추게 된다. 그것은 지난 과거의 성과를 자부심을 가지고 돌아볼 수 있게 되는 것뿐만 아니라 앞으로 회사에 무슨 일이 닥치더라도 이를 헤쳐 나갈 수 있는 자신감이 심어진다는 것을 의미한다. 그것은 선택권을 갖는 것에 관한 것이며 동시에 통제권을 갖는 것과 같다. 선택할 수 있는 옵션이 많을수록 결과에 대한 통제력이 높아진다. 마찬가지로 엑싯에 있어 더 많은 선택권과 통제권을 얻고 싶다면 당신은 사업의 매각 가능성을 높이는 데 집중해야 한다.

이는 물론 단기적인 과제로 볼 수 없다. 몇 가지 예외는 있지만 결국 엑싯을 준비하기 위해 당신과 회사가 쏟아붓는 시간에 비례하여 당신의 엑싯 옵션과 자유의 폭은 더 늘어나게 된다. 그러므로 훌륭한 엑싯을 위한 또 하나의 조건은 다음과 같다. 자신에게 충분히 준비할 시간을 줄 것!

4장

관건은 타이밍이다

FINISH BIG

"좋은 엑싯을 하기 위해서는
시간이 걸리며 그것은 몇 개월이 아닌
몇 년을 의미한다."

애슈톤 해리슨Ashton Harrison이 자신의 고급 조명회사인 셰이즈 오브
라이트Shades of Light(1986년 작은 조명 가게에서 출발한 이 회사는 창업자의 표
현을 빌리자면 '성실함과 피와 땀 그리고 눈물을 토대로' 전국적인 다채널 조명
제조 유통회사로 성장했다_옮긴이)의 매각을 진지하게 고려하기 시작한
것은 2005년이었다. 그녀는 남편 데이브Dave와 상의해 기업 매각 중
개인을 고용해 기업가치 산정을 의뢰했다. 그녀는 버지니아주 리치
몬드Richmond의 본점 사무실에 앉아 그때를 다음과 같이 회상했다.

"1만 5,000달러의 비용이 들었지만 순전히 돈 낭비였어요. 중개
인은 투자설명서를 작성해 투자 은행에 가져가기로 되어 있었지만
우리는 일찌감치 그가 함량 미달이라는 것을 알아챘죠." 이때 그녀
의 전화가 울렸고 힐끗 전화기를 쳐다본 그녀는 "실례합니다. 전화
를 받아야겠네요"라고 말했다.

위대한 창업가들의 엑싯 비결

그녀에게 걸려온 전화는 다름 아닌 마을 건너편에 있는 그녀의 회사가 입주해 있던 상점 건물의 주인으로부터 온 것이었다. 그녀가 한 달 안에 후속 임차인을 찾을 수 있을 것이라고 그를 설득하는 사이 나는 그녀의 사무실을 빠르게 훑어보았다. 그야말로 완전 엉망이었다. 노트북, 카탈로그, 출력물, 전등 갓이 여기저기 흩어져 있었고 여분의 자전거 프레임과 TV 모니터가 널브러져 있었다. 그것은 마치 한 차례 토네이도가 지나간 폐허와도 같았다. 해리슨은 자신이 평소 이러고 산다는 것을 인정했다. "나는 주의력 결핍(과다활동) 장애ADD를 가지고 있어요. 대부분의 사업가들이 이런 문제를 가지고 있죠. 직원들 입장에서는 어려울 수도 있지만 동시에 여러 가지 일을 챙겨야 하는 오너 입장에서는 도움이 되는 면도 있어요"라고 그녀는 말했다.

사물을 꿰뚫어보는 듯한 눈매와 다소 무미건조한 유머감각을 지닌 이 강렬한 금발의 여인은 자신의 주의력 결핍 장애가 그녀의 성공에 일조했다고 여긴다. 하지만 또 한편으로 그녀는 그것을 많은 문제의 근원으로도 인정했다. 그러나 어찌되었든 그 어떤 것도 그녀가 2011년 8월 마침내 매각에 성공한 이 자랑스러운 사업을 처음 시작하고 일구는 것을 방해하지는 못했다. 25년간의 그녀의 사업 여정은 책으로도 만들어졌는데 책 제목은 《주의력 결핍 장애자가 CEO가 되기까지From A.D.D. to CEO》였다.

대부분의 창업가들과 마찬가지로 처음 사업을 시작했을 때만 해도 소위 엑싯이라는 것은 감이 전혀 잡히지 않는 먼 훗날의 일이었다. 갓 결혼한 33세의 그녀는 육아에 매진하며 단란한 가정을 일구고 싶은 마음 한편으로 출장이 많이 없는 일에 계속 종사하고 싶은 마음도 있었다. 결혼 전부터 일한 리치몬드에 있던 빠르게 성장하는 가구 소매업체의 부사장직은 끊임없는 출장이 뒤따랐다. 그녀는 처음 비서로 직장 커리어를 쌓기 시작했지만 업무를 하는 동안 사업에 대한 기본적인 소양을 갖춰나가는 동시에 번뜩이는 아이디어 또한 얻게 되었다. 도매시장에서만 유통되던 고급 조명 및 전등 갓을 인테리어업자 및 최종소비자에게 직접 판매하는 것으로 그녀는 자신의 이 아이디어가 추구할 만한 가치가 있다고 판단했다. 그러한 생각으로 직장을 그만둔 그녀는 직장에서 받은 주식을 현금화하여 1986년 자신의 첫 매장을 열었다.

그로부터 19년간 해리슨은 두 개의 매장을 추가로 열었고, 카탈로그 사업을 운영하고 웹사이트를 개설하며 제품 라인과 유통 채널을 확장한 끝에 그의 사업은 연간 매출액이 1,250만 달러로 증가했다. 물론 사업은 기복을 겪었지만 2002년 즈음 회사는 안정적으로 이익을 내는 수준에 도달했다. 그녀의 주의력 결핍 장애가 도움이 되었는지 장애 요인이 되었는지는 정확히 알 수 없지만 말이다. "2000년대 초를 회상해보면 우리 회사는 마치 쳇바퀴를 도는 듯했고, 선장 없는 배와 같은 모습이었죠"라고 그녀는 말했다. 그럼에도 불구하고 회사는 이익을 내고 있었기 때문에 그녀는 2005년부터 기업 매각 옵션을 만지작거리기 시작했다. 사실 이것은 그녀가 단순히 그럴 시간이 있었기 때문일 뿐 회사의 상황은 그리 좋지 않았다. 회사 내에 도덕적인 문제가 생겨나는 가운데 손실이 발생할 수 있는 상황이었고, 고객 불만 및 매출 감소 등의 문제가 조금씩 수면 위로 드러나고 있었다.

아무리 유능한 기업 매각 중개인일지라도 그 당시 회사를 살 사람을 찾는 데 겪었을 어려움이 짐작되고도 남았다. 해리슨은 당시 본인이 가지고 있던 사업에 대한 통제력을 잃어버린 상황이었다는 점을 인정했다. 그런 신호는 도처에 존재했다. 재고 관리 기록은 엉망이었고 재무제표는 제때 작성되지 못했으며 심지어 오류투성이였다. 직원들의 상품 훔치기 관행은 어느새 만성적인 것이 되었고 한 직원은 회사 자금을 횡령한 것으로 드러났다. 따라서 해리슨은 항상 불을 끄기에 바빴다. "하루 끝에 오늘을 되돌아보면 계획한 일의 단 한 가지도 건드리지 못하는 날이 잦았고 관리자와 마주 앉아 목표를 설정하고 진척도를 보고받는 일은 더더욱 챙기지 못했어요"라고 그녀는 말했다.

마침내 그녀는 그녀와 같이 CEO인 동시에 주의력 결핍 장애를 겪고 있던 지인으로부터 들었던 전략 컨설턴트에게 자문을 구했다. 스티브 킴볼Steve Kimball이라는 이 컨설턴트는 해리슨과 그녀의 남편에게 다음과 같은 첫 질문을 던졌다. "언제 엑싯하고 싶습니까?" 그러자 "당장 내일은 어때?" 하고 데이브가 말했다. 아내의 사업이었지만 그는 실질적인 고문 역할을 하고 있었고 이 롤러코스터와 같은 삶에서 벗어나고 싶어 했다. 그러나 해리슨은 회사가 누군가에게 매각될 수 있는 상황이 아니라는 것을 잘 알고 있었다. "3~5년 정도는 기업을 더 운영하실 수 있겠습니까? 사업의 진정한 가치를 이끌어내려면 적어도 그 정도의 시간은 걸릴 것입니다." 킴볼이 물었다. 그러자 그녀가 말했다. "좋습니다. 어디서부터 시작할까요?"

엑싯은 긴 여정이다

만약 당신이 실제 당신 사업의 엑싯은 막연히 몇 년 후 혹은 몇 십 년 후에나 일어날 것이라고 생각한다면 엑싯을 준비할 수 있는 아주 충분한 시간이 있다고 느끼는 것은 자연스러운 일이다. 그리고 마침내 진지한 관심을 쏟으며 실제 엑싯을 위한 거래를 완료하는 데 걸리는 시간이 궁금해지는 것도 자연스러운 일이다. 거의 모든 경우에 그러한 프로세스는 당신의 예상보다 훨씬 오래 걸린다고 봐야 한다. 적어도 당신이 훌륭한 엑싯을 원한다면 말이다.

핵심적인 사항은 당신이 꿈꾸는 엑싯 그리고 그에 관해 당신이 가질 수 있는 염려들, 예를 들면 '내가 떠나고 난 후 회사의 운명은 어떻게 되는 것인가?' 등에 대비하기 위해 당신의 사업이 얼마나 준비되어 있느냐이다. 대개 당신이 회사의 문화, 가치, 문서로 규정되어 있지는 않지만 통용되는 여러 관습들이 당신이 회사를 떠난 후에도 변치 않기를 원한다면 소유권 이전을 위해 많은 것들을 조율하기 위한 오랜 준비 기간이 필요하다.

그러나 반대로 가능한 한 빨리 기업 매각 거래를 하는 데 주로 관심이 있다하더라도 그 과정은 족히 몇 년은 걸릴 것이다. 이것이 바로 사업을 곧장 매각하고 떠나는 것보다는 소유자가 사업을 성장시키도록 돕는 것을 전문으로 하는 스티브 킴볼이 해리슨과 데이브에게 첫 질문을 '엑싯의 타이밍'에 관한 것으로 던진 이유다. 보다 정확히는 언제 그리고 얼마나 많은 돈을 엑싯의 결과로 원하는지에 관한 질문이다. 킴볼은 다음과 같이 말한다. "대부분의 사람들이 성장 전략을 이야기하면서 이를 최종적으로 엑싯의 시점에서(그것이 3년 후이든 1년 후이든 혹은 10년 후이든) 본인이 얻어갈 수 있는 금전적 이득과 연계하여 생각하지 못합니다. 그러나 그것은 매우 중요한 정보입니다."

해리슨의 첫 번째 과제는 회사를 정상화하는 것이었다. 셰이즈 오브 라이트는 2007년 1,050만 달러의 매출로 50만 달러의 손실을 기록했다. 과거에 간헐적으로 수익이 났을 뿐 매출이 감소하고 미래 수익 역시 기대되지 않는 고전 중인 소매업체에 아무도 프리미엄을 붙여 인수할 리가 없는 상황이었다. 설상가상으로 앞으로 크나큰 경제 위기의 징조들이 가득했다.

해리슨은 자신의 사업이 그동안 놀라울 정도로 주식 시장의 사이클과 궤를 같이했다는 것을 발견했다. 킴벌이 회사를 들여다보기 시작할 무렵인 2008년 중반, 다우존스 산업 평균 지수는 2007년 10월 11일의 종래 최고치 대비 20퍼센트 이상 하락해 있었고 이제 약세장으로 접어들었다는 것이 공지의 사실이었다.

주식 중개인으로 일했던 경험이 있는 데이브는 경기 침체가 이미 시작되었고 아내의 회사가 이를 버텨내지 못할 수도 있다고 우려했다. 그의 걱정에 부응하여 해리슨은 킴벌의 도움을 받아 3단계의 위기 관리 계획을 세우기 시작했다. 첫 번째 단계인 '주의 단계(코드 옐로)'는 주가 지수가 지금 시점으로부터 20퍼센트가량 더 하락한 상태에서 3주 이상 머물러 있을 경우에 가동할 17가지 비용 절감 조치로 구성되었다. 이로부터 더 나아가 경제가 금세 회복되지 않는다는 것이 명백해지면 다음 단계인 '비상 단계(코드 오렌지)'로 옮겨 간다. 세 번째 단계는 해리슨이 회사를 청산하기 전 최종 단계로 가정한 '응급 단계(코드 레드)'다. 그러한 상황이 올 것이라고 생각한 것은 아니었지만 리먼 브라더스의 붕괴를 예견한 사람이 아무도 없었다는 점을 고려했을 때 합당한 준비라고 생각했다. 경기가 하강함에 따라 해리슨은 2008년 11월 주의 단계, 2009년 1월 비상 단계 및 2009년 3월 응급 단계를 차례로 실행했다.

대공황 이후의 최악의 경제 상황과 회사 역사상 최악의 위기 상황을 맞이한 해리슨은 자신의 회사를 미래에 매각하기에 바람직한 모습으로 변화시키는 중요한 조치들을 실행했다. 이것은 매우 까다롭게 균형을 잡는 일이었는데 한편으로는 회사를 최악의 상황에 대비시키는 것과 동시에 수익성 있는 성장 궤도에 올려놓는 시도를 행하는 것이었다.

킴벌의 주요 임무는 해리슨이 성장 계획을 수립하고 또 그것을 지켜내도록 돕는 것이었다. 그녀는 자신이 가진 지나치게 넓은 분야에 대한 불규칙한 관심과 산만함에 대한 걱정을 털어놓았고 킴벌에게 자신이 중요한 일에 집중할 수 있도록 도와달라고 말했다.

우선 킴벌은 그녀가 한 발 뒤로 물러나 전체적으로 사업을 조망할 수 있도록 도왔다. 그의 도움으로 재무 여건을 한눈에 볼 수 있는 대시보드를 만들었는데 이 대시보드를 통해 해리슨은 이제 가장 중요한 수치들을 모니터링하며 사업에 관한 중요한 질문이라고 할 수 있게 되었다. 예를 들면 '우리 회사는 올바른 제품을 보유하고 있는가' 와 같은 질문이었다.

조명과 전등 갓 외에도 회사는 극도로 노동 집약적인 양탄자와 커튼을 판매하고 있었다. 킴벌은 커튼 제품을 중단하면 여기서 나오는 자원을 통해 직원들이 더 유망한 사업 분야에 집중할 수 있다고 제안했다. 하지만 해리슨은 불안했다. 커튼은 매출액의 16퍼센트를 차지했고 이는 거의 100만 달러에 이르는 적지 않은 규모였다. 그럼에도 불구하고 그녀는 킴볼의 논리를 수용하고 몇 개월 동안 커튼 제품을 단계적으로 퇴출시키는 것에 동의했다. "나는 당시 매우 두려웠습니다"라고 그녀는 말했다.

운영하고 있던 카탈로그 사업은 더 큰 문제를 안고 있었다. 사실 그것은 그녀의 핵심 사업이었다. 해리슨은 일전에 카탈로그 부문의 컨설턴트들을 고용했는데 모두 그녀에게 더 많은 카탈로그를 고객에게 보낼 것을 주문했다. 그들은 하나같이 비용에 대해서는 걱정하지 말라고 말했다. 중요한 것은 브랜드를 구축하는 것이라는 설명과 함께 말이다. 그들은 고객의 구매율을 높이고 레퍼런스를 구축함으로써 궁극적으로 회사의 가치를 극대화할 수 있다고 제안했다. 그녀는 이 두 가지 면(구매율 제고와 레퍼런스 증대)을 모두 훌륭하게 잘 해냈지만 카탈로그 비용이 판매액의 34퍼센트까지 폭발적으로 증가하면서 회사는 이를 감당하느라 고전할 수밖에 없었다.

킴볼의 격려와 함께 해리슨은 카탈로그 발송 수를 줄여나가기 시작했고, 카탈로그 비용은 절반 이상 줄어들어 매출의 16퍼센트까지 떨어졌다. "우리가 했던 조치 중 특히 힘든 것들이 있었습니다. 그중 내가 기억하는 한 가지는 사실 엄청나게 직관에 의존한 담대한 것이었죠. 2009년 초였습니다. 일요일에 해리슨과 데이브를 집에서 만났는데 새 카탈로그 인쇄 주문이 인쇄소로 보내지도록 계획되어 있더군요. 이전에 발송한 카탈로그들은 그녀가 예상한 판매량 근처에도 못 미치는 성과를 내고 있었습니다. 그녀가 만약 다음 카탈로그 인쇄도 그냥 진행했다면 인쇄 및 우편 비용조차 메우지 못했을 것입니다. 그러나 또 한편으로는 카탈로그가 성공하여 주문이 밀려들 때 얻을 수 있는 현금흐름을 지연시킨다면 그녀는 회사 운영에 필요한 비용을 제때 마련하지 못할 수도 있던 상황이었죠. 잘못된 의사결정으로 사업을 아예 망칠 수도 있었습니다. 이 순간 그녀는 위험을 감수하고 기다리기로 했습니다. 결과적으로 이는 훌륭한 결정으로 판명 났는데 그 결과 그녀는 카탈로그 발송 주기를 개선하고 비용을 절감하는 방법을 찾을 수 있었습니다. 그러나 그 결정은 정말 엄청난 배짱이 필요한 것이었죠." 킴볼은 말했다.

카탈로그 비용 절감은 사실 회사의 비즈니스 모델을 변화시키는 4가지 전략 중 하나였다. 첫 번째는 회사가 올바른 제품을 생산·유통하고, 맞춤형 커튼과 같이 회사가 수익성 있는 사업 형태로 가는 것을 방해하는 제품을 제거하는 것이었다.

두 번째는 카탈로그 기반 비즈니스에서 웹 기반 비즈니스로 전환하는 것이었다. 예를 들어, 킴볼은 해리슨이 먼저 웹사이트에 신제품을 게시한 후 가장 잘 팔린 제품을 카탈로그에 넣음으로써 신제품의 전반적인 매출은 높이면서 가장 잘 팔리는 제품에 대한 비용 절감을 제안했다. 그녀는 이 개념을 즉시 이해했지만 카탈로그에 담을 제품에 대한 선별과 촬영 및 홍보문구 작성을 담당하는 조직을 이와 같이 변화시키는 데는 1년이란 시간이 걸렸다.

세 번째는 특히 호텔, 레스토랑과 같은 레저 업계와의 기업 간 거래 증가와 관련이 있었다. 목표는 해당 카테고리의 판매량을 두 배로 늘리는 것이었다.

마지막 네 번째 전략은 해리슨이 '독점 상품'으로 언급한 내용과 관련이 있었다. 그녀는 자신이 다른 곳에서 본 제품 중 마음에 드는 것을 골라 새롭게 디자인하고 다른 제조업체에 맡길 때보다 훨씬 더 저렴한 가격으로 자체 생산하는 방법을 택했다. 혹은 또 다른 대안으로 외주 제작업체에 일정 기간 동안 고정된 외부 비용의 대가로 제품을 독점적으로 생산할 권한을 주거나 아니면 다른 곳보다 낮게 생산할 수 있는 업체를 찾았다.

2008년 말 회사는 '주의'에서 '비상' 단계로 옮겨가고 있었지만 그녀는 이 4가지 전략을 계획대로 모두 가동했다. 그녀는 '위기 대응'과 '회사의 수익성 있는 성장'이라는 두 가지 방향을 모두 끊임없이 추구했다. 그녀는 당시의 힘겨움을 회상하며 다음과 같이 말했다. "정말 생지옥과 다름 없는 경험을 했죠."

회사를 매각하는 단계

앞서 엑싯 프로세스에는 4단계가 있으며, 회사를 매각하는 거래는 첫 번째도 두 번째도 아닌 세 번째 단계라고 언급했다. 이 세 번째 단계에 전에 '전략' 단계가 있는데 이 기간 동안 당신이 미래에 원하는 형태의 엑싯을 행하기 위해 필요한 자질과 특성을 회사에 구축해놓아야 한다. 해리슨은 22년 동안 사업을 해온 시점인 2008년 중반까지 의식적으로 그러한 '전략' 단계에 진입하지 못했고, 그 결과 도저히 누군가 살 만한 매력을 느끼지 못하는 회사의 오너가 된 자신의 모습을 발견했다. 그러나 그녀의 회사는 저력이 있었고 그녀는 회사의 매력도를 높이기 위해 노력하며 자신의 뜻대로 나아갔다.

2009년 중반까지 셰이즈 오브 라이트의 턴어라운드는 잘 진행되었다. 비록 2008년 연간 매출액이 전년도의 1,180만 달러에서 860만 달러로 감소하긴 했지만 회사는 다시 흑자를 기록하며 세전이익 약 50만 달러를 기록했다. 한편 비즈니스 모델에는 근본적인 변화가 있었다.

고객 획득 비용이 많이 드는 카탈로그 판매에 전적으로 의존하던 회사는 그에 비해 매우 적은 비용이 소요되는 온라인 판매 중심으로 바뀌었다(결과적으로 카탈로그 판매 부문의 이익은 효율화의 노력으로 2007~2011년 동안 5배 증가했다). 해리슨이 처했던 끔찍한 경제 상황을 고려하면 이와 같은 성과는 매우 주목할 만한 것이었다. 그리고 이것은 회사를 매각하는 시점에 투자자들에게 들려줄 수 있는 더 없이 훌륭한 이야깃거리를 그녀에게 만들어주었다.

2010년 초, 그녀는 킴볼에게 자신이 이제 회사를 매각할 진정한 준비가 되었다고 말했다. 킴볼은 그녀에게 "회사를 매각한 후 무엇을 할 생각이죠?"라고 물었다. 킴벌을 만나기 전까지 해리슨은 그 질문에 답을 가지고 있지 않았다. 하지만 이제는 달랐다. 그녀는 "하고 싶은 일 50가지의 목록을 가지고 있어요. 하고 싶은 일을 50가지나 내놓는 것은 나 같은 주의력 결핍 장애가 있는 사람에게 그다지 어려운 일은 아니지만 말이죠. 책을 쓰는 것 외에 그녀의 목록에 있는 일들은 다소 모호했는데 가령, 손자와 더 많은 시간을 보내고, 남편과 여행하며 골프와 테니스 실력을 키우는 것 등이었다.

해리슨은 지금이 적기라고 생각했다. 시기를 놓치면 높은 값을 받지 못할까봐 염려하고 있었다. 지난 2년 동안 그녀가 일으킨 많은 변화들로 인해 비즈니스 모델을 입증했고 잠재적 구매자를 찾아볼 수 있었다. 새로운 사업 모델을 추구한 기간은 길지 않았지만 그녀가 처해 있던 경제 상황을 고려하면 충분히 인상적이었다. 2010년 매출은 약 25퍼센트 증가한 1,070만 달러였지만 세전 순이익률은 업계 평균보다 훨씬 높은 10퍼센트 이상을 유지했다. 또한 회사는 부채가 없었다. 그녀가 허리띠를 졸라매고 회사를 운영하며 오랫동안 누적되어 있던 거의 모든 부채를 갚아나갔기 때문이다. 한편 B2B 거래 증대 계획은 주목을 끌었고 기업을 인수할 새로운 오너에게 추가적인 성장 기회를 상당히 제공할 것으로 기대됐다.

킴벌은 해리슨에게 2~3년 더 직접 회사를 맡아 성장을 이끌어나간다면 더 많은 돈을 벌 수 있다고 말했다. 그러나 다시 경제 여건이 악화될 위험이 있었다. 그리고 그녀가 회사의 장기적 성장을 위해 여러 가지 투자를 한다면(회사의 수익성 수준을 감안할 때 이는 당연한 조치였다) 단기간 회사의 마진은 줄어들게 될 것이고 기업의 매각 가치는 하락할 가능성이 있었다.

어쨌든 일의 진척을 위해 그녀가 대략적으로라도 희망하는 매각 가치를 이야기해야 했다. 그녀는 숫자를 제시했고, 킴벌은 시험적으로라도 시장에 그와 같은 가치로 회사를 인수할 누군가가 있을지 투자 은행을 통해 알아보기 시작했다.

해리슨이 일전에 마지막으로 인수자를 찾아본 지 5년의 세월이 흐른 시점이었다. 이번에 그녀는 2005년보다 훨씬 더 조심스러웠다. 그녀는 남편과 함께 5~6명의 투자 은행가를 만나본 후 그들에게 회사 매각을 홍보할 마케팅 계획을 제시해달라고 요청했다. 그 과정에만 4개월이 걸렸다. 결국 해리슨과 데이브는 이미 잠재적 구매자가 있다고 말한 투자 은행가를 포함하여 두 명의 투자 은행가와 다음 단계를 진행하기로 결정했다. 잠재적 구매자를 이미 확보했다고 이야기한 투자 은행가의 경우에는 오직 그 잠재적 구매자만

대리하여 중개하는 조건, 즉 그 외의 인수 희망자는 찾지 않는 조건으로 일을 시작했다.

기업 매각 프로세스는 그로부터 또 8개월 정도가 소요되었고, 결과적으로 잠재적 인수자가 다수 확보되었다. 최종적으로 얻어낸 매수 희망가는 모두를 놀라게 할 만한 수준이었다. 그들은 이미 한 곳으로부터 투자의향서를 접수한 상황이었는데 해리슨은 직원 수를 줄이는 안이 포함된 그 제안에 대해 탐탁지 않게 여기던 차였다.

이때 킴벌은 데이브로부터 전화를 받았다. 그는 "당신은 아마 이 소식을 믿지 못할 거예요. 조금 전 투자 은행을 통해 투자의향서를 받았는데 그 은행가가 자신이 직접 회사를 인수했으면 한다는군요!" 그 은행가는 해리슨이 고객으로 있던 투자 은행의 수석 부사장인 브라이언 존슨Bryan Johnson이었다. 킴볼이 말했다. "농담이시죠?" 이에 해리슨은 "아니, 정말로요!"라고 말하며 킴볼에게 투자의향서에 담긴 내용이 무엇인지 알려주었다. 그들은 그 제안이 최고의 제안이란 것에 동의했다.

알고 보니 브라이언 존슨과 그의 회사 동료인 크리스 메나스코Chris Menasco는 성장 잠재력을 지닌 중소기업 인수에 관심을 가지고 있었고 좋은 투자 기회를 찾고 있던 참이었다. 이들은 그저 순진한 투자자들이 아니었다. 그들은 모두 수십여 차례의 거래 경험을 보유한 사람들이었다. 그들은 셰이즈 오브 라이트에서 재정적인 견고함과 지금보다 훨씬 더 큰 무언가를 이루어낼 수 있는 플랫폼으로서의 가능성과 잠재력을 발견했던 것이다.

또한 자신들에게 부족했던 면도 찾을 수 있었다. 가령 제품에 대한 지식, 제조업체와의 훌륭한 관계, 고객이 좋아하는 새 제품을 디자인할 수 있는 능력 등 해리슨의 도움을 받는다면 메울 수 있는 것들이었다. 인수자들은 기업 매각 후 해리슨이 자문가로서 회사에 남아줄 수 있는지 물었고 그녀는 이에 동의했다. 비록 하고 싶은 일 50가지 중 49가지를 연기해야 한다고 해도 기꺼이 받아들일 수 있는 제안이었다(어쨌든 그녀는 하고 싶은 일 중 하나였던 '책'을 썼다).

이 거래가 해리슨에게 전혀 위험 요소가 없는 것은 아니었다. 매각 대금의 일부는 언아웃 방식으로 지불될 것이었고, 인수자는 이 업종에 관해서는 경험이 전혀 없었다. 회사에 문제가 생기면 해리슨은 돈을 받지 못할 수도 있었다. 따라서 양측은 인수 초기에 매각 대금의 상당 부분을 실제 지불하며 4년간 연간 매출액의 일정 비율과 제품 판매 실적에 따른 디자인 로열티를 지급하는 형태로 주식 매매 계약에 합의했다. 그녀는 이 밖에도 급여를 받기로 했다. 이 거래를 통해 그녀는 자신에게 만에 하나 닥칠지도 모르는 최악의 상황을 극복하기 위한 충분한 자금을 계약 체결 직후 확보하게 되었다. 아울러 체결된 계약에 따르면 그녀가 계속 회사의 업무에 관여하도록 많은 인센티브를 제공하는 내용이 담겨졌다.

2011년 7월 말, 드디어 양 측이 서류에 서명하며 셰이즈 오브 라이트의 소유권이 공식적으로 변경되었다. 물론 2015년으로 예정된 최종 잔금이 지불되기 전까지 기업 매각 절차는 종결된 것이 아니었다. 해리슨이 회사를 매각하기 위해 진지하게 준비를 시작한

지 7년 만이었으며, 매각을 최초로 마음먹은 때로부터 10년의 세월이 흘렀다. 그럼에도 그녀 스스로 이후의 커리어를 정하고 다음 단계로 완전히 옮겨가기 전까지 그녀의 엑싯은 절대 끝난 것이 아니다. 혹시 그녀는 이보다 더 빨리 엑싯할 수도 있었을까? 물론 더 빨랐을 수도 있다. 하지만 지금보다 더 나은 성과를 가진 엑싯은 분명 아니었을 것이다.

과연 얼마나 오래일까?

'엑싯하는 데 시간이 얼마나 걸리는가'에 답하기 위해서는 우선 아주 일반적인 규칙부터 살펴봐야 한다. 엑싯 준비를 가능한 일찍 시작할수록 행복한 엑싯을 할 가능성은 더 커진다. 여기에는 아주 분명한 이유가 있다. 구매자가 잠재적 인수를 통해 얻고자 하는 자질을 개발할 때(사실 이는 오너가 자신의 회사에 심고자 하는 특성과 동일하다) '시간'은 매우 중대한 요소다. 3장에서 언급했듯이 최소한 다음을 해낼 수 있는 충분한 시간이 필요하다.

- 비즈니스 모델을 설계하고 증명하는 것.
- 성장 잠재력을 입증하는 것.
- 인수자의 리스크를 줄이기 위해 할 수 있는 것이라면 무엇이든 하는 것.

이것이 바로 애슈톤 해리슨이 회사를 턴어라운드하는 것에서부터 시작하여 매각 거래를 성사시키기까지 3년 동안 해온 일들이다. 만약 당신이 해리슨보다 더 큰 야망을 품고 있다면 그에 따라 더 많은 시간이 필요할 것이다. 여기서 '더 큰 야망'이라고 할 만한 것들은 사모펀드에 회사를 매각하거나, 기업을 상장하거나, 당신이 일궈낸 토대를 보다 강화해 회사를 끌고 나갈 직원 혹은 다른 가족 구성원에 회사를 매각하는 것 등이 될 수 있다. 이러한 경우에는 특히 다음과 같은 조치를 하는 데 있어 시간이 필요하다.

- 강력한 경영진을 만드는 것.
- 잠재적 후계자를 발굴하고 양성하는 것.
- 직원들의 생산성을 향상시키는 고성과 문화(High-performance culture)를 고양하는 것.
- 회사에 들어오는 그 어떤 자금도 훌륭히 활용하여 원하는 성과를 낼 수 있다는 자신감을 직원과 투자자 모두에게 심어줄 수 있는 재무 관리 체계, 운영 규율, 모범 사례들을 실제 실행하는 것.

그런 다음 비즈니스를 어떤 특정한 매각 옵션(특히 기업 공개 또는 사모펀드에 매각하는 것)에 현실적으로 요구되는 규모로 성장시키는 데도 시간이 필요하다(다시 말하지만 어떤 테크놀로지 회사들은 이 부분에 있어서 예외다). 경험상 통용되는 기준은 상장을 통한 엑싯을 원한다면 약 2,500만 달러(한화 약 290억 원) 이상의 상각 전 영업이익을 올려야 한다. 합당한 이윤의 규모로 볼 때 그보다 작은 규모의 기업은 적합하지 않다고 보는 것이 마땅하다(전통적인 산업의 경우 이에 해당한다고 보면 된다. 물론 미국 시장에는 이보다 수익성이 낮은 테크놀로지 기업들이 많이 상장하고 있고 한국에서도 기술 상장 제도가 도입되면서 상장의 문턱이 많이 낮아졌다_옮긴이).

사모펀드에 의한 매각의 경우 앞서 언급했듯이 일반적으로 500만 달러 이상의 상각 전 영업이익을 보유해 사모펀드 거래의 전형적인 성장 동력인 HLT(고도의 차입)을 일으킬 수 있는 기업이어야 하고 그것이 아니라면 인수 시점에 무엇인가 더 큰 사업을 구축해낼 수 있는 플랫폼적인 성격을 가지고 있어야 한다. 또한 사모펀드가 이보다 작은 규모의 회사를 인수하는 경우에는 이미 보유하고 있는 포트폴리오를 바탕으로 회사의 부족한 점을 보완해줄 수 있는 이른바 '추가 결합용Bolt-on' 인수를 행하기도 한다.

회사의 외형은 재무적 투자자뿐만 아니라 전략적 투자자에게도 어필할 수 있는 요소다. 3장에서 언급한 기업 재무 전문가 로버트 토미는 매수자와 매도자 양 측 입장에서 30여 건 이상의 투자에 참여한 경험을 바탕으로 "회사 규모가 작은 건도 인수 검토와 심사 및 투자에 드는 시간과 노력은 대형 회사 인수 때와 맞먹는 수준입니다"라고 말하며 다음과 같이 덧붙였다 "자연히 사모펀드를 포함한 대부분의 기관 투자자는 이왕이면 큰 사업체를 인수하는 데 에너지를 쏟으려고 하죠."

비록 당신의 사업 규모가 상당하여 이미 다양한 엑싯 옵션이 손에 닿을 만큼 있다 하더라도 사업 초기부터 엑싯 준비를 시작하지 않은 경우라면 이 상황에서도 매각을 위해 회사의 모양새를 갖추는 데 수년이 걸릴 수 있다.

다시 토미의 이야기를 들어보자. "오너들은 종종 기업 매각의 어려움을 과소평가하고 기업 매각의 수익금을 아주 어린 나이에 누릴 수 있을 것으로 기대하는 경우가 많습니다. 문제는 자본 시장이란 변덕스러울 수 있다는 것입니다. 적합한 인수자를 찾는데 1~2년이 걸릴 수도 있고, 시장 사이클은 5년 이상의 주기를 가질 수도 있으며, 그동안 당신 회사의 기업가치는 오르락내리락할 수 있어 '제값을 평가받을 수 있는 기회Windows of valuation'는 재빨리 생겼다가 사라질 수도 있습니다. 매각 후 인수자는 통상 기존 오너가 2~3년 동안은 회사 업무에 계속 적극적으로 관여할 것을 기대합니다. 결과적으로 기업 매각이 온전히 마무리되기까지 5년 또는 6년이 걸릴 수 있는 것이죠."

여기서 명심할 것은 그가 이야기한 소요 기간은 엑싯의 모든 단계가 아니라 3단계, 즉 기업 매각의 실행 단계에만 해당하는 기간이라는 점이다. 제값을 평가받을 수 있는 기회에 대한 토미의 지적은 되새길 만한 가치가 있다.

우리가 앞서 살펴본 많은 사례들 중 그와 같은 기회를 잘 활용한 오너들이 있었는데 이는 그들이 그러한 기회를 잡기 위해 수년간의 준비를 해왔기에 가능했다. 비디오람을 매각한 레이 파가노의 경우 적절한 준비가 되어 있지 않았더라면 더 오랜 기간을 기다리거나 아니면 더 낮은 인수 금액을 받아들여야 했을 것이다. 이 거래는 2009년 2월 13일, 경기가 급락하던 초입에 다행히 체결되었다. 무그에 회사가 매각된 이후에도 계속 회사에 남아 있던 최고재무책임자 자넷 스폴딩에 따르면 이 거래는 하마터면 체결되지 못했을 수도 있었다. "우리는 그해 1월에 계획했던 사업 목표를 달성하는 데 큰 노력을 기울였습니다. 그것이 가능했던 이유는 이미 이전에 받은 주문들이 있었기 때문입니다. 하지만 2월 들어 실제로 매출은 거의 바닥으로 떨어졌죠. 무그와 몇 년 간 함께 일하며 모회사의 의사결정 방식을 알게 되니 만약 기업 매각 거래가 단 한 달만 늦었더라도 무그는 매출 하락을 보고받고 거래 자체를 철회할 것이 분명했습니다. 그랬다면 종국에 파가노는 훨씬 낮은 기업가치를 제시받았을 겁니다"라고 그녀는 말했다.

앞서 살펴본 시티스토리지의 오너 브로드스키도 비슷한 경험을 했다. 그는 2007년 12월 소위 사업 개발 회사에 과반의 지분을 매각했다. 그는 2년 넘게 매각 작업을 하고 있었고 이미 한 번 인수 대상자에 대한 신뢰를 잃어 거래를 포기한 경험이 있었다. 그럼에도 그는 제값을 평가받을 수 있는 기회가 반드시 올 거라는 판단 하에 인수자를 찾으려는 노력을 멈추지 않았다. 때마침 기록 저장 서비스를 제공하는 회사가 갑자기 인기 있는 자산이 되었고 사모펀드 회사가 그 기회의 문을 두드리고 있었다. 당시 업계의 거물이던 아이언 마운틴Iron Mountain은 그즈음 여러 경쟁자 중 하나를 인수하여 업계의 모든 사람에게 충격을 안겨주었다. 브로드스키는 자신의 사업 분야의 시장이 정점에 가까운 것으로 판단했다. 그의 생각에 곧 회사를 매각하지 않으면 비슷한 기회를 얻기까지 몇 년 또는 수십 년이 걸릴 수도 있었다. 그의 나이는 어느덧 65세였고 쇠가 달구어졌을 때 공격을 가해야 한다고 믿었다. 그의 판단은 옳았다. 매각이 완료될 즈음 해당 분야의 인수 열기는 다시 잠잠해지고 있었다.

결과적으로 브로드스키의 엑싯은 그가 스스로 인식하는 것보다 더 운이 좋았던 것으로 판명 났다. 시티스토리지는 다양한 업종에서 기록하는 일을 다루고 있었지만 매출의 약 65퍼센트는 병원 및 기타 의료 기관에서 나왔다. 브로드스키는 그의 경쟁자들 모두가 법률 사무소와 회계 서비스 고객 부문에 집중하고 있던 점을 간파하고 자신은 의료 분야에 집중했다. "우리는 의료 기록을 취급하는데 있어 전문 기업이 되었습니다. 우리는 우리의 잠재 고객보다도 히파HIPAA(건강 보험의 이동성 및 책임 관련 법) 개인 정보 보호 규칙을 잘 이해하고 있었고, 따라서 이를 준수할 수 있는 방법을 자문해줄 수 있었어요." 그 결과 그의 회사는 사실상 의료 시장을 독점하게 되었던 것이다.

그가 예상하지 못했던 것은 별도의 기록이나 저장 과정 없이 물리적인 형태에서 디지털·전자 기록 형태로 변화하는 속도였다. 그가 회사를 매각한 후 5년 동안 전자 기록으로의 전환 추세는 모든 시장에 영향을 주었지만 특히 의료 부문에서 빠르게 나타났다. 예를 들어 시티스토리지는 그때까지만 해도 셀룰로이드 필름에 촬영된 엑스레이 기록으로 가득 채워진 수만 개의 박스를 창고에 보관하고 있었다. 하지만 2012년 즈음 엑스레이 촬영에 있어 셀룰로이드는 거의 사용되지 않았다. 대부분의 의료 이미지를 디지털 형식으로 저장하게 된 것이다.

"나는 항상 디지털 기술이 결국 박스 형태로 기록을 보관하는 전통적인 비즈니스를 뒤엎을 것이라고 예상했지만 이렇게 빨리 변화가 일어날 것이라고는 상상하지 못했어요." 브로드스키는 2013년을 돌아보며 말했다. "내가 2007년에 회사를 매각하지 않았다면 신기술이 내가 17년 동안 쌓아올린 기업가치를 상당 부분 파괴했을 것입니다. 새로운 사업을 시작하는 대신(그때 회사를 매각하지 못했다면) 나는 한물간 사업을 다시 일으키기 위해 밤낮으로 일해야 하는 처지가 되었을 테죠." 그는 단 한 가지 이유로 그러한 운명을 피할 수 있었다. 그것은 그가 처음부터 회사의 매각을 염두에 두고 사업을 일구어왔다는 것이었다.

당신이 통제할 수 없는 상황은 필연적으로 매각을 위한 타이밍을 결정하는 데 있어 결정적인 역할을 한다. 당신이 만약 제3자에게 가장 적기에 회사를 매각할 계획이라면 준비가 되어 있어야 하는 것이다. 1장에서 등장했던 파라선 테크놀로지스의 배리 칼슨은 2007년 1,500만 달러에 자신의 초고속 인터넷 서비스 회사를 매각한 기업가로서 다음과 같이 말했다. "거래라는 것은 주변의 모든 요인이 갖추어지고 서로 모일 때 일어나는 법입니다. 주변의 모든 요인에는 자금, 제품을 둘러싼 시장 요건, 구매자와 판매자의 발전 단계 등이 포함됩니다. 타이밍은 당신이 그것을 하고 싶은지 하고 싶지 않은지와는 상관이 없습니다. 그것은 단지 매각하기에 가장 좋은 때에 파는 것입니다. 기업을 파는 일은 시기가 좋을 때 하는 것이지 당신이 하고 싶을 때 하는 것이 아닙니다. 이것과 달리 생각하고 움직인다면 당신은 커다란 기회를 잃게 될 것입니다."

이 말을 다르게 표현하면 엑싯을 위해 충분한 시간을 두고 준비하지 않으면 커다란 기회를 잃게 된다. 정확히 얼마의 시간이 필요할지는 회사의 사정에 따라 각각 다르겠지만 통상 수년을 뜻한다.

빠른 엑싯

한편 엑싯 준비에 필요한 시간이 줄고 있다는 주장도 있다. 이러한 시각을 가진 사람은 바로 열정적이고 설득력이 넘치는 캐나다의 기업가이자 엔젤투자자로 변신한 바질 피터스다. 피터스는 우리가 3장에서 논의한 회사의 매각 가능성 혹은 팔릴 만한 매력에 관해 식견이 있는 사람이다. 그는 아주 멋진 책을 냈는데 《빠른 엑싯Early Exits》이라는 제목으로 2000년대 들어 회사를 설립하고 파는 과정이 어떻게, 무슨 이유로 변화를 맞게 되었는지에 대한 견해가 담겨 있다.

그는 "인터넷이 모든 것을 가속화했습니다. 인터넷이 가져온 변화 덕분에 기업가는 며칠 만에 수억 명의 잠재 고객에게 마케팅은 물론 제품을 팔 수 있게 되었고, 비즈니스 라이프 사이클의 거의 모든 측면 또한 가속화되었습니다. 기업가들은 이제 주말 사이에 회사를 통째로 창업하는 '주말 창업'이라는 풍조 속에 살고 있습니다" 라고 말했다.

어쩌면 그의 말이 맞을 수도 있는데 그것은 당신이 '회사'를 무엇이라고 생각하는지에 따라 달려 있다. 피터스는 런던의 한 창업가 팀을 예로 들었다. 그들은 재미삼아 24시간 만에 비즈니스를 구축한 다음 10일 만에 이베이를 통해 제품을 판매했다. 그러나 그들의 사업체는 직원을 채용할 만큼 성장하지 못했고 태어날 때 그랬던 것처럼 사라지는 데도 짧은 시간이 소요됐다. 피터스는 이러한 빠른 엑싯의 조류가 널리 퍼지고 있고 특히 기존의 전통 대기업들이 연구 개발 방식을 근본적으로 변화시키고 있는 것에 그 동인이 있다고 지적했다.

그에 따르면 많은 대기업들은 자신들이 혁신에 능숙하지는 않지만 기존 제품이나 서비스를 급속히 확장하는 데 필요한 자원을 보유하고 있다고 생각했다. 또 한편으로 작은 기업들은 혁신에 능숙하지만 사업 확장에 있어서는 어려움이 있다고 보았다. 따라서 대기업은 자체 연구 개발을 줄이고 대신 필요한 혁신을 창안한 스타트업을 인수하는 방식을 택했다. 결과적으로 대기업들이 이러한 작은 기업들을 상대로 연구 개발을 아웃소싱하게 된 것이다.

제프 존슨Jeff Johnson은 비록 자신이 창업할 때 의도했던 것은 아니지만 신생 회사를 대기업에 매각할 수 있는 기회를 활용한 사업가 중 한 명이 되었다. 몇몇 대기업을 거친 베테랑 기업가인 그는 파트너와 2001년 4월에 공동 창업한 아세무스Arcemus가 잠재적인 라이프 스타일 비즈니스로 성장할 것이라고 믿었다. 그는 35세이던 그 시점까지 활동하며 대부분의 시간 동안 의식적으로 훗날 자신의 비즈니스를 직접 경영하는 CEO가 될 준비를 해오고 있던 터였다. 또한 잘 경영된 회사는 (꼭 매각을 염두에 두지 않더라도) 결과적으로 현명한 잠재적 기업 인수자가 좋아할 만한 특징들을 가지고 있어야 한다는 것을 알고 있었다.

창업 아이디어는 인터넷 도메인 등록 사업의 개척자인 네트워크 솔루션Network Solutions의 동업자들과 존슨의 경험으로부터 나온 것이었다. 인터넷 사용이 폭발적으로 증가함에 따라 대기업의 법무 부서에는 큰 문제가 생겨나기 시작했다. 물리적 세계에서 고용주의 지적재산권을 얼마나 잘 보호할 수 있는가와 상관없이 사이버 공간에서 그러한 보호책을 강구할 방법이 마땅치 않았던 것이다. 존슨과 그의 파트너는 이러한 취약점을 사업 기회로 보았다. 그들은 고객 회사가 자사의 지적재산권에 대한 침해를 확인하고 도메인 명칭 포트폴리오를 등록 및 관리하도록 하는 다양한 시스템을 개발했다. 이를 통해 지적재산권을 침해하려는 자가 철자의 유사성, 오기 및 회사의 방어벽에 있는 기타 다른 허점들을 활용하는 것을 미연에 방지할 수 있게 되었다. 이에 대한 대가로 고객은 아세무스에 월간 구독료를 지불했다.

시스템이 너무나 독창적이었던 나머지 존슨과 그의 팀은 초기에는 영업하기가 쉽지 않았다. "우리와 같은 신생 회사가 세상에 존재하지 않던 시스템으로 문제에 관한 혁신적인 솔루션을 제공한다며 존슨앤존슨, 뉴욕생명보험, BMW와 같은 거대 기업들을 고객으로 삼으려고 시도했던 거죠." 존슨은 계속 이야기를 이어갔다. "우리가 유능하다는 것을 어떻게 증명하고 약속한 것을 제공할 수 있을까? 우리와 같은 신생 회사가 앞으로 5년 후에도 존속할 것이라는 믿음을 어떻게 그들에게 심어줄 수 있을까? 고민을 거듭했죠. 초반에 10개의 고객사를 획득하기까지 매우 힘들었습니다. 그러나 창업한 지 첫해가 지날 무렵 우리는 10번 째 고객을 넘어, 20번 째, 30번 째 고객을 획득하기에 이르렀습니다."

동시에 존슨은 사업 확장의 기회가 더 있다는 것을 점차 알게 되었지만 한편으로 자신에게 그러한 기회를 살릴 만한 자본이 부족하다는 것을 알고 좌절감을 맛보고 있었다. 그와 팀원들은 아주 고전적인 '갹출' 방식으로 약 10만 달러를 투자금으로 모았다. 분명 이 돈은 도움이 되겠지만 존슨이 염두에 두었던 큰 도약을 이루기에는 충분하지 않았다. "우리는 잠재적 경쟁자들에게 결정타를 날리고 그들을 완전히 따돌릴 방법을 생각했어요. 그러나 우리가 그것을 실행에 옮기기 위해서는 더 많은 자본이 필요했습니다"라고 존슨은 말했다.

문제는 아세무스는 이른바 '닷컴' 회사였고, 2003년이라는 시기는 많은 투자자들이 아직 닷컴 버블 붕괴의 충격에서 회복하지 못하고 있던 때라는 점이었다. 은행, 벤처 자본가, 사모펀드 그룹, 엔젤투자자로부터 합당한 조건의 자본 조달이 어렵다는 것을 확인한 후 그는 새로운 접근이 필요하다는 결론을 내렸다.

"나는 팀원들에게 이렇게 말했죠. '한번 다르게 생각해보자. 우리가 하고 있는 사업의 본질은 무엇일까?' 우리가 실제로는 도메인 명칭 관리나 지적재산권 보호 사업을 하고 있는 것이 아니라고 생각했습니다. 우리의 사업은 사실 대기업을 위한 특정 유형의 기록 및 정보 관리 서비스업이었던 것이죠. 그래서 나는 기록과 정보 관리 서비스업이라는 시장에 어떤 회사들이 있는지 알아보기로 했습니다. 팀원들은 나를 머리가 세 개쯤 달린 희한한 생각을 하는 사람인 양 쳐다보았죠." 존슨은 말했다.

그러나 그는 이러한 접근을 진지하게 시도했고 기록 관리 분야의 선도사업자가 누구인지 확인하는 데는 그리 오랜 시간이 걸리지 않았다. 답은 바로 아이언 마운틴이었다. 조금 더 조사를 해본 결과 아이언 마운틴은 아세무스의 이상적인 파트너임이 분명해보였다. 존슨은 자신이 무엇을 원하는지 정확히 알지는 못했지만 아이언마운틴에 무엇인가 의사를 확인하는 일은 값어치 있겠다고 생각했다. 그래서 그는 아이언 마운틴의 대표 전화번호로 전화를 걸었다. 그러나 이것이 소용없자 그는 공고된 주주총회 소집 문서를 들여다본 끝에 켄 루빈^{Ken Rubin}이라는 고위 임원의 이름을 알아냈다.

"그에게 전화를 걸어 나를 소개했죠." 존슨은 당시 상황을 다음과 같이 회상했다. "그는 내게 말했죠. '이봐요 제프, 나는 일주일에 이런 전화를 서른 번은 받습니다. 당신에게 주어진 시간은 딱 2분입니다. 용건을 이야기하세요. 그 후에 내가 계속 대화에 관심이 있는지 알려드리죠.' 나는 다음과 같이 답했어요. '네, 아주 좋습니다. 딱 1분만 주어져도 나는 충분히 할 이야기가 있습니다.' 그러고는 가능한 한 간결하게 우리가 한 일과 우리 회사가 왜 아이언 마운틴에 전략적인 관심 대상이 될 수밖에 없는지 이야기했습니다. 이를 듣고 나서 그는 '계속 이야기해보세요'라고 말했죠."

둘은 대화를 계속 이어나갔다. 양사 간의 논의는 전화로 그리고 또 아이언 마운틴의 보스턴 본사와 버지니아주 스털링Sterling에 있는 아세무스 사무실을 오가며 6개월 이상 이어졌다. 존슨은 아이언 마운틴이 지적재산권 부문에 있어 적극적인 시장 확대 시도를 하고 있음을 알고 있었지만 동시에 회사의 최고경영진은 회사가 인수한 다양한 기능과 서비스들을 어떻게 고객에게 제공해야 할지 잘 모르고 있었다. 존슨과 그의 파트너는 아이디어가 풍부했고 곧 아이언 마운틴 입장에서 이를 최대한 활용하는 방법은 아세무스를 인수한 뒤 그 팀을 회사 운영에 투입하는 것이라는 사실이 자명해졌다.

존슨과 그의 파트너는 아세무스의 오너로서 조기에 엑싯할 수 있었고 아세무스는 이제 '아이언 마운틴 지적재산관리서비스Iron Mountain Intellectual Property Management'라는 이름으로 재탄생했다. 존슨은 아이언 마운틴의 수석 부사장과 해당 사업부의 총책임자가 되었다. 기업 매각은 2004년 5월 초에 마무리됐는데 이는 회사가 창립한 지 3년 만이며, 첫 제품이 출시된 지 2년이 채 되지 않은 때였다.

사업, 뒤집기 한판승인가?
아니면 지속하기 위함인가?

존슨에게는 분명 회사를 조기에 엑싯할 만한 설득력 있는 논거가 있었다. 하지만 다른 이들도 그의 예를 따라야 할까? 바질 피터스는 엑싯 프로세스를 좀 더 면밀히 이해한다면 그러한 선택도 가능하다고 말한다. "엑싯이야말로 기업가 또는 투자자로서 가장 큰 보람을 얻는 최고의 경험이라고 할 수 있습니다. 열심히 일한 대가 그리고 위험 자본을 집어넣은 모험에 대해 보상받는 순간이지요. 기업을 매각하는 것은 일반적으로 한 사람의 일생에서 일어날 수 있는 가장 큰 규모의 금융 거래입니다. 그것은 흥분되는 일이며 또 확실히 당신의 삶을 변화시킬 것입니다. 그러나 사람들은 이러한 속성을 잘 이해하지 못합니다. 이유는 단순하죠. 이런 일들이 자주 일어나지 않기 때문입니다."

피터스의 견해에 모두가 동조하는 것은 아니다. 어떤 사람들은 그가 1990년대 후반 닷컴 버블이 있던 때 실리콘밸리를 휘저었던 한탕주의 사고를 조장한다고 비난한다. '뒤집기 위해 사업을 일군다Build to Flip'는 《좋은 기업을 넘어 위대한 기업으로Good to Great》의 저자 짐 콜린스Jim Collins가 2000년 3월 매거진 〈패스트 컴퍼니Fast Company〉에 기고한 저명한 에세이에서 한 말로 이와 같은 정서를 잘 묘사하고 있다. "확실히 구미가 당기는 아이디어다. 기업을 애써 일궈나갈 필요 없고 지속적인 가치를 창출하는 회사를 세우려는 노력은

위대한 창업가들의 엑싯 비결

더더욱 필요 없다. 오늘날 좋은 이야기를 모으고, 아이디어의 대략적인 초안을 구현한 뒤 이를 실행하고, '빨리'라는 버튼을 누르면 곧장 부자가 되는 것이다!" 콜린스는 이러한 현상들을 매우 당황스럽게 받아들였다.

피터스는 그런 그의 비판에 반박했는데 그는 콜린스가 제리 포라스와 함께 쓴 고전적인 명저 《성공하는 기업들의 8가지 습관Built to last》에 등장하는 디즈니Disney와 월마트Walmart와 같은 기업들은 21세기에는 새로 생겨나거나 또 번창할 수 있는 유형의 기업이 아니라고 주장했다. "이제 회사를 일궈내는 데 수십 년이 걸리는 시기는 지났으며… 소위 '뒤집기'는 혐오스러운 행위나 부자연스러운 행동이 아닙니다. 오늘날 성공하기 위해서는 기업가들이 단순히 빠른 엑싯만을 갈망해서는 안 되고 이러한 시도를 회사의 구조와 기업의 DNA 속에 심어야 합니다."

그의 이러한 주장은 여전히 의문점이 남는다. 많은 기업가들이 인터넷 기업이든 오프라인 기업이든 여전히 훌륭한 회사를 만들기 위해 수십 년을 염두에 두고 노력을 경주하고 있기 때문이다. 아마존의 제프 베이조스Jeff Bezos, 구글의 래리 페이지Larry Page와 세르게이 브린Sergey Brin, 페더럴 익스프레스의 프레드 스미스Fred Smith 또는 홀푸드 마켓의 존 매키John Mackey 모두가 이에 해당한다.

그럼에도 불구하고 나는 피터스의 견해에 본질적으로 동의하는데, 그 이유는 빠른 엑싯을 계획한다는 것 자체가 틀린 행동은 아니기 때문이다. 짐 콜린스의 견해도 그 자체로 일리가 있다. 하지만 그가 반대 의사를 표한 대상은 1990년대 말 실리콘밸리를 감싼 탐욕스런 분위기에 대한 것이었다. 그는 자신의 에세이에서 '지속하는 회사를 만드는 일은 모든 기업가 혹은 모든 회사에 적합한 것은 아니다. 절대적으로 그럴 수는 없다'고 인정했다.

피터스가 꼽는 사례는 절대 다수의 일반적인 전통 비상장회사들과는 다른 세상에 살고 있는 인터넷 기반의 닷컴 회사들인데 이들에게도 여전히 비즈니스의 기본 규칙이 적용된다. 인터넷 기업들도 다른 어떤 기업만큼이나 양(+)의 현금흐름을 필요로 한다. 그러나 사이버 공간에서 사업을 하기 때문에 온라인 창업은 월드와이드웹 영역 밖에서 상상도 할 수 없는 속도로 성장하고 글로벌 시장을 공략할 수 있는 잠재력을 가지고 있다. 그리고 이러한 잠재력이 기업 매각에 있어 일반적인 기업과는 다른 계산을 가능하게 한다.

그러나 이것이 곧 모든 인터넷 기반 사업가들이 빠른 엑싯을 향해 나아가야 한다는 것을 의미하지는 않는다. 기업가에서 벤처캐피털리스트로 변신한 피터 틸Peter Thiel은 페이스북의 최초 외부 투자자로서 회사 역사상 가장 중요한 순간으로 기억하는 사건에 대한 이야기를 다음과 같이 들려주었다.

2006년 7월, 페이스북이 생긴지 2년 정도 되었고 매출은 약 3,000만 달러 정도 되던 시기였다. 이때 야후는 10억 달러에 페이스북을 인수하겠다고 제안했다. 얼마 후 페이스북의 이사회 멤버인 틸 본인과 스물두 살이 된 창립자 마크 저커버그Mark Zuckerberg, 벤처 자본가인 짐 브라이어Jim Breyer가 이 사안을 논의하기 위해 모였다. 〈인크〉의 알리슨 파스^{Allison Fass}에 따르면 "틸은 브라이어와 종합적으로 모든 상황을 판단했을 때 인수 제안을 수락해야 한다고 생각했습니다"라고 '2013 SXSW 컨퍼런스'에서 그날을 돌아보았다.

"하지만 저커버그는 '이사회를 소집한 건 그냥 형식적인 절차에요. 이 논의는 10분도 걸리지 않을 것입니다. 우리는 회사를 팔지 않습니다'라고 말했죠." 틸은 저커버그의 말에 당황했다. 그래서 본건에 대해 진지한 논의가 필요하다고 제안했다. 10억 달러는 정말 큰돈이었고 저커버그의 지분은 25퍼센트였다. 그러나 저커버그는 "나는 그 돈으로 무엇을 할 수 있을지 잘 모르겠습니다"라고 말하며 이렇게 덧붙였다. "아마 회사를 판 돈으로 다른 소셜 네트워크 서비스 회사를 또 창업하겠지요. 헌데 나는 그와 비슷한 걸 이미 가지고 있어요."

틸과 브라이어가 그를 계속 압박하자 저커버그는 야후가 제안한 가격이 너무 낮다는 점도 이야기했다. 야후는 페이스북의 미래에 대한 비전을 갖고 있지 않기 때문에 아직 존재하지 않는 것을 제대로 평가하지 못한다고 보았다. 틸은 완전히 그의 의견에 동의하지는 못했지만 창립자의 결정에 따랐다. 그러면서 야후가 이전에도 10억 달러의 인수 제안을 이베이와 구글에 제시했다가 퇴짜 맞은 사실을 상기하며 자신을 위로했다.

결과적으로 저커버그의 결정은 옳았고 틸은 이 경험으로부터 교훈을 얻었다며 다음과 같이 말했다. "우리는 모두 어떤 확고한 미래를 그리며 노력해야합니다… 이것이 사람들에게 동기부여를 심어주고 이 세상을 변화시킬 수 있습니다… 가장 성공적인 비즈니스는 현재와 매우 다른 미래에 대한 아이디어를 갖는 것이며 그 가치는 통상 쉽게 계산되지 않습니다."

물론 새로운 비즈니스 중 극히 일부만이 또 다른 페이스북, 이베이, 구글이 될 예정이지만 틸의 통찰력은 위대함을 위해 노력하는 그 어느 회사에도 적용된다. 그 말은 곧 콜린스가 말했듯이 '세상에 독특한 영향을 미칠 수 있는 회사'를 의미한다. 그는 그 독특한 영향을 정의하는 테스트를 다음과 같은 질문을 통해 하곤 한다. "만약 그 회사가 사라진다면 지구상의 그 어떤 다른 기업도 쉽게 채울 수 없는 구멍이 생기나요?"

그러한 사업을 구축하는 것은 필연적으로 장기적인 노력이 필요하다. 콜린스는 진정으로 위대한 기업으로 간주되기 위해서는 최소한 세대 이상의 기간 동안 오너와 경영진이 우수한 사업 실적을 유지하면서도 차별적인 성과와 영향력을 만들어내야 한다고 강조했다. 그 위대함은 어느 특정인 한 명에게 의존할 수는 없다는 뜻이다. 여기서 주목해야 할 것은 기업의 규모라는 것은 위대함을 만들어내는 방정식의 요소가 아니라는 점이다. 기업은 그 규모에 관계없이 자신이 속해 있는 업계 내에서 탁월한 실적을 기록할 수 있고, 차별적인 성과와 영향력을 만들어내는 것 또한 가능하다.

비상장회사들에 있어 보다 어려운 부분은 여러 세대에 걸쳐(주인과 경영진이 바뀌어도) 계속 그러한 탁월한 성과를 거두는 것이다. 이러한 업적을 이루는 회사를 찾는 것은 쉽지 않다. 보통의 경우 기업의 오너와 경영진이 바뀌는 것을 두 번 정도는 겪어본 후에야 해당 회사가 특정한 개인이나 오너에 의존하지 않고 위대함을 유지할 수 있는 시스템이나 방법론을 발견했는지의 여부를 판단할 수 있다.

　이러한 시험대를 통과한 소수의 비상장회사 대부분은 가족 소유 거나 혹은 직원들이 회사를 소유한 경우였다. 물론 내가 미국의 모든 비상장회사를 조사한 것은 아니다. 이들의 수는 700만 개가 넘고 회사가 탁월한 고성과를 지속적으로 내고 있는지를 판단할 만한 근거 자료를 추적하는 것도 어려운 일이다. 그러나 나는 내가 가용할 수 있는 자원을 최대한 활용하여 적합한 사례를 광범위하게 찾아나섰고 그 결과가 바로 이러한 두 가지 형태의 오너십이었다. 즉, 이런 회사의 창립자는 직원 또는 가족 구성원에게 지분을 매각하거나 혹은 증여함으로서 기업의 소유권은 한 번도 회사 밖으로 나가지 않은 채 세대를 건너 전해진 것이다.

　내가 이야기하고자 하는 바는 어떤 문화 혹은 암묵적으로 합의된 훌륭한 경영 원칙 같은 것이 지속되기 위해서는 일종의 수호자 Guardians가 필요하다는 것이다. 가족 기업의 경우에는 그 수호자 역할을 가족 구성원들이 하며 직원들의 소유로 이끌어가는 기업의 경우에는 그 직원들이 곧 수호자다. 만약 이러한 경우가 아니라면 기업을 인수한 이들이 자신의 고유한 리더십과 경영스타일을 도입하려고 할 것이다. 확신컨대, 그와 같은 손바꿈이 있다면 지속적이며 위대한 회사가 만들어질 가능성은 희박하다. 물론 무수히 많은 가족 기업들이 엉망인 채로 운영되기도 하고, 창립자가 떠난 후 수많은 직원이 나누어 소유한 기업들이 내리막길을 걷는 경우도 많다. 이렇듯 지속될 수 있는 '고성과 문화'를 개발하는 데는 정말 오랜 기간이 필요하다. 만약 창업자와 대주주가 자신의 사업 여정의 초기부터 이에 초점을 맞추지 않는다면 회사가 그러한 문화로부터 혜택을 누릴 가능성은 거의 없다고 보아야 한다.

오래가는 것을 찾아서

어떻게 하면 한 명의 오너나 리더, 경영진 혹은 하나의 기술이나 제품군에 의존하지 않고 지속될 수 있는 고성과 문화를 만들 수 있을까? 이 문제에 대해 그 누구보다 진지한 생각을 기울인 기업가가 바로 미주리주 스프링필드Springfield에 본사를 둔 SRC홀딩스의 공동설립자 겸 CEO 잭 스택(그는 오픈북 경영을 통해 엑싯 후 100퍼센트 직원 소유의 지속 가능한 기업을 일구었다_옮긴이)이다.

이 주제에 대한 그의 탐색이 시작된 때는 1980년대 중반으로 자신과 동업자가 회사 '동료'들에 대한 스톡옵션을 설정하는 데 있어 결정적 이슈를 간과한 사실을 알아차린 것이 계기가 되었다. 당시 회사 이름은 '스프링필드 리매뉴팩쳐링Springfield ReManufacturing Corp.'이었는데 이 회사는 80년 전통의 장비 제조업체인 인터내셔널 하베스터 International Harvester로부터 분사된 사업체였다. 반면 모태였던 인터내셔널 하베스터(이하 하베스터)는 1979년 〈포춘Fortune〉 500대 기업 중 28

위에 오를 만큼 번성하던 기업이었지만 1982년 갑자기 파산 위기에 몰릴 정도로 급격히 쇠락했다.

1982년 기준으로 스택이 일하던 스프링필드 공장에는 약 230명의 직원이 일하고 있었는데 그들 모두 하베스터의 건설 장비에 들어가는 교체용 부품을 제조하는 일에 투입되고 있었다. 회사가 파산 직전으로 몰리며 급격히 지출을 줄이고 현금을 모으려는 필사의 시도를 하는 과정에서 전 세계에 있는 공장들이 줄줄이 문을 닫고 자산은 매각되고 있었다. 스택과 12명의 관리자는 경기 침체기에 일자리를 잃을까봐 두려웠고, 이에 스프링필드 공장을 매입하는 입찰에 직접 참여하게 된 것이 그들이 소유주가 된 계기였다.

1983년 초 하베스터는 예기치 않게 이를 받아들였고, 스택과 그의 동료들은 서둘러 역사상 가장 위험하다고 할 만한 차입 기반 기업 인수Leveraged buyout/LBO를 이끌어냈다. SRC는 1년 만에 89대 1의 부채 비율을 기록했는데 이 비율은 단지 10만 달러의 현금을 가지고 890만 달러짜리 주택을 산 것이나 다름없었다. 당시 은행들은 통상적으로 이러한 엔진 제조업종은 2.5대 1 이상의 부채 비율만 되어도 매우 위험한 상황으로 간주하고 있었다.

그러나 SRC는 살아남았다. 그리고 1985년 즈음에는 이익을 내며 매출은 성장세를 기록했다. 부채 비율은 이제 합리적인 (그러나 여전히 불편하게 높은) 수준인 5.1대 1로 내려갔다. 경기 회복세가 확실히 도움되었지만 가장 엄혹한 시간에 회사를 구한 것은 스택의 급진적인 사업 관리 방식이었다. 전 직원들에게 회사의 재무 현황을 공유했고 그것이 무엇을 의미하는지, 그러한 정보를 어떻게 활용해야 하는지 가르친 다음 주식을 소유하게 하여 지분 파트너가 되도록 했다. SRC 임직원들은 이를 두고 '위대한 비즈니스 게임'을 펼친 것이라고 평가했다. 이는 나아가 일종의 보너스 프로그램과 함께 실행되었는데 직원들은 1년 내내 매우 '중요한 목표치'를 달성하기 위해 경기를 치르는 선수처럼 일에 달려들었다.

1985년 가을, 스택은 회사의 정기회의 중 한 차례를 빌어 직원들을 불러 모았고 그 자리에서 회사의 비즈니스가 어떠한 진척도를 보이고 있으며 눈앞에 놓인 도전 과제가 무엇인지 공유했다. 회의의 일부는 자연스레 회사의 주식 가치에 대한 논의로 이어졌다. 이즈음 벌써 SRC의 주식 가치는 처음 10센트에서 시작해 8.46달러까지 오른 상태였다.

결과적으로, 직원 한 명당 가진 지분의 규모는 약 2만 3,000달러 정도로 이는 모든 사람의 관심을 끌기에 충분한 수치였다. 사람들은 갑자기 스톡옵션 제도라는 것이 어떻게 작동하는 것인지, 그 가치를 더 올리려면 어떤 것이 필요한지, 언제 돈을 받을 수 있는지 그리고 자신의 지분이 얼마나 가치가 있을지에 대해 궁금해하기 시작했다.

스택은 그들의 질문에 대답하면서 현금흐름이라는 것의 본원적인 성격을 설명하는 데 시간을 할애했다. 그는 회사의 현금 중 일부가 재고에 묶여 있는데 이는 커넥팅 로드와 엔진 코어 같은 것들이라고 설명해주었다. 그의 설명이 끝나자 시간당 급여를 받는 직원

위대한 창업가들의 엑싯 비결

한 명이 손을 들었다. 그는 '회사가 만들어내는 현금의 대부분이 회사에 다시 투자되고 있는 셈'이라는 말로 스택의 말을 이해했다고 말했다. 그러면서 그는 직원들이 은퇴할 즈음에는 어떤 일이 일어날지 잘 모르겠다며 대부분의 직원들 연령이 비슷해 거의 같은 시기에 은퇴할 수 있다고 덧붙였다. '그렇다면 스톡옵션이 현금화되기 위해서는 어디에서 돈이 나와야 하는 것일까?' 이에 대해 그는 "우리는 현재 커넥팅 로드에 많은 현금을 묶어놓고 있는 것이군요. 하지만 그건 먹을 수도 없는 물건이잖아요"라고 말했다.

스택은 말문이 막혔다. 이는 정말 훌륭한 질문이었다. 그는 그러한 문제에 대해 생각조차 해본 적이 없었기 때문에 직원의 질문에 대답하지 못했다. 그 문제가 얼마나 중차대한지 또 앞으로 어느 정도까지 커질지에 대해서도 마찬가지였다. 그가 우리 사주 제도를 도입한 이유는 "회사에서 일하는 사람들이 직접 회사의 주인이 되는 권리를 갖는 것은 사업 운영에 있어 가장 간단한 방법처럼 보였어요. 생산성 향상에 몰입할 수 있으니까요"라는 그의 이야기 속에 잘 드러난다. 그러나 그 순간까지 직원들이 퇴직하고 떠날 때 그들의 몫을 어떻게 지불해야 할지에 대해 깊이 생각하지 못했다.

미래에 발생할 빚이라는 것은 소위 '우발적 채무'라고 불리는데 당시 35세였던 스택은 어떻게 대처해야 하는지 방법을 찾기 전에는 절대 회사를 떠날 수 없다고 생각했다. 그해 초 13명의 창립 파트너들에게 회사에 얼마나 더 머물 것인지 물었을 때 스택 역시 그들에게 5년 정도 후에는 떠날 계획을 밝혔다. 하지만 이제는 계획했던 것보다 좀 더 오래 머물러야 한다는 사실을 깨닫게 된 것이다. 이유야 어떠하든 자신이 CEO로 재직하는 기간 중 내린 결정으로 인해 자신이 지분을 팔고 엑싯한 후 회사가 망가지는 모습은 도저히 견딜 수 없을 것 같았다(그는 이러한 감정에 대해 속으로 책임감이 강한 아일랜드 천주교도의 전통을 가진 집안 내력을 살짝 탓하기도 했다).

만약 그가 사업을 운영하는 섬세하고 정교한 역량을 보다 일찍 갖추었다면 그는 분명 자기 스스로 회사를 인수해 사업을 시작한 일이 얼마나 기념비적인 사건이고 또 자신이 시작한 일을 마무리하는 데 얼마나 오래 걸릴지 이해할 수 있었을 것이다. 엑싯을 준비하기 위해 필요한 시간은 그가 그의 동료들과 함께 일하면 일할수록 더 길어졌다. 함께 회사 운영을 하기 위해 고정적으로 따라야 할 일들, 운영 규칙과 시스템 등 그의 표현대로 언젠가 그가 '양심의 거리낌 하나 없이' 엑싯할 수 있게끔 준비하는 데 필요한 시간이었다. 이러한 과정을 거치며 그는 자신이 답하지 못했던 바로 그 직원의 질문에 답이 될 수 있는 계획을 도출해내기에 이르렀다.

사실 그 해결책은 완전히 다른 문제와 씨름하던 중 우연히 발견했다. 통상적으로 고객을 위해 디젤 엔진을 재구성, 조립하는 과정에서 회사는 종종 오일 쿨러라는 부품을 교체해야 했다. 스택은 오일 쿨러를 재생, 재활용하는 방법을 배운다면 연간 약 21만 5,000달러를 절약할 수 있음을 알게 되었다. 이를 실험해보기 위해 그는 다른 3명의 선임 관리자들과 함께 회사 밖에 작은 스타트업을 창업했다. 그러고는 외부 전문가 한 명을 추가로 고용해 회사를 맡게 한 뒤 그 사람을 포함한 총 5명이 각 1,000달러씩 이 회사에 투자하고 SRC로부터 5만 달러를 빌렸다. 결국 자신들 스스로 차입 비중이 높은 거래를 만들어낸 것이다.

이 실험은 대성공이었다. 단 1년 만에 엔진 플러스Engines Plus라는 이 새로운 회사는 SRC의 오일 쿨러 수요를 기존 비용 대비 훨씬 낮은 비용으로 충족시켜주었다. 두 번째 해가 마무리될 무렵 엔진 플러스의 주식 가치는 납입 금액보다 6,000퍼센트 이상 상승했다. 스택과 다른 관리자들은 윤리적인 입장에서 아직 엔진 플러스의 주식 가격이 쌀 때 본인들이 가진 지분의 75퍼센트를 SRC가 매입하도록 해야 한다는 것을 깨달았다.

오일 쿨러 비용을 줄이고 레버리지(차입 거래)의 힘을 입증한 것 외에도 엔진 플러스는 SRC를 성장시켜 미래의 우발적 채무를 해결할 수 있는 방안까지 제시해주었다. SRC는 모회사로서 이러한 분사 형태의 사업을 지속적으로 창출할 수 있고, 일부 사업은 미래에 회사를 떠날 직원들의 스톡옵션을 현금화하는 데 필요한 자금을 조달하기 위해 매각될 수도 있었다. 즉 SRC는 지주회사로 변신하기 시작한 것이다.

그 이후로 SRC가 낸 실적들은 그들이 스스로 찾아낸 전략과 경영 방법이 얼마나 효과적이었는지를 보여주는 살아 있는 증거라 할 만하다. 1983년에 1,600만 달러의 매출에 6만 달러의 적자를 내던 회사는 그 이후 매년 어김없이 흑자를 기록했다. 현재 이 책을 저술하고 있는 기간까지 31년간 연속 흑자를 기록 중이다. 그 기간 동안 연매출은 5억 2,800만 달러로 늘어났고, 세후 순이익은 2,200만 달러로 증가했으며, 직원 규모는 119명에서 1,202명으로 늘었다. 그 과정에서 회사는 65개 이상의 신사업을 탄생시켰다. 그중 일부는 매각되었고 문을 닫기도 했으며, 또 일부는 SRC 지주회사(홀딩스)의 일부가 되었다. 특히 현재 지주사로 편입, 존속되어 있는 회사들 대부분은 소위 SRC 경영체계에서 육성된 관리자들이 이끌고 있다. 회사 주식의 가치 또한 폭발적으로 늘어났는데 창립 당시 1만 달러의 투자금은 2014년 1월 기준으로 3,970만 달러의 가치가 되었다.

이 모든 것을 통해 엑싯에 대한 스택의 생각은 계속 진화해갔다. 그는 다음 세대의 직원들이 원한다는 전제 하에 그들에게 적어도 10년은 끌고 갈 수 있는 회사와 기업 문화를 물려줄 수 있다면 이는 만족스러운 일이라고 생각했다.

"문화란 것은 구조가 있어야 존속되고, 그 구조란 부드럽기보다는 매우 단단해야 한다고 믿습니다. 따뜻하고 조금은 분명하지 않은 분위기 속에 일하는 문화 즉, 부드럽고 늘 기분이 좋은 듯 움직이는 문화는 그것을 만들고 또 지켜낼 사람이 떠나고 나면 살아남기 힘들다고 생각합니다. 규율이란 것이 있어야 하며 용기도 있어야 합니다. 대차대조표와 손익계산서를 제대로 살펴보고, 회사의 취약점을 파악하며, 이를 개선하기 위해 무슨 일이든 해낼 수 있는 배짱이 필요합니다. 절대 그 일은 멈출 수 없는 것이죠. 회사의 안위를 위해 항상 움직여야 합니다. 그와 같은 생각의 패턴을 사람들에게 가르칠수록 그러한 기업 문화가 존속할 가능성은 더 커집니

위대한 창업가들의 엑싯 비결

다. 당신 스스로 만든 규율이 바로 기업 문화를 존속시키는 힘이라고 할 수 있죠"라고 그는 말했다.

SRC의 기업 문화는 이러한 정신에 맞춰 발전해왔다. 그 핵심은 바로 1장에서 소개했던 오픈북 경영의 그들만의 버전인 '위대한 비즈니스 게임'이었다. 이 게임은 매년 9월에 막이 오른다. 전 직원이 참여해 연간 운영 계획 수준이 아닌 모든 재무 예상치가 월별로 산출되는 사업 계획이 작성된다. 이 계획은 앞으로 1년간 회사의 향방을 결정하는 일종의 로드맵 역할을 한다. 예상치와 실적을 지속적으로 비교해감으로써 관리자들과 직원들은 분기별 그리고 연간 목표로의 진척 상황을 추적할 수 있었다. 그들은 매주 모니터링을 수행하여 계획의 편차를 확인한 후 다음 단계에 해야 할 조치들을 강구해나갔다. •

2010년이 되자 스택은 자신과 동료들이 만든 이 문화가 실제로 지속 가능하다는 것을 확신하게 되었다. 이때 즈음 SRC에는 순수하게 회사에서 키워낸 리더들이 부상하고 있었다. 이들 중 대부분이 대학 혹은 고교를 졸업하고 곧바로 SRC에 입사한 사람들이었다. 그들에게 '위대한 비즈니스 게임'은 오래 숙달되어 이제 제2의 천성처럼 되어버렸다. 스택은 그들 스스로 SRC의 문화를 더 강건히 하는 방법을 알고 있다는 것에 의심의 여지가 없었다. "나는 그

• SRC의 문화와 시스템에 대한 더 많은 정보는 스택과 내가 함께 쓴 《드림 컴퍼니The Great Game of Business》와 《위대한 비즈니스 게임 A Stake in the Outcome》이라는 두 권의 책에서 얻을 수 있다.

것이 그들의 몸에 배어 거의 자동적으로 발현되고 있다고 생각합니다. 그들 스스로 그러한 문화와 시스템을 개발하는 데 일익을 담당했기 때문에 당연히 그러한 체계를 계속 이어나갈 것입니다."

이제 남은 과제는 '과연 회사의 지분과 소유권이 어떻게 이전될 것인가'였다. 지난 수십 년 동안 회사는 최초 설립 주주들 간의 협약에서 규정한 바에 따라 총 5,000만 달러 이상을 지불하여 설립 파트너 13명 중 12명의 지분을 현금으로 교환해주었다. 스택은 주식 중 일부를 팔았지만 여전히 회사 주식의 15퍼센트를 소유하고 있었다. 나머지 개인 주주는 22퍼센트, 나머지 63퍼센트는 우리 사주 제도를 통해 직원들이 보유하고 있었다(우리 사주는 한 명의 주주로 간주되며 직원은 회사의 직접 주주가 아닌 ESOP 구성원의 자격을 갖는다). 결국 제3자에게 지분을 매각해 더 큰 수익을 얻자고 주장하는 사람들을 뒤로 하고, 많은 심의 끝에 우리 사주 조합에 나머지 37퍼센트의 지분을 매각하는 것으로 결론이 났다.

SRC 홀딩스는 소기업$^{S\ corporation}$으로 재조직되었고, 회사가 내는 모든 이익은 이제 우리 사주라는 단독 주주의 몫이 되었다. 이러한 이익에 대한 세금은 개별 직원들이 이를 현금화할 때까지 이연될 것이었고, 이러한 변화로 인해 회사의 현금흐름은 즉각 향상될 수 있었다. 2011년 8월 5일, 드디어 우리 사주에 의한 잔여 지분 인수가 마감되었다. 지분 매입을 위해 SRC는 10년 만기의 1,100만 달러의 부채를 추가로 조달했다.

스택과 그의 동료들이 몇 세대를 지속할 만한 강건한 회사를 만들었는지는 좀 더 지켜볼 일이다. 하지만 그가 이러한 기초를 닦는 데 지난 30년의 반 이상을 헌신했다는 사실은 분명하다. 그 결과 그의 회사는 오늘날 가장 까다로운 기관 투자자 집단으로 불리는 사모펀드 또한 만족시킬 수 있을 정도의 면모를 갖추게 되었다. 검증된 비즈니스 모델, 엄청난 성장 잠재력, 실력이 확인된 경영진, 4~5명의 강력한 차기 CEO 후보자들, 놀라울 정도의 노동 생산성은 물론 투자자가 요구하는 모든 정보를 신뢰성 있게 제공할 수 있는 재무 시스템과 사내의 베스트 프랙티스Best Practice(판매 또는 제품혁신 등 특정 경영 활동 분야에서 세계 최고의 성과를 창출해낸 운영 방식_옮긴이)들이 그것이다. 이것은 절대 우연이 만들어낸 결과가 아니다. 스택은 오랫동안 자신은 물론 그의 동료들에게 배움의 중요성을 강조했는데 그것은 바로 외부 투자자의 관점에서 회사와 사업을 바라보는 접근법에 관한 것이었다.

나는 비단 스택의 회사뿐 아니라 다른 회사들 또한 나름의 '오래가는 것'을 구축하는 방식이 있다는 것을 안다. 이러한 경로들 중 일부는 스택만큼 오랜 기간이 걸리지 않았을 수도 있지만 나는 절대 이 일에 지름길 같은 것이 있다고 생각하지 않는다. '지속적인 그리고 오래가는 위대함'이라는 것은 사업의 세계에서 흔치 않을 뿐만 아니라 짐 콜린스가 이 주제에 관해 탐구하며 출간한 총 4권의 책에서 반복적으로 증명되고 있듯이 지극히 달성하기 어렵고 오랜 시간에 걸쳐 철저히 규율을 지켜야 하므로 매우 힘든 일이다. 즉 위대한 지속적인 기업을 일구는 것은 누구나 할 수 있는 일이 아니다. 어쩌면 당신에게는 정말 어려운 일일지도 모른다. 그럼에도 우리가 취해야 할 한 가지 교훈은 분명하다. 그것을 원한다면 어쨌든 '일찍' 시작하라!

설사 오래가는 위대한 기업을 구축할 정도의 의사가 없더라도 일찍 엑싯 준비를 시작하는 것은 현명한 일이다. 모든 엑싯은 당신이 그것에 얼마만큼의 시간을 할애했는가에 영향을 받기 때문이다. 해피엔딩은 보장할 수 없지만 충분한 시간을 할애한다면 그 확률은 분명 높아질 것이다.

5장

내가 떠난 뒤

FINISH BIG

"후계자를 선택할 때는
시행착오를 각오해야 한다."

록산느 버드Roxanne Byrde*에 따르면 2007년 가을에 그녀가 받은 전화는 타이밍이 절묘했다. 그녀는 막 65세가 되었고 회사를 누구에게 물려줘야 할지 많은 고민을 하고 있던 차였다. 전화를 걸어온 사람은 40년 동안 그녀가 연 프랜차이즈 대리점을 여러 개 소유하고 운영해온 한 사업가의 아들이었다. 그녀는 그 청년(그의 이름을 '해리'로 부르려 한다)을 일곱 살 때부터 알고 있었고, 그의 아버지가 소유한 사업체의 사장으로 성장하는 과정을 지켜봐왔다. 그는 지난 4년 동안 연 2회 열리는 가맹점주 자문위원회에 속해 일하기도 했다. 그 위원회에서 버드는 그가 털털한 스타일의 신사 같다는 인상을 받았고 그녀 역시 털털하고 신사적인 여성이었기에 자신과 닮은 해리의

• 이번 장에서 언급하는 회사와 인물의 이름은 대부분 가명이다.

위대한 창업가들의 엑싯 비결

모습이 마음에 들었다. "그는 정말 훌륭했고 적당히 조용하면서 자신을 잘 드러내지 않는 괜찮은 청년이었죠"라고 그녀는 말했다.

이러한 호감을 갖고 있었기에 해리가 그녀에게 회사를 매각할 계획이 있는지 물었을 때 곧장 긍정적인 답변을 줄 수 있었다. 회사는 그녀의 할아버지가 설립한 것으로 그녀는 아버지가 돌아가신 후에 이를 물려받았지만 그녀의 자녀들은 물론 형제의 자녀들도 사업에 일절 참여하지 않았다. 이 회사를 물려받는 조건으로 그녀 본인이 이러한 조항을 내세웠기 때문이다.

"나는 대기업이 들어와 회사를 인수하고 오늘의 회사를 있게 만든 많은 사람들을 해고하는 일이 벌어지는 것에 대해 극도로 걱정했습니다. 우리 회사의 문화가 가급적 변하지 않고 유지되길 원했죠. 우리 회사에는 매우 행복한 직원들이 함께하고 있고 그것이 성공에 있어 아주 중요한 부분이라고 생각합니다"라고 그녀는 말했다. 그녀는 이를 염두에 두고 이전에 변호사에게 '우리 사주 제도'에 대한 계획을 설정하는 것에 관해 이야기한 적이 있었다. 하지만 변호사는 이 제도가 복잡한 데다 위험하다고 말했고 그녀는 낙담해 있던 차였다.

해리가 회사를 인수하는 데 관심을 보인 것은 후계자를 탐색하던 그녀에게는 이상적인 해결책인 것처럼 보였지만 이를 성급히 진행할 생각은 없었다. 우선 그녀는 적어도 10년은 더 일할 계획이었고 그 기간 동안 회사를 책임지는 위치에 있기를 원했다. 회사의 경영권을 넘기기 전에 그녀는 자신이 준비가 되어 있는지 그리고 회사의 문화와 가치를 계속 지켜나갈 올바른 후계자가 있는지 철저히 확인해야 했기 때문이다.

또한 그녀는 그러한 후계자라면 회사의 모든 가치에 대해 자금을 지불할 만한 여유가 없을 수도 있음을 알고 있었다. 해리의 경우 분명히 그녀의 예상이 맞았다. 그녀는 변호사의 도움으로 방안을 마련했는데, 이는 해리가 150만 달러를 납입해 주식의 5퍼센트를 인수하는 계획이었다. 그리고 이듬해부터 회사는 점차적으로 버드가 소유한 나머지 지분을 그 시점의 기업가치에 기준해 매입하고 이를 소각함으로써 총 발행 주식 수는 감소하고 해리의 지분율은 자동으로 증가하게 되었다. 이런 방식으로 해리가 100퍼센트 지분을 취득하기까지는 수십 년이 걸릴 수도 있지만 적어도 그는 150만 달러를 지불해 어느 시점이 지나면 5,000만 달러의 가치가 있는 회사를 인수하게 되는 결과를 얻을 수 있었다.

그것은 해리에게 아주 좋은 거래였고 버드 입장에서도 그의 최종 목표, 특히 승계와 관련된 목표를 확실히 달성하게 하는 것이었다. "나는 해리를 2년 후에 사장으로 만들기로 마음먹었어요. 그로부터 2~3년 후 해리는 회사의 CEO가 되고, 몇 년이 지나 나는 영영 회사를 떠나면 되는 것이었죠. 내가 회사 문을 나설 때 이미 해리가 많은 부분들을 직접 처리하고 있을 것이기에 내 존재가 사라지는 것이 사람들에게 크게 인식되지 않으리라 기대했어요."

버드는 자신이 세운 계획에 만족해했다. 그녀는 변호사가 정식 계약서에 포함하기를 원하는 다양한 부가 조건의 필요성에 대해서

위대한 창업가들의 엑싯 비결

는 회의적이었다. 예를 들면 계약 후 2년 이내에 일방적으로 거래를 해지하고 해리가 지불한 가격으로 그의 주식을 되살 수 있는 조항과 같은 것이었다. 변호사는 그녀의 회의적인 태도에도 불구하고 이러한 조치가 매우 정상적이며 또 신중한 예방책이라고 설득했고 그녀는 변호사의 의견을 따랐다.

2008년 초, 버드는 이 소식을 직원들에게 공표했다. 그녀는 해리가 회사의 지분을 매입하고 있으며 결국 오너이자 사장이 될 것이라고 그들에게 말했다. "그 말을 들은 회사의 모든 사람들이 행복해했습니다. 이사진들도 그와 함께 일한 적이 있었기 때문에 그 소식에 만족해했지요. 그들은 모두 그가 완벽한 적임자라고 생각했고 나도 마찬가지였어요."

그러나 해리가 합류한 이후, 해리에 대한 버드의 기대가 과도했음이 드러나기 시작했다. "그가 직원들에게 매우 강압적인 태도를 취하더군요. 그는 직원들에게 이렇게 이야기하고 있었어요. '내가 여러분과 친구나 되자고 이 회사에 합류한 게 아니에요. 일이 되게 하기 위해서 입니다.' 이에 대해 나는 사람들에게 그가 너무 무례한 것이 아닌가 하여 그와 대화를 몇 차례 하기도 했죠. 물론 그는 부정했습니다. 그는 자신이 생각한 것을 표현하고 사람들에게 이를 분명히 하고 있을 뿐이라고 생각했어요. 나는 그에게 말했죠. '그런 의도 자체는 나쁘지 않아요. 하지만 해리, 당신이 직원들을 그렇게 대하고 내버려둔다면 그들은 극도로 불안해할 거예요. 자신들이 직장에서 쫓겨나는 것은 아닌지 걱정할 것입니다. 그들에게 적어도

반응할 수 있는 기회를 주고 또 경청해야 해요'라고 말이죠." 버드
는 말했다.

버드는 '경청하는 능력'을 관리자가 갖추어야 하는 기본 자질로
여기는 사람이었다. 그녀가 CEO가 된 이래로 그녀의 우선순위 중
하나는 직원들이 경영진으로부터 자신들이 존중받고 또 그들이 자
신들의 이야기에 귀를 기울이고 있다고 인식하는 문화를 일구는 것
이었다.

그러나 해리는 달랐다. 그는 그가 쓸 수 있는 경비가 얼마나 되는
지에 더 많은 관심을 보였다. "처음 그가 자신의 아내와 함께한 저
녁 식사비를 청구하려고 들 때 나는 큰 충격을 받았고 이를 못하게
했습니다"라고 버드는 말했다. "나는 회사의 자금을 어떻게 쓰는지
에 대해 매우 엄격합니다. 나는 단 한 푼도 가족과의 저녁 식사에
회사 자금을 쓰지 않아요. 심지어 그는 다른 이사들에게 그가 회사
를 인수하게 되면 바꿀 정책 중 첫 번째가 바로 그러한 경비와 관련
된 정책이라고 말하더군요."

한편, 직원들과 해리 간의 불화는 빈번히 일어났다. "그는 전에
내가 알고 있던 사람과는 완전히 달랐어요"라고 그녀는 말했다. "해
리는 주변에 있는 사람들에게 이렇게 말했다고 해요. '인력이 과다
해서 회사가 돈을 잃고 있어요. 우리는 이 인력을 줄여야 합니다.'
그렇게 말한 이후 당연히 직원들은 모두 긴장감에 휩싸였죠. 결국
은 내가 일주일에 한 번씩 그를 불러 '그렇게 행동해서는 안 돼!'라
고 주의를 주는 지경에 이르렀죠. 그러고 나면 그는 내게 '나는 지

금껏 내 의견을 분명히 드러내며 살아왔고 그 덕에 여기까지 오게 되었다고 생각해요. 나는 내 태도를 바꿀 의사가 없습니다'라고 답하곤 했어요."

오랜 기간 동안 버드는 해리 스스로 자신의 태도를 수정할 것이라는 기대를 품고 있었지만 문제는 지속되었다. 그녀는 그와 대화를 시도하려 했고 편지를 써볼까도 생각했다. 1년 반이 지나도록 그의 행동에 눈에 띄는 변화가 없었기 때문에 뭔가 다른 조치가 필요하다고 생각했다. 그녀는 해리를 불러 자신의 문제를 수정하고 거듭날 수 있는 기회로 6개월의 시간을 주겠다고 이야기했다. 일종의 최후 통첩 같은 것이었다. 만일 그 이후에도 지금껏 50여 차례는 족히 넘을 정도로 지적된 문제들이 계속된다면 그녀로서는 승계 계획 전체를 재고해야 했다.

해리는 그녀의 의중을 잘 전달받은 것처럼 보였지만 여전히 버드는 걱정스러웠다. 해리가 진정으로 자신의 태도를 변화시키기 위해 노력하지 않고 변화한 척 흉내만 내는 눈속임을 하지는 않을까 싶어서였다. 어떤 경우에서든 그녀는 상황을 독립적이고 객관적으로 평가할 수 있는 장치가 필요하다고 느꼈다. 이사회의 한 멤버가 그녀에게 패밀리 비즈니스를 대상으로 전문적인 컨설팅을 제공하는 회사를 소개시켜주었고 그녀는 경험 많은 컨설턴트 한 명을 고용했다. 이 컨설턴트는 버드와 해리 그리고 다른 임원진들과 광범위한 인터뷰를 진행한 끝에 여전히 이 관계를 정상화시킬 수 있는 기회가 있다고 결론지었다.

그해 크리스마스가 다가올 무렵, 컨설턴트는 해리와 버드에게 약한 달간의 시간을 두고 본인들이 바라는 변화가 무엇인지에 대해 곰곰이 생각해보라고 조언했다. 그리고 2010년 초 다시 모였을 때는 각자 상대방에게 기대하는 것의 목록을 가져와야 한다고 말했다. 이를 기초로 상황을 바로 잡고 앞으로 나아갈 계획을 세우려는 의도였다.

그러나 그들은 결국 그 단계에 도달하지 못했다. 버드는 무언가 결단을 내려야 한다는 강한 압력을 느끼고 있었다. 그녀는 컨설턴트에게 이렇게 말했다. "나는 많은 사람들로부터 그가 무슨 일을 하고 있는지 듣고 있어요. 나는 그들이 사실을 이야기한다고 믿습니다. 내가 뭔가 어떤 조치를 취하지 않으면 그들은 내가 그들의 이야기에 귀를 기울이지 않는다고 생각할 거예요."

완전히 그녀의 결심을 굳히게 만든 것은 해리의 가맹점주 모집 전략을 알려주는 지역 매니저들로부터의 보고 때문이었다. 그들에 따르면 해리는 벌써 신규 가맹점주들에게 본인이 이미 회사를 운영하고 있는 것이나 마찬가지이며, 가맹점 계약 내용 중 마음에 들지 않는 것이 있더라도 크게 신경 쓰지 말라고 이야기하고 다닌다는 것이었다. 그러면서 일단 서류에 서명하기만 하면 자신이 회사의 주인으로서 그들이 원하는 바를 어떻게든 후에 반영해주겠다는 말을 하고 다닌다고 했다.

이를 통해 버드는 해리가 겉으로 자신에게 무엇을 이야기하든 그가 진정으로 변하지 않을 것이라고 확신하게 되었다. 그는 소기업을 운영하는 전형적인 경영 방식에 익숙해 있었다. 문제는 그러한 운영 방식은 영원히 소기업으로 남을 크게 성장하지 못할 사업체에 적합하다는 것이었다. 그의 방식이 지난 과거에는 통했을지 몰라도 그것이 좀 더 그녀의 큰 회사에 적용되었을 때는 필연적으로 회사를 망가뜨리고 말 것이라는 확신이 들었다.

더 중요한 것은 그가 회사를 운영하는 방식 중 일부 비윤리적인 태도에 관해 그다지 신경을 쓰지 않는 것처럼 보였다는 점이다. 그녀의 가장 큰 두려움은 그가 회사를 장악한 후 많은 사람들을 해고하여 회사의 수익성을 올린 뒤 최고 입찰자에게 회사를 팔아 150만 달러였던 자신의 투자 원금을 6,000만 달러 또는 7,000만 달러로 불리는 것이었다.

버드는 해리가 회사를 떠나야 한다고 믿었다. 그녀는 컨설턴트에게 연락하여 그녀의 결정을 알렸다. 그는 그녀의 의견에 이의를 달지 않았다. 2010년 1월 4일 세 사람이 다시 모였다. 그녀는 해리에게 애초 세웠던 계획은 잘못되었으며 앞으로도 자신이 혼자 회사를 끌고 가겠다고 알렸다. 맺어진 계약에 따라 회사는 해리가 매입했던 가격으로 주식을 다시 사게 되었다. 그리고 3개월치(나중에 6개월치로 늘어나게 되었지만)의 퇴직 위로금이 해리에게 지급되었다. 해리가 떠난다는 소식은 회사 내에서 대체로 안도감과 함께 환영받았고 그가 직접 모집한 일부 신규 가맹점주들은 당황스러워하거나 화를 냈다.

버드는 회사를 대표하는 관리자들을 보내 화난 가맹점주들을 달랬다. 해리를 회사 밖으로 내보낸 후 그녀는 자신의 어깨를 짓누르던 100파운드 무게의 짐을 내려놓은 것 같았다. "정말 그러한 결정을 하기 전에는 회사에 일하러 가기 싫을 정도로 괴로웠어요"라고 그녀는 말했다. 하지만 되찾은 안도감을 즐길 수 있는 시간은 그리 길지 않았다. 이제 그녀는 그 어떤 후계자도, 엑싯 계획도 없이 다시 출발점으로 돌아왔다는 것을 깨달았기 때문이다.

잘못된 선택

세간에는 엑싯 계획과 회사의 후계자를 정하는 것을 동일시하는 경향이 있는데, 상장회사들의 경우에는 이 두 가지가 대체로 유사하다는 데 동의한다. 소유와 경영이 분리된다는 것은 회사가 상장회사로 거듭나게 되면 갖는 특징이기 때문이다. 상장이 되고 나면 주식 시장에서 투자자들은 주식을 매매할 시기를 결정하지만 이때 회사 경영진의 변화는 이 의사결정에 영향을 줄 수도 있고 그렇지 않을 수도 있다. 따라서 상장회사의 CEO가 물러나기 전 스스로에게 던지는 가장 중요한 질문(종종 유일한 질문이 되기도 한다)은 '다음번 CEO는 누가 되어야 하는가?'이다.

그러나 사기업의 경우는 이야기가 다르다. 후계자가 필요한지 아닌지의 여부는 주로 당신이 '어떠한 형태의 엑싯을 염두에 두고 있는가'에 달려 있다. 앞서 만난 록산느 버드의 경우처럼 엑싯 후에도 사업이 독립적으로 유지되고 고유의 문화 또한 유지되면서 번성하기를 원한다면 승계 계획을 짜고 후계자를 기르는 것은 분명 중요한 문제다. 반면 1장에서 만난 레이 파가노처럼 전략적 투자자 또는 인수자에게 회사를 팔고자 한다면 후계자는 필요치 않을 수도 있다. 이런 경우 대게 인수자는 자신들이 데리고 있던 인원 중 한 명을 새로운 CEO로 임명하는 것을 선호한다.

그러나 만약 당신이 회사를 인수할 투자자의 유형을 미리 알지 못한다면 어떻게 해야 할까? 만일 회사를 소유하면서도 또 다른 이해관계를 추구할 수 있는 옵션을 포함해 앞으로 다양한 엑싯 옵션을 갖고자 희망한다면 어떻게 해야 할까? 바질 피터스가 옹호하는 '빠른 엑싯'의 경로를 택하지 않는다면 승계에 대한 생각을 가급적 일찍 시작하고, 잠재적 후계자를 가능한 빨리 발굴하는 것이 현명할 것이다.

후계자가 없다면 당신이 회사에 대한 관여도가 낮아질 때 남아 있는 사람들이 위험에 처하게 될지도 모른다는 너무 뻔한 이야기는 우선 제쳐두기로 하자. 엑싯 관점에서 볼 때 회사를 인수하고자 하는 수많은 구매자들 중에는 본인들이 인수 회사를 운영하지 않아도 되는 경우를 좇는 경우도 많다. 즉 승계에 관한 복잡한 문제를 미리 해결했다면 그리고 당신의 사업이 당신 없이도 완벽하게 잘 작동할 수 있다면 궁극적으로 회사를 매각할 때보다 많은 인수자 후보를 갖게 되며 결과적으로 더 나은 교섭 위치에 서게 된다.

올바른 사람을 후계자 자리에 올려놓는 것은 매우 중요하다. 단순하게만 생각해도 기존에 얼마나 회사가 잘 운영되었는가와는 무관하게 잘못된 사람이 회사를 이끄는 순간 사업에 큰 해가 가해질 수 있다. 그러므로 당신이 후계자를 정할 때는 록산느 버드의 경우처럼 자신이 범한 실수(만약 그런 실수를 하게 된다면 말이다)를 발견하고, 그 피해를 제한할 수 있는 위치에 있는 것이 중요하다. 오너가 엑싯을 통해 회사를 떠나기 바로 직전까지 후계자 물색을 미룰 때 주로 이러한 문제가 발생한다. 이러한 경우 보통은 자격 요건을 갖춘 외부 인사를 영입한 후 그와 관련된 위험에 대해 충분히 이해하지 못한 채 승계가 진행되고 오너는 회사를 떠나게 된다. 안타깝게도 이러한 실수를 인식할 때쯤에는 이미 피해가 발생한 다음이다.

오앤에스 트러킹O&S Trucking의 설립자이자 미주리주 스프링필드의 전 시장인 짐 오닐Jim O'Neal의 경우를 살펴보자. 그는 1981년 27세의 나이에 화물 중개인으로 일을 시작했지만 2년 후 키스 스티버Keith Stever(O&S 회사명의 뒷글자인 'S'는 동업자인 스티버의 이니셜이다)와 팀을 이루어 트럭 운송 회사를 창립했다.

하지만 그때까지도 오닐은 정치에 관심이 많았다. 1987년 그는 스프링필드 시의회 의원에 당선됐는데 이는 동업자 입장에서는 기분 좋은 일이 아니었다. 결국 동업자인 스티버는 본인 주식을 오닐에게 팔고 회사를 그만두고 싶어 했다. 오닐은 제안을 받아들였고 스티버의 요구 조건에 따라 한 달간 돈을 끌어 모아 그의 지분을 사주었다. 이로써 주식 매매 계약에 따라 오닐은 오롯이 혼자 회사를 소유하게 되었다.

회사를 떠난 스티버는 자신만의 트럭 회사인 스티버 트러킹을 시작했는데, 그는 이 회사를 나중에 매각했고 이를 다시 2004년에 오닐이 새로운 소유주로부터 인수했다. "나는 그렇게 우리의 'S'를 되찾았던 것입니다"라고 오닐은 말했다. 그 이후 오닐은 오앤에스 트러킹을 수익성이 좋을 뿐 아니라 안전에서부터 혁신에 이르기까지 모든 면에 걸쳐 전미에서 여러 차례 상을 수상하고 기업 문화적으로도 명성이 뛰어난 회사로 성장시켰다.

오픈북 경영을 깊이 신뢰하며 이를 실천했던 오닐은 2000년도에 우리 사주 제도를 도입해 2003년에 총지분의 40퍼센트를 이전시켰다. 2006년까지 오앤에스는 세전이익 180만 달러로 6,800만 달러의 매출을 올리며 마진이 박하기로 악명 높았던 산업에서 탁월한 성과를 창출했다.

외견상으로 회사는 정말 훌륭한 모습을 갖추고 있었지만 오닐은 앞으로 해결해야 할 큰 문제가 있다는 인식에서 벗어날 수 없었다. "한 세미나에서 접한 질문이 계속 내 마음을 불편하게 했어요. 그 질문은 바로 '당신의 비즈니스 모델은 3년 후에도 과연 유효할까요?'였죠." 또한 그는 경영진들의 체계가 얼마나 잘 작동하고 있는지에 대한 우려도 있었다. 설상가상으로 그는 경기 침체가 공식화되기 만 1년 전인 2006년 말에 이미 경기가 꺾일 조짐을 감지하기 시작했다. 그의 경험에 따르면 트럭 운송업은 다른 어떤 산업보다 먼저 경기에 선행하는 특징이 있었다.

바로 이 무렵에 오닐은 전국적으로 약 1,000명의 회원을 보유한

68년 전통의 조직인 트럭운송연합회Truckload Carriers Association/TCA의 의장직을 맡을 준비를 하고 있었다. 이는 그가 TCA 임원단의 일원으로 4년을 보내며 공을 들인 큰일이었다. 선거는 2007년 3월 전국대회에서 예정되어 있었고, 그 후 TCA 회장으로서 행해야 할 의무와 많은 일들이 그로부터 많은 시간과 관심을 요구할 것으로 예상됐다. 그는 회사에 대한 자신의 우려를 보험 중개인과 공유했는데 그로부터 자신의 상황에 대한 독립적인 분석을 권고받았다. 또한 이 중개인은 한 명의 컨설턴트를 그에게 소개해주었다(그를 '빈스'라고 부를 것이다). 오닐은 라스베이거스에서 열리는 TCA 전국대회에서 빈스와 만나기로 약속했고 이후 두 사람은 그곳에서 이야기를 나누었다. 오닐은 빈스를 고용하여 상황을 평가받았으며 개선 권고안 및 실행 계획 등을 제안받았다.

오닐은 회사에 불러일으키고 싶은 변화는 물론 자신의 인생에도 변화가 필요하다는 점을 인정했다. 그는 26년 동안 사업을 해왔고 이제는 조금 지쳐 있었다. 또한 사업 외에 정치, 여행, 산업 협회 활동 등과 같은 다른 일에 대한 갈망도 있었다. 그럼에도 사업을 매각할 준비가 아직 되지 않았고 괜찮은 타이밍조차 없었다고 생각해오던 터였다. 하지만 '만약 회사를 지금보다 잘 경영할 수 있다면' 자신의 다른 관심사를 충족하는 활동을 하면서도 회사를 보다 매력적인 매각 대상으로 만들 수 있을 것으로 생각했다.

빈스의 컨설팅 보고서가 드디어 2007년 7월 완성되었다. 오닐 스스로 가지고 있던 우려 사항 중 일부가 사실로 드러났고, 이와 다른 새로운 이슈도 파악되었다. 경영진은 그의 의심처럼 제대로 작동하지 않고 있었다. 회사에는 안 좋은 소문도 쉴 새 없이 생겨나는 중이었다. 비즈니스 모델이 미래의 시장 환경에서도 유효하기 위해서는 변화가 필요하다는 사실이 명확해졌다. 시장 예측 능력도 마찬가지였다. 회사에서 엄청난 양의 데이터들이 작성되고 있었음에도 불구하고 매일 그리고 주 단위의 적기 운영에 대한 의사결정을 내리기에 필요한 정보들은 심각할 정도로 부족했다.

전반적으로 오닐은 컨설팅 결과가 훌륭하다고 생각했다. "그의 분석 내용은 정확하고 또 도움이 되는 것이었습니다." 그로부터 6년 후 그는 이렇게 회고했다. "바로 거기에서 멈췄어야 했는데 그러지 않았어요. 나는 그저 빈스에게 감사해하고 자문 비용을 지불한 뒤 우리의 핵심적인 인력들을 모아 일을 처리하고 또 대처했어야 했어요. 그랬어야만 합니다."

그러나 당시 그의 선택은 빈스를 CEO 자리에 앉히는 것이었다. 그 시점에서 솔직히 오닐에게는 선택의 여지가 거의 없었다. TCA 의장직은 그가 예상했던 것보다 훨씬 더 많이 그의 시간을 요구했고, 이에 따라 그는 자신의 사업을 돌봐줄 누군가를 필사적으로 찾아야만 했다. 내부적으로 잠재적 후계자를 육성하지 못한 상황에서 빈스만이 그럴 듯한 후보자이기도 했다. 비록 오닐이 빈스를 안 지불과 몇 개월 밖에 되지 않았고, 또 이전에 그와 함께 일해본 경험도 없었지만 빈스는 짧게나마 다른 운송 회사의 CEO 경력도 있었고 회사의 문제를 누구보다 분명히 파악하고 있기도 했다.

이후 3년 동안 오닐이 새로운 커리어를 쫓는 동안 빈스가 회사를 경영했다. 2008년 12월, 오닐은 스프링필드 시장 후보에 출마하겠다고 선언했고, 이듬해 4월 선거를 통해 시장에 당선될 때까지 많은 시간이 소비되었다. 그 이후에도 시장직을 수행하기 위해 또 몰입할 수밖에 없었다. 내가 2009년 10월에 그를 방문했을 때 그는 더 이상 회사의 일상 업무에 개입하고 있지 않았다. "나는 가능한 한 시장 직무에 시간을 쓰고 있어요. 회사의 장기 전략을 살펴보고 있지만 실제로 회사 내부의 사정은 잘 알지 못하죠." 그는 이러한 상황을 괘념치 않아 했다. "이것은 내가 원한 것입니다. 나는 일하는 법을 터득하며 적절히 양쪽 업무를 보고 있어요"라고 그는 말했다.

회사를 매각하는 문제에 관해서는 "나는 서두르지 않습니다"라고 말했다. "현재 충분할 만큼의 돈을 벌고 있고 잘 살고 있어요. 변화를 줘야 할 이유가 없어요" 그는 시장으로 다시 2년 임기에 도전하고 그의 회사에도 계속 관여할 계획이었다. 업계에서 가장 큰 단체인 전미트럭운송협회American Trucking Associations/ATA 회장직도 열망했다. 이 단체의 회장은 워싱턴 DC에서 영향력을 행사하며, 미국은 물론 해외를 오가며 활동하는 자리였다. 이에 따라 빈스에 대한 그의 의존도는 더욱 높아질 수밖에 없었다. 당시 그는 빈스가 CEO로서 책임을 다할 수 있다는 확신이 있음을 내게 비쳤다.

내가 그를 방문한 2009년 그 시점에 오닐이 망상에 빠져 있었는지 아니면 위험천만할 정도로 회사 사정에 어두웠는지 그것도 아니라면 과도하게 낙관적이었는지는 알 수 없다. 그러나 분명 그 시기

위대한 창업가들의 엑싯 비결

오앤에스 트러킹은 이미 곤경에 처해 있었다. 2009년 매출은 2006년에 기록한 최고치인 6,800만 달러에서 6,200만 달러로 떨어졌고, 세전이익 180만 달러는 30만 달러의 손실로 바뀌었다. 2010년 매출은 600만 달러가 더 줄어 5,600만 달러로 감소했고 회사의 손실은 전년 대비 86만 5,000달러 더 늘었다. 그러나 주요한 문제는 바로 현금흐름이었는데 오앤에스 트러킹은 이 문제를 해결하기 위해 대출 기관에 대출 만기 연장을 요청해야만 했다.

이러한 문제들은 계속 쌓여갔다. 2009년에는 회사의 3대 고객의 지불 정책이 변경되면서 연간 현금흐름이 90만 달러 정도 더 악화되었다. 현금에 쪼들리게 된 회사는 트럭 운전기사들에게도 고객의 변경된 대금 지급 정책에 연동해 급여를 지불할 수밖에 없었다. 그 결과 불만을 품은 트럭 운전기사들이 회사를 이탈했고, 이는 점점 더 배로 악화되었다. 이제 2010년 1/4분기 기준으로 보유 트럭의 20~25퍼센트 가량인 60~80대의 트럭이 가만히 놀고 있는 상황이 되었다. 따라서 이 차량들은 수익은 만들지 못하고 계속 회사에 리스 비용만 발생시키면서 현금을 갉아먹는 요인이 되고 말았다. 그러는 동안 2년 연속으로 트럭 사고는 늘어나는 추세였고 이 또한 회사에 약 200만 달러의 손실을 안기고 있었다. 이는 보험 계약상 공제 금액이 30만 달러로 매우 높게 유지된 것에 기인하는데, 과거에 운전사들의 사기가 높았을 때는 사고가 적게 나며 문제없는 수준이었지만(또한 높은 공제 금액 기준 때문에 보험료를 아낄 수 있었다) 진작이 공제 금액 수준은 하향 조정되었어야 했다.

이 모든 문제에 더해 빈스의 높은 급여가 이슈로 부각되었다. 그가 급여로 받아간 금액은 이미 100만 달러 이상이었고, 회사는 그럼에도 유례 없는 경영난에 처하게 되었다. 2010년 말이 다가올 때쯤 오닐은 빈스에게 자신이 CEO를 다시 맡겠다고 알렸다. 오닐은 "회사 여건상 더 이상 우리 두 명을 모두 데리고 있을 수 없게 된 것이죠"라고 이야기했다.

그날 이후로 오닐은 시장으로서, 회사 CEO로서, 또 가장으로서의 책임 있는 균형을 잡으려고 분투했지만 오앤에스 트러킹은 17개월간 고전을 면치 못했다. 2011년 오앤에스 트러킹은 4,500만 달러의 매출로 210만 달러의 손실을 기록했고 오닐은 채권단에 인내심을 다시 한번 요청했다.

그러나 그것으로 충분치 않았다. 그는 2011년 4월 시장에 또다시 당선됐지만 2012년 5월 7일 임기를 일찍 마쳤다. 그로부터 23일 후 오앤에스 트러킹은 미국의 파산법 제11장에 따라 파산 보호 신청을 법원에 제출했다. 제출된 파산 보호 청원서에 따르면 회사의 자산은 5만 달러 값어치도 채 되지 않았고, 부채가 무려 1,000~5,000만 달러에 이르는 것으로 추정됐다.

도움이 절실히 필요했던 오닐은 스프링필드에 본사를 둔 12억 달러 규모의 전국적 트럭 운송 회사인 프라임Prime Inc.을 찾았다. "집이 불타는 격이었고 우리가 할 수 있는 유일한 일은 창밖으로 뛰어 내리는 것뿐이었습니다"라고 오닐은 당시 상황을 전했다. "우리가 그랬을 때 안전망을 쳐줄 수 있는 유일한 사람이 프라임의 창립자 겸 사장인 로버트 로우Robert Low였죠."

로우는 오앤에스 트럭킹이 프라임의 외주·하청사가 되는 동안 기업의 정체성을 유지할 수 있는 특별 프로그램에 참여할 수 있는 기회를 제공했다. 단 한 번의 조치로 회사 대부분의 관리 직원과 거의 모든 보유 트레일러가 사라졌다. 60명이 훌쩍 넘던 본사 직원 수는 이제 14명으로 줄었다. 오닐은 이러한 조치가 따라붙는 거래가 나쁘지 않다고 생각했다. 그는 "트럭을 20~30대 정도 더 늘리고 그만큼 운전기사를 채용한다면 연간 100만 달러의 수익을 낼 수 있을 텐데"라고 말했다. 그리고 덧붙였다. "만약 2년 전에 내가 그렇게 했다면 말이야…."

이제 오닐은 더 이상 자기 회사를 온전히 소유하지 못하게 되었다. 그는 자신의 지분을 27년간 회사 관리를 담당해온 아니타 크리스티앙Anita Christian에게 넘겼는데 이는 과거에 채권자와 그가 맺었던 계약 조항에 따라 만에 하나 자신이 개인 파산을 선언할 수밖에 없는 상황에 미리 대비하기 위함이었다.

만약 그가 미리 자신의 주식을 팔지 않았다면 주식은 곧 채권자의 몫으로 돌아갔을 것이었다. 이러한 거래가 가능했던 것은 그와 크리스티앙이 일정한 규칙들을 준수했기 때문인데 이에 따라 크리스티앙은 주식을 살 때 공정 가치를 적용했고 미래에 오닐에게 주식을 되파는 것과 같은 의무 조항은 설정하지 않았다. "그녀는 그것을 팔거나 혹은 계속 보유할 수 있습니다. 훗날 내가 그것을 다시 사고 싶다고 제안할 수는 있지만 그녀가 그것을 받아들일 의무는 없는 것이죠. 그 시점에 내게 가장 중요한 것은 나를 포함한 회사와 관련된 모든 사람들의 '생존'이었습니다"라고 오닐은 말했다.

2017년까지 3년 고용 계약을 통해 오닐은 사장 겸 CEO로 남게 되었다. "임기를 마치고 나면 무엇을 해야 할지 전혀 모르겠습니다"라고 오닐은 말했다. 그렇다면 그가 이 모든 상황에 대해 자신을 책망하고 있을까? "네. 그러지 않기가 쉽지 않았습니다. 항상 나를 갉아먹는 것 같이 아프게 다가오는 경험들이죠"라고 그는 말했다.

그가 저지른 실수는 여러 가지였다. 그러나 단연 가장 큰 실수는 오닐 스스로도 인정했듯이 75년 만에 찾아온 최악의 경기 침체기를 헤쳐 나갈 만한 역량이나 도구, 경험이 부족한 후계자의 손에 덜컥 회사를 맡겨버린 것이었다. "트럭 운송 회사의 CEO로서 빈스는 마치 신나게 행진하는 밴드 한가운데서 피아노를 연주하는 것 같은 엇박자를 냈죠. 그는 확실히 역량 밖의 일을 맡았던 것입니다." 오닐은 뒤늦은 후회를 하며 말했다.

그러나 오닐은 결국 잘못이 빈스에게 있는 것이 아니라는 점을 깨달았다. 그는 안타까운 얼굴로 이렇게 말했다. "그를 고용한 사람은 바로 나이고 그에 따른 모든 책임 또한 내 것입니다. 분명한 현실은 나는 정말 괜찮은 회사를 운영하고 있다가 그것을 망쳤고, 이제 예전으로 돌아가는 것은 어려운 일이며, 앞으로 무엇을 해야 할지 잘 모르겠다는 것입니다."

위대한 창업가들의 엑싯 비결

당신의 경영 철학은 무엇입니까?

오닐과 버드가 잘못된 후계자를 택하는 실수를 범한 유일한 사례는 분명 아니다. 이러한 실수는 대부분의 기업가들이 깨닫는 것보다 훨씬 더 빈번히 일어난다. 우리는 종종 상장회사에서 이러한 실수가 드러나 결국 창업자가 다시 경영 일선에 복귀하는 것을 보곤 한다(애플의 스티브 잡스, 스타벅스의 하워드 슐츠, 델 테크놀로지스의 마이클 델, 인포시스의 나라야나 무르티, 찰스 슈왑의 찰스 슈왑, 어반 아웃피터스의 리차드 헤인, 아카마이 테크놀로지스의 톰 레이튼, 링크드인의 리드 호프만 등이 모두 그러한 사례다).

그러나 때때로 돌아가고 싶어도 그럴 수 없는 때가 있다. 내 친구 중 한 명인 대니얼(가명)은 1992년에 회사의 고위급 임원들을 대상으로 헤드헌팅 사업을 시작했는데 특정한 틈새시장 공략으로 그 분야에서 가장 명성 있는 회사로 발전했다. 2003년 CEO로 일한 지 10년이 되던 해에 그는 이 정도면 충분히 할 만큼 했다는 생각에 엑싯을 꿈꾸기 시작했다. 매일 경주하듯 달리는 삶에 지쳤고 이제 회사도 그와는 다른 역량을 가진 CEO가 필요한 시기라고 생각했다. 또한 앞으로의 삶은 책을 쓰고 사람들을 가르치는 일을 하며 살고 싶었다.

그는 2년 동안 회사의 승계 계획을 수립하는 데 집중했다. 회사에는 독립적으로 기능하는 이사회가 있었고, 외부 인사를 물색하기 위해 전문적인 리크루팅 회사를 고용했다. 2005년 2월 이사회는 4

대 회계법인에서 근무하는 인사 중 한 명을 파트너 후보로 선정했는데 그의 이력은 정말 화려했다(이제부터 그를 '랠프'라고 부르겠다).

1년이 채 지나지 않아 대니얼은 자신과 이사회 동료들이 실수했음을 깨달았다. 랠프는 '고객에게 제공되는 서비스를 확대하라'는 대니얼이 내린 임무를 완수하기 위해 노력했지만 회사의 다른 임원들을 소외시키는 방식의 위계적인 태도를 보였고 또 낭비가 심했으며, 통제적인 경영 스타일로 문제를 일으켰다. 그로 인해 이전에는 존재하지 않던 관료주의적 문화가 생겨났다. 그는 업무 성과보다는 충성도를 바탕으로 사람들을 평가하고 승진시키기 시작했다. 자신의 친구들로 이사회를 가득 채웠고, 가장 치명적인 것은 그가 대기업 고객들을 유치하면서 회사의 기존 핵심 구간이던 중견 기업 층으로부터 멀어지게 되었다는 점이었다. 대니얼이 회사를 주도적으로 이끌던 때 함께했던 동료들은 랠프가 회사를 망치고 있다며 그에게 불만을 털어놓았고 그들 중 많은 사람들이 회사를 떠났다.

대니얼은 그들과 같은 심정이었지만 당장 랠프를 해고하기에는 곤란한 입장이었다. 랠프를 해고할 경우 회사를 영원히 장악하려고 하는 창업자라는 오명을 얻게 되지는 않을까 두려웠던 것이다. 또한 이럴 경우 회사는 랠프를 대신할 적임자를 찾는 데 어려움을 겪을 수밖에 없게 된다. 대니얼 자신도 그러한 일은 원치 않았다. 그는 회사를 창업해 끌고 오는 동안 엄청난 노력과 자기희생을 감당해야 했다. 그는 또다시 이러한 고생을 할 의지도 여력도 남아 있지 않았다.

대기업 고객에 대한 의존도가 우려스러울 만큼 높아졌고 그는 걱정이 되기 시작했다. 경기 침체가 오면 대기업들은 통상적으로 헤드헌팅 컨설팅 계약을 곧바로 중단했기 때문이다. 그러나 그가 할 수 있는 것에는 한계가 있었다. 그중 한 가지 이유는 랠프의 경영 전략이 적어도 외견상으로는 효과가 있는 것처럼 보였기 때문이다. 회사는 빠르게 성장하고 있었고 매출은 극적으로 증가했다. 그러나 관리 직원이 훨씬 많아지고 기업용 프라이빗 제트기와 같은 사치성 구매로 인해 이익은 오히려 감소했다. 랠프는 이러한 지출은 미래에 대한 투자라고 주장하며 일정 시점이 오면 이익 곡선은 우상향하고 회사는 현금을 긁어모으기 시작할 것이라고 말했다.

그러나 회사의 적자 행진은 계속됐다. 2007년 12월 대불황이 시작되어 18개월 이상 지속됐고 경기가 악화됨에 따라 대기업 고객들은 대니얼이 걱정했던 대로 반응하여 2009년 회사의 매출은 역사상 처음으로 뒷걸음질 치기에 이르렀다.

그 무렵 대니얼은 이사회를 본래 모습으로 되돌려놓으며 랠프의 무리들을 퇴출시키고, 독립적으로 움직일 수 있는 이사진들로 꾸렸다. 회사에 필요한 일들을 결정해야만 하는 새로운 이사회가 구성된 것이다. 마침 연관 있는 산업의 한 상장회사가 오랫동안 대니얼의 회사에 관심을 가지고 있던 차에 인수를 제안해왔다. 이사회는 약 5,000만 달러 상당의 현금과 주식을 대가로 회사를 매각하기로 결정했다. 대외적으로는 랠프가 사장직을 유지하는 것으로 발표됐지만 그는 5개월 후 회사를 떠났다. 대니얼 입장에서 봤을 때 회사는 랠프가 변화를 가하기 전 13년간 추구하던 방향대로만 운영되었어도 매각 금액의 두 배 정도는 받을 수 있었다.

그러나 더 최악의 상황은 그가 떠난 뒤에도 계속 건재했으면 하던 회사 자체가 사라져버렸다는 것이다. 그로부터 얼마 지나 않아 대니얼은 나에게 과연 무엇이 잘못되었는지 설명하던 중에 한 가지를 깨달았다고 말했다.

그와 동료 이사들이 저지른 가장 큰 실수이기도 한 이것은 랠프를 인터뷰할 때 그의 경영 방식에 관해 그 누구도 질문하지 않은 것이었다. 결과적으로 랠프가 회사에 일으킬 급격한 변화를 예측하지 못했고 그것이 회사에 미칠 영향을 고려하지 못했다. 대니얼은 최고경영자로서 매우 간결하고 수평적인 조직체계를 가진 회사를 운영해왔다. 또한 자신만의 오픈북 경영을 실천하며 회사는 파트너십 형태였고 재무 정보는 파트너들 및 직원들에게 널리 공유되었다. 이와는 대조적으로 랠프는 재무적인 수치를 잘 공개하지 않았다. 따라서 회사의 운영 현황에 관심이 있는 파트너와 직원들이 할 수 있는 것은 단순히 추측하는 것뿐이었다.

랠프가 회사에 가한 변화에 따른 몇몇 영향들은 예상이 가능한 것이었다. 첫째, 상호간 책임 의식을 강조하는 문화는 약해졌고 소수의 상부에 권한이 집중된 결과 특정인들이 총애받는 현상이 나타났다. 이로 인해 파트너와 직원들 간의 솔직한 대화가 이루어지지 못했고 이는 랠프의 새로운 사업 전략에 있는 함정들이 드러날 수 있는 기회를 없애버린 것과 같았다. 둘째, 투명성이 줄어들면서 사

위대한 창업가들의 엑싯 비결

치스러운 소비를 제어하지 못했고, 비즈니스 전반에 걸쳐 낭비가 조장되었다. 마지막으로, 이러한 여건에서는 훌륭한 인재들의 이탈이 필연적이었고 더구나 이전까지 회사의 재무적인 상황에 대해 투명하게 접근했던 이들로서는 자신들이 이로부터 소외된 상황을 쉽게 받아들일 수 없었다.

실제 회사가 기울어지게 된 내부적 요인들은 경영 철학의 변화에서 그 원인을 찾을 수 있었지만 이사회는 랠프를 채용할 당시 이러한 위험을 사전에 파악할 수 있는 중요한 단 한 가지 질문을 하지 않았다. "당신은 재무 정보를 파트너 및 직원에게 얼마나 공유하고 논의해야 한다고 생각합니까?" 또는 한마디로 "당신은 오픈북 경영 철학을 추구합니까?"라는 질문이 바로 그것이다.

지난날을 돌이켜봤을 때 대니얼은 그런 중요한 것을 놓쳤다는 사실이 도무지 믿기지 않았다. 그들은 랠프의 이력서, 그를 추천한 사람들의 이야기, 인터뷰 상황에서의 대처 능력, 회사의 미래에 대한 아이디어, 그가 의도한 전략적 목표를 성취하기 위한 필요 역량 등 모든 것을 꼼꼼히 살펴보았지만 그의 경영 철학은 확인하지 않았다. 그리고 그 실수의 대가는 컸다. 대니얼과 동료들은 수백만 달러의 손실을 보았고, 회사가 매각된 후 독립적인 경영 권한도 가질 수 없게 되었다.

두 번째 기회와 플랜 B

잘못된 후계자를 고용하는 실수를 범하기가 얼마나 쉬운지를 고려할 때 록산느 버드는 그녀의 변호사 덕분에 다행히 올바른 접근 방식을 취할 수 있었다. 여기서 중요한 포인트는 초기에 해리에 대한 그녀의 평가가 잘못되었음을 알았다는 것이 아니라 그녀가 충분한 시간을 갖고 자신의 실수를 바로잡기 위해 행동했다는 것에 있다.

물론 그녀는 여전히 자신의 엑싯과 승계 문제로 씨름하고 있다. 그러나 그러한 문제를 겪은 이후 그녀는 잠재적 인수자 후보를 좁힐 수 있게 되었다. 즉, 이제 그녀는 자신이 깊이 알지 못하고 간접적인 경험에 의해 신뢰하는 정도의 사람에게는 회사를 팔 수 없다는 것을 깨달았다. 그녀는 "다시 우리 사주 제도에 대해 생각하기 시작했습니다. 그것만이 나의 유일한 선택지인 듯 느껴졌죠"라고 말했다.

따라서 이번에는 전국적으로 우리 사주 제도에 관한 전문성을 보유한 것으로 명성이 있는 자문 회사 사람들을 고용하기로 결정했다. 첫 번째 미팅이 끝난 후 버드는 곧바로 자신이 우리 사주 제도에 가지고 있던 기존의 우려가 완전히 근거 없는 것임을 깨달았다. 그녀는 우리 사주 제도의 시행을 위해 자신의 지분을 매각하더라도 원하는 만큼 회사에 대한 통제권을 유지할 수 있음을 알게 된 것이다. 제도에 대해 더 알게 될수록 그녀는 그것을 시행하고자 하는 열의가 불타올랐다.

거의 1년여에 걸친 세부 준비 작업을 마치고 그녀는 총 4,000만 달러의 기업가치로 자신의 주식 100퍼센트를 우리 사주에 매각했다. 그녀의 회사는 우리 사주가 100퍼센트 지분을 가진 단일 주주가 됨에 따라 연방소득세 법상 세제 혜택을 받는 소기업으로 분류될 수 있게 되었고 과세 이연 등으로 인해 현금흐름이 양호해지는 이점도 얻게 되었다.*

"이와 같은 일을 하는 데는 비용도 수반되었지요." 그로부터 2년 후 버드가 말했다. "그러나 변호사와 은행에 수수료를 지불할 때마다 나는 스스로에게 이야기하곤 했어요. '만약 직원들이 아닌 다른 누군가에게 주식을 팔았다면 이보다 더 큰 비용이 들었을 거야'라고 말이지요."

또한 그녀는 자신의 뒤를 이을 미래의 CEO로 적합한 인재도 찾게 되었다. "그는 바로 내 주변에서 일하고 있던 사람이었어요." 그녀가 말한 이는 조지 윌리엄스George Williams로 당시 40대 중반이었지만 품질 관리자로 회사에서 커리어를 쌓기 시작해 17년간 일하며 임원 자리에까지 오른 사람이었다. 사실은 몇 년 전 이미 그의 상사가 버드에게 윌리엄스가 가진 CEO로서의 잠재력에 대해 이야기한 적이 있었지만 그녀는 그를 잘 알지 못했고 같이 일하며 접해본 경

---

* 소기업으로 분류되는 회사의 이익은 주주에게 배분된 다음 각 개별 주주들이 적용받는 세율로 과세된다. 만일 세금이 부과되지 않는 우리 사주 조합이 주식의 100퍼센트를 소유할 경우 회사는 이익에 대한 세금을 부과받지 않고, 자금은 회사의 추가적 성장을 뒷받침할 수 있도록 유보가 가능하다. 단 정부가 영원히 세수를 포기하는 것은 아니다. 직원이 퇴직하며 자신이 배분받았던 이익에 관해 개별적으로 세금을 납부하게 된다.

힘이 있는 것도 아니었다. 또한 해리를 후계자로 삼기 위해 열정을 쏟는 동안 그러한 사실을 잊고 있었다. 해리라는 인물을 더 이상 고려하지 않게 되자 그녀는 윌리엄스에 대해 좀 더 자세히 들여다보게 됐고, 그가 강력한 후계자의 자격이 있음을 확신하게 되었다.

"나는 많은 사람들과 이야기를 나누어봤어요. 가맹점주들은 모두 그가 정말 훌륭하다고 말했고 그는 모든 사람들과 잘 지냈죠. 그는 자신이 관여한 일을 끝까지 책임감 있게 이행하는 사람이었고 해야 할 일을 하는 사람이었습니다. 무엇보다 훌륭한 인품을 지녔고 회사의 문화를 사랑하는 사람이었죠." 버드는 말했다.

2013년 초, 그녀는 2월 1일부로 윌리엄스가 사장 겸 최고운영책임자COO가 될 것이라고 공식적으로 발표했다. 그녀는 앞으로 8년간의 승계 기간 동안 그가 더 많은 책임을 맡을 수 있고, 2020년에는 회장 겸 CEO가 될 것이라고 이야기했다.

그로부터 1년 반이 지난 시점이 되었지만 그녀는 여전히 자신의 결정을 바꿀 만한 이유를 발견하지 못했다. 오히려 그녀는 더욱더 자신의 결정에 확신을 갖게 되었다며 다음과 같이 말했다. "그는 내가 갖고 있지 못한 힘을 가지고 있었어요. 내가 상대적으로 취약한 분야에서 나보다 더 뛰어난 역량을 가지고 있었죠. 그의 리더십 덕분에 회사가 훨씬 더 나아지고 있음을 제 눈으로 확인하고 있습니다."

나는 버드가 자신의 승계 문제를 해결했다고 생각하고 싶다. 그러나 3장에서 소개한 강제적인 기업 매각 사례의 전문가 로버트 토미는 기업의 오너가 자신의 승계 문제가 잘 해결되었다고 생각했으나 좋지 않은 결말을 보게 된 안 좋은 사례에 대해 들려주었다. 예를 들어 70세의 어느 창업자는 자신이 세운 판금 회사를 레버리지를 일으켜 만든 우리 사주(향후 벌어들일 이익으로 상환하겠다는 계획 하에 많은 돈을 빌려 주식 인수 자금을 조달하는 형태)에 매각했다. 그는 상각 전 영업이익의 10배에 해당하는 금액으로 우리 사주에 회사를 매각함으로 세제 혜택 등을 얻을 수 있었고, 그러한 자금을 변동 이율 연금에 투자했다. 또한 그는 공장과 부동산을 사들여 이것을 다시 회사에 임대했다. 그는 이 정도의 연금과 부동산 임대료라면 미래에 아주 안정적인 소득이 보장될 것이라고 믿었다. 후계자로 하버드 MBA 출신을 고용하여 CEO를 맡겼고 그에게 장기근속 인센티브로 스톡옵션도 부여했다. 다른 핵심 관리자들도 비슷한 인센티브를 받았다.

이렇게 모든 것이 순조롭게 진행됐지만 2002년 3월에 수입 철강에 대한 새로운 관세 부과로 인해 회사의 비용이 급증하며 상황이 급변하고 말았다. 회사의 가장 큰 고객이 갑자기 관세 영향으로부터 자유로운 멕시코의 공급자로 거래처를 바꿔버렸고, 하루아침에 회사의 매출은 기업 매각 당시의 30퍼센트 수준으로 곤두박질쳤다. 신임 CEO는 물론 그를 따르는 관리자들은 이내 자신들의 주식 가치가 도저히 예전 수준으로 회복할 수 없다는 것을 알게 되자 회사를 떠났다. 창립자는 우리 사주에 매각한 지분을 되찾아야 한다고 생각했지만 이내 곧 그에 따른 세금 부담이 어마어마하다는 것을 깨달았다.

그는 기업을 매각할 때 생긴 차입금을 갚기 위해 많은 돈이 필요했지만 자신의 개인 자금은 연금에 모두 묶여 있어 이를 해지하게 되면 큰 손해를 볼 수밖에 없었다. 그렇다면 그가 사들여 회사에 임대해준 건물을 활용하는 방안은 어떨까? 그는 그 건물을 회사로부터 사들일 때 500만 달러를 회사에 지불했는데 안타깝게도 그 돈은 이미 모두 쓰고 없었다. 지난 2년간 회사는 임차료를 지불하지 못했고 또 판금 작업용에 적합하게 설계된 시설이었기 때문에 건물은 값어치 없는 것이 되어버렸다.

창업자는 상황을 면밀히 조사하고 이를 해결할 수 있는 가장 좋은 방법을 찾고자 토미에게 자문을 구했던 것이다. 그러나 토미는 "해볼 수 있는 것이 없는 상황이었습니다"라고 말했다.

토미는 이 밖에도 최선을 다해 준비했다고 생각한 승계 계획이 차질을 빚게 될 가능성에 대비하지 못한 작은 기업 오너들의 사례를 익히 알고 있었다. 그의 조언은 다음과 같다.

"한 명의 후계자만을 절대적으로 믿지 마세요. 당신의 계획을 위해 돈을 빌리거나 미래에 부채를 일으키는 것을 당연시하지 마세요. 당신의 비즈니스가 당면할 수 있는 위험을 과소평가하지 마세요. 너무 오래 기다려서는 안 됩니다. 건강을 당연한 것으로 생각하지 마세요. 반드시 플랜 B를 가지세요. 더 나아가 플랜 C도 있어야 합니다!"

바로 잡다

값어치 있는 후계자를 찾는 길에는 많은 덫이 놓여 있지만 어떤 오너들은 이를 잘 피해 훌륭한 관리자이자 장차 사업을 더 성장시키고 강하게 만들 수 있는 적임자를 끝내 찾아내고야 만다. 앞서 만난 록산느 버드는 그들 중 하나가 될 수 있을 것이다. 마틴 라이트시Martin Lightsey는 이러한 관점에서 이미 이와 같은 업적을 이루어낸 기업가라고 할 수 있다. 그는 18년 전에 설립한 버지니아주 스턴튼Staunton에 소재한 스페셜티 블레이즈Specialty Blades의 CEO 자리를 성공적으로 후임자에게 물려주었다.

그는 회사를 설립한 초기부터 승계에 대해 생각해왔다. 그에 대해 부인 린다Linda는 다음과 같이 말했다. "나는 남편이 언젠가 CEO 자리에서 물러나리라는 것을 알고 있었어요. 왜냐하면 그는 회사 초창기부터 후계자를 발굴하는 것에 대해 이야기했거든요. 사업을 시작하자마자 처음 몇 년 동안은 그렇지 않았을 수도 있어요. 하지만 회사가 어느 정도 틀이 잡히고 나서부터는 남편이 CEO 자리에서 물러날 생각을 한다는 것을 분명히 알 수 있었죠."

라이트시는 1977년 자신의 전 직장이던 아메리칸 세이프티 레이저American Safety Razor/ASR의 차입 매수 거래에 참여할 수 있었다. 그는 일찍이 1980년에 자신이 보유한 주식을 판 대금으로 아름답기로 유명한 셰넌도어Shenandoah 계곡 언저리 땅을 매입해 집을 지었다. 그래서 그는 지분 매각을 통해 자금이 손에 들어오는 상황이 어떤 것인지 잘 알고 있었고, 초기 사업 자금으로 35만 달러를 출자한 엔젤 투자자들을 생각하여 엑싯할 수 있는 기회를 만들어야 한다는 사실 또한 잘 알고 있었다. 투자자들 중 일부는 ASR의 전 동료였고 또 다른 일부는 자신의 친구들이었다. 언젠가는 그들의 투자분을 돌려주어야 한다는 점은 자연히 회사의 매각 가능성과 승계 계획 문제를 불러일으켰다. 또한 이와 함께 자신이 떠난 후에도 지속적으로 발전할 수 있는 회사를 세우려는 그의 희망도 고개를 들었다.

그러나 우선은 스페셜티 블레이즈가 외부 자금에 의존하지 않고 자체적으로 만들어내는 현금을 기반으로 지속 가능하고 생존력 있는 회사가 되도록 기반을 다지는 데 그의 모든 관심이 집중될 수밖에 없었다. 평생을 엔지니어로 교육받고 일하며 또 그에 따른 마음가짐으로 경력을 쌓아온 그는 ASR 내에서 산업용 및 의료 수술용 특수 금속 상품 사업 부문을 맡으며 회사에 대한 자신만의 아이디어를 갖게 되었다. 그가 만들던 제품 중에는 합성 섬유를 특정 길이로 자르는 장치와 같이 일반적으로 기계 설비에 들어가는 날(블레이드)이 있었다. 이러한 소위 특수 날을 만드는 데 사용되는 장비는 기존의 날을 만드는 데 사용되는 기계의 변형 버전이었다. 라이트시는 만약 컴퓨터 수치 제어CNC 공작 기계 기술과 블레이드 기술을 접목한다면 고객이 원했지만 기존의 장비로는 생산할 수 없었던 모든 특수 날을 생산할 수 있다고 생각했다.

1년 정도 이러한 아이디어를 검토한 후 그는 ASR의 CEO에게 그러한 내용이 담긴 안건을 건넸다. CEO는 안건에 담긴 개념들이 마

위대한 창업가들의 엑싯 비결

음에 들었지만 그가 생각하던 회사의 계획에는 적합하지 않았다. 라이트시는 ASR 밖에서 이러한 프로젝트를 추진하고 싶다고 말했고 CEO는 이에 반대하지 않았다(그는 나중에 라이트시 회사의 투자자가 된다). 그러나 이러한 아이디어를 개발한 것은 라이트시가 ASR에서 일하는 과정 중 이루어진 것으로서 새로운 장비의 제작을 가능하게 하는 지적재산권 소유와 활용에 관한 기본 원칙을 정할 필요가 있다고 이야기했다. 결국 논의 끝에 CEO는 라이트시가 ASR과 경쟁하지 않는다는 약속 하에 거의 모든 지적재산권에 대한 사용권을 부여하는 데 동의했다.

제조회사를 차린다는 것은 돈이 많이 드는 아이디어였다. 그의 계산으로 이 사업체가 손익분기 현금흐름에 도달하려면 약 100만 달러가 필요하다고 생각했다. 그는 자신의 사업계획서를 가지고 약 50명의 잠재적 투자자를 만났다. 이중 11명만이 투자 의향을 밝혔고, 그는 자신의 ASR 주식 매각을 통해 마련한 15만 달러를 포함하여 총 50만 달러 수준의 초기 자금을 마련했다. 이는 사업을 시작하는 데 있어 필요한 정말 최소한의 금액이었다. "이론상 그 정도의 자금으로 시작은 할 수 있을 것 같았죠"라고 그는 13년 전을 회상하며 말했다. "물론 한 번도 해본 적 없는 일이었기 때문에 확신을 가지고 있지는 않았어요. 실제로 사업을 시작하는 데 내가 생각했던 것보다 약 1년은 더 걸렸죠."

정확히 말해 사업을 시작하는 데는 50만 달러의 비용이 추가로 더 들었다. 그는 지역 은행으로부터 12만 5,000달러의 브리지론을 확보하고 원주주들로부터 두 번째 지분 투자를 일으켜 이 돈을 마련했다. 이와 같은 과정을 거쳐 1985년에 출범한 스페셜티 블레이즈는 1990년에 83만 달러의 매출을 올려 적자에서 벗어났고, 그다음 해에 매출 150만 달러에 30만 9,000달러의 이익을 만들어내며 첫 흑자를 기록했다. 이러한 과정에서 회사에는 '어떻게 사업이 운영되어야 하는가'에 관한 라이트시의 신념을 반영한 고성과 문화가 심어지고 있었다. 라이트시는 다음과 같이 말했다.

"나는 노동조합을 가지고 있던 ASR 때보다 회사를 더 잘 경영할 수 있다고 믿었어요. 사무직과 생산직 인력 간의 협력이 증진된다면 더 좋은 성과를 낼 것이라고 생각했죠. 비록 우리는 이와 같은 문화에 대해 별다른 이름을 붙일 생각은 하지 못했지만 알고 보면 1985년 회사 창립기부터 오픈북 경영을 실천했던 것입니다."

1997년 기준으로 회사는 600만 달러의 매출과 160만 달러에 가까운 이익을 창출했다. 주주들의 인당 초기 투자금은 약 4만 3,750달러였는데 이제 그 가치는 거의 35만 달러가 되었다. 일부 주주들은 지분의 현금화를 원했고 이중에는 라이트시의 두 딸인 다나와 제니퍼도 있었다. 3년 전 부부는 두 딸에게 일찌감치 주식의 70퍼센트를 증여해놓았고 주식의 가치가 급격하게 상승함에 따라 낮은 기준으로 주식을 획득한 두 딸들은 앞으로 주가 상승의 혜택을 볼 수 있었다.

이러한 상황에 따르는 우려도 있었다. 라이트시는 자신과 아내가 너무 오래 시간을 지체하면 자녀들의 상속세 부담이 커진 상황에서 만약 본인들이 사망할 경우 두 딸은 세금을 내기 위해 어쩔 수 없이 매수인이 어떠한 사람이든 간에 가장 높은 가격을 지불하려는 이에게 지분을 팔아야 하는 상황이 올 수도 있기 때문이다. 이는 회사에 잠재적으로 엄청난 결과를 초래할 수도 있는 것이었다.

딸들 역시 해결해야 할 자신들만의 재정적인 문제가 있었기에 그들은 지분 매각을 통해 이를 충족할 수 있었다. 문제는 그들이 '누구에게 주식을 팔 수 있는가' 하는 것이었다. 회사는 내부적으로 창출된 모든 현금을 회사의 추가적인 성장을 위해 재투자해야 하므로 주식을 되살 여력이 없었다. 대안은 새로운 투자자를 찾아 자녀들의 구주 지분을 매수하게 하는 것이었다.

라이트시는 회사가 위치한 스턴튼 주민들 가운데 이러한 투자 기회에 관심 있는 사람들이 있을지 모른다고 생각했다. 그는 증권거래 부문 전문 변호사를 찾아가 회사의 상장 가능성에 대해 의논했지만 이내 곧 연매출 1,000만 달러가 채 안 되는 회사가 연간 50만 달러에 달하는 법무 및 회계 수수료를 지불해가며 상장을 하기에는 부담이 너무 크다는 것을 깨달았다.

한편 라이트시는 지역 은행이 자신들의 주식을 거래하고 있다는 사실을 알고 있었다. 그것이 어떻게 가능한지 그는 궁금해졌다. 변호사에 따르면 버지니아주 증권법에 의거해 회사가 예외적으로 증권거래위원회에 등록 및 보고 절차 없이도 일반인에게 주식을 공개할 수 있었다. 이러한 예외는 지역의 소규모 은행에게만 허용되는 것이 아니었고 라이트시의 회사가 활용할 수 있는 예외도 있었는데, 이에 따르면 그 주식이 일정한 조건 하에 버지니아 주민들에게 팔린다면 가능하다는 것이었다.

라이트시는 몇 달에 걸쳐 이에 대해 조사하고 또 이사회 및 변호사들과 상의했다. 그 결과 1999년 초 약 35명 정도의 버지니아 주민이 60만 달러를 지불하고 주식을 공개 매수할 수 있었다. 그중 3만 주는 이사회에서 결정한 금액인 20만 달러에 매수했다. 이러한 공개 매각에 회사는 주로 법무비 명목으로 약 1만 5,000달러 정도의 비용만 지불하면 되었다. 이를 시작으로 회사는 향후 10년간 총 3회에 걸쳐 버지니아 주민을 대상으로 주식 공개를 시행했다.

라이트시가 활용할 수 있었던 버지니아주 내에서의 주식 공개 제도를 통해 그가 엑싯에 관해 가장 큰 이슈로 여기던 소유권 이전 문제를 해결할 수 있었다. 이제 주주들은 스스로 주식을 사고파는 일을 결정할 수 있게 되었다. 그러나 자신의 리더십을 누구에게 물려줄 것인가에 대한 문제는 여전히 해결되지 않았다. 이때 운 좋게도 바로 첫 번째 주식 공개 전에 가능한 해결책이 모습을 드러냈는데 이 문제 있어서도 그의 자녀들과 연관이 있었다.

첫째 딸 다나는 대학 졸업 후 샌프란시스코로 거처를 옮겼다. 그곳에서 그녀는 친구를 통해 버몬트주 미들베리 대학Middlebury College을 나와 다국적 기업들의 중국 진출을 돕는 컨설팅 회사에 다니던 피터 해리스Peter Harris라는 청년을 만났다. 이 일을 하기에 해리스는 충분한 역량을 갖추고 있었는데 그는 수학과 중국어 복수전공자로서 미들베리의 유명한 중국어 프로그램을 이수했을 뿐만 아니라 실제로도 유창한 수준의 중국어 구사 능력을 가지고 있었다. 이 두 사람은 곧 진지하게 사귀기 시작했다.

그들의 관계가 깊어지면서 해리스는 자신의 향후 진로에 관한 선택에 직면하게 되었다. 그는 이미 중국에서 많은 시간을 보내고 있었고 앞으로 3년간 중국에서 시간을 더 보낼 계획을 가지고 있었다. 그러나 그는 결정을 바꾸어 버지니아주에 있는 다든 경영대학원Darden MBA에 진학하기로 했다. 그러고는 다나에게 "이제 당신 부모님과 2년간 가까이 살 수 있어요"라고 말했다. "이게 어쩌면 마지막 기회가 될지도 몰라요"라고 덧붙이며 말이다. 다나는 이에 동의했고 1996년 그들은 버지니아로 이주했다. 가을 학기가 시작되기 전에 그들은 스턴튼에 있는 라이트시의 집에서 결혼식을 올렸다.

해리스는 라이트시 부부에게 더 없이 좋은 첫인상을 남겼고 그들은 해리스에 대해 알면 알게 될수록 그를 더 좋아하게 되었다. 그들은 해리스가 경영대학원을 졸업하게 되면 훌륭한 취업 기회들을 얻을 수 있다는 데 의심의 여지가 없었다. 그러나 라이트시는 해리스가 자신의 회사에서 일한다면 회사에 엄청난 자산이 될 것이라는 생각을 떨칠 수가 없었다.

1997년 하반기에 스턴튼을 찾은 해리스에게 라이트시는 산책을 제안했다. 그들이 집 근처의 숲을 걷고 있을 때 라이트시는 사위인 해리스에게 만일 버지니아에 있는 소박한 제조회사에서 일하는 것에 관심이 있다면 스페셜티 블레이즈의 입사를 제안하고 싶다고 이야기했다. 라이트시는 당시 자신의 심정을 다음과 같이 회상했다.

"나는 그저 그러한 기회도 있다는 것을 알려주고 싶었어요. 그에게 딱히 그러한 결정을 독려하는 것은 아니었지만 만약 그가 관심이 있다면 그러한 가능성을 열어놓고 싶었죠. 나 역시 혈연주의는 매우 싫어하지만 말입니다. 그리고 이 말도 덧붙였어요. '돈벌이를 생각한다면 당연히 투자 은행이나 컨설팅 업계에 취업하는 것이 더 좋은 선택일 걸세. 이런 작은 회사에서 100만 달러 급여를 받을 여지는 없을 테니까'라고요."

해리스는 그때까지 라이트시의 회사에서 일한다는 생각은 해본 적이 없다고 말했다. 그러나 며칠 동안 곰곰이 생각해본 끝에 그것이 나쁜 선택이 아니라고 결론지었다. 그는 라이트시에게 이에 대해 더 논의하고 싶다고 말했고 라이트시는 무척 기뻤다. 1학년을 마친 해리스는 여름에 인턴으로 캐리어 상사Carrier Corporation에서 일하고 있었는데 한번은 그가 회사의 전략기획책임자인 상사에게 장인의 연매출 600만 달러짜리 제조회사에서 일할 생각이 있다고 운을 뗀 적이 있었다. 그러자 그의 반응은 "자네 정신이 나간 건가? 우리는 자네에게 아르헨티나 시장을 맡길 생각이라네!"였다.

그러나 해리스는 회사를 직접 경영해보고 싶었다. 입사 후 승진 사다리를 오르는 많은 사람들 중 하나이고 싶지 않았다. 만약 올바른 조건이 갖춰진다면 그에게 스페셜티 블레이즈는 좋은 기회가 될 수 있었다. 비록 그의 목표는 CEO가 되는 것이었지만 또한 초보자로서 자신을 증명하고 그것을 스스로 얻어내야 한다는 것도 깨달았다. 만일 그가 스스로의 힘으로 그 자리를 얻어낸다면 그 누구도 그가 라이트시의 사위인 덕분에 CEO가 되었다고 의심치 않을 것이며, 그가 바로 최고의 적임자였기에 그 자리에 오른 것이라고 받아들일 것이었다.

해리스 스스로 이러한 생각을 가지고 있었기에 라이트시와 해리스는 이견 없이 자신들의 계획을 문서화할 수 있었다. 문서에는 회사를 결코 가족 비즈니스로 만들지 않고, 승진 여부는 성과에 기반하며, 다른 친척들은 회사에 자리를 얻을 수 없다는 내용이 담겼다.

해리스는 나중에 농담으로 그것은 상상할 수 있는 최악의 일자리 제안이었다고 말했다. "라이트시는 '이봐 내가 자네에게 직장 한 곳을 제안하려 하는데 아주 긴 기간의 오디션을 통과해야 하고, 그 와중에 자네가 내 사위이기 때문에 받을 만한 의심은 다 받으면서 실제 내 덕은 전혀 볼 수 없는 그런 회사라네. 자네가 뭔가 얻게 되면 그것은 자네의 성과 덕분이지 다른 여지는 없네. 이 오디션 과정이 다 끝난다고 해서 자네가 원하는 것이 주어진다는 보장 역시 없다네. 나는 이해 충돌이 있기 때문에 자네를 특별히 대우해주지 않을 것이며 그저 나는 내 앞가림만 할 것이네. 그리고 마지막으로 급여는 자네가 MBA를 가기 전보다도 못할 걸세'라고 말했죠."

1998년 6월 해리스는 공식적으로 회사에 합류하여 산업용 블레이드 제품의 세일즈맨으로 업무를 시작했다. 가장 곤란한 입장이 된 것은 해리스의 상사였다. "내가 비록 해리스의 입장은 아니지만 그것은 정말 어려운 과제였습니다. 내 말은 이제 막 MBA를 졸업한 사람을 데려와 그의 잠재력을 검증하겠다는 목표를 공공연히 해놓고 순환 보직을 시키는 것이었죠. 그것은 꼭 낙점됐다고 말하긴 어렵지만 매우 계획적으로 준비된 상황 연출 같았어요"라고 말했다.

라이트시 또한 새로운 도전에 직면했다. 자신의 후임을 정해야 될 때쯤 그는 이사회가 정당한 의사결정 과정을 거치도록 보장해야 했다. 약 1년 전 이미 그는 회사의 최고재무책임자를 고용했는데 당시만 해도 그가 훌륭한 승계 후보가 되리라고 생각했다. 또 라이트시 다음으로 회사의 설립 멤버가 된 최고운영책임자도 승계 후보로 거론되었다.

해리스의 출발은 이들보다 뒤처져 있었다. 정확히 말하자면 그는 이제 막 사업의 기초부터 배워나가는 입장이었다. "나는 실제 기계를 조작하는 이들과 함께 설비를 운영해보았습니다. 또한 고객들과 많은 이야기를 나누며 그들이 원하는 제품을 이해하려고 노력했습니다." 해리스는 설계도 읽는 법을 배웠고 제조 기술에도 익숙해졌다. 1년 정도 지나 회사는 사업부 체제로 조직이 재구성되었다. 그는 약 1년 동안 의료용 블레이드 사업 부문의 관리자로 일한 후 회사 전체의 최고운영책임자로 승진했다. 그러한 과정 속에 장인의 덕을 보려는 것은 아닌가 하는 의문은 차츰 줄어들었다. 이는 부분적으로 그의 눈에 띄는 업무 능력과 직업윤리 의식 덕분이었고, 또 한편으로는 그의 명백한 독립성 때문이었다. 회사의 모든 사람 중에 바로 그가 라이트시에게 옳은 말과 다른 의견을 제시할 가능성이 가장 높은 사람으로 인식되었던 것이다.

2002년 라이트시는 새로운 CEO가 필요할 때가 왔다고 판단했

위대한 창업가들의 엑싯 비결

다. 그는 해리스가 잘 준비해왔고 훌륭히 일을 해내리라 믿었다. 그러나 약속대로 그는 아무런 입장도 취하지 않은 채 의사결정을 이사회에 넘겼다. 해리스와 전 최고운영책임자였으며 이제는 영업 관리 역할을 맡고 있는 사람이 차기 CEO 자리를 놓고 경쟁하는 단 두 명의 내부 후보로 남게 되었는데, 그 이유는 최고재무책임자가 자신은 CEO직에 관심이 없다고 표명했기 때문이다. 이사회는 개별적으로 인터뷰를 진행한 데 이어 많은 질문을 담은 서면 인터뷰를 진행했다. 두 명의 후보 중 어느 쪽도 마음에 들지 않을 경우 이사회는 외부 후보를 탐색할 수 있는 옵션이 있었지만 그들은 이를 선택하지 않았다. 그리고 결국 그들은 해리스를 CEO로 낙점했다.

그 후 라이트시는 인수인계를 위해 6개월의 시간을 가졌다. 마침내 2003년 1월, 그는 공식적으로 사임하고 그의 아내와 함께 3개월간의 휴가를 떠났다. "나는 많은 실수를 저질렀지만 한 가지 옳은 일을 한 것은 해리스가 가는 길에 장애가 되지 않았다는 점이에요. 나는 그가 하고 싶은 일을 하게 해주었습니다"라고 라이트시는 말했다. 해리스는 이러한 리더십 전환 과정을 '원활했다'고 평가했다.

라이트시와 해리스가 인정하듯 그 어떤 회사든 창업자이자 CEO가 새로운 CEO에게 자리를 물려주는 과정은 회사에 장기적으로 엄청난 영향을 끼친다. "이것은 다른 사람에게 사업을 넘겨주는 것이라기보다는… 사람을 넘겨주는 것이라고 해야 합니다. 현재 회사에 충성도가 높은 사람들 입장에서 그다음 사람을 리더로 삼아도 좋다고 느끼며 기존의 창업자에게 묶여 있지 않게 되는 것이죠. 이러한 사람 바뀜이 잘못되면 조직은 마치 바이러스를 공격하는 항체와 같이 신임 CEO에 대한 거부감이 생깁니다. 외부인들이 바로 회사에 들어와 자리 잡기 어려운 이유도 바로 그것이죠. 내 경우에는 입사한 지 5년이 지났을 때 CEO가 되었으니 직원들이 나에 대해 잘 알고 있었어요"라고 해리스는 말했다.

그렇다고 해서 라이트시가 완전히 회사로부터 손을 뗀 것은 아니었다. 그는 이사회 의장을 지냈고, 이전 급여의 절반을 임금으로 받으며 일주일에 5일 사무실에 출근하여 그 후로도 7년 반 동안 변함없이 일했다. 그 기간 중 회사에는 많은 일들이 있었다. 라이트시는 해리스를 주기적으로 만나 큰 의사결정에 대해 의논하고 이사회에 보고할 분기별 사업 성과에 대한 준비를 도왔는데 이것은 회사의 성장에 있어 매우 중요한 공헌이었다.

해리스는 1년 정도의 시간을 거쳐 새로운 CEO 임무에 잘 적응해 나갔다. 2004년이 되자 그는 회사의 새로운 비전에 집중했는데 이는 회사 전략과 운영에 있어 주요한 방향 전환을 이루는 것이었다. 그때까지 스페셜티 블레이즈는 의료용보다는 산업용 제품을 주력으로 하고 있었지만 산업 부문 시장은 생각보다 크게 확대되지 못하는 반면 의료 부문 시장이 앞으로 더욱 성장할 것으로 예상되었다. 모든 직원들이 회사가 중점을 두어야 할 주력 부문에 변화가 필요하다는 데 동의했다. 그러한 변화의 우선적인 조치 중 하나는 의료 부문에 독립적인 브랜드를 만드는 것이었고 그렇게 탄생한 브랜드가 바로 인시전 테크Incision Tech였다.

새로운 전략은 곧 성과를 내기 시작했다. 매출은 2003년부터 2007년까지 두 배 이상 성장해 970만 달러에서 2,110만 달러로 늘었고, 세전이익은 210만 달러에서 310만 달러로 증가했다. 이듬해 회사는 '로드아일랜드 매뉴팩쳐Rhode Island manufacturer'라는 의료용 바늘 및 금속 튜브 제조회사를 인수했다. 하지만 거래를 완료하기 위해서는 대규모 자본이 필요했다. 이사회는 장기간 투자할 회사를 찾고 있는 사모펀드 후보를 조사한 후 스웨덴의 가족자산관리회사* 악셀 존슨Axel Johnson을 투자자로 맞았는데 이들은 스페셜티 블레이즈 주식의 22퍼센트를 매입했다. 같은 해 회사의 사업 범위가 의료나 산업 부문보다 더 넓다는 점에 착안해 사명을 케이던스로 변경했다.

　회사가 이뤄낸 이 모든 발전을 돌이켜볼 때 라이트시는 그때 당시 해리스를 회사에 합류시키고자 했던 자신의 판단이 틀리지 않았음을 확인할 수 있었다. "회사가 처해 있던 그 단계에서 보면 해리스는 나보다 더 훌륭한 CEO로서의 자질을 가지고 있었습니다. 나는 기술 부문을 다루는 것이 좋았지만 제품을 만드는 것 그 이상의 무언가를 해낼 수 있을지는 의문이었죠. 해리스는 내 힘으로는 이루지 못했을 회사의 발전을 이끌고 위상을 드높였습니다." 라이트시는 말했다.

　해리스는 계속해서 케이던스를 공격적으로 성장시키는 전략을

● 가족자산관리회사는 자산이 세대를 넘어 축적되는 한 재력 가문을 위한 투자와 재산 관리를 전담하는 회사를 뜻한다.

추진했다. 2011년에 이르자 회사는 4,150만 달러의 매출로 440만 달러의 세전이익을 올리게 되었고, 추가적인 대규모의 외부 자본이 필요하게 되었다. 다시 한번 악셀 존슨은 지분을 40퍼센트까지 늘리게 되었는데, 무엇보다 그해에 일어난 가장 중요한 일은 해리스가 자신의 잠재적 후계자를 고용하기로 결정한 것이었다. 이는 해리스가 1~2년 전 얻었던 깨달음에서 비롯된 결정이었다.

2010년에 해리스는 내게 이렇게 말했다. "나는 이 일을 시작하기 전에 내게 주어진 일을 완수하는 것이 얼마나 어려운 것인지에 대해 깊이 생각하지 못했습니다. 성공적인 후계자가 됨으로써 창립자가 가진 승계 문제를 떠안게 된다는 것을 인식하지 못했죠. 내가 라이트시에게 훌륭한 후계자가 된 것과 마찬가지로 나도 훌륭한 사람에게 사업을 물려줄 책무가 있었고 그것은 엄청난 과제였죠."

그러한 과제가 후계자를 찾기 시작한 그의 결정에 영향을 미친 것은 사실이지만 한편으로 해리스는 마치 과거에 라이트시가 감당하기 어려울 정도로 회사가 성장했던 것과 마찬가지로 머지않아 자신의 역량을 뛰어넘을 만큼 회사가 성장하게 되리라는 점을 인식했다. 앞으로 회사는 더 큰 규모의 조직을 운영하기 위한 경험과 노하우를 갖춘 새로운 CEO가 필요했고, 그가 회사에 처음 합류했을 때와 같은 역량을 가진 사람으로는 부족할 것이 분명했다. "회사는 전보다 훨씬 더 복잡한 사업체가 되었습니다"라고 해리스는 말했다.

그가 후임을 찾더라도 곧장 CEO직을 수행할 사람을 고용하려는 것은 아니었다. "내가 함께 일하고 싶은 사람에게서 찾는 가장 주요

위대한 창업가들의 엑싯 비결

한 두 가지 자질은 겸손함과 스스로 목표를 설정하는 자세입니다. 보통 CEO 자리에 오른 사람의 일반적인 특징 두 가지는 자만심과 이기심이기 때문입니다."

그러므로 이상적인 후보자는 회사가 2~3년 후 성장해 있을 규모에 부합하는 경영 능력을 지녔으면서도 당장은 최고운영책임자로 일하며 해리스에게 CEO 자리에서 내려올 시기를 결정할 수 있는 여유를 줄 수 있는 그런 사람이었다.

헤드헌팅 회사에서는 모든 면에서 적합한 그러나 한 가지가 부족한 후보자를 이미 물색해놓은 터였다. 그는 알란 코너Alan Connor라는 인물로 회사의 고객처인 마이크로에어 써지컬 인스트루먼츠Microaire Surgical Instruments의 정형외과 부문의 임원 겸 총책임자였다. 그는 케이던스를 겪어보고 또 해리스와도 이야기를 나눈 후 좋은 인상을 받았지만 정작 해리스가 생각한 그와 같은 여건에서는 일할 의사가 없다고 말했다. 해리스는 자신의 입장을 정리한 다음 그에게 모든 운영 권한을 갖는 CEO로서 회사에 합류해줄 것을 다시 제안했고 2011년 4월 코너가 그 제안을 받아들이며 회사에 합류했다.

그로부터 정확히 1년 후 라이트시는 이사직만을 유지한 채 이사회 의장직을 내려놓았다. 두 번째 승계 과정이 진행됨에 따라 변화가 필요하다고 생각했기 때문이다. 10년 전 60세가 될 즈음 CEO직에서 내려온 그는 어느덧 70세에 가까워졌고 마지막으로 바통을 한 번 더 넘기며 곧바로 해리스가 이사회 의장직에 오르게 되었다.

2012년 10월 이사회는 코너가 새로운 CEO로 선출되었다고 발표했다. 통상적인 6개월간의 인수인계 후 그는 공식적으로 새로운 직책을 맡았고, 이사회 의장을 지낸 해리스는 악셀 존슨의 부회장 겸 전무 이사직까지 맡게 되었다.

이제 라이트시의 여정은 거의 완료된 셈이다. 그는 말했다. "나는 행복합니다. 평생을 사치스럽게 살 정도로 부를 많이 축적했다고 할 수는 없지만 적어도 다른 보통 사람들에 비해 부유한 것이 사실입니다. 다행히 나 스스로 나의 존엄과 자부심을 지킬 수 있게 되었습니다."

실제로 그는 기업가들 중 비교적 아주 소수의 사람들만이 이룰 수 있는 것을 성취했다. 훌륭한 회사를 세우고 그것이 자신의 손을 떠나서도 오랜 기간 동안 독립적인 사업체로 지속되게 하는 것 말이다.

6장

누구에게
전화하시겠습니까?

FINISH BIG

"가장 좋은 충고는
그것을 직접 경험해본 사람들로부터 나온다."

지금껏 살펴본 기업가들의 모습을 하나하나 되짚어보면 자신의 네 번째 사업체를 매각하는 과정에서 규제의 벽에 부딪혀 거래 자체가 위태로워진 사업가, 아버지로부터 물려받은 사업을 키워 업계 일류로 만든 후 이제 다음 단계를 준비하는 여성 사업가, 6년 전 잘못된 회사 매각 결정으로 자신이 가장 소중하게 생각하는 '친밀함과 활기'라는 기업가치가 훼손돼 여전히 상처받고 있는 사업가도 있었다. 또 한편으로 주변 사람들 모두 완벽하다고 평가하는 엑싯을 통해 이제 재정적으로 독립한 것은 물론 은퇴 후 세 곳의 거처를 오가며 여행과 요트, 골프, 작가 수업, 손주들과 시간을 보내며 여가를 즐기고 있지만 자신이 무엇인가 중요한 것을 잃어버린 동시에 일터로 되돌아가고 싶다는 느낌을 떨쳐버리지 못하는 기업가도 있었다. 그 밖에도 5명의 기업가들이 더 있었다.

이제는 오후의 열기가 후끈한 시카고 도심 지역에서 만난 창업가들을 뒤로 하고 다른 곳으로 시선을 돌릴 차례다. 2010년 8월로 시간을 옮겨 일리노이주 인버네스Inverness의 녹지가 어우러진 교외의 한 골프 코스가 내려다보이는 흰색 벽돌의 목장 건물로 이주한 한 명의 기업가를 만나보려 한다.

목장의 주인은 데이브 잭슨이며 그곳에서 그는 아내와 딸들과 함께 살고 있다. 그는 오래전부터 창업가로 활동해왔고 홈 헬스케어 부문의 회사를 일궈 1998년에 매각한 경험이 있었다. 그는 회사를 매각하고 난 후의 1년 반 동안을 자신의 사업 경력에서 최악의 시간으로 회고한다. 그는 완전히 혼자라는 고독감에 시달렸고 상실감과 혼란 속에 살았다. 이러한 경험 때문에 그는 2008년 이볼브 유에스에이라는 단체를 만들어 새로운 사업을 브루스 리치와 함께 시작하게 된 것이다(2장에서 소개한 브루스 리치도 매우 힘든 엑싯 경험을 가지고 있다). 이 단체는 회사를 매각한 사람 혹은 매각을 생각하고 있는 사람 또는 그러한 과정에 있는 기업의 오너들로 이루어진 회원제 조직으로 잭슨의 목장 건물 베란다에서 처음 회합해 그로부터 2년간 매달 모임을 가져오고 있다.

그들의 모임 분위기는 늘 밝았다. 모인 사람들은 자신의 개인적인 이야기와 사업에 관한 새로운 사항들을 서로에게 알렸고, 사람들은 이야기를 경청하며 웃거나 가벼운 농담을 던졌다. 하지만 여러 번의 창업 경험을 가진 마이클 르모니어(1장 참조)가 인사를 건네자 분위기는 좀 달라졌다. 그는 최근 여러 가지 문제로 어려움을 겪고 있었는데 그중에는 규제 때문에 그의 회사인 메드프로 스태핑 MedPro Staffing이 위협받고 있다는 사실도 포함됐다. 그 밖에도 자신의 장인을 요양시설로 모신 일, 장인의 빈집을 정리한 일, 그의 반려견이 죽어 땅에 묻은 일 등도 있었다.

르모니어는 이와 더불어 더욱 안 좋은 소식을 공유했다. 자신이 전국 단위인 인력관리 회사의 지역 매니저로 일하고 있을 때, 즉 자신이 창업을 하기 전에 만난 어떤 젊은이에 관한 일이었다. 자신의 부하직원이던 지점장 한 명이 한 젊은 직원을 자기에게 소개시켜준 적이 있는데 그는 단번에 그 직원이 큰 포부를 지니고 있다는 것을 알 수 있었다고 했다.

"그는 잘생겼고, 하는 이야기가 명료했으며, 아주 밝았어요. 나보다 훨씬 더 영리했고요." 르모니어는 당시를 회상했다. "그는 결국 내가 하는 일 중 일부를 맡았죠. 나는 그게 좋았고 그를 좋아했습니다. 모든 팀의 사기가 올라갔죠. 그러다 결국 그는 회사를 떠나고 세 가지의 관련 사업을 시작했는데 모두 다 성과가 좋았어요. 이 사업들의 총 매출액은 11년 만에 2억 2,000만 달러로 커졌죠. 그리고 몇 년 전 그가 사모펀드에 회사를 1억 달러에 팔았다는 소식을 들었죠. 그런데 올해 6월에 그가 자살을 했다고 해요. 나는 아내와 함께 시카고 다운타운에서 있었던 그의 추도식에 다녀왔습니다. 그 자리에 있는 모든 사람에게 충격적인 일이었죠. 너무 혼란스러웠습니다. 내 말은 어찌 그렇게 훌륭한 사람이 그렇게도 젊은 나이에 세상을 떠날 수 있느냐는 말입니다. 나는 그의 이전 사업 파트너에게 물었죠. 그러자 그가 대답하길 '그는 목적의식을 상실했던 것입니다'라고 하더군요."

가장 중요한 질문

자신의 사업을 매각한 사람들은 영예로운 삶의 전환기를 가지는데 있어 가장 큰 장애요인은 바로 자신들이 인생에서 답해야 할 질문들의 성격이 바뀌는 것이라고 한다.

성공적인 기업가는 매우 성과 지향적인 경향이 있는데 이는 사업을 할 때는 스스로 목표를 세우고 이를 달성하는 데 몰입하는 등 보통 긍정적으로 작용한다. 이때 목표라는 것은 보통 숫자로 표현된다. 그들이 스스로에게 던지고 씨름하는 질문들은 바로 그러한 목표를 향해 나아가는 과정에서 생기는 것들이었다. 가령 '우리는 목표까지 얼마나 왔는가?' '우리를 가로막는 것은 무엇인가?' '우리는 언제 목표를 달성할 수 있는가?'와 같은 질문들이다.

그러나 일단 회사를 매각하고 그곳을 떠나면 갑자기 수치로 표현되는 목표란 것이 당신에게 별 의미가 없어진다. 이제 당신이 직면하는 가장 중요한 질문은 실존적인 질문이 된다. '나는 누구인가?' '나는 왜 여기 있는가?' '나는 지금 어디로 가고 있는가?'와 같이 말이다. "매일매일 사업체를 운영하는 것은 쳇바퀴를 돌리는 경주와 같고, 이와 관련된 많은 스트레스가 있습니다"라고 르모니어는 말했다. "그러나 우리는 이볼브 유에스에이에서 이와는 다른 종류의 스트레스를 다루는데 이는 삶의 목적과 의미에 관한 것입니다. 이것은 매우 도전적인 일이죠. 당신이 사업을 매각하기 전까지는 당신에게 어떤 특권 혹은 선택권 같은 것은 없다고 봐야합니다. 가족을 부양해야 하고 그 밖에 해야 할 의무 같은 것들이 있으니까요. 인생에서 현실적으로 요구받아 무언가를 하는 것보다 스스로 삶의 목적을 선택하는 것이 훨씬 더 어렵습니다."

어느 한 그룹이 저녁 식사를 하기 위해 자리했을 때 논의의 주제는 돈으로 바뀌었다. 특히 기업을 매각할 때 가능한 많은 돈을 받아내는 것이 얼마나 중요한지, 중요했는지 혹은 정말 중요한 것인지 등에 관한 이야기였다. "나는 정말 그 문제 때문에 골치를 앓았죠." 에드 카이저Ed Kaiser가 말했다.

그는 아버지가 세운 회사인 폴리린Polyline Corp.(1976년 녹음테이프 릴 및 기타 미디어 포장 제품 관련 유통업체)에서 일을 시작해 1993년에 회사를 물려받은 후 그로부터 11년 뒤에 회사를 매각한 바 있다.

"잠재적 인수자 중 일부는 회사를 옮기고 모든 직원을 퇴출시킬 수도 있었어요. 다행스럽게도 나는 기대했던 금액을 충족시켜주면서도 모든 직원의 고용을 유지할 수 있는 구매자를 찾을 수 있었죠." 카이저는 말했다.

"아직 회사를 매각하지 않은 나의 입장에서는 참 어려운 과제가 놓여 있는 셈이에요"라고 장 모란Jean Moran이 이야기를 이어갔다. 그는 요거트 포장재 등을 만드는 LMI 패키징 솔루션즈LMI Packaging

Solutions의 소유주였다.

"나와 함께 일한 사람들은 내게로 와 '이 회사는 내 삶을 바꿔놓았죠. 이런 뜻깊은 곳을 단순히 돈을 많이 지불하는 인수자에게 판다면 나로서는 받아들이기 어려울 것 같아요'와 같은 이야기를 하곤 합니다."

"돈을 가장 많이 받을 수 있는 매각 거래를 하는 것이 꼭 나쁘다는 것은 아닙니다. 당신이 그러한 매각을 통해 얻고자 하는 것이 무언지 유념하기만 한다면 문제없어요. 예를 들면 '나에게 있어 우선순위와 목표는 무엇인가?'와 같은 질문을 스스로 던져 봐야 해요. 내 경우 회사를 매각하는 가장 큰 목적은 나와 함께 회사를 일군 경영진들에게 경제적으로 또 공개적으로 감사를 표하는 것입니다. 나는 최대한 많은 돈을 받아내려 하겠지만 그것은 어디까지나 함께 고생한 경영진들을 위한 것입니다. 나는 그들에게 가능한 최선의 선물로 보답하고 싶어요"라고 르모니어는 말했다.

건너편 테이블에 앉아 있던 데이브 헤일Dave Hale의 얼굴에 약간의 거부감을 띈 미소가 번졌다. 73세인 그는 이 모임에서 가장 연장자였다. 그가 소유한 스케일트로닉스Scale-Tronix는 그의 동업자인 캐롤린 레플러Carolyn Lepler와 함께 1975년에 설립한 회사로 의료용 저울 설계 및 제조에 있어 업계 선두였다. 그는 "글쎄요, 나는 잘 모르겠네요. 내가 하는 일을 끝낸다는 것… 그건 그냥 끔찍한 생각인 것 같아요. 엑싯은 내게 죽는 것과 같습니다. 사업을 시작할 때부터 우리의 목적은 오로지 문제를 풀고 고객을 돌보는 것이었습니다. 사람들이 가진 문제를 해결하는 것, 그것이 바로 내가 사랑하는 일이죠. 어쩌면 내가 좀 이상한 사람일 수도 있지만 나에게 '엑싯'이라는 말은 욕설에 가깝습니다"라고 말했다.

"엑싯에 대해 당신과 같이 반감을 표시하는 친구가 내게도 한 명 있어요." 르모니어가 말했다. "그는 미리 계획을 세우지 않아 이제는 집마저 잃을 지경이죠. 나도 내가 하는 일을 사랑합니다. 그러나 나는 항상 내가 가진 열정과 투자를 분리해왔습니다. 내가 열정을 쏟는 것은 나의 아내와 아이들, 나의 공동체, 나의 교회와 같은 것들이에요. 내 비즈니스는 투자인 셈이죠."

그러자 헤일은 "나의 사업이 곧 나의 열정이에요"라고 말했고, 르모니어는 다음과 같이 반박했다. "네, 하지만 당신이나 나나 생각해보면 무서운 부분은 과연 그럼 우리는 사업과 별개로 다른 정체성이란 없는 건가요?"

산업폐수처리 회사의 오너인 잭 알츠슐러Jack Altschuler가 대화를 이어갔다. "나는 회사를 매각한 후 목적의식을 잃고 헤매다 자살을 한 당신의 친구 생각을 떨칠 수가 없어요. 나는 우리가 인간인 이상, 명확한 목적의식 없이는 건강하게 존재하며 살 수 없다고 생각해요. 내 유일한 목적이 사업인데 만약 내가 그 사업을 떠난다면 내 삶의 목적도 함께 사라지는 거죠."

"문제는 바로 '나라는 존재가 내가 하는 사업이 갖는 목적 그 이상이 될 수 있느냐'는 것입니다"라고 르모니어가 말했다. "나는 내가 돈을 버는 것 이상으로 무언가의 소명 때문에 이 지구상에 존재한다고 믿어요. 그러나 돈이 있으면 분명 내 목적을 더 깊고 더 개인적으로 발견할 수 있는 자유가 생기죠"라고 말했다.

그때 알트슐러가 그에게 물었다. "여기 모인 사람들의 나이를 한번 보세요. 모두 50세 이상이고, 또 헤일처럼 훨씬 더 연장자도 있어요. 살기 위해 돈을 더 벌어야 하는 건 맞죠. 하지만 이쯤 된 우리에게 과연 그게 삶을 살아가는 주된 동력일까요?"

도움을 줄 누군가가 필요하다

엑싯으로 가는 경로는 매우 고독한 것일 수 있다. 아마 그래서 많은 오너들이 그 과정을 가능한 뒤로 미루거나 회피하고 있는지 모른다. 그러나 그들이 직면하는 명백한 위험은 스스로 사전에 많이 생각하지 않은 결정을 갑자기 강요당할 때 즉 준비 없이 중요한 순간을 맞게 된다는 것이었다. 이보다 그나마 덜 두드러지는 위험은 마침내 엑싯 단계에 도달했을 때 투자 은행가나 중개인 및 기타 엑싯 전문가들의 의견에 지나치게 의존하게 되는 것인데 이들은 오너와는 다른 이해관계를 가질 수 있다는 점에서 위험요소가 될 수 있다. 이러한 전문가들에게 일의 끝은 바로 거래의 종결이다. 그리고 그 다음 또 다른 클라이언트를 쫓아 움직인다. 그러나 거래의 종결이란 그다음에 벌어질 일들의 시작에 불과하고 이는 바로 그 매각 과정을 어떻게 처리했느냐에 따라 많은 영향을 받는다.

당신은 이미 엑싯을 경험한 선배들로부터 교훈을 얻음으로써 이런 위험을 완화시킬 수 있다. 이들의 관점은 특히 초기 단계에서 도움이 되는데 옵션을 탐색한 후에 혹시 있을지도 모를 함정에 대비하고, 당신이 원하는 것에 있어 스스로의 생각을 명확히 하는 것을 도울 것이다. 대부분의 사람들은 그러한 도움을 받을 정식 메커니즘이 거의 없기 때문에 주로 친구나 지인 등 개인 네트워크를 통해 비공식적인 조언을 받는다.

시카고에 소재한 이볼브 유에스에이는 앞서 설명했듯이 회사의 소유권이 현 오너에서 다른 누구에게로 이전되는 과정에서 필요한 동료들의 지원을 제공하기 위해 설립되었다. 이러한 단체를 만들려는 생각은 설립자들 스스로 매우 힘든 엑싯 및 전환 과정을 겪은 데서 비롯되었다. 회원들 대부분은 회사를 매각한 후 충족감을 얻고 또 다른 삶의 의미를 새롭게 찾는 일에 분투했던 경험이 있었다.

우리는 이미 앞서 브루스 리치의 탐색 과정을 살펴보았다. 이와 달리 잭슨의 탐색 노력은 《하프 타임Half Time》이라는 책에서부터 시작했는데, 이 책의 저자 밥 버포드Bob Buford는 책에서 '성공으로부터 더 나아가 중대한 의미 찾기'라는 주제를 펼쳤다. 잭슨의 경우 이미 '성공'이란 과제는 훌륭히 잘 이루어낸 상황이었다. 그가 1989년에 설립한 홈 헬스케어 회사인 퍼스트초이스 헬스케어FirstChoice Health Care는 단 9년 만에 직원(주로 간호사) 수 150명에 1,000만 달러의 매출을 올리는 회사로 성장했고 적어도 사업의 실적만 놓고 봤을 때 회사의 가치는 수백만 달러에 달했다.

그러나 잭슨에게 사업은 더 이상 재미있는 요소가 없었다. 그는 점점 더 회사의 세세한 운영 부분에 집중해야 했는데 이러한 일들이 즐겁지 않은 것이 문제였다. "모든 것이 말그대로 '일'처럼 느껴졌어요"라고 그는 말했다. 설상가상으로 메디케어 의료보험제도의 환급 수식이 변경되면서 대기업에 유리한 경쟁 구도가 형성되기 시작했다. 따라서 잭슨은 회사를 매각할 적당한 시점이라고 결론지었다. 그는 구매자를 찾기 시작했고, 1998년 7월 〈포춘〉이 선정한 500대 기업 중 하나인 IHS^{Integrated Health Services}에 회사를 매각했다.

서른여덟 살의 나이에 처음으로 상당한 부를 손에 쥐게 된 그는 앞으로 무엇을 해야 할지 잘 몰랐다. 즉, 사업의 성공에서 나아가 보다 의미 있는 무언가를 찾는 과제에 직면하게 된 것이다. 매각 후 첫 두 달 동안은 매수인의 도심 사무소로 매일 출근하며 회사의 소유권 이전을 도왔다. "기차를 타고 오가며 밥 버포드의 책을 읽고 또 읽었던 것을 기억합니다"라고 그는 말했다.

물론 의미를 찾으려고 노력한다고 해서 반드시 그것을 성취할 수 있는 것은 아니다. 당신이 스스로 누구인지에 대해 굉장히 훌륭한 이해를 하고 있지 않다면 그 의미라는 것을 정의 내리기 어려울 가능성이 크다. 잭슨 역시 우리 대부분과 마찬가지로 여전히 배움의 과정 속에 있었다. 그가 예상하지 못한 것은 그러한 학습의 과정이 회사의 매각과 함께 매우 속도가 붙게 된다는 점이었다.

첫 번째 힌트는 그의 아내 클라우디아^{Claudia}와 함께한 여행에서 찾을 수 있었다. 그들은 시카고에서 북쪽으로 차로 약 5시간 떨어진 미시간 호수와 접한 위스콘신 반도에 있는 도어 카운티^{Door County}라는 경치 좋은 곳을 여행지로 택했다. "그때가 가을이었죠. 우리는 계속 운전을 했고 반도에 도달할 때쯤 문뜩 아무도 나를 찾고 있지 않다는 것을 깨달았어요. 이제는 필요 없어진 호출기를 나는 더 이상 지니고 있지 않았죠. 아무도 나를 추적하지 않는다는 게 이상하게 느껴졌어요. 그제서야 '상황이 정말 바뀐 게 맞군' 하는 생각이 들었죠. 그때까지는 내가 누군가에게 필요한 상황이란 것 자체가 내게 얼마나 중요한 것인지 인식하지 못했습니다. 나의 자아란 나를 필요로 하는 사람들을 토양으로 해서 자라나도록 만들어져 있었는데 그것이 갑자기 사라져버린 거죠." 잭슨이 당시 자신의 심정을 떠올렸다.

그러나 그는 휴가를 마치고 다시 일을 하러 가야겠다고 마음먹은 그때까지도 자신이 얻은 통찰의 의미를 온전히 이해하지 못했다. 그는 인버네스에 있는 그의 집 지하실에 사무실을 만들었다. "나는 6시에 일어나 샤워를 하고 사무실에 가서 하루 종일 연필을 정리했어요." 그는 이메일을 확인하고, 미팅을 잡기 위해 전화를 했다. 그는 연락할 사람 목록, 해야 할 일 그리고 추구할 수 있는 잠재적 기회들을 정리하고 모아두긴 했지만 뚜렷한 목적을 정하지는 못했다. "그건 마치 사업이란 것을 놀이 삼아 만지작거리는 것 같은 기분이었어요. 나는 무언가를 찾고 있었지만 무엇이 있는지 잘 몰랐죠. 그때서야 내가 나 자신이 값어치 있고 중요한 존재라는 것을 느낄 방법을 찾고 있었다는 것을 알았어요."

그 기간은 정말 악몽이었고 1년 넘게 지속됐다. 한 달 한 달 그는 덤벙댔고, 무엇이 잘못되고 있는지 정확히 이해하지 못했으며, 무엇을 해야 할지 모르는 엉망인 상태였다. 그러다가 마침내 그저 절망감에서 벗어나기 위해 한 가지 생각을 떠올렸다. '내가 만약 여전히 사업을 하고 있는데 그 어떤 도전에 직면했다면 어떻게 했을까?'라고 말이다.

답은 사업 계획을 짜는 것에 있었다. 우선 그는 자신이 무엇을 할 것인지 알아내야 했다. 종이 한 장으로 그는 T자를 그린 다음 한쪽에는 기꺼이 할 일을 쓰고 다른 한쪽에는 기꺼이 하지 않으려는 일을 적었다. "나중에 보니 기꺼이 하지 않으려는 일의 목록은 정말 도움이 되었었어요. 나는 그 칸에 '나의 시간에 대한 통제권을 포기하는 일' 그리고 '가족과의 휴가를 포기하는 일' 등을 적었죠. 이 목록 덕분에 뭔가 명확해졌어요. 나의 시간에 대한 통제권을 포기하지 않겠다는 의지를 되새기니 내가 고려하던 많은 일들이 더 이상 고려할 필요가 없어졌죠. 그것은 내가 처음으로 느껴본 '아하!'의 순간이었어요."

잭슨은 점차 펑크 난 타이어와 같은 신세에서 벗어날 수 있었다. 여전히 큰 의미를 찾으려는 노력을 지속하며 기독교 인도주의 기구인 월드비전World Vision의 후원으로 저소득층에게 리모델링 주택 기증 사업을 하기 위해 도심에 큰 창고를 만드는 사업가들의 모임에 가입해 자선 활동을 하고 이와 관련된 공동체 센터와 교회 모임에도 가입했다.

이 무렵 그는 사업체를 소유한 친구 및 지인으로부터 전화를 받기 시작했는데 바로 퍼스트초이스 헬스케어를 매각한 경험에 대해 알고 싶다는 요청이었다. 잭슨은 아침 식사 시간이나 점심시간을 활용해 그들을 만났고 자신의 경험을 들려주었다. 그러던 와중에 키이스 캔트렐Keith Cantrell이라는 현지의 투자 전문가를 만났는데 그를 통해 잭슨은 자신이 실제로 지인 및 친구들에게 매우 값어치 있는 자문을 제공하고 있다는 사실과 시간에 따라 비용을 청구할 수 있다는 것을 깨달았다. 처음에는 유료로 자문을 해준다는 것에 좀 회의적이기도 했지만 잭슨은 용기를 내어 상대에게 이러한 사실을 이야기했고 사람들은 기꺼이 비용을 지불하기 시작했다.

그가 새로운 인생 경로를 발견했다고 깨달았을 때 아내와의 관계에 있어서도 꽃을 피웠다. 2001년 회사를 매각한 지 3년이 지나고 잭슨은 캔트렐의 회사인 데반스톤 어드바이저Evanston Advisers의 지분 3분의 1을 인수했다. 그는 그 회사에 딱 들어맞았다. 회사 대부분의 고객 및 잠재 고객들이 비즈니스 오너들이었기 때문이다. 게다가 그들 중 점점 더 많은 사람들이 엑싯 과정에 관해 자문해줄 사람을 찾고 있었다. 잭슨이 할 수 있는 일들이었고, 그로부터 몇 해 동안 그는 10여 개의 기업체 오너들을 위한 선임 자문가로 활동했다.

그에 따르면 엑싯에 대해 고민하는 사람들에게는 그 어떤 일정한 패턴이 있었다. "대부분의 기업 오너들에게 이 일은 마치 농구 경기를 4쿼터까지 모두 마친 뒤 2분간 더 해야 하는 마무리 훈련 같은 것이에요. 하지만 이것은 연습해본 적도, 실제로 경험해본 적도 없는 그런 일이죠. 그들이 잘 몰랐던 유형의 일이라기보다는 자신이 이런 일을 할 줄 모른다는 것 자체를 아예 몰랐다는 데서 나오는 당황스러움 같은 것이 엿보였어요. 나는 그들에게 한편으로 실망스러운 감정이 들 수밖에 없는 이야기들을 해주는데 그것은 가령 기업 가치를 최대로 끌어내지 못했거나 세제 혜택을 최대화하지 못했을 때, 또 자신의 정체성 문제와 맞닥뜨리거나 엑싯을 위해 준비해야 할 여러 가지를 챙기는 과정 등에서 그런 감정이 생길 수 있음을 미리 알려주는 것이죠. 이 모든 것은 시간이 걸리는 일입니다." 잭슨은 말했다.

그는 오너들이 뭔가 다른 것을 필요로 한다는 것을 느꼈는데 그것은 확실치는 않지만 일종의 학습 메커니즘 같은 것이었다. 그러던 중 그는 시카고에 있는 몇몇 TEC(현재 비스티지) 회원들이 회사를 매각한 사람들을 위한 모임을 구성한다는 소식을 접했다. 바로 그곳에서 브루스 리치를 만나게 된 것이다.

잭슨은 "이 모임을 통해 우리는 서로 기업을 매각한 후의 삶에 대한 공통된 이슈를 가지고 있음을 발견했어요"라고 말했다. "우리는 윌리엄 브리지스William Bridges의 《변환 관리Transitions》라는 책을 함께 연구했죠. 그 책은 단순히 사업주에 초점을 맞추지는 않았지만 우리에게 공통의 언어와 우리에게 일어난 일에 대한 이해를 제공하는 데 도움이 되었어요. 일종의 '슬픔의 단계' 같은 것이 있습니다. 당신은 이 슬픔의 단계를 거치고 난 후 당신이 실제 서 있는 현실을 인식하고 나면 그제야 직면한 과제를 해결할 수 있게 됩니다. 바로 이러한 과정들이 이 모임에 있는 사람들에게 실제로 일어난 일들이었죠."

모임의 일부 구성원들은 TEC에 찾아가 엑싯을 했거나 혹은 이를 계획하고 있는 비즈니스 오너들의 소모임을 만들어보자고 제안했다. 하지만 그 제안에 대해 TEC는 적극적이지 않았고, 이내 곧 잭슨과 리치가 의기투합해 이볼브 유에스에이를 설립했던 것이다.

리더들을 이끄는 리더는 누구인가?

물론 모임의 회원들에게 주변 동료들이 줄 수 있는 도움에는 한계가 있다. 특히 엑싯 프로세스가 그러한데 이는 대부분의 오너들이 인생에 단 한 번 엑싯을 경험해볼 뿐 이것을 여러 차례 경험하는 사람은 매우 소수이기 때문이다. 사업에서 이 엑싯이라는 부분을 제외하면 다른 경험들은 반복적이고 횟수를 거듭할수록 더 나아진다는 긍정적인 면을 가지고 있다. 당신이 범하는 실수들은 자연히 학습 메커니즘이 되는 것이다.

그러나 엑싯 과정에서는 실수를 통해 뭔가를 배울 수 없고, '다음 번'이라는 기회가 없기 때문에 미래의 개선 수단이 아닌 후회꺼리가 된다. 따라서 당신이 어떠한 엑싯 단계에 있든 올바른 도움을 얻는 것은 매우 중요하다. 또한 사업 매각의 실행이 실제로 가까워질수록 더욱더 전문적인 도움이 필요하다.

예를 들어, 이볼브 유에스에이와 같은 단체는 엑싯의 어느 단계에서나 그렇지만 특히 1단계인 탐색 단계에서 중요한 역할을 할 수 있다. 그러나 전략 단계인 2단계에서 당신은 또 다른 유형의 더 높은 전문지식을 가진 사람의 도움을 받아야 한다. 이 단계에 들어서면 초점은 회사의 핵심적인 가치 제고 수단을 마련하는 것이기 때문이다. 이는 종국에 기업가치를 높이는 데 도움을 줄 뿐만 아니라 때때로 닥쳐오는 위협을 극복하고 회사가 꾸준히 성장할 수 있는 기틀이 된다.

확실한 것은 오너라면 자신이 적극적으로 엑싯을 준비하고 있는 것과는 별도로 기업의 가치를 창출하는 동인에 항상 관심을 기울여야 한다. 엑싯을 원하는 시점 그리고 회사를 매각했을 때 얻고 싶은 돈의 액수에 대해 합리적으로 명확한 아이디어가 있으면 상황은 바뀌기 마련이다. 그 시점에서는 당신이 원하는 매각 방식과 상관없이 전문가의 조언이 반드시 필요한데 예를 들어, 당신이 동종 업계에 매각하는 것을 목표로 한다면 동종 회사들이 있는 시장 상황을 잘 알고 있으면서 당신이 최고의 거래를 만드는 데 필요한 매우 구체적인 조언을 해줄 수 있는 전문가가 필요하다. 이상적으로 이야기하자면 바로 그러한 전문가가 매각 거래 혹은 그 이후의 일들에 대해 주된 조언을 해줄 수 있는 선임 자문가 역할을 해주면 좋다. 훌륭한 결말을 위해서는 당신에게 정말 적격인 사람이 필요하다. 반면 잘못된 조언가는 그동안 당신이 쌓아올린 모든 일을 위험에 처하게 만들 것이다.

물론 어떤 기업의 오너들은 엑싯의 전체 프로세스를 직접 관리하기도 한다. 이는 적어도 두 가지 면에서 끔찍한 생각이다. 우선 당신이 예전에 이러한 상황을 경험해보지 못했다면 당신은 이를 다룰 만한 적합한 자질이 없을 것이고 따라서 일을 잘 처리하지 못할 것이다. 애슈톤 해리슨의 사례에서 보듯 만약 스티브 킴벌이라는 자문가가 그녀의 곁에 없었다면 그녀의 엑싯은 끔찍한 결말을 맞이했을 것이다. 두 번째는 판매 프로세스가 진행됨에 따라 비즈니스를 소홀히 하게 되기 때문이다. 매각 과정이 전개되면서 정작 회사 업무를 등한시 하는 경우가 많고 이는 더 큰 위험을 초래할 수 있다. 회사를 매각한다는 것은 대부분의 오너들이 배워볼 기회 혹은 배워야 할 이유조차 없던 지식과 기술을 요구하는 매우 큰 과업이다. 따라서 당신이 직접 이 일을 하려면 다른 업무를 할 시간이 거의 없을 것이다. 만약 당신 회사가 당신 없이도 가장 바쁜 시기에 원활히 운영될 수 있는 회사가 아니라면 이 기간 동안 비즈니스 실적에 문제가 생길 수 있고 매각 거래 성사 여부에 관계없이 기업가치 하락에 따라 매각 금액 또한 급격히 낮아질 위험이 있다.

　　그러나 역설적이게도 최고의 선임 자문가는 종종 회사 매각을 자신이 직접 관리하고 수행하며 매우 값비싼 실수를 저질러본 전직 오너들이다. 이쯤에서 내가 적합한 선임 자문가의 요건에 대해 강한 편견을 가지고 있다는 점을 인정한다. 그럼에도 나는 실제 기업 매각 경험이 있는 그리고 그 뒷감당을 해본 적이 있는 전직 오너들이 선임 자문가로서 적격이라 생각한다.

이와 반대로 브로커, 투자 은행가, 변호사, 회계사, 자산관리인 그리고 다른 인수합병 전문가들의 경우 대부분의 경험이 컨설팅이나 순수 자문, 거래 혹은 다른 종류의 전문적인 서비스 제공 부문에 한정되어 있기 때문이다. 특히 월가의 대형 투자 은행들에 대해서는 경계해야 한다고 생각하는데, 그들은 보통 이러한 유형의 업무를 가장 경험이 부족한 직원(MBA를 이제 막 수료한)에게 부여하고 얼마나 일을 잘하는지 테스트 용도로 쓴다는 소문이 있기 때문이다.

M&A 전문가들을 전반적으로 비난하려는 것은 아니다. 많은 사람들이 자신이 하는 일에 뛰어나며 매각 과정의 여러 단계에서 당신은 그들의 서비스를 필요로 할 것이다. 그러나 실제 본인의 사업을 엑싯해본 적이 없는 M&A 전문가는 특히 매각에 동반되는 정서적인 문제를 다루는 데 있어 문외한일 가능성이 높다. 또한 그들은 거래 자체에 집중하는 경향이 있기 때문에 그 후에 벌어지는 결과에 대해서는 거의 생각하지 않는 경우가 많다. 본인이 실제 기업의 오너였던 유능한 선임 자문가라면 엑싯 절차가 기업 매각 계약이 체결되는 것 자체로 끝나지 않는다는 사실을 잘 알고 있다. 또한 전문적인 자문 서비스가 필요한 시기와 서비스를 제공해야 하는 대상에 대해서도 누구보다 잘 알고 있다.

만일 당신이 자녀 또는 다른 가족 구성원이나 우리 사주 제도를 통해 직원들에게 회사를 매각하기로 결정한 경우에는 선임 자문가 선택에 더욱 신중을 기해야 한다. 사실 그와 같은 엑싯 경로를 택하고 또 그런 후에 자신과 같은 경로를 가려는 사람들을 도우려는 사람을 찾기란 쉽지 않다. 가족 또는 직원 소유 회사의 이전 소유주가 사업 고문이 될 때 그들이 자문하고 있는 대상의 사업들이란 (당신의 업종과 관계없이) 보통 그들이 예전에 소유했던 회사인 경우가 많다. 하지만 그렇다고 해서 당신이 원하는 엑싯을 설계하고 실행하는 데 필요한 최대한의 자문을 얻는 데 있어 해가되지는 않는다. 그들의 견해는 종종 변호사, 회계사 및 기타 전문 서비스 제공자들과는 완전히 다른 차별적인 것일 수 있다.

물론 이러한 전문적인 자문 서비스 사업자들 중 일부가 본인들도 기업의 오너라고 이야기하리라는 점을 잘 안다. 그들이 전문적인 서비스를 제공하는 회사를 소유하고 운영하고 있다는 점에서 맞는 이야기다. 밥 우슬리Bob Woosley가 회계법인을 떠나 사업을 시작했을 때 발견한 것처럼 만약 이들 회사 중에서도 전문적인 자문 서비스 외에 뭔가 다른 것을 판매하고 있다면 분명 이들 또한 세상을 바라보는 시야가 무척 넓을 것이다.

우슬리는 공인회계사CPA 자격이 있는 전문가로 프라이스 워터하우스Price Waterhouse 회계법인에서 커리어를 시작했고, 1982년 애틀랜타에 본사를 둔 프레지어 앤 디이터Frazier&Deeter가 고용한 최초의 전문 인력이었다. 3년 후 그는 파트너로 승진했고, 회사는 미국에서 100번째 규모의 회계법인 중 하나가 되었다. 모범적인 서비스를 제공하며 빠르게 성장한 회사는 직원들이 일하기 좋은 곳으로서 여러 번 상을 수상하기도 했다.

그러나 우슬리의 창업가적 기질이 그를 가만히 두지 않았다.

2000년 그는 일루멘iLumen이라는 회사를 한 명의 파트너와 함께 설립했다. 그들의 사업 아이디어는 기업들의 재무 데이터를 수집하고 분석한 뒤 이를 비교 분석하는 과정을 자동화하여 제공하는 것이었다. 우선적인 타깃 시장은 바로 회계법인들이었는데 이들은 이러한 정보를 통해 고객사에 더 좋은 서비스를 개발하여 제공하고 더 긴밀한 유대관계를 만들어낼 수 있다고 보았다. 이후에 회사는 타깃을 점점 넓혀가며 이 서비스를 은행가 그리고 가맹점주들을 관리하는 프랜차이즈 기업 등에도 제공하게 되었다.

10년간 CEO로 성공적인 시간을 보낸 우슬리는 2011년에 프레지어 앤 디이터로 다시 돌아와 기업 컨설팅 실무를 이끌고 전략적 성장 계획을 주도했다. 회사는 더욱 성장했고 우슬리에게도 변화가 있었다. 그리고 자연히 그가 기업가 고객들에게 제공하는 조언도 더욱 깊고 치밀해졌다. "일루멘을 창업하기 전 내가 고객들에게 했던 조언들을 되돌아보면 당혹스러울 지경이에요. 이제는 그때보다 훨씬 나은 조언을 해줄 수 있게 되었죠"라고 우슬리는 말했다.

우슬리의 사례에서 보듯 사업을 시작하고 운영하며 또 엑싯을 해보는 경험은 심지어 우슬리와 같은 전문가의 경우에도 엑싯 프로세스를 바라보는 관점 자체를 바꿔놓는다. 바로 이런 이유 때문에 당신은 그러한 과정을 이끌어본 경험을 가지고 있는 전문가가 필요한 것이다. 그러나 엑싯 3단계에서 발생하는 많은 기술적인 문제들을 처리하기 위해서는 한 명의 전문가가 아닌 팀이 필요하다. 선임 자문가의 일 중 하나는 적어도 변호사와 회계사 그리고 더 나아가 보험전문가와 재무설계사를 포함하는 팀을 구성하고 관리하는 것이다. 이때 보험전문가와 재무설계사는 기업이 매각된 후 4단계에서 특히 중요한 역할을 한다.

다른 전문가들이 사업 경험을 가지고 있는지의 여부는 선임 자문가 만큼은 중요하지 않다. 그러나 우슬리와 마찬가지로 창업을 해본 적이 있는 리드매니저로서 회사에서 법률, 회계 혹은 자산관리를 해본 경험이 있다면 분명 이점이 있을 것이다. 예를 들어 데이브 잭슨의 회사는 고객 중 매각 거래를 전혀 서두르지 않는 경우에도 보수를 받기 위해 거래의 성사에 의존하지 않기 때문에(대신 관리 해주는 자산의 일정액을 수수료로 취한다_옮긴이) 고객들이 원하는 만큼의 충분한 자문을 제공할 수 있다.

비즈니스 브로커나 투자 은행가의 경우 주요 역할은 회사가 매각될 수 있도록 시장을 형성함으로써 잠재적 인수자를 발굴하고 전반적인 매각 프로세스를 관장하는 것이다. 때로는 그들이 필요할 수도 있고 그렇지 않을 수도 있다. 브로커와 투자 은행가를 구분하는 기준은 거래의 규모와 그들이 비즈니스에 접근하는 방식에 따라서지만 어떤 브로커들은 스스로를 투자 은행가로 보기 때문에 이들 사이의 경계는 점점 모호해지고 있는 게 사실이다.

비즈니스 브로커는 일반적으로 매출 500만 달러 미만, 상각 전 영업이익 50만 달러 미만의 중소기업을 주로 상대한다. 그들이 기업 매각을 중개하는 방식은 부동산 중개인들이 주택을 매매하는 방식과 같은데 신문 및 온라인에 매물을 내놓고 누구든 응답하는 사람과 거래를 추진한다. 많은 소규모 브로커들은 기업 매각 외에도 소소한 일들, 예를 들면 주택이나 보트, 상업용 부동산, 이동식 주택 등을 함께 취급하는 경우가 많고 정작 자신이 영위하고 있는 사업에 관해서는 잘 모를 수도 있다. 이러한 특징 때문에 종종 이들은 기업 매각 시장 분위기를 흐트러뜨리는 것으로 악명이 높다. 비즈니스 브로커들 중에서도 오로지 기업 매각에만 그리고 특정 산업 분야에만 종사하는 사람이 엑싯에 대해 보다 잘 알고 있을 가능성이 높다.

반면, 투자 은행가들은 연간 매출이 500만 달러 이상이고 상각 전 영업이익이 100만 달러 이상인 고객을 상대한다. 대부분의 경우 은행가의 임무는 잠재적 인수자를 식별하고 설득해 거래를 위한 일종의 경매 시장을 열고 관리하는 것이다. 브로커의 세계가 그러하듯 투자 은행가들 중에도 특정 산업 분야의 전문가들이 있고 일반적인 은행가들도 있다. 매각하는 쪽 입장에서 딱히 어느 쪽이 더 선호된다고 이야기하기는 어렵다. 둘 다 나름의 장점이 있기 때문이다. 다행히 당신 곁에 훌륭한 선임 자문가가 있다면 당신에게 과연 투자 은행가가 필요한지의 여부를 알 수 있고, 또 나아가 만일 그렇다면 거래 유형에 가장 적합한 투자 은행가를 결정하는 것을 도와줄 수 있을 것이다.

매각하는 쪽 입장에서 선임 자문가의 역할은 매우 큰데 기업 인수자들이 통상 어떤 협상에 임할 때 갖게 되는 이점을 생각해보면 더욱 그러하다. 인수자들 중 많은 이들이 다수의 거래를 이뤄본 경험을 갖고 있는데 반해 매각하는 쪽은 경험이 거의 없는 경우가 대부분이기 때문이다. 이때 숙련된 선임 자문가가 기울어진 경기장을 바로잡아줄 수 있다. 선임 자문가는 이러한 면에 있어 역할을 수행하기 위해 반드시 필요한 경험을 갖추고 있어야 하는 것이다.

M&A 자문가의 역할

바질 피터스는 자신의 첫 번째 엑싯 경험은 거의 속절없이 들이닥친 재앙에 가까웠다고 인정했다. 문제의 회사는 넥서스 엔지니어링Nexus Engineering으로 그가 캐나다 밴쿠버에 있는 브리티시 컬럼비아 대학에서 대학원 과정을 마친 해인 1982년 친구와 함께 공동으로 설립한 회사였다. 그가 사업을 시작한 이유는 단순히 돈이 필요했기 때문이었다. 그는 단돈 1센트라도 더 벌기 위해 전기 및 컴퓨터 공학 박사 학위 취득과 함께 사업을 병행했다.

처음에는 단지 그와 동급생 피터 반데르 그라흐트Peter van der Gracht만이 대학의 실험실에서 일했고, 두 명의 엔젤투자자가 그들을 후원했다. 그들이 주목했던 것은 위성 통신 기술을 상업적으로 응용하는 방법에 관한 것이었는데 이 분야는 이제 막 개발이 시작되고 있던 터였다. 그들은 케이블TV의 시대가 밀려올 것이라고 확신하고 케이블 박스의 내부를 만들기 시작했다. 특히 위성으로부터 신호를 받아 동축 케이블로 전송할 수 있는 데이터로 변환하는 데 필요한 헤드 엔드Head-end 장비를 만드는 일이었다.

케이블에 대한 그들의 노림수는 성공했다. 첫해 25만 달러의 매출을 올린 후 회사는 매년 두 배씩 성장하며 1989년에는 거의 2,500만 달러의 매출을 기록했다. 제조업체로서 그들은 성장 속도를 유지하기 위해 많은 운전 자본이 필요했는데 그럴 때마다 외부 자본을 쉽게 이용할 수 있었다. 그들은 두 번에 걸쳐 벤처캐피털 자금을 모은 다음 3명의 기관 투자자들로부터 투자금을 유치했다.

회사가 큰 도약기를 맞게 된 때는 타임워너Time Warner가 뉴욕시에 세계 최초의 500개 채널로 구성된 케이블TV 시스템을 구축할 계획을 발표한 1990년에 찾아왔다. 업계의 거물인 사이언티픽 아틀란타Scientific Atlanta와 제너럴 인스트루먼트General Instrument는 이것이 불가능하다고 이야기했다. 바로 이때 피터스와 그라흐트가 타임워너의 수석 엔지니어에게 본인들은 이것을 가능하게 할 수 있다고 설득했고 타임워너로부터 계약을 따내는 데 성공했다. 거대한 경쟁사들 입장에서는 매우 굴욕적인 일이었고 그들은 넥서스 엔지니어링이 이 작업에 실패할 것이라는 믿음을 숨기지 않았다. 하지만 피터스와 그라흐트는 실패하지 않았다. 그들은 18개월 후 시스템을 납품했고 이로써 단 한 번의 큰 도약으로 경쟁사들의 기술을 뛰어넘었다.

이때가 피터스에게는 호시절이었다. 브리티시 컬럼비아 산업계라는 작은 세상에서 그는 유명인사가 되었고 많은 상을 받았으며, 매거진 표지에는 그의 이야기가 실렸다. 넥서스 엔지니어링은 빠르게 성장하고 있었을 뿐만 아니라 넥서스 엔지니어링을 상부로 하는

6곳의 신생 벤처가 스핀오프로 설립되었다. 피터스와 그라흐트에게는 바쁘고 또 행복한 날들이었다.

피터스는 말했다. "사업을 운영하기 위해 매일매일 씨름하며 보낸 순간들이 대부분 아직도 기억이 납니다. 그렇게 정신없이 하루를 보내고 밤이되면 문득 일이 너무 잘 진행되고 있는 것 같아 되려 걱정하는 마음이 생기곤 했어요. 또 구체적으로 표현할 수는 없지만 무언가 큰 것을 놓치고 있다는 느낌을 떨칠 수 없었습니다. 그러나 그런 생각은 우선 제쳐 두고 일에 몰두했죠."

사실 문제의 첫 징조는 회사가 타임워너와 계약을 맺을 당시부터 나타나기 시작했다. 피터스는 회사의 가장 큰 고객인 로저스 커뮤니케이션스Rogers Communications의 설립자이자 CEO인 테드 로저스Ted Rogers로부터 예기치 않은 전화 한 통을 받았다. "그는 내게 걱정하지 말라고 말했어요. 그는 미국의 저축 및 대출 협회 문제에 관한 언론의 보도를 곧 접하게 될 텐데 본인들의 경우 넥서스 엔지니어링의 제품을 구매하기 위해 활용한 건설 금융 대출은 여전히 유효하다는 것이었죠" 피터스는 이 소식을 어떻게 해석해야 할지 몰랐다. 연이어 며칠 동안 미국과 유럽의 고객들로부터 비슷한 전화를 받은 후 그는 넥서스 엔지니어링에 운전 자본 대출을 해준 은행과 이사회에 이 사실을 알리기로 결정했다. 그의 가장 큰 고객들이 모두 '걱정할 것 없다'라고 이야기하는 것은 분명 무엇인가 걱정꺼리가 생긴다는 의미였기 때문이다.

실제로 넥서스 엔지니어링은 미국의 저축 및 대출 협회의 부실

위기 그리고 이에 따른 정크본드(고수익 채권) 시장의 붕괴 충격을 그 대로 느끼고 있었다. 넥서스 엔지니어링의 가장 큰 고객을 포함하 여 전체 케이블 업계는 정크본드에 의존하여 성장 자금을 확보해오 던 터였다. 이 채권의 구매자들 중에는 상당수 저축은행이나 대부 업체들이 있었다. 1989년 캐나다 의회는 저축 및 대출 협회에 그들 의 정크본드를 없애도록 5년의 시간을 주는 법안을 통과시켰다. 이 로 인해 모든 사람들이 곧 채권을 투매하기 시작했고 따라서 새로 운 채권을 발행해 자금을 조달하기 어려워졌다. 하룻밤 사이에 케 이블 업계의 주요 자금줄이 사라져버린 것이다.

그럼에도 불구하고 넥서스 엔지니어링의 주요 고객들은 계속해 서 걱정하지 말라고 했고 피터스는 자신의 외상 매출에 관한 재보 증을 은행에 지속적으로 요구했다. 6개월 후 은행은 넥서스 엔지니 어링의 은행 계좌를 특별 대출 전담 부서로 옮겨 관리하기 시작했 고, 이 부서는 회사를 1년간 모니터링한 후 대출 상환을 요구했다. "그것은 마치 자동차 사고가 나는 장면을 슬로우모션으로 보는 것 같았어요. 1년간 그러한 일이 서서히 다가오고 있다는 것을 알고 있었죠"라고 피터스는 말했다. 그러는 동안 경제는 침체기에 들어 섰고 넥서스 엔지니어링의 투자자들은 피터스에게 자신들의 지분 을 일부라도 현금화할 수 있는지 문의하기 시작했다.

"나는 정말 그런 경기 침체기에 비상장회사가 어떻게 투자자들 의 일부 지분을 현금화해줄 수 있는지 방법을 알 수 없었습니다. 보 유하고 있던 총 7개의 사업체 중 하나 이상을 매각하는 것이 유일한 방법이라고 생각했죠. 정말 하고 싶지 않은 일이었어요. 우리는 당시 '성장'이라는 것에 중독되어 있었고 회사를 판다는 생각은 그때까지 해본 적이 없었으니까요. 우리에게 별다른 엑싯 전략이 없다는 것을 나는 믿을 수 없었죠. 우리는 그것에 대해 논의해본 적이 없었어요. 이사회도 마찬가지였고 그라흐트와 나는 점심을 먹으며 간단한 이야기꺼리로도 이 문제를 다뤄본 적이 없었죠. 그것은 내 사업 경력상 최악의 실수였어요"라고 피터스는 회상했다.

많은 실수들이 대개 그러하듯 이것은 더 큰 실수들로 이어졌다. 다행히도 그는 몇 가지 일을 올바르게 처리했고 몇 번의 행운이 따른 덕에 가까스로 회사의 완전한 파산만은 막을 수 있었다.

훌륭한 엑싯 전략이 필요하다

피터스는 회사의 인수자를 탐색하며 들인 노력 가운데 자신이 범한 실수가 열두 가지나 있음을 발견했다. 앞서 말한 것처럼, 첫 번째 실수는 엑싯 전략을 짜지 않은 것이었다. 그리고 두 번째 실수는 넥서스 엔지니어링을 매각하지 않아도 되는 다른 대안이 있었음에도 당시에는 이를 몰랐다는 것이었다. 그는 회사를 매각하는 대신 다른 제안을 할 수 있었다.

"그것은 새로운 투자자가 창업자 또는 초기 투자자로부터 기존 보유 주식을 매입하는 것이었죠. 돌이켜볼 때 우리는 호황기에 그러한 옵션을 미리 마련해두었어야 했어요. 그랬다면 창업자들과 엔젤투자자들에게 꽤 좋은 주식 가치로 현금화 수단을 제공했을 것입니다. 또한 그것을 통해 우리 모두 좀 더 사업을 다각화하고, 최악의 시기에 주주들로부터 받았던 압력을 완화할 수도 있었겠죠"라고 피터스는 설명했다.

그가 범한 세 번째 실수는 온통 회사의 매각 절차에 신경을 쓰느라 회사의 모든 운영을 그라흐트에게 맡겼던 것이다. "인수자를 찾는 일은 정말 중요했기 때문에 나는 하루에 16시간씩 그 일에 열중했습니다. 하지만 솔직히 말해서 그 일을 잘하지는 못했습니다. 그 사이 회사 사정은 상당히 안 좋아졌죠. 이전에는 나와 그라흐트 모두 하루에 12시간씩 일했어요. 내가 매출을 만드는 일이 아닌 다른 일로 활동을 옮기면서 이미 안 좋아지고 있던 사업은 이내 곧 더욱 악화됐습니다. 그러한 점은 나에게 또 하나의 교훈이 되었습니다. 회사의 CEO는 절대 엑싯 과정을 리드해서는 안 된다는 것을요." 피터는 말했다.

그들이 선택한 최선의 방법은 넥서스 엔지니어링을 방위산업체에 매각하는 것이었는데, 인수자는 마침 냉전이 종식된 이후 방위산업 이외의 영역으로 사업의 다각화를 원하고 있던 차였다. 피터스는 총 3곳의 잠재적 인수자를 찾을 수 있었고 이들 모두 피터스의 생각에 자신들의 인수 계획(예를 들면 자금조달 계획 혹은 인수 후 필요 조치 등_옮긴이)에 관해 타당성을 입증한 곳이었다. 하지만 이것이 바로 그가 저지른 네 번째 실수였다.

"관심 있는 잠재적 인수자라고 해서 그들이 반드시 진정성이 있는 것은 아니었습니다. 그들은 아무런 이유도 밝히지 않고 하나씩 의사를 철회하곤 했습니다. 그들이 뭔가에 화가 났다거나 뚜렷한 이유 같은 것은 없었습니다. 그들은 단지 전화를 걸어도 받지 않거나 회신하지 않는 것뿐이었죠. 관심을 보이던 잠재적 인수자들이 이와 같은 행태를 보였고 결국 단 한 업체만 남게 되었습니다."

단 한 곳의 잠재적 인수자만 남게 된 상황 그리고 회사의 현금은 말라가는 상황 속에서 파산이란 더 이상 남의 이야기가 아니었다. 이제 그 한 곳의 인수자마저 잃게 되면 파산은 현실이 되는 것이었다. 다행스럽게도 회사를 매각해본 경험이 있던 넥서스 엔지니어링의 엔젤투자자 중 한 명이 상황의 심각성을 알아채고 개입하기 시작했다. 그는 경쟁사였던 사이언티픽 아틀란타에 '넥서스 엔지니어링은 사실 연극을 하고 있는 것이며 곧 인수될 것이다'라는 이야기를 흘릴 것을 제안했다. 피터스는 처음 접하는 전술이었다. "우리는 이 정보를 어떻게 적합한 사람에게 전달할 수 있을까요?" 이러한 의문 앞에 엔젤투자자는 마땅한 사람을 고용하면 적합한 담당 임원에게 분명 이 소식을 전할 수 있을 것이라고 말했다. 그는 불현듯 사이언티픽 아틀란타를 위해 판매 대행 업무를 맡았던 회사에 있는 지인이 생각났고 그는 이 지인이 충분히 고위 임원에게 이 소식을 전달할 수 있을 것으로 보았다.

중개인 역할을 할 이 지인에게 지불해야 할 금액을 협상해야 했는데 1~2만 달러 정도의 비용이면 응할 것으로 예상됐다. 한편으

위대한 창업가들의 엑싯 비결

로 피터스는 이러한 제안이 위험하다고 생각했고, 이사회가 이를 수락할 것인지도 의문이었다. 회사가 가지고 있는 현금이 정말 얼마 없었기 때문이다. 나중에서야 든 생각이지만 만약 일찍감치 기업 인수합병에 관한 전문가와 일했다면 그러한 도박 같은 행위는 애초에 필요가 없었을 것이다. 이것이 그가 저지른 다섯 번째 실수였다.

어쨌든 이사회는 이 계획을 승인했고 그 지인과도 합의가 되었다. 현금이 담긴 종이봉투가 중개인에게 전달되었고 중개인은 약속대로 사이언티픽 아틀란타 측에 전화를 걸었다. 피터스는 넥서스 엔지니어링과 대규모 방위산업체 간의 인수 협상이 임박했다는 정보를 그쪽에 넌지시 흘릴 것을 미리 지시해두었다. 그 소식은 규모가 작고 자금력이 부족했던 넥서스 엔지니어링이 이를 극복하고 타임워너와 큰 계약을 맺었음은 물론 이제 더 나아가 큰 자금줄까지 생기게 되었으니 더 무서운 공격을 해올 것이라는 점을 암시하는 것이었다. 계획은 훌륭하게 진행되었다. 하루 정도가 지나자 사이언티픽 아틀란타의 기업 인수 부문 인력들이 피터스에게 연락을 취해와 본인들이 아직 입찰할 시간이 있는지를 물으며 신속하게 기존의 방위산업체보다 훨씬 높은 금액으로 인수 제안을 해왔다.

한편 방위산업체는 자신들의 인수 의사에 대해 재고하기 시작했고 더 이상 피터스의 전화를 받지 않았다. 이 시점에 만약 사이언티픽 아틀란타가 잠재적 인수자 풀에 없었더라면 회사를 구하기 위한 그들의 노력은 그렇게 실패해버렸을 것이다. 바로 여기서 여섯 번째 실수가 드러났다. 단 한 곳의 잠재적 인수 후보만 가지고 엑싯을 이야기하는 것이 바로 그것이다. 피터스는 말했다. "그것은 절대적으로 언제나 적용되는 원칙입니다. 당신이 만약 그런 상황에 처한다면 당신은 엑싯 프로세스를 늦추고 보강해서라도 적어도 하나 이상의 다른 잠재적 인수자를 더 확보하려고 노력해야 합니다. 모든 엑싯에는 다수의 입찰자가 필요합니다."

그러나 당시 피터스는 그저 사이언티픽 아틀란타가 거래를 할 준비가 되었다는 점에 안도하고 있었다. 그때의 심정을 피터스는 다음과 같이 말했다. "우리는 구원받았다고 생각했어요. 협상이 진전되면서 나는 미래에 대해 조금씩 낙관적으로 생각하게 됐죠. 하지만 나는 너무 순진했고 이것은 또 다른 고통스런 교훈을 안겨 주는 일에 불과했죠."

그 교훈은 일곱 번째 실수에서 비롯됐고 그것은 바로 '주요 주주들이 공동의 목표에 동의하는지의 여부를 확인하지 않은 것'이었다. 그는 막연히 주주들이 공동의 목표를 가지고 있다고 생각했지만 벤처캐피털리스트들이 이사회에서 한 낯선 발언들은 그를 당황시켰다. 다른 이사회 멤버들이 벤처캐피털리스트들이 막후에서 행하고 있는 로비활동에 대해 자신에게 주의를 환기시키자 그는 걱정스러워지기 시작했다.

로비의 목적은 얼마 후에 분명히 드러났다. 피터스를 지지했던 두 명의 이사회 멤버는 회사에 현금이 떨어지면 살고 있는 집마저 잃을지도 모른다고 경고하는 벤처캐피털리스트에 설득되어 이사직을 내려놓았다. "그것은 사실이 아니었고 벤처캐피털 측에서도 알고 있었죠"라고 피터스는 말했다. "나는 그들이 떠나지 않도록 설득하려 했지만 온갖 설득도 소용없게끔 벤처캐피털 측에서 미리 손을 써두었더군요. 결과적으로 나는 몇 명의 훌륭한 충성도 높은 이사진을 잃었습니다. 그들이 가장 필요한 순간에 말이죠."

여덟 번째 실수 때문에 벤처캐피털의 그와 같은 기습이 가능했다. 그 실수는 바로 투자자들의 니즈를 제대로 이해하지 못하고 있었던 것이다. 피터스는 그것을 '내가 범한 또 다른 중대한 과오'라고 표현했다. "벤처캐피털이 회사에 투자할 당시 주당 가치는 3.20달러였지만 나는 그때 이를 제대로 인식하지 못했죠. 나중에서야 그러한 투자자가 10배가 되지 않는 투자 이익을 가져다줄 주당 가치로 회사를 매각하는 일에 동의할 리 없다는 것을 알게 됐어요." 그러나 10배 가치인 주당 32달러 혹은 그 이상의 가치로 회사를 파는 것은 당시 상황에서는 도저히 불가능했다.

피터스는 서서히 적대적 인수 시도가 있을 것임을 직시하게 되었다. "나는 벤처캐피털이 매우 잘 짜인 계획을 가지고 있음을 알게 되었어요. 그들은 우리의 매각 거래를 방해할 수 있는 방법을 찾기 위해 정기적으로 논의하곤 했죠. 그들은 우리가 자금난에 빠지기를 바라며 추가 자본 투입을 중단하고 주당 0.1센트에 사업을 재자본화함으로써 초기 주주들을 효과적으로 몰아냈습니다. 그것은 업계에서 잘 알려진 전술이었어요. 이러한 방식으로 벤처캐피털은 종종 최대의 수익을 내기도 합니다. 그러나 이로써 창업자와 초기 엔젤 투자자들은 10년간 쌓아온 모든 것을 잃게 되는 것이죠."

벤처캐피털은 활용 가능한 모든 전술을 쓰기 시작했다. 한번은 넥서스 엔지니어링의 최고재무책임자가 피터스 사무실에 황당한 얼굴로 찾아와 이사회의 이사 한 명이 지난 2년간 CEO가 쓴 경비 지출 내역을 내놓으라고 했다는 것이다. "그의 얼굴은 정말 창백했습니다"라고 피터스는 말했다. "나는 '걱정하지 말고 그가 원하는 자료를 내주세요'라고 했어요. 나는 늘 회계 담당자 중 한 명에게 나의 경비 보고서를 작성하게끔 해왔기 때문에 그것에 부적절한 면이 없다는 것을 잘 알고 있었죠. 그들은 범죄수사를 하듯 그것을 뜯어보고 많은 질문을 쏟아냈지만 나를 깎아내릴 만한 그 어떠한 점도 찾아내지 못했습니다."

또 한번은 피터스에게 기관 투자자로부터 전화가 걸려왔는데 그들은 수년 전 회사에서 발행한 수백만 달러의 후순위 사채를 매입한 투자자였다. 전화를 걸어온 이는 외부인이 본인들이 보유한 그 채권을 매입할 의향을 비쳤다는 것이었다. 피터스는 크게 놀랐다. 당시 다른 회사들과 마찬가지로 넥서스 엔지니어링은 대출 약정을 준수하지 못하고 파산할 수도 있었지만 채권자가 피터스에게 문제를 해결할 유예 기간을 주었던 터였다. 하지만 벤처캐피털이 채권을 매입해 채권자가 된다면 넥서스 엔지니어링의 매각 거래를 무산시킬 수 있는 몽둥이 하나를 얻게 되는 셈이었다.

적의 움직임을 예상하지 못해 회사를 잃을 위험에 처한 것이 바로 그의 아홉 번째 실수였다. 피터스는 전화를 건 기관 투자자가 있는 토론토행 가장 빠른 비행기에 올라탔다. 그러고는 투자회사의 고위 임원 앞에서 자신의 의사를 전달할 기회를 달라고 애원했다. 그의 바람이 이루어졌고 그는 투자회사가 벤처캐피털의 부채 매입 제안을 거절하도록 고위 임원을 설득하기 위해 노력했다. 이 임원은 정중히 피터스의 말을 경청했고 피터스는 그가 말은 거의 하지 않았지만 자신이 떠날 때 윙크 같은 눈짓을 했다고 생각했다.

"집으로 가는 길에 나는 어쩌면 내 인생에서 가장 중요한 신호를 받은 것은 아닌지 궁금했어요. 아니면 그저 그 사람이 자신의 불안함을 몸짓으로 표현한 것인지도 모르죠"라고 피터스는 말했다. 그 윙크가 무슨 의미였든 간에 이 채권자이자 투자자는 기업 쟁탈전에 뛰어드는 것은 바람직하지 않다고 판단해 채권을 매입하고 싶다는 벤처캐피털의 제안을 거절했다. 이로써 벤처캐피털은 승리로 가는 지름길을 잃었고 매각 여부는 이사회에서 표결로 판명 나게 될 것이었다.

한편 기업 매각 프로세스는 천천히 전개되어갔다. 넥서스엔지니어링은 시장에서 두 번째로 큰 헤드엔드 부품 제조업체였고 인수자인 사이언티픽 아틀란타는 업계 1위였기 때문에 회사의 인수합병에 있어 규제 당국의 승인이 필요할 수도 있던 상황으로 그들은 예방적 차원에서 당국에 승인 요청을 신청하기로 했다. 그들은 오랜 기간 기다리고 나서야 승인을 얻을 수 있었다. 그때서야 사이언티픽 아틀란타는 넥서스 엔지니어링 이사회의 승인을 위해 회부될 구체적인 합의안을 협상하고 몇 달간의 기업 실사를 수행하겠다는 투자의향서를 보내왔다. 이사회가 만약 그 합의안을 승인하지 않으면 매각 거래는 중단되는 것이었다.

피터스는 최종 결정까지 이어진 9개월의 여정을 열띤 전투의 연속으로 기억했다. 이 전투는 대부분 막후에서 전개되었다. 벤처캐피털리스트들은 사람들에게 저녁 식사와 와인을 대접하고 다른 이사진을 자기편으로 끌어들이려고 노력했다. 피터스 역시 기업 매각에 관한 업무를 하지 않는 시간에는 나름의 로비활동을 벌였는데 그러는 동안 내내 본인이 수세에 몰려 있다고 느꼈다.

"벤처캐피털리스트들은 나보다 훨씬 더 이런 게임에 능숙했어요. 나는 그들이 움직이고 나서야 그게 무엇인지 이해할 수 있었죠. 그러니 매번 따라잡기에 바쁠 수밖에요. 어떤 문제를 하나 해결했다고 생각할 때마다 내가 주의를 기울이지 않은 또 다른 문제가 금세 나타났고, 나는 이미 그 게임에서 지고 들어가는 입장이 돼버렸어요."

때로는 그들의 위협이 물리적인 실체로 드러나기도 했다. "한 벤처캐피털리스트는 약 6피트(약 183cm)의 키에 300파운드(약 136kg)의 몸무게가 나가는 스타 럭비 선수였습니다. 나는 아직도 그가 의자에서 일어나 내게 돌진해오듯 다가와 내내 소리를 지르던 그날의 회의를 결코 잊을 수 없어요. 내게 몸을 기울이던 그는 분명 그날 점심 식사 때 마늘을 먹었음이 분명했어요. 그는 마치 나를 때릴 것 같았고 나는 그의 펀치를 막을 준비를 하고 있었죠. 다행히 그런 일은 일어나지 않았지만요." 피터스는 말했다.

1992년 8월, 사이언티픽 아틀란타와의 계약은 마침내 이사회 의

결에 부쳐졌다. 그때 피터스의 아내는 둘째 딸을 임신하고 있었는데 출산 예정일이 마침 이사회 개최일 즈음이었다. 피터스는 아기가 조금만 더 늦게 나오길 기도했지만 아기는 긴 산고 끝에 이사회가 열리는 당일 새벽 4시 30분에 세상에 태어났다. 피터스는 병원에서 새로 태어난 아기를 맞이하기 위해 밤늦게까지 아내 옆을 지켰다. 오전 6시 30분경 청바지를 입은 채 사무실에 나온 그는 무척 피곤했고 샤워가 필요했다. 몇 시간 후면 이사회가 시작될 예정이었지만 그는 자신의 상황을 설명하고 회의를 연기할 생각이었다.

그러나 이사회 구성원들이 그날 태어난 피터스의 딸보다 더 인내를 발휘해야 할 이유는 없었다. 그들은 예정대로 회의로 진행하기로 했고 이는 분명히 나쁜 징조였다. 피터스는 그 어느 때보다 긴장했다. 이사회가 사이언티픽 아틀란타와의 계약을 거부한다면 그는 지난 10년 동안 회사에 쏟아부은 모든 것에 대해 아무것도 얻는 것 없이 물러나야 하는 상황이었다. 그는 테이블을 찬찬이 둘러보았지만 투표의 결과를 짐작하기는 어려웠다. 몇몇 이사들은 모든 정보를 검토한 후에 최대한 공정하게 의사결정 임무를 수행하겠다며 그 자리에서 본인들의 의견을 명시적으로 밝히기를 거부했다. 피터스는 심지어 벤처캐피털 입장에서 골칫거리로 부르며 회유 작전을 펼쳤던 엔젤투자자 중 한 명마저도 더 이상 믿을 수 없는 상황이었다.

회의는 반나절 동안 지속되었다. 이사회 구성원은 협의 초안을 바탕으로 각 항목을 토의하며 세심하게 검토했다. 기술적으로 보자면 문제는 넥서스 엔지니어링의 경영진이 인수자 측과 매각을 위한 다음 단계, 즉 세부적인 매각 거래 조건을 정하는 절차를 진행할 것인지의 여부였다. 피터스가 마침내 이사회에 찬반 의사를 거수로 물어 표결에 붙였고 그는 딱 한 표 차이로 승리할 수 있었다.

샤워를 하기 위해 집으로 향하는 동안 피터스는 밀려오는 안도감을 느꼈다. 물론 할 일이 아직 남아 있었지만 인수자와의 협상은 원활하게 진행되었고 우호적인 관계를 깰 만한 이유도 아직까지는 찾지 못했다. 그는 다시 자신감이 차오르기 시작했는데 적어도 새로 태어난 아기와 함께 주말을 쉬어도 되겠다 싶을 정도의 기분이었다. 벤처캐피털과의 전투가 끝나며 매각에 있어 마지막 가장 큰 장애물이 제거되었다고 생각했다. 하지만 이것이 그가 저지른 열 번째 실수였다.

넥서스 엔지니어링의 변호사 중 한 명이 '특별 주주총회'의 필요성에 대해 언급했다. 피터스는 이사회에 의한 표결로 매각에 대한 승인이 난 것으로 생각했지만 그렇지 않았다. 이사회 표결의 결과는 주주들에게 기업의 매각을 승인하는 것이 좋겠다는 일종의 추천에 불과했다. 완전한 승인이 나기 위해서는 주주들 스스로 투표해야 했는데 주주는 총 70명 정도였고, 이중 회사 출신이 50명 그리고 나머지 20명 정도가 외부 투자자들이었다.

피터스는 그 투표가 그저 형식적인 절차일 뿐이라고 생각했고, 이번 주주 총회를 통해 기업 매각을 축하하는 자리를 마련할 수 있을 것으로 생각했다. 그는 팔레트 두 개 분량의 맥주를 주문했고 크래커와 칩으로 가득한 안주뿐만 아니라 주주총회가 열릴 창고에 스테레오 음향 장비까지 설치했다. 하지만 이내 피터스의 표정은 굳어버리고 말았다.

"즐거운 파티 분위기를 예상한 내 생각은 오후에 벤처캐피털리스트 3명이 그들의 변호사와 함께 등장하면서부터 바뀌었습니다. 나는 그들이 맥주를 마시러 오지 않았다는 것을 알 수 있었죠. 내 위장이 뒤집어질 정도의 혼돈스러움을 느꼈습니다. 나는 전혀 준비가 되어 있지 않았고, 분명 중요한 무언가를 놓쳤다는 생각이 머리를 스쳤죠." 그는 당시의 상황을 이렇게 묘사했다.

그가 놓친 것은 기업 매각 승인을 위해 필요한 투표수였다. 이것이 바로 그의 열한 번째 실수였다. 소액 주주를 보호하기 위한 법에 의하면 표결은 피터스가 가정한 바와 같이 단순 과반수가 아니라 과반을 일정 기준 더 넘는 '특별 과반수' 원칙에 따르게 되어 있었던 것이다. 이 필요 비율은 회사 정관에 명시되어 있었지만 피터스는 이 조항을 찾아 읽어본 적이 없었다. 그는 그 조항들이 무엇을 뜻하는지도 정확히 이해하지 못했다. 반면 벤처캐피털리스트들과 그의 변호사는 이 정관의 복사본을 본인들이 회사에 투자하기 전 실사 기간 동안 확보해놓았던 것이다. 그들은 소집된 주주들 앞에서 안건을 부결시키기에 충분한 표를 얻었고, 따라서 그들은 이 거래의 진행을 막을 수 있다고 발표했다.

상상할 수 있는 최악의 뉴스였고 그것은 느닷없이 튀어나왔다. 피터스는 너무 혼란스러워서 넥서스 엔지니어링의 변호사가 벤처캐피털리스트들과 부결에 요구되는 득표 비율에 관해 논의할 때도 이를 거의 눈치채지 못했다. 회의의 공식적인 검사관으로서 회의록을 작성하고, 검표를 하고, 모든 적절한 절차가 준수되었는지 확인하는 것은 변호사의 의무였다. 그는 벤처캐피털이 정관의 오래된 버전에 근거하고 있다고 지적했다. 사실 그는 별 흥미로운 아젠다가 없어 거의 아무도 참석하지 않았던 이전 연례 총회를 빌어 정관의 몇몇 조항들을 변경해놓았던 터였다. 그날 변경된 항목 중에는 기업 매각을 승인하는 데 필요한 득표 비율에 관한 항목도 포함되어 있었고 이에 따라 매각을 승인하는 데 필요한 투표수는 이전 정관에 명시된 것보다 적었다.

벤처캐피털리스트들은 개정된 문서를 보고 싶어 했다. 사람들이 서류를 찾고 들여다보는 데만 몇 시간이 걸렸다. 피터스는 다른 사람들과 함께 기다렸지만 그의 마음은 다른 곳에 있었다. "나는 정말로 주의를 기울이지 않았어요. 그냥 이제 죽었다고만 생각하며 그곳에 앉아 있었죠. 치명적인 실수를 저질렀다고 생각했고 평생 동안의 성과가 하수구로 쓸려 내려가는 기분이었어요. 10년 동안 종이 위에 쌓아가던 재산을 하루아침에 다 날려버리는 것이었죠."

마지막으로 개정된 문서가 전달되었고 결국 변호사의 주장이 옳은 것으로 판명났다. 개정된 정관에 따르면 벤처캐피털리스트가 믿고 있던 것보다 적은 득표수로도 기업 매각이 승인될 수 있었고, 그들에게는 이 거래를 막을 수 있는 충분한 표가 없었던 것이다. 피터스는 그때까지 감정의 소모가 너무 커 기쁨을 느낄 기운조차 없었지만 또 다른 중요한 교훈을 얻었다. '구조적 결함이 있다면 빨리

고쳐놓아야 한다는 것'이었다. "골치 아픈 일이지만 꺼림칙한 게 있으면 빨리 고쳐야 합니다. 그렇지 않으면 성공적인 엑싯을 할 기회가 크게 줄어들게 되죠." 그는 말했다.

그가 범한 또 하나의 실수, 즉 열두 번째 실수가 있었지만 말 그대로 그는 마지막 순간까지 그것을 발견하지 못했다. 인수자 측은 마지막으로 남아 있는 장애 요소들을 처리하기 위해 사이언티픽 아틀란타 사무실로 미팅을 요청했다. 인수자 측에서는 이 미팅이 최종적인 것이라고 이야기했다. 그들은 전력을 다해 일을 마무리 지을 태세였다. 이제 회사는 결정을 내려야 했다.

피터스는 거래 조건의 변경에는 주주의 승인이 필요할 것이라고 인식했다. 그래서 그는 열댓 명의 핵심 인력을 미팅에 데리고 갔다. 이틀에 걸쳐 사이언티픽 아틀란타 측의 15~20명의 기업 인수 전문가가 항목을 하나하나 조목조목 검토했다. 밖의 날씨는 타는 듯 더웠고 사무실은 냉방이 되고 있었음에도 시원하지 않았다.

"그것 또한 스트레스가 많은 회의였습니다. 땀방울이 흘렀죠. 그러나 우리는 마침내 목록의 마지막 항목의 검토를 마쳤습니다. 나는 테이블에서 뒤로 물러섰고 드디어 사무실을 돌며 사람들과 악수를 나누려던 찰나 테이블 반대편에 있던 한 친구가 '아, 또 한 가지가 더 있어요'라고 말하더군요. 그 시점에 절대로 듣고 싶은 이야기는 아니었어요. 나는 순간 심장이 멈추는 것 같았죠. 그가 한 말은 '우리는 당신이 우리와 1년간 함께하기를 원합니다'였어요." 피터스는 그날을 회고했다.

피터스는 앞으로 자신의 이름이 어느 조직도에도 오르지 않을 그리고 어떠한 유의미한 역할도 명시적으로 하지 않을 회사 전체의 매각 절차를 수행한 것이었다. 그는 매각 후 남아 있는 5곳의 넥서스 엔지니어링의 자회사에서 일하기를 기대했다. 그는 적어도 그중 두 개의 회사가 엑싯 가능성이 있다고 보았고, 이제 집으로 돌아가 새로운 삶을 시작할 생각이었다. 이런 계획을 머릿속에 그리고 있었기에 "나는 마치 덫에 걸린 동물처럼 느껴졌어요. 마치 협곡에서 창을 든 사냥꾼에 둘러싸여 있는 느낌이었죠. 사람들은 나를 덮칠 듯했고 그들은 모두 웃으며 고개를 끄덕거렸어요. 내가 '네'라고만 답하면 이제 큰돈을 벌게 되니까요. 나는 신사적으로 그것을 승낙할 수밖에 없다는 것을 알았지만 머리를 끄덕이며 웃을 때 속은 뒤집어지는 것 같았죠." 피터스는 말했다.

그것은 지불해야만 했던 비교적 적은 비용의 지출이었다. 그 매각으로 인해 피터스는 현금이 바닥난 기업가에서 개인적인 투자 자산을 가진 독립적이고 부유한 사람이 되었다. 피터스는 말했다. "좋았어요. 그것은 내 인생을 바꾸었습니다. 그 후에 나는 수년간 하얀 모래 해변과 푸른 바다가 있는 곳으로 여행을 떠났죠." 그러나 그는 자신이 저지른 값비싼 실수들에 대한 후회도 여전히 간직하고 있었다. "우리는 회사를 정상에 올려놓고도 사실 너무 오래 기다렸던 거죠. 회사를 주당 2달러에 팔았는데 2년 전 상황이 더 좋았을 때 팔았다면 주당 5~10달러를 더 손쉽게 얻었을 것입니다."

그가 잘못한 모든 것을 인식하기까지 10년이 걸렸고, 대신 어떻게 했어야 했는지를 알아내는 데는 이보다 더 많은 시간이 걸렸다. 그는 결국 운이 따라주지 않았다면 그와 그의 동료, 주주 대부분은 절망에 빠졌을 거라고 결론 내리며 다음과 같이 말했다.

"우리는 누구든 능가할 수 있을 정도로 그렇게 똑똑하지 않았어요. 재산을 몽땅 잃어버릴 수도 있었던 몇몇 지점들이 있었죠. 우리는 그것을 용케 피할 만큼 운이 좋았던 것입니다. 웬만큼 일을 처리해냈지만 아주 가까스로 위기를 피했던 거예요. 만약 내가 초기에 엑싯에 관해 생각하기 시작했다면 우리는 몇 배의 돈을 더 벌 수 있었을 것입니다. 꼭 우리처럼 그렇게 막무가내로 엑싯을 시작해 그 과정에서 고생스레 배워야 할 이유는 없어요. 그래서 나는 정말 강조하고 싶습니다. 모든 회사는 훌륭한 엑싯 전략이 필요합니다."

그러나 피터스는 여러 실수와 후회에도 불구하고 그 매각 거래를 통해 단순히 금전적인 이익보다 미래에 더 큰 가치를 가져올 무언가를 얻게 되었는데 그것은 바로 교육적 효과였다. 이 거래는 결과적으로 기업 인수합병 자문가로서 그가 받은 기초 트레이닝이 되었다.

그가 기업을 매각할 때 도움을 주는 선임 자문가로 일하기 시작했을 무렵, 그는 엑싯 전반의 과정에 있어 훌륭한 이해를 갖게 되었고 역량 또한 경험을 쌓을수록 더해져 갔다. 특히 피터스는 배리 칼슨이 설립하고 최대 주주로 있는 파라선 테크놀로지스의 매각 업무에 관해 자문하게 되었을 때 절정의 기량을 뽐냈는데 이 거래야말로 기업 매각이란 어떻게 이루어져야 하는지를 보여주는 훌륭한 모범 사례의 전형이었다.

좋은 거래란 무엇인가?

배리 칼슨이 기업가가 된 것은 우연이었다. 록 뮤지션이자 급진주의 학생 운동가였던 그는 19세에 결혼하여 아이들의 아버지가 되었고 생계를 위해 회로 기판 공장에서 일했다. 1976년, 주인이 공장 문을 닫을 계획임을 알고는 1달러에 공장을 인수해 회생시켰다. 6년 후 그는 좀 더 거래에 대해 잘 알았더라면 받았을 가격의 1/6만 받고는 그 공장을 원래 주인에게 되팔았다.

파라선 테크놀로지스는 그가 회로 기판 공장을 이와 같이 매각한 후에 일했던 한 회사로부터 분사한 것이었다. 그것은 마인드 링크! 커뮤니케이션스Mind Link! Communications라는 작은 인터넷 서비스 제공업체였다. 이 회사는 1996년 초에 아이스타 인터넷iStar Internet의 산업 구도 재편 전략의 일환으로 인수되었다. 그 후부터 1년 반 동안 아이스타 인터넷은 다른 소규모 인터넷 서비스 업체를 구입하려고 나섰는데, 칼슨은 이때 계약을 맺고 몇 가지 일을 했고 비즈니스 기회가 있는지 유심히 살폈다.

아이스타 인터넷의 비즈니스 모델은 이 기간 동안 진화했고 어느 순간부터 더 이상 마인드링크! 커뮤니케이션스 사업의 상당한 영역이던 브리티시 컬럼비아주 외딴 지역의 고객 대상 서비스는 큰 효용가치가 없음이 점점 더 분명해졌다. 그는 해당 사업이 수익성이 떨어졌지만 꽤 괜찮은 현금흐름을 가지고 있다는 것을 알고 있었다. 그리고 더 중요한 것은 이 사업 부문이 우수한 기술 인력을 가지고 있다는 것이었다. 그는 이 회사를 발판으로 삼으면 상당한 규모의 회사를 세울 수 있을 것으로 판단했다. 따라서 아이스타 인터넷에 접근해 자신이 지정한 가격을 요구하며 인수를 제안했고 그들은 제안을 받아들였다.

그 후 칼슨의 팀은 이 회사를 가지고 어떤 일을 해야 하는지 알아내는 데만 약 2~3년이 걸렸다. 파라링크스 인터넷ParaLynx Internet Inc.이라는 사명으로 라디오 방송국과 마케팅 제휴를 맺는 일에 중점을 두었는데 이는 시청자들에게 회사의 자체적인 인터넷 서비스를 제공하기 위해서였다. 라디오 방송국 중 한 곳은 케이블 또한 운영하고 있었는데 이들은 파라링크스 인터넷에 광대역 인터넷 서비스 제공을 요청했다. 이를 계기로 칼슨과 영업 및 마케팅 부사장 스티븐 맥도날드Steven MacDonald는 같은 서비스를 북미 지역의 4,000여 곳의 독립적인 케이블TV 고객들에게 제공할 수 있다고 보았는데, 이들은 대부분 광대역 부문의 기술적인 지식이나 자원이 없었지만 소비자들로부터 그것을 요구받고 있던 상황이었다.

"우리는 앳홈 네트워크@Home Network라는 인터넷 서비스업체가 광대역 서비스 시장 공략법을 제대로 알지 못해 6억 달러 정도의 큰 돈을 날리는 것을 봤습니다"라고 칼슨은 이야기했다. "그들은 자신들의 브랜드로 서비스를 제공했고 케이블 사업자들을 그저 중간 운송자 정도로 취급했죠. 이러한 방식은 결국 실패했는데 그 이유는 케이블 사업자들은 고객과 자신들 사이에 누군가가 끼어드는 것을 싫어하기 때문입니다. 따라서 우리는 정반대로 접근하여 다음과 같이 제안했습니다. '귀사가 우리에게 5,000달러를 지불한다면 귀사 시설에 서비스가 가능하도록 설비를 마련하고 서비스 또한 소비자들에게 귀사의 이름으로 제공되도록 하겠습니다. 대신 가입 고객 한 명당 우리에게 7달러를 지불해주십시요. 고객은 귀하의 것이며 우리는 당신에게 서비스 매출이 발생할 때만 수입을 얻을 것입니다'라고 말이죠. 그들은 우리의 제안을 좋아했어요."

전략이 변화하면서 사명이 '파라선 테크놀로지스(이하 파라선)'로 바뀌고 회사의 리더십에도 변화가 생겼다. 당시 칼슨은 다른 성장 사업인 괴짜를 위한 일일 온라인 연재만화 서비스 '유저 프렌들리 User Friendly'에 관여하면서 매우 바쁜 상황이었다. 칼슨이 만화 서비스에 쏟는 시간이 길어짐에 따라 판매 및 마케팅 담당 부사장인 맥도날드는 이것이 파라선에 미칠 영향에 대해 염려하기 시작했다.

칼슨은 그때를 다음과 같이 회상했다 "맥도날드가 하루는 나를 찾아와 이야기하더군요. '내가 만약 풀타임으로 파라선의 경영을 맡는다면 칼슨 당신이 파트타임으로 일하는 것보다 회사를 더 잘 관리할 수 있을 것 같습니다'라고 말이지요. 나는 그의 이야기를 듣고 그것에 동의했어요." 칼슨은 파라선의 운영 권한을 맥도널드에게 건네주었다.

맥도날드의 리더십 아래 새로운 전략은 매우 성공적으로 추진되었지만 비용이 많이 드는 문제가 있었다. 그래서 맥도날드와 칼슨은 두 번에 걸쳐 상장회사와의 합병을 시도했는데, 이를 통해 자금 조달을 쉽게 하고 주주들에게 지분의 현금화 기회를 주고자 했다.

첫 번째 시도는 상장되어 있는 인터넷 서비스 제공업체와의 합병이었다. 아직 업계에 그런 기법이 잘 시도되지 않던 시기에 그들은 소위 '우회상장Reverse Takeover/RTO'을 시도했는데, 이때 상장회사로서의 외형은 있으나 자체적인 제품이나 서비스는 없는 껍데기 회사로 하여금 파라선을 인수하게 하는 방법을 택한 것이다. 그 후 뒤이은 합병을 통해 민간 기업은 상장 공모 비용을 들이지 않고도 상장할 수 있다는 점을 이용하려 했다. 그러나 이 방법에는 위험이 따랐다. 한 가지는 껍데기만 남은 상장회사에 우발적인 채무나 위험 요소가 남아 있을 수 있고, 또 다른 한 가지는 합병된 회사가 주식 시장 공개에 따르는 부담을 감당할 준비가 되어 있지 않을 수도 있었다.

다행히 이들의 우회상장 시도는 실패로 돌아갔는데 그 이유는 인수자의 자금조달 계획이 뜻대로 되지 않았기 때문이다. 그들은 아쉬움도 없이 애초에 그런 우회상장 아이디어가 좋지 않았음을 깨달았다. 파라선은 공개 주식 시장의 관심을 끌 정도로 회사의 규모가 크거나 제품이 훌륭하지 않았다. 게다가 주식의 공개 분산과 소유로 인해 회사는 자칫 생존을 위협하는 압력을 받을 수도 있었다.

또한 이 과정에서 파라선이 생각보다 외부 자금 조달의 필요성이 크지 않다는 점도 분명해졌다. 케이블 사업 전략이 전개된 3년 동안 적자였던 회사는 2002년 가을에 마침내 흑자로 돌아섰고 현금 흐름도 개선되었다. 2004년 즈음 회사의 마진은 자체적으로 성장을 도모하기에 충분해졌다. 그러나 직원 11명을 포함해 주주의 수가 35명으로 늘었고, 칼슨은 그들에게 지분을 현금화할 수 있는 기회를 마련해야 할 책무가 있음을 알고 있었다. 그는 모든 사람에게 지분을 현금화할 수 있는 기회를 부여하기에 가장 좋은 방법은 회사를 매각하는 것이라고 보았다. 그가 생각하기에 파라선이라는 회사는 광대역 인터넷 서비스 시장 진입을 노리는 전략적 투자자에게 특히 매력적인 인수 물건이었다.

여기서 한 가지 언급하고 싶은 것은 앞서 우리가 살펴본 레이 파가노, 잭 스택 등과 달리 칼슨은 기업 매각 후 회사에 어떤 영향이 있는지에 관해서는 크게 걱정하지 않았다는 점이다. 그 역시 직원들의 안녕을 빌었고 그것이 바로 그가 직원들에게 주식을 제공한 이유이기도 하다. 그러나 칼슨은 그 시점에 회사의 경영에 참여하고 있지 않은 오너였고 매각 후 새로운 리더십 아래 변화될 것이 예상되는 회사의 현재 기업 문화와도 그 어떤 유대관계를 가지고 있지 않았다.

그러나 그는 자신은 물론 모든 주주에게 가능한 한 이득이 되는 거래를 만들고자 노력했다. 자신의 첫 사업을 매각해본 경험이 있던 터라 이번만큼은 매각 과정을 잘 이끌고 갈 유능한 팀을 구축해야겠다고 생각했다. 그중 한 명은 이사회 멤버인 데이비드 라파David Raffa로 이제 막 기업 인수와 매각 거래 분야로 자신의 주 서비스 분야를 옮기려 하던 경험 많은 증권 및 기업 재무 전문 변호사였다. 무엇보다도 그는 비씨 어드밴티지 펀드BC Advantage Funds라는 새로운 벤처그룹의 출범과 관련된 일을 하고 있었는데 이 회사의 공동 창업자 중 한 명이 앞서 만나본 바질 피터스였다.

위대한 창업가들의 엑싯 비결

피터스는 케이블 업계와 관련한 자신의 경력 덕에 익히 파라선이라는 회사에 대해 들어왔고 더욱 호기심을 갖게 되었다. 그는 라파에게 회사에 대한 소개를 요청했다. 그러고는 회사를 직접 방문하여 살펴본 뒤 회사에 더욱 좋은 인상을 갖게 되었다. "당시에는 회사가 적자였지만 그들은 내가 아는 분야의 사업을 하고 있었습니다. 나는 그들이 일을 잘하고 있다고 봤어요. 딱 회사에 들어섰을 때 금세 알아챌 수 있는 초기 스타트업에서만 볼 수 있는 흥미로운 모습을 띠고 있었죠. 사람들은 활기찼고 이리저리 분주하게 움직이고 있었습니다. 정말 좋은 예감이 들었습니다"라고 피터스는 회고했다.

피터스는 파라선의 전략도 바람직하다고 판단했다. "나는 그들이 사업적으로 올바른 일들을 해가며 고객을 확보하는 것을 볼 수 있었죠. 또한 시장도 분명 클 것이라고 내다 보았어요. 매 분기마다 회사는 성장하고 있었기에 나는 그들이 결국 성공할 것을 알고 있었죠. 이제 남은 건 단지 성공의 크기를 결정하는 것뿐이었습니다!"

칼슨 입장에서는 회사를 매각하는 데 있어 라파와 피터스의 도움을 모두 받고 싶었다. 그들은 기꺼이 도울 의사를 전했지만 단순히 자문가 아닌 투자자가 되어 그 일을 하고 싶다고 했다. 그들은 또한 기업 인수합병과 관련된 공식적인 자문 계약을 통해 본인들에게 구매자를 찾을 수 있는 권한을 부여하고 매각 규모를 적절하게 조정할 수 있는 유연성을 줄 것을 요구했다. 또한 계약의 일부분으로 피터스가 칼슨 대신 이사회 의장직을 수행하는 조건이었다.

그들의 제안을 회사가 받아들이는 데는 추가적인 설득과 노력이 필요했다. 피터스는 이에 대해 다음과 같이 말했다. "인수합병 자문에 관한 계약 조건은 복잡하지 않았지만 회사 입장에서는 큰 결정이기 때문에 쉽게 협상할 수 있는 성질의 것이 아니었습니다. 칼슨 그리고 맥도날드와 함께 이를 논의하는 데 꽤 많은 시간을 보냈죠. 회사 입장에서 공정하다고 할 만한 조건을 도출하자 칼슨은 며칠간 논의를 진전시키지 않고 잠시 멈추었다가 다시 돌아와 나와 단둘이 커피를 마시고 싶다고 이야기하더군요. 그리고는 다음과 같이 이야기했어요. '피터스, 당신도 알다시피 나는 당신이 우리에게 상당한 금액의 돈을 벌어주지 않는 상황에서 돈을 벌어가는 상황은 없었으면 해요'라고요. 거기에 대해 나는 이렇게 말했습니다. '네, 그것은 곧 나의 의도이기도 합니다. 서로의 이해관계를 일치시키는 것은 중요하죠. 그것이 우리 모두가 원하는 결과일 것입니다.' 그러자 배리는 이야기했어요, '좋아요, 그렇다면 나는 괜찮아요. 우리 한번 해봅시다!'라고 말이죠."

결국 기업 인수합병 자문 계약의 체결부터 회사 매각까지 3년의 시간이 걸렸다. 이 기간 동안 피터스는 넥서스 엔지니어링을 매각했을 때 저지른 것과 같은 실수들을 조심스럽게 피해갔다. 이 두 회사의 매각 프로세스를 나란히 비교해보면 실로 극과 극이라고 할 만큼의 차이를 보인다.

예를 들어, 그가 라파와 한 첫 번째 일은 엑싯에 관한 많은 이해관계자들의 이해관계를 일치시킬 수 있는지 살펴보기 위한 전략 워크숍을 개최하는 것이었다. 그들이 엑싯 전략을 수립하려고 하자 곧 이해관계자들의 목적이 한 방향으로 정렬되어 있지 않음이 분명히 드러났다. 어떤 이들(칼슨을 비롯한 일부 초기 투자자들)은 가능한 한 빨리 지분을 팔고 싶어 했으나 또 일부(특히 맥도날드와 그를 따르는 경영진)는 회사가 2~3년 후면 훨씬 더 가치가 높아질 것이니 엑싯을 좀 더 뒤로 미루어야 한다고 생각했다.

피터스와 라파는 기업을 매각하기에는 너무 이르지만 전체적으로 이해관계를 한 방향으로 정렬하기 위해서는 초기 투자자들이 지분의 전부나 혹은 일부를 팔아 현금을 확보할 수 있는 길을 마련해야 한다는 데 동의했다. 이를 위해 회사는 비씨 어드밴티지와 협력해 2차 투자자를 모집했는데 이들이 제공하는 약 50만 달러로 지분을 팔고 싶어 하는 사람들의 주식을 매입했다. 피터스가 생각하기에 그들이 새로운 투자자 모집에 성공할 수 있었던 이유는 합리적인 주식 가격은 물론 명확한 엑싯 전략이 있고 이미 엑싯을 수행하기 위해 노력하고 있는 훌륭한 팀이 있었기 때문이다.

"만약 당신이 투자자들 앞에서 이 세 가지를 말할 수 있다면 당신의 요구가 더 이상 매우 장기적이며 고도로 유동성이 떨어지는 비상장회사의 투자가 아니라는 메시지를 전달할 수 있습니다. 이것은 마치 다리를 놓는 것과 같아요. 실제로 신규 투자자를 모집하는 게 어렵지 않았죠. 우리는 10여 명은 족히 모을 수 있었습니다"라고 피터스는 말했다.

1년 후 파라선은 또 한번 투자자 유치를 했고 피터스 또한 재투자를 했는데 이번에는 개인 자격이 아닌 자신이 운영하는 엔젤투자 펀드를 통해서였다. 물론 초기 투자자들뿐만 아니라 다른 투자자들의 니즈도 헤아려야 했고 회사의 핵심적인 관리자들도 이에 동의해야 했다. 이를 염두에 둔 칼슨은 일찍이 라파와 논의해 맥도날드 및 다른 고참 인력들을 위한 스톡옵션 패키지를 설계해두었다. 그 시점까지 그들은 다른 직원들과 똑같이 아주 작은 지분을 가지고 있었다. 이 스톡옵션 패키지는 기업 매각이 있고 난 후 5년에 걸쳐 혹은 회사의 지분 매각이 있고 나서 즉시 부여되는데 그들에게 다른 일반 직원보다 더 큰 지분을 가질 수 있도록 해주는 것이었다.

이 모든 일이 피터스의 예상보다 훨씬 더 오래 걸렸지만 덕분에 다양한 이해관계자들의 니즈가 공통의 엑싯 전략 즉, 최소 1,000만 달러의 기업가치로 앞으로 2년여 후인 2006년 말 또는 2007년 초에 기업을 매각한다는 것에 의견 일치를 보였다.

피터스의 입장에서 이러한 공통의 목표를 달성하는 데 있어 가장 큰 도전이 남아 있었는데 그것은 아직 어리고 경험이 많지 않은 경영진의 구성이었다. "물론 그들이 일을 훌륭히 해내고 있는 것은 맞았어요. 하지만 아직 많은 것을 배워야 했죠. 그래서 우리는 매우 적극적으로 의견을 내는 이사회로 기능할 수 있도록 가능한 한 빠른 속도로 경영진의 실력을 끌어올리는 데 주력했어요." 이 사안에 있어 이사회 의장인 피터스가 가장 적극적이었다. "1년의 절반 이상이 넘는 기간 동안 경영 목표를 달성하는 데 중요하다고 생각되는 운영 사항에 초점을 맞추기 위해 나는 경영진들과 일주일에 한

번씩 만났습니다"라고 피터스는 말했다.

　피터스는 이를 '멘토링' 세션이라고 불렀지만 다른 참여자들은 거의 황달 기미를 보일 정도의 표정으로 이를 함께했고 칼슨은 그러한 세션에 대한 이야기를 때때로 전해 듣곤 했다. "피터스는 아주 강력한 의지로 사람들을 몰아붙였어요. 그는 모두가 집중하도록 했고 경영진이 해야 할 일들에 관해 가르쳤죠. 그는 단지 우리가 영업 목표를 달성하기 위해 필요한 모든 옳은 조치들을 경영진들이 이행하길 원했고 사업을 속속들이 이해하고 싶어 했습니다. 물론 참호에 들어가서 전투를 치르는 일은 쉽지 않죠. 몇 달은 운이 좋을 수도 있고 또 어떤 때는 운이 좋지 않아 실적이 나쁠 수도 있어요. 하지만 피터스는 이를 상관하지 않았죠. 그는 경영진들에게 '매달 우리가 계획한 수치를 달성해야 해. 그것만이 기업의 가치를 극대화하는 길이야!'라고 이야기했어요. 그러고는 그러한 규율을 모든 사람에게 강요했습니다. 때로는 그가 굉장한 액션으로 이를 강조하기도 했죠. 하지만 결국 이 전략은 통했고 모두가 좋은 성과를 내게 되었습니다. 그 힘든 과정을 거친 사람들은 이제 피터스에게 매우 감사한 마음을 가지고 있을 거예요"라고 칼슨은 말했다.

　파라선의 운영 실적이 최종적인 기업 매각에 있어 매우 중요한 만큼이나 회사가 매각되기 위해서는 몇 가지 더 취해져야 할 조치들이 있었다. 매각하는 사람은 감사를 위해 회계법인을 고용해야 했고 기업 인수합병 전문 변호사도 필요했다. 아울러 팀은 잠재적 투자자를 위한 핵심 정보가 담긴 소위 '딜북Deal book'을 만들어야 했고, 전문가들은 회사의 구조를 전반적으로 뜯어보고 고용 및 외주 계약 현황을 점검하며 심도 깊은 세무 실사를 진행해야 했다. 피터스는 잠재적 인수자와의 계약을 체결하기 전 대부분 시간이 많이 걸리고 매우 기술적인 50여 가지 이상의 과제 목록을 눈앞에 두고 있었다.

다행히도 그의 곁에는 라파가 있었다. 전직 변호사인 라파는 피터스보다 회사를 더 오랜 기간 보아왔고, 법률적인 전문 지식을 가지고 있어 거래의 구조, 문서화 그리고 협상 등에 있어 피터스가 잘 준비할 수 있도록 도울 수 있었다. 이런 과정 끝에 2006년 늦봄, 과제 목록의 모든 항목이 완료되었고 회사는 전년 매출 800만 달러와 상각 전 영업이익 150만 달러에서 더 나아가 당해 매출 최대 1,200만 달러, 상각 전 영업이익은 220만 달러를 내다보게 되었다. 피터스와 라파는 인수자를 찾기 시작할 때가 되었다고 판단했다.

그로부터 3~4개월 동안 그들은 전략적 그리고 재무적 투자자를 모두 포함한 약 100명의 인수 후보자 목록을 작성했다. 그들은 각 후보 기업에 매각 거래 및 회사의 개요가 담긴 두 페이지 분량의 핵심 요약본을 서한으로 발송했다. 그러고는 또 목록에 있는 사람들에게 직접 연락을 취해 관심도를 파악하는 데 2~3개월이 더 소요되었다. 이중 약 7~8명이 딜북에 접근하기 위해 '비밀 유지' 협약을 맺었고 다시 이들 중 3명의 후보가 협상을 추진하고 싶다는 의사를 밝혔다. 피터스에게 이 3명은 '꽤 활발한 경매' 시장을 조성할 수 있는 충분한 수였고, 실제 그들은 주식 가격과 계약 조건에 관해 희망하는 바를 서면으로 제출했다. 이제 남은 것은 '어떤 제안을 받아들일 것인가'였다.

이사회에서 활발한 토의가 진행되었는데 칼슨이 마음이 가는 인수자 후보와 피터스 그리고 라파가 선호하는 인수자 후보가 서로 달랐다. 피터스는 다음과 같이 말했다. "직관적으로 본다면 칼슨이 선호한 우리가 받은 첫 번째 오퍼를 수용하는 것이 옳았어요. 그것은 딱히 비합리적인 건 아니었죠. 완벽하게 좋은 가격의 합당한 구매 제안이었어요. 그러나 라파와 나는 그것과 다른 제안으로부터 더 좋은 금액을 얻어낼 수 있다고 생각했죠. 그래서 우리는 이미 손에 넣은 새 한 마리와 아직 숲속에 있는 새 한 마리 중 무엇을 택할 것인지를 두고 오랫동안 토론했습니다."

결국 칼슨은 라파와 피터스의 의견을 따랐고 자신의 결정에 대해 만족해했다. "결국 현지에 있는 두 회사가 인수자 후보로 좁혀졌습니다"라고 칼슨은 말했다. "라파와 피터스는 두 회사의 관심을 잘 이끌어내 이들이 동시에 오퍼를 넣도록 했고, 그 결과 우리는 일종의 경매와 같은 효과를 볼 수 있었어요. 비록 공식적인 형태의 경매는 아니었지만요. 한 곳에서 제안이 들어오면 라파와 피터스는 이를 보고 다른 상대방으로부터 무엇을 더 얻을 수 있는지 예상해볼 수 있었고 결국 누구에게 전화를 걸어 무엇을 요구할지도 알게 되었죠. 그들이 일하는 것을 보는 것 자체가 내게는 교육적으로 엄청난 도움이 되었어요. 어느 시점이 되자 우리는 만족할 만한 오퍼를 받았지만 그들은 이에 대해 '좋은 제안이에요. 그렇지만 우리는 약

24만 달러 수준의 운전 자본을 유지하기 위해 제안 금액을 더 올려야 합니다'라고 말했어요. 이는 곧 160만 달러 정도의 추가금을 뜻하는 것이었죠. 상대는 결국 이를 받아들였습니다. 나라면 그냥 두었을 테고 그저 인수자의 뜻대로 진행했을 거예요."

두 인수 경쟁에서의 승자는 캐나다 인터넷 서비스 사업자이자 상장회사인 유니서브 커뮤니케이션스Uniserve Communications Corp.였다. 금액과 제반 조건이 합의되자마자 유니서브는 실사를 진행했다. 전반적으로 몇 가지 작은 문제에도 불구하고 실사는 원활히 진행되었다. 유니서브는 거래를 무산시킬 만한 재정상의 이슈가 있었고 이들은 두 번에 걸쳐 거래 종결을 연기했다. 이들이 다시 한번, 즉 세 번째로 거래를 연기하고자 했을 때 라파와 피터스는 이를 거부했다. "라파는 특히 거래 종결이 지연되는 것에 대해 계속 우려를 표했어요. 그는 이렇게 말했죠. '만약 여기서 우리가 이들을 밀어붙이지 않으면 이 거래는 무산될지도 모릅니다. 그들은 이미 필요한 시간을 충분히 가졌어요. 더 이상 연기를 받아들여서는 안 됩니다'라고요. 나는 그저 그가 까다롭게 굴기 위해 액션을 취한다고 생각했어요. 하지만 결국 그가 옳았습니다. 그가 나중에 말하길 '나는 거래가 수차례 연기되다가 아예 무산되어버리는 경우를 매우 많이 보아왔습니다'라고 말했죠." 칼튼은 말했다.

이제 거래를 종결하기 위한 마감일은 2007년 5월 24일 목요일로 정해졌다. 칼슨, 맥도날드 그리고 피터스는 바로 이날 거래를 마무리 짓지 않는다면 기업 매각은 물 건너가는 것이라고 생각했다. 우

위대한 창업가들의 엑싯 비결

선 유니서브 커뮤니케이션스는 재정적인 문제로 인해 이후에는 더 자금을 조달하지 못할 것이 예상됐다. 또한 캐나다 달러에 대한 미국 달러의 급격한 가치 하락도 중요한 이유였다. 매출의 80퍼센트는 미국 달러로 발생하지만 비용 지출의 대부분은 캐나다 달러로 이루어지는 구조 때문에 미래에 파라선은 큰 타격을 입게 될 것으로 예상되었다.

파라선의 모든 주주들 입장에서는 다행히도 그날 밤 자정을 넘기지 않고 오후 11시 55분에 거래가 마무리되었다. 공식적인 지불 금액은 1,250만 달러였지만 운전 자본과 다른 조정을 통해 실제 매각 대금은 1,480만 달러가 되었다. 주주들이 2005년 9월에 엑싯 전략에 대해 합의한 원래의 목표 금액인 1,000만 달러보다 50퍼센트 가량 높은 수준이었다.

칼슨과 피터스, 라파는 매각 대금을 가지고 회사를 떠났지만 맥도날드와 그의 경영진은 회사에 머무르며 유니서브 커뮤니케이션스의 운영 권한까지 인계받았다. 그러나 최선의 노력에도 불구하고 유니서브 커뮤니케이션스의 재무 상황은 계속 악화되었다. 결국 파라선 인수 후 2008년 10월 유니서브 커뮤니케이션스는 미국의 IBBS Integrated Broadband Services에 2,000만 달러에 매각됐다. 그러나 IBBS는 유니서브 커뮤니케이션스의 고객 목록만을 원했던 것이었고 이에 따라 직원들을 해고했다. 하지만 맥도날드와 그의 동료인 파라선 출신의 경영진들에게 이는 그렇게 심각한 문제는 아니었다. 그들 역시 피터스와 라파의 노력 덕분에 적절한 현금을 이미 손에 쥐었기 때문이다. "피터스와 라파는 엑싯을 완벽하게 설계하고 실행했습니다"라고 맥도날드는 평가했다.

칼슨 입장에서 보면 그는 기업 매각을 통해 그가 원하던 모든 것을 얻었다고 할 수 있다. 그것을 가능하게 한 원동력은 다음과 같았다.

- 그는 자신이 누구인지, 무엇을 원하는지, 그리고 왜 그것을 원하는지 알고 있었다.
- 그는 팔릴 만한 회사를 가지고 있었다.
- 그는 준비할 충분한 시간을 가졌고, 훌륭한 후계자를 갖는 축복도 있었다.
- 그는 전직 창업자였고 노련한 자문가가 이끄는 훌륭한 엑싯 팀을 갖고 있었다.

또한 우리가 1장에서 보았듯이 그는 매우 원활한 '전환 단계'를 거쳤다(이 부분에 관해서는 9장에서 더 자세히 다룰 것이다). 그리고 이것은 그가 매우 양심적인 사람이었기 때문에 가능했다. 그는 자신이 주주와 직원들 모두에게 올바른 일을 했다는 것을 알고 있었다. 이것은 행복한 엑싯을 위한 조건이기도 하다.

7장

나와 함께한 사람들

FINISH BIG

"세상에 혼자 사업을 일구는 사람은 없다. 당신과 함께하는 사람들을 생각하라!"

2010년 4월 흐린 날씨의 어느 날, 잭 알츠슐러가 일리노이주 글렌 엘린Glen Ellyn에 있는 영상 녹화 스튜디오에 나타났다. 이날은 그가 1972년 창업한 산업폐수처리 회사인 마람Maram Corp.의 엑싯에 관한 인터뷰를 하는 날이었다. 회사를 경쟁사에게 매각한 뒤 12년여 동안 리더십 트레이닝과 강연 부문에서 새로운 경력을 쌓아왔지만 밝은 비디오 조명 아래 지난날의 엑싯 경험에 대해 이야기하는 동안 그때의 기억은 여전히 그의 마음 속에 생생하게 살아 있었다. 줄무늬 셔츠의 깃을 열어젖히고 짙은 브이넥 스웨터를 입은 채 그는 매각을 위한 기업 실사가 수개월을 끌었고 왜 그렇게도 힘들었는지에 대해 설명하고 있었다.

한 가지 요인은 사업을 그만하고자 하는 그의 강한 열망에서 찾을 수 있었다. 수년 동안 정말 재미있고 흥미로운 경험이었지만 이

위대한 **창업가들**의 엑싯 비결

미 꽃은 만개한 지 오래였다. 그는 사업가의 삶에서 벗어나고 싶었다. "나는 꽤 불행했어요. 내 앞에는 더 이상 다루고 싶지 않은 일상적으로 생기는 그런 사업상의 일과들이 늘 있었죠." 그러나 그에게 가장 힘들었던 것은 어느 순간부터 바로 그런 모든 것을 비밀로 해야 한다는 것이었다.

알츠슐러는 회계사와 변호사를 고용해 엑싯 프로세스를 관리하게 했는데 그들의 강력한 권고는 바로 15명의 직원들에게 아무 이야기도 하지 말라는 것이었다. "그들 이야기는 나름 거기에 합당한 이유가 있는 것처럼 들렸어요. 나는 그들의 충고를 따랐죠. 그러나 그것은 매우 어려웠습니다. 나는 항상 사무실 문을 열어두는 원칙을 가지고 있었지만 이 과정에서 나는 문을 닫고 직원들 모르게 전화 통화를 해야 했어요. 이것은 직원들의 많은 의구심을 샀습니다. 한 명도 아닌 여러 명의 직원이 나를 찾아와 물었죠. '별일 없는 거죠? 회사에 무슨 일이라도 있나요? 요즘 들어 문을 많이 닫고 계신 것 같아요'라고 말이죠. 때로는 굉장히 어색한 상황이 되곤 했습니다"라고 그는 말했다.

어색함은 제쳐두고라도 비밀주의라는 것은 그동안 그가 일궈온 기업 문화, 즉 충성심과 신뢰, 우애, 봉사 등과는 거리가 먼 것이었다. 사실은 핵심 직원 한 명의 불충한 행동이 알츠슐러의 사업 매각 결정에 중요한 역할을 했다. "나는 사람을 매우 빠르고 쉽게 신뢰하는 경향이 있었어요"라고 그는 말했다. "그러나 그러한 신뢰에 금이 가거나 충성도에 반하는 무언가가 있다면 나는 그것을 깊이 새기는 편이죠. 그래서 내가 투자를 많이 한 우리 직원 중 한 명이 회사를 떠나기로 하고 또 그것을 정직하게 알리지 않았다는 것을 알았을 때 나는 그것을 심각하게 받아들였습니다. 그것은 매우 어려운 깨달음이었어요. 그때부터 사업을 한다는 것이 예전만큼 재미있지 않았죠."

회사 매각까지 수개월 동안 그는 모든 직원에게 큰 영향을 줄 수밖에 없는 결정들에 대해 이를 솔직하게 공개하지 않아야 한다는 점을 깨달았다. 이때의 혼란스러움이 그에게는 마치 직원들을 배신한 것만 같이 불편하게 다가왔다.

그는 비디오 스튜디오에 있는 바 의자에 앉아 12년이 지난 지금도 여전히 자신을 불편하게 하는 한 가지 사건을 되짚어 보았다. "그 사건은 하마터면 정말 큰일 날 뻔한 일이었죠. 나는 회사의 법무팀과 회계법인 사람들과의 모든 교신은 회사가 아닌 나의 집에서 이루어지도록 했습니다." 인보이스Invoice(상품을 멀리 떨어진 곳으로 보낼 때 그 물건을 받을 사람에게 상품에 관한 내용을 적어 보내는 문서_옮긴이)가 발행될 필요가 있을 때는 그저 내용을 잘 알아보지 못하도록 '제공된 서비스에 대해 청구함' 정도로만 기입하기로 했다. 그러던 차에 회계법인이 그만 실수를 하고 말았다. 인보이스에 '사업을 ○○에 매각하는 것과 관련한 서비스'라고 적고 인수자를 명시한 것이다.

"나는 그것을 검토했지만 실수를 알아채지 못하고 처리되어야 할 다른 청구서들과 함께 회사 관리자에게 넘겼죠. 그 순간을 기억합니다. 책상에 앉아 있는 나를 향해 그녀가 문제의 청구서를 들고 걸어 들어오며 '잭, 지금 마람을 팔려고 하는 거예요?'라고 물었죠. 그녀의 얼굴에 드리운 충격이란!" 그는 잠시 말을 멈췄다. 오랫동안 누르고 있던 감정이 복받쳐 올랐기 때문이다. 그는 잠시 안정을 취하기 위해 휴식 시간을 가졌다.

"나는 여전히 그 순간이 생생하고 모든 것이 그대로 느껴져 지금도 심장이 두근거립니다. 나는 아무 말도 하지 않고 그저 별일 아니라는 듯 행동하려 했지만 그녀가 지금 벌어지고 있는 일에 대한 분명한 증거를 가지고 있었기에 나는 그녀에게 이야기할 수밖에 없었죠. 그녀는 자기 자리로 갔다가 10분 후 다시 내게로 돌아와 배신감을 느낀다며 눈물을 보였습니다. 그녀는 정말 내게 충성스러운 직원이었어요. 헌데 나는 회사를 매각하려고 하면서 그녀에게 말조차 하지 않은 것이죠. 그녀는 깊은 배신감을 느꼈고 그것에 대해 내가 할 수 있는 일은 없었습니다. 그것은 정말 끔찍한 경험이었어요."

나머지 직원들에게 이 소식을 공표했을 때도 상황은 나아지지 않았다. "매각 서류에 서명한 직후 나는 회의를 소집했고 모두가 회의실로 모였습니다. 내 사무실 매니저를 제외하고는 아무도 무슨 일이 일어나고 있는지 몰랐죠. 내가 회사의 매각 소식을 전했을 때 직원들에게 가해진 충격을 느낄 수 있었습니다. 사람들은 말문이 막히는 듯 반응했고 나는 여전히 그들의 얼굴에 서린 고통을 기억합니다. 그것은 매우 불행한 회의였어요."

알츠슐러는 인수자 또한 산업폐수처리 회사이며 마람과 비슷한 기업 문화를 가지고 있다는 점을 고려했다고 이야기했다. 계속 회사에 남아 일하고 싶은 사람은 새 오너와 일할 수 있다고 말하자 이와 관련해 몇몇 사람들이 질문을 던졌다. 그리고 또 몇몇은 불신을 표출했다. 그 후 직원들은 모두 인수자의 상점으로 20분간 차를 타고 이동했다. "상점을 투어하는 동안에도 직원들의 충격은 구름처럼 머리 위에 드리워 있었죠. 그때는 물론 그 이후에도 사람들이 배신감에 분노한다는 사실을 느꼈습니다. 내게 충성해온 사람들이었기에 그들은 나에게 배반당한 느낌이었을 테고 매우 어려운 시기였습니다. 그들이 겪고 있는 고통의 끔찍함을 고스란히 느낄 수 있었어요." 알츠슐러는 말했다.

그러한 불편함에도 불구하고 알츠슐러는 회사를 매각하기로 한 자신의 결정에 의문을 품어본 적이 없었다. 조금 아쉬운 뭔가가 있다면 '왜 좀 더 일찍 팔지 않았을까'라는 것뿐이었다.

그는 고백했다. "나는 더 이상 회사를 이끌 수 있는 적합한 사람이 아니라는 것을 알고 있었습니다. 그래서 회사를 판 것에 대해 죄책감을 갖지는 않았지만 그 과정에 있어 직원들에게는 분명 나빴어요. 만약 다시 그러한 기회가 온다면 나는 직원들에게 사전 고지를 통해 2년 정도의 충분한 시간을 줄 것입니다. 그들에게 나는 이렇게 말했을 거예요. '모든 사람에게 이 기업의 매각이 도움되도록 함께 이 일을 추진합시다'라고요. 하지만 그때 당시 나는 그런 생각조차 하지 못했어요. 스스로 그것을 깨닫지 못한 채 주변의 조언을 그저 단순히 따랐던 것이죠."

위대한 창업가들의 엑싯 비결

나뿐만 아니라 다른 사람들의 삶

기업의 엑싯은 오너 자신뿐만 아니라 오너의 가족 및 회사의 고객, 공급업체, 주주들은 물론이고 그 이상의 많은 사람들에게 영향을 끼친다. 그럼에도 가장 큰 영향을 받는 사람들은 보통 직원들이다. 이들은 자신의 생계를 위해 회사에 의존해왔고 새로운 오너들이 가할 모든 변화에 가장 취약하게 노출되어 있는 사람들이기 때문이다. 그러므로 많은 경우에 있어 매각 후 기존 오너의 감정은 직원들의 반응과 그들이 새로운 오너 밑에서 어떻게 생활하는지에 의해 크게 영향을 받는다.

내가 수년간 만난 수천 명의 성공적인 기업가들 중 대다수는 직원들을 깊이 생각하고, 그들을 공정하게 대우하려 애쓰며, 그들에게 훌륭한 업무 환경을 제공하기 위해 노력하는 사람들이었다. 그 이유는 그러한 일 자체가 훌륭한 일이기도 하지만 아주 영리한 사업 운영의 일환이기 때문이다. 또한 오랜 세월 증명되어왔듯이 직원들은 회사가 자신을 보호하고 위한다는 사실을 알게 되면 더욱 능률적으로 일하고 고객들을 잘 돌보는 등 긍정적인 효과로 이어지곤 한다. 그러나 역설적으로 이러한 환경을 조성하는 데 들인 오너의 노력과 결실이 종종 엑싯을 더 어렵게 만들기도 한다.

잭 알츠슐러 외에도 이러한 많은 사례를 찾을 수 있다. 6장에서 살펴보았듯이 힘든 전환 과정을 겪은 이볼브 유에스에이의 공동 창립자 데이브 잭슨도 마찬가지다. 잭슨 역시 자신의 홈 헬스케어 회사인 퍼스트초이스 헬스케어를 매각할 당시 직원들에게 정보를 공유하지 않았다. 거래가 끝나고 매각 대금이 지급되고 나서야 그는 회의를 소집했다. "그때 비로소 직원들이 회사의 매각 사실을 알게 되었고 매우 나쁜 상황이었죠"라고 그는 말했다. 그가 나쁜 상황이라고 표현한 이유는 잭슨 스스로 자신의 회사가 성공하는 데 큰 역할을 했다고 믿는 '친밀하고 매우 생산적인 기업 문화'에 배치되는 일이었기 때문이다.

"우리는 매우 가깝게 지냈습니다. 가족 같은 면이 있었죠. 따라서 회사가 팔렸다는 소식은 직원들에게 분명히 큰 충격이었습니다. 사람들은 내가 정직하지 못했다고 느꼈죠. 바로 배신감이었습니다. 나는 그러한 반응에 대비하지 못했어요. 마음속으로 나는 그 매각 거래가 직원들에게도 득이 되는 것이라고 보았거든요. 이제 그들은 훨씬 더 나은 혜택을 누릴 수 있었고, 그 누구도 매각 과정에서 해고당하거나 임금을 삭감해야 하는 상황을 겪지 않았으니까요. 내가 저지른 실수는 그들에게 그런 엄청난 소식을 소화할 만한 충분한 시간을 주지 않은 것이었어요. 인수 회사의 인사 담당자가 와서 즉시 서류를 앞에 내밀고 직원들에게 양식을 채우도록 요구했죠. 그날은 정말 힘든 하루였어요." 잭슨은 말했다.

직원들이 매각 거래를 배신으로 간주하지 않는다 하더라도 그러한 엑싯은 여전히 씁쓸한 경험으로 남게 되는데, 특히 기존의 오너가 매우 고성과 문화를 구축하는 데 성공했다면 더욱 그러하다. 쟝 조댕Jean Jodoin의 사례가 바로 그러한 경우다.

그는 1989년 일리노이주 엘진Elgin에서 퍼실리텍Facilitec이라는 회사를 다른 3명의 파트너와 함께 창업했다. 이 회사는 두 개의 회사를 합병한 것이었는데, 하나는 스폿틀리스 터치Spotless Touch라는 주방 폐기물 청소업체였고 또 하나는 레스토랑의 폐기류 수거장치 제조업체인 그리스 가드Grease Guard였다. 회사 창립 초기부터 그들은 열심히 또 즐겁게 일하고 모든 고객에게 훌륭한 결과를 제공하는 모범적인 회사 문화를 구축하는 것을 최우선 과제로 삼았다. "그러한 문화는 전화 고객 상담원부터 현장의 기술직 직원에 이르기까지 전사적으로 생겨났어요. 우리는 모든 고객과의 접촉을 차별화의 기회로 여겼습니다."

이 회사는 10년 만에 연간 판매액이 1,000만 달러에 달하는 기업으로 빠르게 성장했고 에코랩Ecolab과 같은 상장회사를 포함한 잠재적 인수자들로부터 관심을 끌게 되었다. 1999년 에코랩은 비공식적으로 인수 제안을 해왔지만 퍼실리텍은 이를 거절한 바 있었다. 그러나 시간이 지남에 따라 회사 내 파트너들 간의 관계가 어려워졌다. 조댕은 "일이 재미없어졌어요"라고 말했다. 그래서 에코랩이 새로운 인수 제안을 해왔을 때 파트너들과 논의한 끝에 이를 받아들이기로 결정했다. 하지만 조댕은 거래를 종결하는 시점에 미묘한 감정을 느꼈다.

그는 말했다. "평생 만져본 돈보다 더 많은 현금을 손에 쥐게 되어 흥분도 됐지만 우리가 남겨두고 떠나는 사람들에 대해 그만큼 슬픈 감정도 들었습니다. 우리 파트너들에게 기대어 일하는 수백 명의 직원들이 있었고 나는 그날 그들을 낙담시켰던 것입니다. 나는 아주 오랫 동안 회사를 계속 성장시키겠다고 약속했지만 그 대신 직원들을 새로운 오너의 손에 남겨 두고 떠나게 된 것이죠. 나는 마음속으로 새로운 오너가 절대 내가 직원들을 대했던 것처럼 그들을 대하지 않을 것을 그리고 그들과 그들의 가족을 나만큼 잘 돌보지 않을 것을 알고 있었습니다. 그날 나는 정말 비통했어요."

진정한 마음의 평화

오늘날 대부분의 오너들은 회사가 매각되는 날에 큰 상처나 상실감을 느끼지 않을 것이라고 생각한다. 또한 자신의 전 직원들이 회사의 매각을 일종의 배신으로 바라보는 것을 좋아하지도 않을 것이다. 어쨌든 중요한 것은 당신이 엑싯할 때 단순히 돈뿐만이 아니라 마음의 평화도 가지고 떠날 수 있어야 한다는 사실이다.

무엇보다 그러한 마음의 평화는 당신의 여정이 성공적으로 마무리되도록 도와준 여러 사람들이 그러한 매각이 옳은 일이었다는 것을 인식하는 데서 비롯된다. 그렇다면 과연 '옳은 일'이란 당신에게 어떤 의미일까? 많은 이들이 각기 다른 답을 가지고 있겠지만 엑싯을 계획하는 오너는 그러한 질문을 가능한 한 일찍 스스로에게 던져 보아야 한다.

미국 텍사스주의 달라스Dallas를 기반으로 하는 플래닛 탄Planet Tan을 창업한 토니 하틀Tony Hartl은 2008년 엑싯을 결심했을 때 그가 회사를 떠나는 것이 직원들에게 어떠한 영향을 미칠 것인가에 대해 주의 깊게 인식하고 있었다. 그는 그의 나이 26세였던 13년 전에 사업을 시작했다. 한 투자자로부터 약 4~5만 달러를 투자받고, 자신의 퇴직 연금에서 약 1만 달러를 꺼내 당시 자신이 일하고 있던 거의 파산 직전의 태닝 회사로부터 3곳의 상점을 사들였다.

상점을 인수하고 난 뒤 간판을 새로 달 돈을 겨우 마련할 정도로 자금이 넉넉하지 않았다. 그러나 그것은 그에게 크게 문제되지 않았다. 그는 팀을 조직해 각 살롱에 있는 모든 방의 바닥을 열심히 닦고 또 광을 냈다. 상점을 병원만큼 깨끗하게 관리하고 최신 장비를 갖추기도 했다.

현금흐름이 개선되는 가운데 하틀은 매우 중대한 결정을 내렸다. 그것은 보통의 방식처럼 빨리 상점의 수를 늘려가는 것이 아닌 기존 상점의 매출을 확대해 성장해나가는 것이었다. 그는 규모가 작은 여러 개의 상점을 갖는 것보다는 규모가 큰 상점을 소수로 운영하며 고객들에게 더 훌륭한 서비스를 제공하는 동시에 인건비의 증가 속도보다 훨씬 더 빠르게 매출을 증대하는 전략을 택했다.

하틀의 판단은 옳았다. 2007년이 되자 플래닛 탄은 모든 달라스의 포트워스Fort Worth 지역에 16개의 상점과 170명의 직원을 가진 회사로 성장했다. 각 상점의 평균 매출은 약 100만 달러였는데 이는 당시 업계 평균인 20만 달러보다 훨씬 높은 수치였다. 더 나아가 이 회사는 업계에서 가장 높은 1인당 매출을 기록했고, 많은 상점들이 매출 대비 상각 전 영업이익율 50퍼센트 이상을 기록했다.

하틀은 회사의 성공 비결에 대한 확신이 있었다. 그것은 바로 직원들의 자질과 기업 문화의 힘이었다. 그는 말했다. "우리에게는 무언가 더 큰 목적의식이 있었는데 그것은 바로 훌륭한 일터를 만드는 것이었어요. 나는 항상 업계에서 직원 한 명 한 명이 '최고의 사업가'가 되어야 한다고 강조했죠. 그들에게 나는 이렇게 말했어요. '세계에는 유명한 기술 회사들이 있어요. 우리가 노력한다면 리테일에서도 그것을 만들 수 있답니다. 일찍 출근하고 늦게 퇴근하며 우리보다 고객의 니즈를 먼저 생각함으로써 그러한 회사를 일궈낼 수 있죠.' 바로 그것이 성공의 요체였어요. 우리는 그러한 정신에 동의하는 혹은 동의하는 것으로 여겨지는 직원들만 고용했고, 그 직원들의 행동은 우리의 생각이 틀리지 않았음을 보여주었어요."

사업을 시작한 이른 시기부터 하틀은 회사를 매각하는 게 어떻겠냐는 제안을 받았는데 그중에는 사모펀드도 있었고 경쟁사도 있었다. 당시 그는 회사가 아직 매각을 위한 준비가 되어 있지 않다고 판단하여 그러한 제안을 거절했다. 대부분의 상점들이 비즈니스를 시작한 지 얼마 되지 않았고 상당한 수준의 현금흐름을 만들기까지는 숙성의 시간이 필요했기 때문이다. 아울러 스스로 아직 준비가 되지 않았다는 이유도 있었다. "나는 경험이 많지 않았기 때문에 회사를 운영하는 것 외에 다른 생각은 하지 못했죠. 나는 정확히 내가 하고 싶은 일을 했고 상당한 돈을 벌었어요. 의미를 부여할 수 있는 일에 종사하고 있었던 것입니다." 하틀은 말했다.

이러한 사업에 대한 열정에도 불구하고 그는 남은 평생을 플래닛 탠과 보낼 계획은 없었다. 그는 대학 시절 자신을 위한 목표를 하나 세웠다. 40세가 될 때까지 일한 다음 잠시 동안 다른 일을 할 것이라는 목표였다. 그는 그 약속을 충실히 지키려고 했는데 이것은 결국 회사의 매각을 의미했다. 그러한 자신의 의도가 사업적으로 올바른 일을 하는 것을 방해하지 않도록 각오를 다졌다. 그는 마치 자신이 그 회사를 영원히 소유할 것처럼 행동했는데 이는 곧 무슨 결정을 하든 회사에 장기적으로 도움이 되도록 하는 것에 유의했음을 뜻한다. 그러나 그럼에도 41세 생일이 되기 전에 회사를 매각하겠다는 생각을 항상 마음속에 담고 있었다.

어느새 점점 시간이 다가오고 있었다. 2006년 11월 그는 39세가 되었다. 그는 젊은 기업가를 위한 모임Young Entrepreneurs' Organization/YEO(현재는 Entrepreneurs' Organization/EO로 불린다)의 열성적인 회원이었고 매분기마다 외부 연사를 초청하는 포럼에 정기적으로 참석했다. 2007년 초 초청된 연사는 비즈니스 브로커인 데이비드 해머David Hammer였고 마침 해머는 최근 한 기업인의 급여 업무대행 회사의 매각을 도왔다. 당시 매각 과정을 설명하면서 해머는 회사의 역사, 재무, 성장 잠재력 등 인수자가 관심을 가질 만한 정보를 담은 마케팅 문서(딜북 혹은 Confidential Information Memo/CIM이라고도 한다)의 중요성을 강조했다. 그는 매각 자체는 잠시 접어 두더라도 이러한 문서 자체가 바로 창업자가 가지고 있는 자신의 회사에 대한 과대하게 부풀려진 시각을 현실적으로 체크할 수 있는 수단이 된다고 말했다.

해머의 이야기는 하틀에게 호소력 있게 다가왔고 그는 해머를 자신의 회사에 고용했다. 해머를 포함한 고위 간부들과 함께 플래닛 탄을 위한 딜북을 만들었다. 그는 이 작업을 회사의 매각을 위해 밟아야 하는 구체적인 단계라기보다는 회사의 현황을 체크하는 수단으로 삼았는데 이는 그에게 정말 의미 있는 경험이었다.

하틀은 당시의 상황을 이렇게 설명했다. "나는 딜북을 만드는 것이 얼마나 힘든지, 얼마만큼의 정보를 담아야 하는지 알지 못했어요. 정말 학습적으로 큰 경험이었죠. 나는 왜 3만 달러의 비용까지 들이며 회계 감사를 받아야 하는지에 대해서도 고심했어요. 그러나 해머는 그 중요성을 내게 설명해주었고, 우리는 그것을 받아들였죠. 그리고 그것은 결국 내가 여태껏 써본 최고로 가치 있는 3만 달러로 밝혀졌어요. 우리는 바람직한 방향으로 조직의 회계 프로세스 일부를 변경했죠. 그러나 실제로 더 놀라운 것은 그 감사를 받음으로써 우리 회사에 대한 은행의 신뢰도가 높아졌다는 것입니다. 은행에 재무 자료를 낼 때 확실히 감사를 받은 것과 그렇지 않은 자료는 보는 눈을 다르게 한다는 것을 새삼 깨달았습니다. 딜북은 나로 하여금 나의 조직을 더 자랑스럽게 여기도록 만들었습니다. 딜북으로 인해 모든 핵심 지표에 있어 매우 잘 운영되는 사업임이 분명하게 드러났죠. 그리고 나서 한참 딜북에 들어갈 자료들을 종합하고 있을 때 가장 큰 경쟁사가 기업 인수 제안을 해왔습니다."

경쟁업체인 팜비치 탠Palm Beach Tan 역시 달라스에 본사를 둔 전국적인 체인이었다. 하틀은 CEO인 브룩스 리드Brooks Reed와 친구가 되었는데 브룩스는 하틀이 회사를 팔려고만 하면 이를 인수할 의사가 있음을 여러 번 이야기했다. 딜북이 준비되자 하틀은 책자 한 부를 그가 있는 본사 사무실로 보냈다. 그러자 팜비치 탠 측에서는 하틀에게 본인들 외의 인수 후보와 복수로 접촉하며 논의하는 것은 삼가달라고 요청했다. 해머의 조언에 따라 하틀은 팜비치 탠 측에 다른 관심 있는 회사들도 만날 계획이지만 팜비치 탠이 공식적인 인수 제안을 준비할 때까지는 입찰 절차를 개시하지 않겠다고 이야기했다.

한 사모펀드 회사가 플래닛 탠의 다수 지분을 인수하는 데 강한 관심을 드러냈다. 하틀은 이들을 만나 논의해본 후 그들의 제안은 별 매력이 없다고 신속히 결론을 내렸다. 그는 사업을 성장시키기 위해 외부 자본이 필요하지 않았고 파트너도 원하지 않았다. 그가 원하는 것은 회사 내 모든 핵심 인력의 고용 안정, 특히 그와 7년 이상 함께한 조직의 중심 인력들이 계속 일할 수 있는 것이었다. 또한 인수자가 플래닛 탠의 문화와 브랜드도 유지하길 원했다.

놀랍게도 팜비치 탠은 그가 내세우는 모든 조건에 동의했다. 하틀은 당시 상황을 다음과 같이 설명했다. "그들은 우리가 플래닛 탠이라는 브랜드로 그렇게 많은 수익을 올릴 수 있었던 이유를 알고 싶었다고 하더군요. 그들은 이렇게 말했어요. '당신이 하는 일 중 최선의 것 또 최선의 아이디어, 최선의 모범 사례만 뽑아 우리의 사업에 적용시킬 것입니다'라고요. 그러한 생각은 나에게 환상적이었습니다."

논의가 더욱 진행됨에 따라 하틀은 기업의 매각이 자신의 사람들, 특히 그에게 가장 가까운 사람들에게 미칠 영향에 대해 점점 더 집중했다. 그는 협상하는 자리에 몇몇 사람들을 직접 데려갔는데 그 이유는 실제 그들의 도움이 필요하기도 했고, 그들 또한 매각 절차에 대해 알권리가 있다고 생각했기 때문이다. 그는 그들에게 약속했다. 회사가 팔린다고 해서 절대 어려운 상황에 처하는 일은 없을 것이라고 말이다. 그는 그들이 일자리를 잃을 것이라고 예상하지는 않았지만 만에 하나 그렇게 된다면 새로운 일자리를 얻을 때까지 자신이 기존과 똑같은 급여와 수당으로 직접 고용해주겠다고 말했다. "최악의 시나리오가 발생한다면 나는 다른 회사를 하나 사려고 했습니다. 내가 할 수 있는 최소한의 일은 그들이 자신의 생계를 걱정하는 일이 없도록 하는 것이었습니다"라고 그는 말했다.

매각 협상 시점에 하틀은 기존의 초기 투자자들의 지분을 사들여 회사 지분의 100퍼센트를 보유하고 있었다. 그는 회사의 관리자들을 위한 팬텀스톡 프로그램(실제로 주식은 교부하지 않으면서 성과급 등을 회사의 주식 가치와 연동해 높은 성과에 대해 보상해주는 프로그램_옮긴이)에 대해 생각해왔고 그것을 염두에 두고 칙필레Chick-fil-A와 아웃백 스테이크하우스Outback Steakhouse의 직원 보상 프로그램까지 연구했다. 심지어 그는 이러한 제도를 바로 이듬해에 실행할 계획을 모두 준비해놓은 상태였다. 그러나 이제는 회사 매각이 임박한 상황으로 그런 계획을 실행하는 데 비용과 수고를 들일 필요가 없게 되었다. 대신 그는 관리자들이 제대로 보상받을 수 있는 다른 방법을 찾기 시작했다.

동시에 그는 160명이 넘는 직원들에게 용기를 내어 회사의 매각 사실을 알리기로 했다. 하틀은 당시를 회고하며 이렇게 말했다. "두려웠습니다. YEO의 회원 중 회사를 매각해본 경험이 있는 사람에게 내가 어떤 과정을 거쳐야 하는지 조언을 받았습니다. 그럼에도 나는 여전히 매우 두려웠고 한동안 밤잠을 설쳤죠. 사람들이 어떻게 반응할까 걱정됐어요. 그들이 들고 일어나서 회사를 떠나지는 않을까? 그들은 회사를 떠나고 거래는 실패하면 어떻게 되는 걸까? 이 모든 시나리오가 내 머릿속에서 뛰어다니고 있었죠. 그러나 실제로 직원들에게 매각을 알리는 일은 그리 나쁘지 않았어요. 나는 그것이 우리가 쌓아온 신뢰 때문이었다고 생각합니다. 그들은 나와 긴밀하게 일했고 또한 나를 믿었죠. 그들은 내가 지킬 박사와 하이드처럼 갑자기 안면을 바꾸어 돌변하지 않으리라는 것을 알고 있었어요. 그럼에도 그것은 내가 이제까지 준비해야 했던 가장 두려운 대화 중 하나였습니다."

매각 거래는 그의 마흔한 번째 생일이 지나고 13일 뒤인 2008년 11월 18일에 종결됐다. 비록 회사의 관리자들이 주식을 보유하고 있지는 않지만 하틀은 이들이 재정적인 이득을 얻을 수 있도록 했다. "나는 그들 모두에게 보너스를 주었어요. 그들에게는 정말 깜짝 선물이었죠. 그로 인해 나 또한 기분이 좋아졌습니다. 보너스는 지역 매니저와 실제 상점을 운영하는 인력들에게까지 지급되었습니다. 가장 큰 보너스를 받은 사람은 이전 직장에서 나를 고용해주었고 플래닛 탄에서 임시 최고재무책임자로 두 번이나 일해준 사람이었습니다. 나는 저녁 식사 자리에서 그에게 10만 불이 넘는 수표를 건넸습니다."

하틀에게 기업 매각은 길고 힘들었지만 보람 있는 여정의 절정과도 같았다. 두 살이 채 되지 않은 때 아버지로부터 버려진 그는 극도의 가난 속에 자랐다. 그의 어머니는 그와 그의 여동생을 부양하기 위해 하루에 일터 두 곳을 오가며 일했고 살림은 끼니를 거를 때도 있을 만큼 빈곤했다. 따라서 재정적으로 안정된 것뿐 아니라 독립적으로 부자가 된 하틀의 성공은 크나큰 인생의 승리였다. "멋진 순간이었습니다. 나 자신이 자랑스러웠죠. 그게 맞는 표현일 거예요. 나는 그것이 운에 의존해 이뤄낸 일이 아님을 알고 있기에 충분히 자랑스러울 수 있죠. 20년간 안주하지 않으며 일했고 집중했습니다. 그러면서도 괴짜로 살지 않았고 내가 이루려는 것의 가치를 단 한순간도 폄훼하지 않았습니다. 나조차 도저히 상상할 수 없던 일을 해낸 것입니다" 그는 감격스럽게 말했다.

하지만 나중에는 슬픔도 느꼈다. 그가 잃어버린 것, 즉 그와 함께 일했던 사람들을 포함하여 자신의 회사를 떠나야 했던 감정이 마음속에 가라앉아 있었다. "그것은 나의 가장 친한 친구를 잃는 것과 같았어요. 플래닛 탠은 나에게 '최고의 것'이었죠. 회사를 통해 내가 성장했고 플래닛 탠을 갖지 않았다면 만나지 못했을 사람들과 일할 수 있었으니까요. 플래닛 탠은 내가 감사할 수밖에 없는 특권과 기회들을 나에게 안겨주었습니다. 그야말로 내가 꿈꿔왔던 최고의 파트너였죠."

여전히 하틀은 자신의 여정에 동행했던 사람들에게 올바른 일을
했다는 사실을 상기하며 마음의 평화를 얻고 있다.

부의 공유

어떤 오너에게는 마음의 평화를 얻게 되는 이유가 다른 오너에게는
크나큰 고민이 될 수도 있다. 과연 직원들에게 얼마만큼의 혜택을
돌려주는 것이 정당한가는 매우 개인적인 이슈이기 때문이다. 만약
사이먼 리그리Simon Legree(《톰 아저씨의 오두막》에 나오는 인물로 사악한 주인
의 상징이다_옮긴이)의 경우가 아니라면 누구나 엑싯 이후 각자의 길
을 가는 상황에서 의심 없이 회사 직원들의 안녕을 바랄 것이다.
단, 여기서 안녕을 바란다는 것이 꼭 매각 대금의 일부를 이들에게
나누어주어야 할 의무를 뜻하는 것은 아니다. 만일 당신이 엑싯으
로 얻게 된 자산의 일부를 나누어주기로 마음먹었다면 그것은 당신
의 캐릭터와 당신이 믿는 가치를 반영하는 것이며 하틀의 경우에
서 보듯 돈을 받는 직원들의 사기는 물론 자신의 기분도 좋아질 수
있다.

엑싯의 재정적 과실을 나눠줌으로써 얻게 되는 선의의 가치를 과
소평가하려는 것은 아니다. 나는 1994년 미주리주 스프링필드에
있을 때 밥 웨르 주니어Bob Wehr Jr.와 그의 아들 짐Jim이 아론 자동차

용품Aaron's Automotive Products이라는 회사를 동종업체에 매각했던 사례를 본 적이 있다. 보통 많은 기업들이 스프링필드 지역 내에서 '일하기 좋은 회사'로 선정되어 상을 받곤 하지만 이 회사는 지역 내에서 최악의 평가를 받고 있었다. 따라서 회사의 매각 후 오너 부자로부터 직원들이 최소 1,000달러 이상의 수표를 받아들었을 때 크게 당황했음은 충분히 이해할 수 있었다. 그 소식은 지역 신문의 표지를 장식했고, 오너 부자는 각계각층으로부터 크게 칭송받았다.

그러나 직원들이 개인적이든 아니면 회사의 우리 사주 제도를 통해서든 회사의 주주인 경우에는 문제가 달라진다. 우선 여기서 오너의 엑싯을 원활히 할 목적으로 도입하는 우리 사주 제도의 설립 방법과 같은 문제는 잠시 접어두자. 당신이 회사를 세우면서 직원들과 회사의 소유권을 나눠 갖기로 했다면 당신은 적어도 한 가지 아니면 여러 가지의 서로 다른 목표를 마음속에 가지고 있었을 것이다.

하나는 회사의 가치를 극대화한다는 목표 아래 조직의 단합을 원할 수 있다. 이것은 초기의 성장 기업들 사이에 회사의 주식을 직원들과 나누는 여러 제도들이 광범위하게 퍼져 있는 가장 큰 이유이며 때때로 벤처캐피털이나 사모펀드 투자자들에 의해 장려되기도 한다. 직원들에게 재정적 동기를 부여함으로써 지분 매각의 현금화를 할 수 있는 기회가 올 때 이익을 볼 수 있도록 모든 사람들이 협력하게 하는 것이 이 제도가 갖는 취지다. 이러한 협력을 달성할 수만 있다면 기업 매각이란 전체 인력이 함께 노력해온 여정을 성공적으로 마무리하고 이를 모든 이가 축하할 수 있는 기회로 여기는 것이 가능하다.

그러나 주식을 나눠주는 오너들 중 다수가 궁극적으로 회사를 제3자에게 매각할 계획 자체를 갖고 있지 않은 경우가 많다. 비록 오너 입장에서 모든 직원들이 주식 가치를 극대화하는 목표 아래 뭉치는 것을 원하겠지만 이들 모두가 한꺼번에 주식을 현금화해 큰돈을 받는 것을 의도하는 것은 아니다. 오히려 모든 직원들이 마치 자신이 회사의 주인인 것처럼 생각하고 행동하며 그 결과에 자신의 이해관계가 개입되어 있는 경우 사업이 더 발전할 것이라고 믿기 때문에 이러한 제도를 운영한다고 봐야 한다.

따라서 주식을 나누어 준다는 표현보다는 '넓은 범위의 종업원 오너십'으로 보는 것이 현실을 보다 정확하게 그리고 공정하게 반영한다고 사람들은 이야기한다. 주식 가치를 창출하는 것은 비단 창업자와 투자자들뿐만이 아니다. 직원들도 그 역할을 한다. 그런 관점에서 '종업원 오너십'이란 자신들이 도운 요리의 적어도 일부분을 반드시 먹을 수 있도록 하는 간단한 방편이라고 보아야 한다.

비록 이러한 제도가 있긴 하지만 엑싯 과정에서 직원들을 어떻게 대우해야만 올바른지에 대한 문제는 주식의 100퍼센트를 소유한 오너가 아니라 직원들이 주주인 회사의 핵심 경영진(보통 이들은 가장 많은 개별 지분을 가지고 있는 주주이기도 하다)이라고 해서 결코 더 풀기 쉬운 문제가 되지는 않는다. 이러한 핵심 경영진은 자신들의 의사결정에 있어 고려해야 할 공정성의 의무가 있다. 아울러 그들은 그런 결정을 내림에 있어 자신뿐 아니라 동료 직원들을 위해 일한다는 자부심도 가지고 있는 것이다.

직원들이 주주인 회사의 매각

2006년 에드 짐머Ed Zimmer는 에코그룹의 CEO로 일하고 있었다. 아이다호주 보이즈Boise에 소재한 이 회사는 전 세계적으로 트럭, 건설장비, 버스 및 기타 상업용 차량의 백업 경보 및 황색 경고등 부문에 있어 선도적인 제조업체였다(나의 저서인 《스몰 자이언츠가 온다》에도 등장한다). 또한 주식의 약 57퍼센트를 직원들이 소유하고 있는 우리사주 제도가 운영 중인 회사였다. 나머지 주식은 짐머와 전임 CEO인 짐 톰슨Jim Thompson이 가지고 있으며, 그 외 다양한 경영진과 3퍼센트 지분을 보유한 외부 투자자 한 명이 주주였다.

짐머는 매년 있는 가을 워크숍을 준비하던 중 주요 경쟁업체인 브리택스 피엠지Britax PMG Ltd.가 시장에서 활발히 움직이고 있다는 소식을 접했다. 그는 워크숍에서 브리택스 피엠지의 사업 부문 중 그의 회사와 직접적인 경쟁을 벌이고 있던 부문을 인수할 수도 있다는 이야기를 꺼냈다. 만일 이 거래가 이루어진다면 회사가 여태껏 수행한 최대 규모의 기업 인수인 동시에 자금 조달을 위해 회사 주식을 활용해야 하므로 처음으로 우리사주 조합을 포함한 모든 주주의 기존 주식 가치가 희석될 수 있었다. 그럼에도 워크숍에 참석한 사람들은 이 인수 아이디어가 검토할 가치가 있다는 데 동의했다.

12월 말 무렵 브리택스 피엠지의 인수 추진 건은 중단되었지만 이 과정에서 오히려 짐머 스스로가 꼭 해결해야만 하는 다른 이슈들이 조명됐다. 예를 들어 그는 에코그룹과 같은 회사를 인수하려는 기업은 자신이 생각했던 것보다 더 높은 상각 전 영업이익 배수EBITDA Multiple를 적용해 값을 지불하고 있다는 것을 알게 되었다. 그의 회사 주식은 최근 감정평가액인 주당 100달러의 3배에 달하는 주당 300달러의 가치를 인정받을 수 있었던 것이다(감정평가는 기업가치의 평가 목적이 아닌 연 1회 외부의 독립적인 기관에 의해 법으로 요구받고 있었다).

이러한 발견은 짐머에게 우리가 앞서 4장에서 살펴본 것과 같은 우리 사주 제도에 내재된 우발 채무의 문제로 인해 골칫거리를 낳았다. 우리 사주 제도를 운영 중인 모든 회사는 주식을 부여받은 직원이 퇴사할 때 평가액에 근거해 주식을 다시 사주어야 할 의무가 있었기 때문이다. 금액 지출은 여러 기간에 걸쳐 분산시킬 수 있었지만(에코그룹의 경우 7년), 많은 인력들이 동시에 퇴사를 하는 경우 회사의 현금흐름이 빠르게 악화될 수도 있었다.

짐머는 회사의 미국 사업장 직원 250명 중 상당수가 회사 근속 연수가 20년 이상으로 곧 퇴직 연령에 다다르고 있다는 점을 알고 있었다. 대부분의 직원들에게 우리 사주 계정은 자신들의 주택이나 퇴직 연금401K보다 더 가치가 있고 가장 큰 규모의 자산이었다. 그들이 회사를 3~5년 후에 떠난다고 가정한다면 그들이 자신의 주식에 대한 보상을 모두 받기까지 10~12년이 걸릴 것이며 그 시간 동안 그들의 돈을 위협할 만한 많은 일들이 발생할 수 있었다. 가령 경기가 침체에 빠질 수도 있고 회사가 휘청일 수도 있다. 또한 새로운 기술로 경쟁 구도가 바뀌고, 전혀 예상하지 못한 사건이 일어날 수도 있는 것이다.

만일 에코그룹 주식의 실제 시장 가치가 짐머가 예상한 것만큼 높다면 인수자가 회사의 미래 성장을 현재 추세대로만 가정해도 우리 사주들에게 10~12년 후가 아닌 바로 지금 그만큼을 바로 현금으로 지급하고 주식을 되살 수도 있을 것이었다. 그런 관점에서 볼 때 인수자를 찾아 나서지 않는다면 그는 직원들을 위한 공정의 의무를 저버리는 무책임한 일이라는 해석도 가능했다. 어쨌든 그는 어려운 선택을 해야 했다. 하나는 지금 회사를 매각하고 모든 주주와 우리 사주들에게 그들이 이뤄낸 가치를 즉각 실현하게 해주거나 또 하나는 기다림이 갖는 위험을 감수하면서 회사를 계속 키우고 회사의 소유권과 통제권을 계속 보유하는 것이었다.

그다음 고려해야 할 또 다른 요소들이 있었다. 우리 사주 제도가 미국의 사업장 직원들에게는 중요했던 데 반해 전체 직원의 40퍼센트에 해당하는 영국과 호주의 사업장 직원들은 애초에 그러한 제도에 참여할 수가 없었다는 점이다. 짐머는 그들의 이익도 고려해야만 했다. 아울러 그는 회사의 미래 성장을 위해 필요한 자본의 규모도 고려해야 했다. 그는 회사의 경쟁력을 높여줄 수 있는 몇몇 경쟁회사 중 인수할 만한 잠재적 후보들을 알고 있었지만 이를 위해서는 단순히 대출만으로는 자금을 확보하기 어려웠다. 따라서 지금 당장 회사 전체를 매각하지는 않더라도 지분의 일부를 가까운 미래에 매각해 인수 자금을 충당할 필요가 있었다.

그렇다면 짐머의 개인적인 이해는 어땠을까? 비록 그가 엑싯에 있어 회사와 직원들에게 가장 좋은 방안을 찾는 데 열심히 집중하고 있었지만 그 또한 주주이자 그것도 개인 최대 주주이며, 아내와 두 자녀가 있는 가장이란 현실을 피할 수는 없었다. 그의 거의 모든 자산은 회사 주식에 묶여 있었다. 만약 회사가 휘청인다면 그의 가족은 다른 모든 사람들과 함께 고통받게 될 상황이었다.

짐머는 리더십 팀과의 긴밀한 협의 과정을 거친 후 다음과 같이 결정했다. 그것은 바로 시장이 회사를 평가하는 바에 맡기는 것이었다. 만일 에코그룹 주식의 감정평가액의 3배 이상을 지불하려는 바람직한 인수자가 나선다면 매각을 추진하기로 했다. 그러나 그렇지 않다면 회사를 계속 현 방식으로 유지하기로 했다. 짐머는 자신들이 실제로 시장의 평가를 시험해보기에 좋은 위치에 있다고 생각했다. 그들은 거래의 여부뿐만 아니라 어떤 유형의 거래를 할 것인지에 있어서도 완전한 유연성을 가지고 있다고 믿었기 때문이다. 그들이 받은 제안이 짐머가 생각한 시장 가격 추정치보다 훨씬 낮다면 그들은 거래를 하지 않을 수 있었고 회사에도 문제는 없을 것이었다. 따라서 그들은 거래 대상을 고르는 데 있어 매우 까다롭게 접근할 수 있었다.

첫 번째 단계는 회사를 대리할 투자 은행을 찾는 것이었다. 짐머는 주변을 수소문한 끝에 자동차 산업에 익숙한 6개의 기업 인수합병 서비스 회사를 추천을 받았다. 그와 그의 동료들은 인터뷰를 통해 시카고에 본사를 둔 글로벌 투자 은행인 링컨 인터내셔널Lincoln International을 빠르게 낙점했다. "다른 회사들은 계약 조건이나 수수료 구조 등을 설명하고 우리에게 깊은 인상을 남기려는 데 시간을 썼어요. 하지만 링컨 인터내셔널은 우리에게 질문을 하고 또 우리의 니즈가 무엇인지 이해하는 데 시간을 썼습니다"라고 그는 말했다.

에코그룹 입장에서는 빠르게 일이 진전되기를 원했는데 부분적으로(투자 은행에서 이야기하듯) 시장이 얼마나 더 '거품' 상태를 유지하여 자신들의 높은 기업가치가 유지될지 모른다는 것이었고, 또 한편으로는 공연히 업계에 매각과 관련한 소문을 양산하고 싶지 않았기 때문이었다. 인수자가 볼 때 매각 기업이 사업과 기업가치에 대한 매우 설득력 있는 스토리를 가지고 있다는 것은 도움되는 일이었다. 에코그룹은 수익성과 성장에 대한 확고한 이력을 보유했을 뿐만 아니라 우수한 시스템, 강력한 경영진 및 책임 있는 기업 문화를 갖추고 오랫동안 오픈북 경영을 실천해왔다. 아울러 이보다 더욱 중요하게는 적정한 자금이 조달된다면 가까운 미래에 회사를 두 배로 키울 수 있는 몇 가지의 명확한 기회들을 가지고 있다는 점이었다.

2007년 2월, 회사는 딜북 작업에 들어갔다. 링컨 인터내셔널은 전담 애널리스트 한 명을 작업에 투입시켰다. 하틀과 마찬가지로 짐머도 딜북 작업에 들어가는 시간과 노력의 규모에 놀랐다. "그건 단순히 회계적인 정보들만 담는 것이 아니었어요. 그보다 더 많은 것이 필요했죠. '이런 내용이 전달하려는 스토리는 뭐죠?' '이 내용은 또 어떤 가치가 있나요?'에 대한 고민이 필요했습니다. 그리고 그들은 훌륭히 일을 해냈어요. 내 말은 딜북이 훌륭히 완성되었다는 뜻입니다"라고 짐머는 말했다.

그해 5월이 되자 투자 은행은 소위 티저(매각 기업의 개요에 관한 요약 정보)를 약 200곳의 잠재적 인수 후보에게 발송하면서 딜북에 접근하고 싶다면 비밀 유지 협약에 서명하여 회신해달라고 요청했다. 투자 은행 측은 짐머에게 적어도 30곳 정도는 회신할 것이라고 말하며 다소 흥분해 있었다. 결과는 총 82곳이 딜북에 관심을 보였다. 딜북을 살펴본 후에는 28곳의 잠재적 인수자가 예비 입찰을 했고, 그중 10개가 에코그룹에서 미리 수용 가능하다고 생각한 가격 수준을 초과한 제안을 제출했다. 그들은 이 가운데 최종 9곳과 매각 협상 절차를 더 진행하기로 결정했다.

짐머는 그때 즈음 링컨 인터내셔널과 관련이 없는 독립적인 신탁 컨설턴트를 고용하여 이러한 매각 과정이 우리 사주들에게도 최선의 결과를 낼 수 있도록 조언을 제공하고 또 이를 인증할 수 있도록 했다. 그는 말했다. "나는 '이 매각 거래가 실제로 일어날 수도 있겠구나'라고 생각했습니다. 우리는 생각했던 우리 회사의 가치를 입증한 것이었죠. 예상했던 시장 가격보다 높게 제안이 왔고 많은 관심들이 있었습니다. 이제 남은 것은 모든 이에게 가장 좋은 시나리오는 무엇인지 알아내는 것이었죠. 나는 내심 제시된 가치 이상의 프리미엄을 얻고 모두의 고용이 유지되길 기대했습니다. 이때 컨설턴트는 '잠시만요. 우리에게는 우리 사주 회원들과 주주들이 자신의 일자리를 유지할 수 있느냐의 여부와는 상관없이 최대의 주당 가격을 책정해야 할 책임이 있습니다'라고 말했어요. 나는 '당신 농담하는 거죠?'라고 물었죠. 그러자 그는 '아니요. 절대요. 내가 하는 말이 옳아요'라고 말했어요. 나는 이에 대해 다음과 같이 되물을 수밖에 없었죠. '아니, 주당 몇 달러 가치를 더 인정받는 게 직원들의 일자리를 잃는 것보다 더 좋은 거래라는 말입니까?' 그러자 그는 대답했어요. '짐머, 당신은 주주들에게 가장 좋은 주당 가치를 안겨주어야 합니다'라고요."

매각 거래 전망으로 밝았던 짐머의 감정은 곧 직원들의 운명에 대한 불안감으로 바뀌었다. '아니, 지금 나는 직원들이 일자리를 잃을 수도 있는 연쇄적인 이벤트들을 자신들의 손으로 직접 계획하게 했다는 말인가?' 그와 그의 동료들은 갑자기 인수 후보가 갖고 있었으면 하는 특성을 찾기 시작했다. "우리는 인수 회사가 동종 업계 회사가 아니기를 바랐어요. 에코그룹을 도약을 위한 플랫폼으로 보고 독립성을 유지시키며 성장시키고자 하는 회사를 원했고, 우리를 흡수 합병하려는 경쟁회사는 바라지 않았습니다. 모든 검토 결과 가장 높은 가격을 부른 회사는 회사의 성장을 원하는 재무적 투자자들이 제시한 것이었어요"라고 그는 말했다.

그러나 모든 재무적 투자자가 같지만은 않다. 사모펀드 그룹은 주식과 부채의 합병으로 자금을 조달하려고 할 것이었다. "내 걱정은 1년에 300만 달러 또는 400만 달러에 달하는 이자 비용 부담을 회사가 져야 한다는 것이었죠. 그리고 그들은 에코그룹의 사업 규모를 줄이면서 비용을 감축하고 상각 전 영업이익을 증대시켜 2~3년 후에 다시 회사를 매각하려는 계획을 가지고 있을 거예요"라고 짐머는 말했다. 그는 이러한 일이 몇 곳의 경쟁업체에서 일어났던 것을 본적이 있었다. 결국 회사는 3년마다 새로운 주인과 CEO 및 최고재무책임자를 맞이해야 하고 빚이 계속 쌓여가는 것이었다.

이자 지급을 위해 필요한 현금을 늘리려면 매 분기 말에 제품 가격을 20퍼센트 인하하고 재고를 매각하는 등의 조치가 따라야 했다. 고객들은 에코그룹 주위의 경쟁회사들이 벌이는 할인 행사를 기다렸다가 가장 좋은 제품과 가격을 받아내곤 했다. 짐머의 두려움은 에코그룹이 바로 그러한 상황에 처할 수 있다는 것이었다. "만약 그들이 주주들에게 가장 높은 주당 가치를 제안한다면 그것을 받아들여야 할 의무가 내게 있었기에 나는 두려웠어요." 짐머는 말했다.

2007년 5월, 에코그룹의 딜북이 세상에 나왔다. 예비 입찰가는 6월에 회사에 제시되었다. 인수 후보와 에코그룹 경영진 간의 회의는 7월에 3주에 걸쳐 진행됐다. 각각의 미팅들이 하루 종일 진행됐고, 회의 때마다 짐머가 에코그룹의 기업 문화, 핵심 가치, 구조 및 전략을 주제로 이야기를 시작했다. 참석하지 못한 호주 사업 담당 전무이사를 제외하고는 짐머에게 직접 보고하는 모든 임원들이 회의에 참석했다. 각 개별 임원들은 시장, 제품, 엔지니어링, 해외 사업 기회 등의 주제에 중점을 두었다. 또한 짐머는 경쟁 현황을 설명하기 위한 패널을 구성했다. 이렇게 전체 프레젠테이션에만 꼬박 6시간이 걸렸다.

경영진에 의한 프레젠테이션의 의의는 잠재적 인수자에게 회사에 대한 명확하고 포괄적인 그림을 제공할 뿐만 아니라 고위 경영진으로부터 직접 그러한 정보를 듣게 하려는 의도였다. 투자 은행은 프레젠테이션의 효과가 강력하다면 회사의 가치와 그에 따른 인수자의 지불 가격에 영향을 줄 것이라고 믿었다. 짐머는 경영진들이 그러한 프레젠테이션을 정말 잘 수행했다고 말했다.

물론 표면상으로 이러한 미팅은 인수자가 에코그룹을 평가할 수 있는 기회지만 또 한편으로 에코그룹 입장에서 잠재적 인수자를 평가해볼 수 있는 기회이기도 했다. 짐머는 특히 한 인수 후보에 주목했는데, 지난 5월 링컨 인터내셔널의 수석 담당자 톰 윌리엄스Tom Williams가 그에게 전화를 걸어왔다. 그는 필라델피아 소재에 있는 투자 전문 회사로서 5대째 가업을 이어오고 있는 버윈드Berwind라는 회사에서 딜북을 요청해왔다는 소식을 전했다. 원래 석탄 광산을 소유했던 이 회사는 찰스 그래함 버윈드 주니어Charles Graham Berwind Jr.라는 전임 CEO에 의해 제조 및 서비스 부문에 주력하며 다각화된 대기업으로 변모했다.

짐머는 당시 상황을 설명했다. "톰이 말하더군요. '우리도 그들과 거래를 해본 적은 없습니다. 그러나 수년간 우리의 레이더 스크린에 있었어요'라고요. 분명히 그들은 인수 대상을 매우 가려서 접근하는 투자자였습니다. 그들은 까다로운 투자 이력을 가지고 있었고 잠재적 인수 대상이 본인들의 기준에 적합하지 않으면 인수를 접을 태세로 보였습니다. 톰은 그 회사가 '마치 소규모 버전의 버크셔 해서웨이Berkshire Hathaway'같다고 이야기하며 만약 우리가 그들을 최종 단계까지 끌고 간다면 우리의 이상적인 파트너가 될 수 있을 것이다'라고 말했죠. 그는 내가 얼마나 단기 투자에 집중하는 사모펀드에 대한 우려를 가지고 있는지 이해하고 있었습니다."

첫 번째 미팅은 공교롭게도 버윈드를 위해 개최되었는데 에코그룹의 경영진은 버윈드에 아주 강한 인상을 받았다. "아마 내가 그들의 투자 원칙이나 사업 모델을 미리 알고 있었기에 그들을 더 좋게 봤을 것입니다"라고 짐머는 말했다. "우리의 프레젠테이션이 끝나고 그들은 왜 자신들이 우리의 좋은 파트너가 될 수 있는지 그리고 자신들과 함께할 때 새로 가져올 수 있는 역량과 자원에 관해 한 시간을 할애하여 우리와 논의했습니다. 물론 우리는 모두 그들의 이야기를 좋아했습니다."

"그들은 연간 수십억 달러의 매출을 올리는 사업 전체를 고작 본사의 26명 인력으로 관리하고 있었어요. 그래서 우리는 그들이 어떤 회사도 직접 개입하여 운영할 생각이 없다는 것을 알았습니다. 그들은 회사를 어떻게 운영하는지 알려고 들지 않을 것이었죠. 또한 그들이 회사를 인수하면서 우리의 대차대조표에 채무를 얹지 않는다는 점도 마음에 들었습니다. 만약 그래야 한다면 그들은 자신들의 본사 이름으로 채무를 가져가고 있었죠. 회사를 다시 매각할 의사가 있다면 그렇게 하지는 않을 것입니다. 회사를 지속적으로 보유하기 위한 목적에서 그러한 행위를 하는 것이죠." 짐머는 말했다.

다른 인수 후보 중 몇 곳은 인수 후 에코그룹에 채무를 일으킨 다음 몇 년 후에 그것을 다시 매각할 계획임을 분명히 밝혔다. 그들의 생각은 에코그룹의 경영진이 계속해서 회사를 자체적인 자금으로 성장시켜나가고 새로운 파트너의 도움을 받아 몇몇 업체를 인수한다는 것이었다. 과거와 마찬가지로 회사가 계속해서 성과를 낸다면 상환 스케줄에 따라 부채를 상환하고 주가는 급등하게 된다. 그런 다음 주주는 3~5년 후에 새로운 주주에게 회사를 매각하여 상급 관리자를 포함한 모든 주주들이 부를 얻을 수 있는 기회를 만든다는 전략이었다.

하지만 이는 짐머에게 호소력이 없었다. 인수자가 원하면 매각 후에도 CEO로 남을 의사가 있었지만 그러한 시나리오에서는 동료들이 희생할 가능성이 컸기에 동참하고 싶은 의사가 전혀 없었다. 다양한 인수 희망 기업들 중 버윈드만이 회사를 성장시켜 다시 시장에 내다 판다는 계획을 가지고 있지 않았다. 버윈드는 에코그룹을 계속 보유한 채 지속적인 비즈니스를 창출하는 플랫폼으로 활용하고자 했다. 이번 인수를 계기로 전자 제조, 상업용 차량, 자동차 등 버윈드의 산업용 제조와 서비스 부문에 새로운 영역이 열리게 되는 것이었다.

짐머는 버윈드의 투자 이력을 살펴보던 가운데 보유한 회사 중 하나가 특정 시장 세그먼트에 확고히 자리 잡아 아주 오랜 기간 지속되고 있다는 사실을 발견했고 이러한 사실은 그에게 굉장히 매력적으로 다가왔다.

총 9곳의 잠재적 인수 후보들은 경영진의 최종 프레젠테이션이 있고 나서는 몇 주 후 최종 인수의향서와 확정 제안서를 발송했는데 이들 중 하나가 선택되면 기업 실사가 진행되는 수순이었다. 그러던 중 3개의 업체는 인수의향서를 제출하지 않겠다고 알려왔는데 바로 그다음 놀라운 소식이 전해졌다. 버윈드가 링컨 인터내셔널에 인수의향서를 제출하고 실사를 하고 싶다는 의사를 밝힌 것이다. 그것은 매우 이례적인 일이었고 링컨 인터내셔널 측은 이 요청을 그대로 짐머에게 전했다. 그리고 짐머는 스스로도 일이 어떻게 전개될 것인지 예상할 수 없는 상황에서 이 요청을 받아들였다.

기업 실사는 일반적으로 몇 주 동안 진행된다. 그러나 버윈드는 단 2일 만에 실사를 완료함으로써 모두를 놀라게 했다. 버윈드 직원과 대형 회계 서비스 회사로부터 고용된 감사인들로 구성된 팀이 정확히 인원을 반으로 나누어 두 대의 기업용 제트기를 타고 날아왔다. 그 지역에서 고용된 몇 명의 회계사도 팀에 합류했다. 그들은 첫날 아침 8시에 일을 시작해 다음날 오후 6시에 일을 마치고 떠났다.

분명히 그들은 에코그룹에서 발견한 것들을 좋아했다. 8월 초에 오퍼가 정식으로 제출되었을 때 버윈드가 제안한 가격은 예비 제안 때보다도 오히려 증가했다. 비록 짐머에게 제시된 다른 인수 후보의 제안 가격이 더 높았지만 버윈드는 통상의 60일이 아닌 단 15일 이내에 거래를 종료할 수 있다고 이야기했다. 더욱 중요한 것은 버윈드의 제안만이 자금 조달과 관련한 별도의 부수적 요건이 없었다. 짐머가 고용한 독립적인 신탁 컨설턴트도 버윈드의 제안이 주주들에게 분명 좋은 옵션이라는 것에 동의했다.

사실 다른 5곳의 제안들은 모두 점점 더 자금 조달 가능성이 불투명해지고 있었다. 그들이 막 인수 제안을 하고 있을 때 유동성 위기가 전 세계 금융 시장을 덮쳤고 이는 미국의 주택 시장 버블과 서브프라임 모기지 업계의 붕괴에 의해 촉발되었다. 갑자기 모든 유형의 대출인이 자금을 확보하는 것이 훨씬 더 어려워졌다.

짐머는 경제 상황이 얼마나 바뀌었는지 바로 알아채지 못했다. 그는 버윈드의 제안이 여러 제안들 중 하나를 골라야 하는 자신의 부담을 덜어주었다는 점에서 크게 안심하고 있었다. 그러나 거래란 언제나 그렇듯 매각 거래에 필요한 모든 서류에 서명을 하고 통장에 돈이 들어오기 전까지는 실패할 수 있는 여지가 항상 남아 있는 것이고 만약 그런 경우에는 열위에 있던 입찰자가 기회를 얻기도 한다.

링컨 인터내셔널은 다른 인수 후보들에게 에코그룹과 버윈드의 변호사들이 최종 계약 협의 문서를 준비하고 있음을 알렸다. 그러는 동안 다른 인수 후보들이 하나둘 그리고 연이어 입찰을 포기하기 시작했는데 그들은 거래에 필요한 자금 조달이 어려워졌다는 것을 이유로 들었다. 결국 외부 자금 조달을 필요로 하지 않는 버윈드가 최후에 남은 유일한 인수 후보였다. 짐머는 "경제 환경이 급격히 변화했기 때문에 그들은 어느 시점에서든 그 거래를 포기할 수 있었지만 그렇게 하지 않았습니다"라고 말했다.

이와 같이 상황이 전개되는 가운데 그간 암으로 고생 중이던 짐머의 여동생의 병세가 악화되기 시작했다. 그녀는 여전히 에코그룹의 주요 주주로 있는 전임 CEO인 짐 톰슨의 전처이자 회사의 핵심적 관리자인 크리스 톰슨Chris Thompson의 모친이기도 했다. 다행스럽게도 회사에는 짐머 일가가 가족의 위기를 돌보는 동안에도 기업의 매각 프로세스를 계속 진행할 수 있는 유능한 최고재무책임자인 조지 포브스George Forbes가 있었다. 거래 마감은 2007년 9월 10일로 예정되어 있었는데, 그날 당일 새벽 5시에 짐머의 여동생이 세상을 떠났다. 짐머는 버원드의 CEO인 마이클 맥클란드Michael McLelland에게 전화했고 마이클은 시간을 충분히 가지라고 이야기해주었다. "그는 내게 이렇게 말했어요. '당신이 해야 할 일을 하십시오. 우린 아무 데도 가지 않을 것입니다'라고요." 짐머가 말했다.

결국 거래는 예상보다 며칠이 더 지나 종결됐고, 주당 340달러 기준이었으며, 이는 회사의 기존 감정평가액의 3배를 훨씬 넘는 수준이었다.

재정적인 관점에서 볼 때 에코그룹의 모든 우리 사주들에게 이는 엄청나게 좋은 거래였다. 그러나 그 당시에는 짐머조차도 그들이 얼마나 운이 좋았는지 전혀 알지 못했다. 이후 몇 년 동안 미국 경제에 일어났던 일(리먼 브라더스 사태에 따른 금융 붕괴_옮긴이)에 대해 지금 우리가 알고 있는 바에 따르면 에코그룹이 만약 그때 버윈드에 인수되지 않았다면 우리 사주들은 그런 기회가 오기까지 아주 오랜 시간을 기다려야 했을 것이고 그동안 회사에 아무 위기도 없을 것 이라고는 결코 장담할 수 없다.

직원들과 정보를 공유한다는 것

하틀을 포함한 다른 대부분의 오너와 달리 짐머는 회사의 매각 사 실을 직원들에게 알리는 것에 대해 염려하지 않았다는 점에 주목해 야 한다. 직원들은 이미 매각 절차가 진행 중이라는 것을 알고 있었 다. 6개월 전 티저가 발송되었던 당일, 짐머는 회의를 소집해 어떤 일이 진행되고 있는지 모든 직원에게 알렸다. 에코그룹은 오픈북 경영을 실천하는 회사였고 직원들 대부분이 회사의 각종 수치를 보 고 다루는 데 능했기 때문에 왜 경영진이 바로 그 시기에 회사의 매 각 가능성을 타진하는 것인지 쉽게 이해할 수 있었다.

직원들은 가장 최근 감정평가액이 주당 약 100달러였음을 알고 있었고, 대부분 평가액과 시장 가격의 차이를 이해하고 있었다. 짐 머는 시장 가격이 주당 300달러 정도 될 것으로 예상했지만 그보다 낮게 가격이 형성되면 회사의 매각은 없을 것이라고 말했다. 모든 우리 사주 회원은 자신이 보유한 주식의 수를 알았고 회사의 매각 이 개인에게 의미하는 바를 쉽게 계산할 수 있었다. 짐머는 매각 즉시 아직 권리를 행사하지 않은 사람들에게 기득권이 생긴다는 사실을 직원들에게 인지시켰다.

짐머는 당시 직원들의 반응이 전반적으로 긍정적이었다며 다음과 같이 말했다. "많은 질문이 있었습니다. 사람들은 주로 경쟁회사가 우리를 인수하면 회사 문을 닫게 하거나 혹은 우리를 다른 곳에서 일하게 만들 것이라고 우려했어요. 나는 이렇게 말했죠. '우리 모두 믿어야 할 것이 있습니다. 그 정도의 상당한 금액을 지불하고 우리를 인수하는 회사가 인수한 회사를 망치려고 들지는 않을 것이라는 점을 말입니다. 그들은 우리 회사를 더 좋게 만들고 싶어 할 거예요.' 사람들은 나의 논리를 이해하고 큰 지지를 보내주었습니다."

매각 프로세스가 진행되는 중에도 짐머는 회사의 정기 월례 회의에서 프로세스의 각 단계에 대한 진척 사항을 직원들에게 지속적으로 업데이트했다. 그리고 그런 회의 중간 중간에는 리더십 팀이 적극적으로 귀를 열고 회사에 떠도는 소문을 챙겨 들었다. 어떤 소문이 감지될 때마다 리더십 팀은 적절히 응대했는데 사람들과 따로 자리를 마련해 본인들이 가진 우려를 자유롭게 쏟아내도록 한 것이다. 또한 짐머는 각 부서의 직원 대표 패널을 구성하여 2주에 한 번씩 그들과 자리를 함께했다. 이 자리에서 짐머는 참석자들이 스스로 궁금해하는 점이나 다른 이들에게서 들은 의문점들을 해소해주기 위해 노력했다.

직원들과 필요한 정보를 계속 공유하려고 노력한 결과 매각 거래가 마침내 종료됐을 때 회사 내에 정서적 동요 같은 것은 거의 없었다. 짐머가 생각하기에 만약 매각 금액이 주당 300달러 미만이었다면 상황은 그리 원활하게 전개되지 않았을 수도 있었다. "우리가 주당 290달러를 받게 되었다면 일부 우리 사주 회원들은 '나는 돈을 더 받고 싶다고요!'라고 불만을 표했을 수도 있어요. 그랬을 경우나는 나 스스로를 위해 해야 할 일과 우리 사주 회원 및 다른 직원들을 위한 의무 사이에서 정말로 큰 갈등을 겪었을 것입니다. 그러나 최종 가격이 워낙 훌륭했기 때문에 우리가 해야 할 일에 대해 의심의 여지없이 분명한 성공으로 끝이 났죠. 100명이 넘는(250명의 미국 직원 중) 우리 사주들은 1인당 10만 달러 이상의 현금을 손에 쥐게 되었습니다."

매각 후 처음에는 적어도 짐머만이 자신이 하는 일에 큰 변화를 겪은 사람이었다. 그러한 변화의 어떤 면은 좋았고 또 어떤 면은 좋지 않았다. 그는 다른 기업을 인수할 기회를 매우 반겼는데 처음 5개월 이내에 두 개의 회사와 거래를 협상해 2008년 2월 체결을 완료했다. 5월에 다시 기업 인수전에 뛰어든 그는 에코그룹을 소위 '적색 및 청색 경광등 시장(북미 경찰차 시장)'에 진입할 수 있도록 하는 회사를 탐색했다. 한 곳은 인수 제안을 거절당했고 또 다른 한 곳은 인수를 추진하여 2008년 12월에 거래를 마무리 지었다.

기업을 인수하는 것보다 훨씬 재미가 덜했던 일은 바로 버윈드에서 요구하는 심층적인 재무 보고를 준비하는 것이었다. 비록 에코그룹은 그동안 사업 계획을 짜고 성과를 추적하는 데 많은 주의를

위대한 창업가들의 엑싯 비결

기울였지만 그 정도는 버윈드가 요구하는 세세한 부분에 닿을 수 없었다. 2007년 9월에 매각이 마감됨에 따라 짐머는 곧 2008년 사업 계획 수립 문제로 고생을 해야 했다. "그 과정은 정말로 힘들었습니다"라고 짐머는 말했다.

경제가 대불황기로 진입하고 있다는 사실도 그에게 도움이 되지 못했다. 에코그룹의 고객 중 주문자 표시 부착 생산OEM 고객은 주문을 50퍼센트 이상 줄였다. 두 번째로 규모가 큰 고객인 캐터필라Caterpillar의 주문 축소 폭은 70퍼센트에 이르렀다. 4월에는 짐머도 도저히 피할 수 없는 절박한 상황에 처한 나머지 회사의 36년 역사에 있어 처음으로 주요 정리 해고를 단행했다. 그로 인해 인력의 15퍼센트 이상이 직장을 잃었다. 일자리를 잃은 사람들 중 일부는 너무나 상심해했고 회사의 주인이 바뀐 것을 탓하며 다음과 같이 말했다.

"과거의 작은 거인 시절의 독립적인 에코그룹이었다면 정리 해고에까지 이르게 한 그 똑같은 정보들을 가지고도 지금과 완전히 다르게 대처했을 것입니다. 해고보다는 직원과의 면담과 권고 혹은 따뜻한 보살핌 등 대안을 찾았을 거예요. 새로운 에코-버윈드 리더십은 앞으로 닥칠 일에 대해 힌트조차 주지 않았죠. 각 지역의 직원들이 무리 지어 월요일 아침 회의실로 소집되었고 곧 나눠주는 해직 서류를 받아야 했습니다."

짐머는 회사의 주인이 바뀐 후 에코그룹의 문화가 다소 변한 것은 인정하면서도 만일 버윈드로 회사가 매각되지 않았다면 그와 같은 경제 상황에서 더 큰 규모의 정리 해고가 불가피했을 것이라고 주장했다. 또한 과거의 에코그룹이라고 해서 이 사안을 다르게 처리하지는 않았을 것이라고도 말했다. 정리 해고를 신속히 단행한 이유는 직원들이 가질 공포심을 최소화하려는 목적이었는데 자칫 해고 위협이 몇 달을 끌 경우 회사에 미치는 악영향은 매우 클 것이고 한꺼번에 필요한 모든 조치를 하고 일을 끝내는 것이 모두에게 좋을 것이라고 생각했기 때문이었다.

직원들을 해고한 것 다음으로 짐머에게 가장 유쾌하지 않은 일은 버윈드가 요구하는 지속적인 실적 보고 작업이었다. 그는 버윈드가 인수한 포트폴리오 회사 중 유일하게 MBA와 회계사 자격증이 없는 CEO였고, 본사가 요구하는 것만큼 숫자를 모니터링하는 데도 익숙하지 않았다. 짐머 대변인은 "회사 매각 전에는 경영 계획과 1퍼센트 정도의 편차는 전혀 문젯거리가 되지 않았을 테지만 버윈드와 함께하는 세계에서는 그것을 설명하는 데 몇 시간 또는 며칠에 걸친 분석이 필요했습니다"라고 말했다. 짐머는 본사의 상사에게 '만약 자신이 아닌 다른 사람을 CEO로 데리고 일한다면 본사도 더 행복할 것'이라고 말하곤 했지만 본사에서는 그때마다 짐머의 퇴사를 만류했다.

이때 짐머는 회사를 매각한 경험이 있는 한 친구로부터 조언을 얻었다. 그것은 적어도 버윈드가 모든 주식 매매 계약에 들어가게 되는 진술 및 보증 조항이 이행되는 것을 조건으로 에스크로 계좌에 묶어놓은 매각 대금(약 400만 달러)이 일부라도 풀리기 전까지는 회사에 남아 있으라는 것이었다.* 실제 대금이 지급되기로 예정된 시기는 2009년 3월이었지만 일부 현안 문제가 해결되기까지 지연되고 있었다.

양측은 마침내 8월에 합의에 도달했고 나머지 자금이 우리 사주들을 포함한 주주들에게 지급됐다. 짐머가 그 사건의 중요성을 개인적으로 깨닫는 데는 약간의 시간이 더 걸렸다. 그는 오랫동안 자신의 은퇴 시점을 가늠할 때 자신의 자본이 유동성 높은 투자 계좌에 충분히 쌓여 거기에서 나오는 투자 수익만으로도 가족의 생활 수준에 변화가 필요 없을 만한 때가 바로 떠날 시점이라고 생각해 왔다. 그는 비록 한동안 더 생각을 쏟지 못했지만 그에 대한 목표 수치도 잡아놓았다. "나는 그저 머리를 처박고 해야 할 일을 끝내는 데 집중하고 있었어요. 그러다가 에스크로 계좌에서 자금이 풀리고 난 후에야 깨달았죠. '이봐, 너는 이미 목표에 도달했다고!'라는 소리가 들려왔어요." 짐머는 말했다.

그 일이 있은 직후, 그는 본사의 상사로부터 2010년 사업 계획 논의를 위해 다음 주에 보이즈로 오겠다는 전화를 받았다. 그는 또한 민감한 주제를 꺼냈다. "그 상사의 생각으로는 내가 충분히 타국의 사업장을 둘러보지 않는다는 것이었어요. 그는 내가 영국과 호

• 주식 매매 계약상 매도자의 '진술 및 보증' 조항은 종종 '생존 조항'이라고도 불리는데 그럴 만한 이유가 충분하다. 이 조항은 매도자가 당장은 알 수 없지만 매각 종료 후 언제인가는 기업의 가치에 영향을 줄 만한 사항 중 어떠한 것에 대해 정보를 제공했는지 또 제공하지 않은 것은 무엇인지를 서술해놓은 것이다. 즉, 이는 가치 평가상의 잠재적 위험을 식별하기 위한 것이며 누가 무엇에 대해 책임을 질 것인지에 대해 기술해둔 것이다. 아울러 이러한 진술과 보증이 영향력을 발휘하는 시한을 정하는 역할을 하기도 한다.

주의 회사들을 살피는 데 더 많은 시간을 보내길 원했죠." 짐머는 전화를 끊고 자신의 미래에 대해 곰곰이 생각하며 앉아 있었다. 그는 그 상사의 말이 일리 있다고 생각했다. 그는 이미 1년에 65일을 집을 떠나 있지만 회사는 그에게 더 많은 출장을 요구하고 있던 것이다. 문제는 그가 이러한 활동에 대한 열정을 완전히 잃어버린 상태라는 데 있었다. 한 시간 후 그는 본사에 다시 전화를 걸어 퇴직을 결심했다고 알렸다. 어쩌면 짐머의 어조가 이번에는 워낙 단정적이었기 때문일 수도 있지만 어쨌든 그 이야기를 들은 그의 상사는 더 이상 그와 논쟁하지 않았다.

2009년 10월 15일, 그는 20년 넘게 자리를 지킨 에코그룹의 CEO 자리에서 내려왔다. 그가 느꼈던 것은 자부심과 안도감이었다. "나는 우리가 성취한 것들이 자랑스러웠습니다. 회사는 그 어느 때보다 강하고 질적으로 훌륭한 상태였어요." 짐머는 말했다. 동료들과 함께 자신이 너무나 훌륭히 잘 해낼 수 있었다는 사실이 그에게 안도감을 주었다. 그리고 이제 에코그룹의 사업은 그가 아닌 다른 사람의 손에서 커나가게 되었다.

당신의 가까운 사람들이 투자자일 때

직원들에게 진 신세를 재정적으로 어떻게 갚아야 하는가의 문제는 당신의 '선택' 영역이지 투자자에게는 일반적으로 그렇지 않다. 당

위대한 **창업가들**의 엑싯 비결

신이 사업을 구축하는 데 다른 사람들의 돈을 사용한다면 일반적으로 매우 분명히, 때로는 암묵적으로 훌륭한 투자 수익을 돌려주겠다는 약속을 하게 된다. 돈이 융자의 형태로 나온다면 당신은 상호 간 합의한 이자와 원금을 상환해야 할 의무가 생긴다. 지분 투자는 실패할 경우 가치가 아예 없고, 성공한 경우에도 때로는 가치가 없어지기 때문에 이와는 다르다(3장에서 언급한 빌 니먼의 사례에서 보듯 말이다). 회사의 주식을 매입해 투자한 이들은 더 많은 위험을 무릅쓰며 당신이 본인들에게 옳은 일을 할 것이라는 점을 신뢰한다. 그러한 신뢰를 부여받는 데는 책임이 따르는데 가장 큰 책임을 느끼는 경우가 바로 창업자가 친구와 가족으로부터 투자를 받았을 때다.

가까운 사람이 회사의 투자자일 때 마음의 부담을 가장 크게 느낀 사례를 경험한 오너 중 한 명이 바로 개리 허쉬버그Gary Hirshberg다. 그는 1983년 사무엘 케이먼Samuel Kaymen과 함께 유기농 요거트로 잘 알려진 스토니필드 팜Stonyfield Farm을 공동 창립했다. 2000년대 초 그는 다농그룹Danone Groupe에 지배지분을 매각할 때까지 297명의 주주를 보유하고 있었다. 그중 약 100명이 약식 스톡옵션을 받은 직원들이었고 나머지는 개인 투자자들이었다. 친구, 지인, 친척들에 이르는 이 개인 투자자들은 스토니필드 팜이 창업 후 거의 10년간 적자를 내고 있는 동안 회사가 생존할 수 있는 밑천을 제공한 사람들이다. 다른 이들은 투자를 한 후 어느 시점엔가 찾아와 이제 지분을 팔아 현금을 갖고 싶다고 이야기했고 이때마다 허쉬버그는 그들의 주식을 사줄 새로운 투자자를 찾아야 했다.

이렇게 많은 수의 개인 주주가 있는 것은 사실 스토니필드 팜이 견실한 사업체로 성장해온 이례적인 과정에 기인한다. 실제로 회사의 창립부터가 매우 우연히 이루어졌다. 사무엘 케이먼은 뉴햄프셔 소재의 농촌 지역 교육 센터Rural Education Center라는 미국 국세청에서 인정하는 비영리 단체를 소유하고 있었다. 그리고 허쉬버그는 케이프 코드Cape Cod라는 환경 관련 비영리 단체의 이사로 일하는 동시에 케이먼이 운영하는 단체의 이사회에 참여하고 있었다. 이사회 멤버들은 케이먼의 (특히 맛있는) 수제 요구르트를 먹으면서 센터의 기금을 조성할 방법을 브레인스토밍하곤 했다.

이때 한 사람이 "케이먼의 요구르트를 파는 것은 어떨까요?"라고 제안했다. 케이먼은 1983년 4월에 실제로 그 일을 시작했다. 6월이 되자 허쉬버그는 이 사업에 풀타임으로 합류하는 데 동의했으나 사업 초기의 과정에서 다른 여러 가지 일들을 매듭지어둘 필요가 있었다. 그가 비로소 9월에 회사에 합류했을 때 그는 그의 새 사무실에서 아직 개봉되지 않은 채 쌓여 있는 봉투 더미를 발견했다. 그의 첫 번째 업무는 바로 그 봉투들을 열어 수표와 청구서를 분리하는 것이었다. 그는 곧 회사로 입금될 수표는 없고 청구서만 약 7만 5,000달러에 달한다는 사실을 알게 됐다.

"회사에 들어가자마자 4시간 동안 꼬박 그 일을 하고 있었는데 회사는 이미 파산 상태였죠. 그래서 나는 즉시 자존심이 강한 사업가가 하는 일을 했어요. 어머니께 전화를 걸어 3만 달러를 빌린 것이죠. 그런 다음 친구들은 물론 가족 그리고 사방의 아는 사람들을 총동원하여 기댈 구석을 찾았어요." 허쉬버그는 말했다. 그는 이러한 활동을 그다음에도 18년 동안 계속했다.

그 일을 처음 시작할 때부터 그의 후원자들에게 구체적으로 어떤 엑싯을 제공해야 한다는 생각은 그의 마음속에 없었다. "우리는 단지 농촌 지역 교육 센터에 기금을 조성하려고 했던 것입니다. 나는 엑싯이 무엇인지 알지도 못했죠. 심지어 대차대조표라는 것도 겨우 이해했어요"라고 허쉬버그는 말했다.

그러던 중 1984년 부유한 재산가들에게 투자 자문을 제공하는 사람으로부터 그러한 개념을 배우기 시작했다. 허쉬버그는 투자자들로부터 20만 달러를 조달하는 첫 번째 투자 유치를 위해 노력 중이었다. 이 투자 자문가는 고객이 돈을 맡긴다면 나중에 어떤 방식으로 돌려받을 수 있는지 알고 싶어 했다.

"나는 그에게 어떠한 답도 주지 않았죠. 그가 생각하기에 내가 너무 괴짜 같았는지 결국 스스로 묻기를 포기한 것 같아요. 이런 식의 대응이 내겐 일종의 운영 모드처럼 되어버렸습니다. 나는 1986년에 50만 달러의 투자금을 유치했고, 1989~1990년 동안 230만 달러의 투자금을 추가로 유치했어요. 그러고는 그때그때 투자금을 회수하고자 하는 사람들을 위한 엑싯 방법을 찾아주느라 바쁘긴 했지만 투자 유치 기간 동안 절대로 투자자에게 엑싯을 약속하는 문서 같은 것은 작성해본 적이 없었죠." 허쉬버그는 말했다.

허쉬버그가 투자자에 대한 자신의 책무를 등한시했다기보다는 어떤 특정한 투자자와의 약속과 같은 것을 피함으로써 그가 생각하기에 모든 주주에게 최선의 것을 선택하고 실행할 수 있는 자유를 더 중시했다고 보는 것이 합당할 것이다. "그것은 매우 중요한 포인트입니다. 나는 모든 투자자들에게 책임이 있을 뿐 그 어떤 특정인과의 약속에 종속되지 않고자 노력했습니다. 따라서 어떤 한 명의 주주가 나를 통제하는 것도 막을 수 있었죠. 내 삶을 누군가에게 저당 잡힐 필요가 없었고 이 덕분에 모든 것이 가능해졌습니다"라고 그는 말했다.

그러나 때로는 현명하게 일하는 것보다 운이 잘 따르는 것이 더 중요할 수 있음을 잊어서는 안 된다. 허쉬버그는 특정한 형태의 엑싯을 요구하는 투자자들을 의도적으로 피하지는 않았다. "우리는 1987년부터 1990년까지 처음 3년간 사업으로 주당 2만 5,000달러씩 손실을 내고 있었어요. 나는 자본금을 유치해 그것을 메워야만 했죠. 특별히 기관 투자자의 돈이라고 해서 거부하지는 않았어요. 그러나 그들 또한 쉽게 투자하려 들지 않았죠. 그들은 우리를 살펴보기는 했지만 우리가 하는 요거트 사업은 그들에게 아직 카테고리가 잘 형성되어 있지 않은 생소한 것이었어요. 한마디로 '유기농 요거트'라는 것은 기관 투자자들에게는 매우 위협적이고 또 기괴해 보이는 것이었습니다"라고 허쉬버그는 말했다.

스토니필드 팜이 계속 적자를 내며 생존조차 의문시되던 첫 9년 동안 모은 1,000만 달러의 투자금은 물론 허쉬버그가 이러한 접근으로 도대체 어떻게 투자금을 유치할 수 있었는지 궁금할 것이다. 우선 그에게는 많은 노력이 필요했다. 허쉬버그는 297명의 주주들과 결국 함께하게 되었지만 잠재적 투자자까지 포함하면 1,000명이 넘는 사람들과 만났다고 추정된다. 이러한 과정 속에 가족들이 적극적으로 개입해준 것이 큰 도움이 되었다. 그의 말에 따르면 첫 번째 투자자는 그의 어머니였다.

"우연은 아니었죠. 친구나 가족 특히 어머니, 더 안 좋게는 장모님을 회사 일에 깊숙이 개입시켰을 때는 필연적으로 그들에게 어떤 수익을 돌려줘야 한다는 의무감이 생깁니다. 그리고 그 외 투자한 사람들은 내가 나의 모친과 장모까지 불러들인 사실을 잘 알고 있었죠. 그것은 곧 투자자들 입장에서 내가 가족이 포함된 주주들을 잘 돌볼 것이라는 확신을 주었습니다."

이와 같이 그의 모친과 장모가 회사가 잘 되지 않을 때 똑같이 위험에 처하게 된다는 것은 투자자들에게 긍정적인 포인트였다. 하지만 이러한 위험성은 그의 아내 메그 캐덕스Meg Cadoux에게는 정반대의 효과를 가져왔는데, 그녀는 자신의 훌륭한 저서인 《더 나은 삶 혹은 더 나은 일For Better or For Worse》에서 이를 정말 솔직하게 표현한 바 있다. 당시 그녀는 회사의 재정적 여건이 얼마나 절망적이었는지 잘 알고 있었고 그때의 심정을 책에 다음과 같이 담겼다. "회사 상황을 보고 있노라면 마치 내 창자를 매듭으로 조이는 느낌이었죠. 득달같은 채권자들, 쌓여가는 채무, 다가오는 파산의 위협… 이 모두를 피할 길이 없었어요."

근근히 버티며 직원들의 급여를 주기 위해 허쉬버그는 장모인 도리스Doris에게 크게 의존했는데 결국 도리스는 두 명의 창업자 다음으로 지분이 많은 제3대 주주가 되었다. 그녀가 투자한 곳은 100만 달러의 회수 가능성도 보이지 않는 스토니필드 팜이었다. 도리스의 투자금이 커질수록 허쉬버그의 아내인 메그의 스트레스도 커져만 갔다. 남편이 돈을 요구할 때마다 그녀는 엄마가 더 이상 남편의 회사에 투자하지 못하도록 만류했지만 그때마다 도리스는 이렇게 말하며 투자금을 건넸다. "애야, 엄마는 큰사람이란다. 나는 내가 무슨 일을 하고 있는지 잘 알아. 이 일은 잘 될 거야" 이럴 때마다 메그의 걱정은 더해져만 갔다. "나는 정말 남편이나 엄마나 다 제정신이 아니라고 생각했어요. 내가 가장 사랑하는 두 사람이 바보같이 행동하고 있었죠. 무고한 내 가족들(그녀의 형제들도 스토니필드 팜에 투자했다)을 남편과 내가 도살장으로 끌고가는 것만 같았어요"라고 메그는 말했다.

마침내 1992년 스토니필드 팜이 손익분기점에 도달했을 때 회사의 전망은 확실히 개선되었다. 그 무렵 회사는 약 1,000만 달러의 매출을 올렸고 그러는 동안 초기 투자자들 중 몇몇은 허쉬버그에 투자금 회수를 요청하기도 했다. 많은 이들이 그들의 자녀가 어렸던 당시 작게는 5,000달러 정도를 투자했다. 이제 그 아이들이 대학에 가게 되었고 주식의 가치는 훨씬 더 커져 있으므로 그들은 돈이 필요했다.

허쉬버그는 엑싯을 원하는 투자자들에게 길을 찾아주는 자신만의 방법이 있었다. "그건 아마도 내가 초기에 한 가장 현명한 일일 거예요. 나는 매해 11월마다 주주들에게 '내년에 엑싯을 원한다면

위대한 창업가들의 엑싯 비결

알려주세요'라고 편지를 보냅니다. 그것은 훌륭한 모범 사례이자 매우 훌륭한 홍보 방식이죠. 이를 통해 주주들에게 회사가 그들의 이익을 항상 염두에 두고 있다는 것을 알리고 그들이 원한다면 주식을 재매입할 의사가 있다는 것을 분명히 해두는 것이니까요. 또한 나쁜 투자자들을 솎아내는 효과도 있습니다. 나는 항상 말하죠. 언제나 엑싯만을 궁리하는 투자자라면 나와 마지막이길 바란다고요. 그러한 사람들의 지분을 축소시키거나 대체함으로써 당신은 투자자에 대한 엑싯 부담을 줄일 수 있어요"라고 그는 말했다.

주주들과의 약속을 이행하기 위해 허쉬버그는 중매쟁이 역할을 했다. 그는 투자 은행들이 주최하는 컨퍼런스에 참석하기 시작했는데 실리콘밸리의 함브렉트 앤 퀴스트Hambrecht&Quist와 보스톤의 아담스 하크니스 앤 힐Adams, Harkness&Hill과 같은 은행들이었다. 이곳에서 그는 잠재적 매수자를 발굴하는 동시에 스토니필드 팜을 투자자 커뮤니티에 지속적으로 노출시키는 일을 했다.

"그것은 또 다른 이점이 있는 활동이었어요. 컨퍼런스에 참석하면서 많은 것을 배웠고 또한 스토니필드 팜에 관심을 갖는 커뮤니티를 더욱 확장해갈 수 있었죠"라고 그는 말했다. 일단 그가 매수자를 발견하면 지분을 팔고자 하는 기존 주주에게 소개한 다음 그들끼리 알아서 조건을 협상하도록 두었다. 구주를 거래하는 시장이 충분히 형성되어 있어 시장이 보통 알아서 가격대를 조정해주기 때문에 그 이상으로 개입할 필요가 없었다.

수년 동안 이런 일이 계속되면서 일이 처리되는 과정도 변모하기 시작했다. 허쉬버그는 말했다. "회사가 커질수록 거래되는 지분 규모도 더 커졌죠. 초반에는 5,000달러 이상의 투자자들이 많았지만 나중에는 50만 달러 이상 투자하는 사람들이 주류를 이루었습니다. 자연히 이들의 요구사항은 더 정교해졌고, 우리는 더 많은 변호사들과 그 요구사항들을 다루기 시작했죠. 회사는 제대로 굴러가고 있었고 또 우리는 투자자들에게 바람직한 투자 대상이었기에 전진해나갈 수 있었습니다. 나는 우리가 투자 유치를 위해 했던 일들을 꼭 다른 회사에 권하지는 않습니다. 그 이유는 일이 너무 많기 때문이에요. 그러나 당신이 만일 기관 투자자들을 피할 수 있고 당신 스스로 옳지 않게 느껴지는 일을 피할 수 있다면 엑싯을 남이 아닌 당신이 정하는 조건으로 가능하게 하는 환경을 스스로 만들어낼 수 있습니다."

새로운 주주들 중에는 전문적인 자산관리자들도 있었다. 특히 글로벌 투자자들로 이루어진 한 무리의 사람들이 막대한 금액을 투자하며 전문적 자산관리자가 주주로 들어오기도 했다.

"그는 자신이 준비한 투자 계약서를 가져왔는데 그 안에는 온갖 안전 장치와 감시 장치 같은 것들이 있었죠. 그러나 그때 나는 그것을 받아들이지 않았고 그는 무척 실망스러웠을 것입니다. 나는 그에게 이사회 자리를 내주지 않았지만 이사회 미팅에는 초대했고 이는 결국 옳은 선택이었음이 드러났죠. 이로써 그는 자신이 배제되었다는 느낌을 갖지 않게 되었으니까요. 그러던 중 그가 특히 회사를 매각하는 문제에 관해 매우 집착하기 시작했습니다. 그의 예민

한 반응 때문에 다른 이사회 멤버들조차 불편을 간접적으로 호소했는데 그로 인해 늘 부정적 기류로 이사회 미팅이 진행되곤 했어요. 그러나 나는 아무런 문제도 느끼지 않았죠. 내가 그것에 대해 어떤 조치를 취해야 할 의무는 없었으니까요." 허쉬버그는 말했다.

사실 그 이유는 케이먼, 허쉬버그 그리고 그의 장모인 도리스까지 3명의 주요 주주 외에는 그 누구도 의미 있는 지분율을 가지고 있지 않았기 때문이다. 그 참을성 없는 자산관리자가 행사할 수 있는 의결권은 약 7퍼센트에 불과했던 것이다. 허쉬버그의 지분은 약 20퍼센트였는데 그와 케이먼은 과반의 지분율을 보유하는 것을 일찌감치 포기할 수밖에 없었고, 회사의 재정적 상황이 크게 악화되는 몇 번의 위기로 인해 그들의 지분율은 지분 희석으로 10퍼센트대 초반까지 떨어지기도 했다. 그들은 이후 지속적으로 스톡옵션을 요청하여 다시 지분율을 높일 수 있었던 것이다. 그리하여 이들은 도리스와 공동으로 지배적인 의결권을 확보할 수 있었다.

허쉬버그가 비록 어떤 조치를 취할 의무는 없었지만 실제로 투자자들의 주식을 현금화해주고 싶었던 것은 사실이고, 그것도 되도록이면 빨리 해주고 싶었다. 점점 많은 투자자들이 그를 찾아와 엑싯을 희망했다. 1990년대 중반이 되자 자그마치 100만 달러 정도의 지분이 매년 10~15차례의 거래를 통해 손바꿈이 이루어졌다. 그는 자신의 시간 중 70퍼센트를 주식을 대신 구매해줄 사람을 찾고 거래 계약을 맺어주는 데 신경을 썼지만 앞으로 더 이상 그러한 일을 하지 않아도 될 것이라는 전망은 그에게 분명 매력적이었다. 그가 구주 거래 시장을 적극적으로 만들고 있지 않을 때조차 그는 항상 약 300명의 주주들이 최종적으로 자신의 지분을 현금화하기를 원하고 그가 나서서 좋은 거래를 만들어주기를 기다리고 있다는 부담감 속에 살았다. 또한 그가 개인적으로 부채의식을 느끼는 투자자들도 많았다. 자신의 어머니, 장모 그리고 다른 가족 구성원들은 물론 70세 생일에 다가서며 은퇴를 생각하고 있던 공동 창업자인 케이먼, 사업 초창기 원료가 되는 우유 값을 지불할 돈이 없는 상황에서 5,000달러 가치의 주식을 대신 수락해준 어느 농부에 이르기까지 모두 그가 빚을 진 사람들이었다. 대금 대신 주식을 수락해준 한 홍보회사의 오너도 마찬가지였다.

1998년 허쉬버그는 그러한 마음에 본격적으로 회사를 매각하는 엑싯 옵션을 연구하기 시작했다. 이것은 그로 하여금 각 옵션마다 잠재한 위험들에 직면하게 했다. 그의 엑싯 이야기는 자연스레 행복한 엑싯을 위한 중요한 조건으로 연결되는데, 그것은 바로 '당신의 회사를 사려는 매수자에 대해 알아야 한다'이다.

8장

매각 전 주의사항

FINISH BIG

"매수자가 나섰다면 반드시 그 매수자가 당신의 사업을 왜 인수하려는지 파악해야 한다!"

"당신이 사업에서 하는 모든 행위들은 당신이 아는지 모르는지의 여부와 상관없이 최종전을 치르기 위해 준비를 하는 것이다. 하지만 우리는 당장의 생존 이슈에 매몰되어 그 사실을 잘 인식하지 못한다." 스토니필드 팜의 회장이자 공동 창립자인 개리 허쉬버그의 생각이다.

그는 잘 알고 있을 것이다. 그가 총 297명이나 되는 주주들의 엑싯 방안을 찾아 나서기 시작한 1998년도에 그가 주변 상황에 휘둘리지 않고 자신의 운명을 스스로 컨트롤할 수 있었던 것은 정말 운이 좋았기 때문이라는 점을 말이다. 회사가 지속적으로 파산 위기에 내몰린 1980년대에 기관 투자자의 돈을 유치할 여건이 되지 못했던 탓에 결과적으로 투자자들 그리고 회사, 나아가 자신에게 가능한 최적의 옵션을 결정할 수 있는 상당한 자유도를 갖게 된 것이다.

허쉬버그는 아주 오랫동안 자신의 친구인 벤 코헨과Ben Cohen과 제리 그린필드Jerry Greenfield의 뒤를 밟을 것으로 생각했다. 이들은 바로 버몬트주에서 창업한 아이스크림 회사인 벤앤제리스Ben&Jerry's Homemade를 창립 6년 만에 상장시킨 이들이었다.

이제 행동에 나설 때가 됐다고 판단한 허쉬버그는 상장 절차를 감독할 이사회 소위(소위원회)를 만들고 공모를 주관할 투자 은행들을 인터뷰하기 시작했다.

그는 이미 아담스 하크니스 앤 힐을 상장 주관사로 낙점하고 이들을 막 고용하려던 차에 친구 벤 코헨으로부터 뜻밖의 전화를 한 통 받았다. 코헨은 자신의 회사 벤앤제리스가 캘리포니아주 오클랜드Oakland에 있는 드레이어스 그랜드 아이스크림Dreyer's Grand Ice Cream으로부터의 적대적 인수 시도 대상이 됐음을 알려왔다. 그는 필사적으로 개인 투자자 그룹을 모은 뒤 백기사로 삼아 벤앤제리스를 지키려고 노력하는 중이었다. 허쉬버그 역시 투자를 통해 친구를 돕기로 했고 그러한 친구의 노력에 동참하게 되어 기뻤지만 한편으로 코헨이 처한 곤경은 곧바로 기업 상장을 추진하려던 그에게도 몇 가지 아픈 교훈을 안겨 주기 시작했다.

"벤앤제리스가 드레이어스 그랜드 아이스크림으로부터 적대적 인수 시도 대상이 된 이상 이미 많은 일들이 진행되고 있었습니다. 코헨의 입장에서는 이제 기업을 팔지 말지는 자신의 선택이 아니었어요. 오직 어떻게 팔 것인가의 문제만 남았죠. 다시 말해 그는 제

약된 패를 손에 쥐고 협상을 하고 있었어요"라고 그는 말했다. *

이것은 허쉬버그에게 일종의 큰 깨달음으로 다가왔다. "어떤 이유에서든 상장하는 것이 회사를 파는 것이라고 나는 받아들이지 않았어요. 투자 은행가들이 주최하는 모든 컨퍼런스에 참여하는 동안 그들이 우리를 높이 치켜세워주는 것을 보았고, 마치 우리 회사가 세상에서 최고인 듯 느껴졌죠. 하지만 그 누구도 '기업 상장이란 곧 회사를 파는 것을 뜻합니다'와 같은 이야기는 해주지 않았어요. 나는 우리 회사나 주주들 중 그것을 깨달은 사람이 많지 않았다고 봐요. 하지만 나는 코헨이 회사를 지키려고 투쟁하는 것을 바로 목전에서 봤기 때문에 깨달은 것이죠"라고 허쉬버그는 말했다.

허쉬버그는 그 이후로 모드를 변경하여 투자 은행으로 하여금 스토니필드 팜을 인수하되 자신이 계속 경영상 통제권을 유지할 수 있는 인수자를 물색해줄 것을 요구했다. 사실 그것은 완전히 비현실적인 기대였다. 허쉬버그 자신은 주식의 약 20퍼센트를 소유하고 있었고 직원들 또한 5퍼센트를 보유하고 있었다. 그 외 나머지는 모두 엑싯을 바라는 투자자들의 소유였다. 그는 인수자가 주식의 75퍼센트를 매입하고 경영은 자신에게 계속 맡겨 줄 인수자를 찾아 달라고 요청한 것이다. 그러자 라자드 프레레스앤코Lazard Frères&Co.의

---

* 일부 분석가들은 벤앤제리스가 적대적 인수를 시도하는 매수자가 등장한 이상 결국 팔릴 수밖에 없는 상황이 됐다는 나의 주장을 반박한다(이에 관해서는 앤토니 페이지와 로버트 카츠의 '벤앤제리스에 관한 진실'이라는 〈스탠포드 사회 혁신 리뷰〉 2012년 가을호에 실린 기고문을 참조하면 된다). 어찌되었든 코헨과 그의 이사회가 회사를 매각해야 하거나 혹은 회사를 약화시키는 주주 소송에 직면할 수밖에 없다고 믿게 되었음에는 의심의 여지가 없다.

짐 골드Jim Gold는 "그건 불가능한 일입니다. 하지만 당신을 기꺼이 돕고 싶습니다"라고 말했다. "내 의지를 이해한다는 건 당신이 내 편이라는 이야기죠!" 허쉬버그는 대답했다. 골드는 허쉬버그가 원하는 인수자의 유형에 대해 잘 이해하고 있었다.

허쉬버그는 당시 상황을 다음과 같이 회고했다. "나는 그때 우리 회사에 시너지 효과를 줄 수 있고 우리 회사를 더욱 효과적이며 효율적으로 만들 수 있는 회사를 찾고 있었습니다. 시장은 분명히 유기농 그리고 자연 성분을 강조하는 방향으로 옮겨가고 있었어요. 우리의 생각은 옳았는데 시장은 더욱 경쟁이 심화되고 어려운 형국이 될 것으로 보였고, 이럴 때 우리에게는 유통과 판매 채널의 영향력 그리고 제조 전문성 등을 제공해줄 누군가가 필요했죠. 거기에 기존 CEO인 내가 회사를 전담해서 계속 경영하도록 허용하는 그런 회사 말입니다. 그리고 그것에 더해 나는 엑싯하는 주주들을 위해 기업가치가 최고의 배수로 평가되길 원했죠. 다행히도 나는 주주들로부터 회사를 매각해야 한다는 압박에 시달리지는 않았어요. 코헨과 달리 내게는 시간상 쫓길 만한 이유가 하나도 없었죠. 물론 두세 명의 전문 투자자들이 계속해서 내게 '투자자 엑싯을 위해 도대체 무엇을 할 계획입니까?'라고 물어왔지만 그들의 지분은 얼마 되지 않았고 영향력 또한 없었죠. 그들은 단지 성가신 존재였을 뿐입니다. 이사회는 나를 전폭적으로 지지하고 있었어요. 사실 주주들 중에는 벤앤제리스에서 일어난 일을 보고는 내가 절대 기업을 매각하는 거래를 하지 않길 원하는 주주들도 있었죠."

짐 골드가 허쉬버그에게 소개한 첫 번째 잠재적 인수 후보는 무엇보다 신선식품 분야에서 글로벌 리더인 파리의 다농그룹이었다. 허쉬버그는 라자드 프레레스앤코의 뉴욕 사무실에서 다농그룹의 기업 인수합병 책임자를 만났다. 하지만 그가 받은 가격 제안이 너무 낮아 그는 아예 반응조차 하지 않았다. 그리고는 계속 인수자를 물색했다. "1998년부터 2001년까지 20여 개의 대기업과 이야기를 나누었습니다. 아마 당신이 아는 신선식품 회사 중 내가 만나지 않은 대기업이 없을 정도일 거예요. 결국 짐 골드의 예측이 옳았다는 생각이 들었습니다. 내가 원했던 것은 불가능했습니다"라고 그는 돌아보았다.

그러나 2000년 가을, 다농그룹은 짐 골드에게 다시 연락하여 허쉬버그가 자신들과의 거래를 다시 검토할 의사가 있는지 물었다. 골드는 이에 대해 다농그룹의 최초 가격 제안이 너무 낮았고, 허쉬버그는 모기업의 간섭 없이 회사를 지휘하고 운영할 수 있는 경우에만 계약을 체결할 것이라고 응답했다. 이러한 허쉬버그의 조건은 다농그룹의 회장 겸 CEO인 프랭크 리바우드Franck Riboud의 생각과도 일치했다. 그는 자신의 회사가 유기농 요거트 사업에 대한 경험이 없기 때문에 그 사업을 잘 이해하지 못한다는 사실을 알고 있었다. 그는 자신과 그의 사람들이 미국인들로부터 배울 것이 많다고도 생각했다. 다농그룹이 인수를 통해 리바우드가 원하는 것을 얻으려면 허쉬버그가 있어야 했고, 만약 그가 책임자로 남아 준다면 스토니필드 팜에 훨씬 더 많은 비용을 지불할 용의가 있었다.

이에 따라 진지한 협상이 본격적으로 시작되었는데 언제나 그렇듯이 악마는 세세한 조율 과정 속에 숨어 있었다. 거래 조건을 맞추는 데만 1년이 걸렸고 수백 가지의 질문들이 제기되었다. 가령 '만일 어떤 이유에서건 허쉬버그가 계속 재직할 수 없다면 어떻게 되는 것인가? 스토니필드 팜의 실적이 기대에 미치지 못하면 어떻게 해야 하는가? 다농그룹이 스토니필드 팜이 내세우는 가치와 모순되는 사업(예를 들면 유독성 폐기물 관련 사업)에 발을 들인다면 어떻게 되는 것인가? 다농그룹이 펩시콜라 또는 필립모리스의 모기업인 알트리아Altria 또는 그 밖에 기존 스토니필드 팜 고객의 신뢰를 훼손할 만한 다른 기업체에 인수되면 어떻게 되는 것인가? 등등 질문들이 꼬리에 꼬리를 물었다.

그런 다음 지배구조와 소유권 및 승계라는 근본적인 문제들이 다루어졌다. 다농그룹의 주주 이익을 보호하는 동시에 스토니필드 팜의 독립 경영 원칙을 어떻게 지켜낼 수 있는가? 허쉬버그와 그의 관리자가 다농그룹 주식을 보유하거나 스토니필드 팜의 주식 일부를 계속 보유할 수 있는가? 후자의 경우 그들이 배당금을 받게 될 수 있는데 그렇다면 이는 어떻게 처리되는가? 두 회사 간의 협상은 얼마나 오래 지속될 것인가? 그것이 끝나면 어떻게 되는가? 종결 후 수정은 어떻게 가능한가? 허쉬버그의 후계자는 어떻게 선택되는가? 질문의 목록은 정말 끝이 없는 것처럼 보였다.

양 측이 많은 이슈들을 헤쳐 나가는 동안 허쉬버그는 한때 그 많은 문제들을 해결해야 할 양 측의 능력에 대해 절망하기도 했다. 몇 번이나 그는 협상 자리를 박차고 일어나기 직전까지 갔다. 그는 그 협상이 좌초되지 않은 것에 대해 그의 변호사인 케이엔엘 게이츠K&L Gates의 스티븐 팔머Stephen L. Palmer와 그의 협상 파트너인 다농그룹의 기업 인수합병 책임자 니콜라스 멀린Nicolas Moulin에게 공을 돌렸다. 그는 니콜라스에 대해 다음과 같이 말했다.

"니콜라스는 마술사였어요. 우린 친구가 되었지만 그는 잠시 동안 나의 적이었죠. 그는 회사 측으로부터 거래를 성사시키라는 명령을 받았지만 그 사실을 모르던 나는 내 인생을 걸고 계속 그와 협상을 하고 있었어요. 협상 중에 한번은 내가 '이봐요, 이것은 제대로 작동하지 않을 것입니다. 일단 집으로 가서 모든 것에 대해 다시 생각해봐야겠어요'라고 이야기하기도 했죠. 그는 정말 솜씨 좋고 뛰어난 재능이 있는 사람이었습니다. 우리는 당시 뉴욕에 있었는데 그는 나에게 '밖에서 산책하며 기분 전환 좀 하는 게 어때요? 집으로 날아가기 전에 일단 2시간 후 이곳으로 돌아와서 우리가 이 문제를 해결할 수 있는지 없는지 다시 살펴봅시다'라고 말했죠. 내가 실제로 돌아왔을 때 그는 문제를 해결해놓았습니다. 그는 매우 똑똑했어요. 이런 비슷한 경우가 열 번, 스무 번은 있었다니까요."

사실 그들이 생각하는 거래의 모범으로 삼을 만한 과거의 사례가 없다는 점이 문제였다. 허쉬버그, 팔머, 멀린 그 누구도 알고 있는 사례가 없었다. 비상장회사의 오너 혹은 다수 지분을 보유한 사람이 회사를 매각하면서 그와 같은 수준의 독립성을 보장해달라고 한 사례는 정말 드물었다. 또한 그것을 허용해주는 상장회사의 사례도 똑같이 드물었다. 이러한 전례 없는 결정은 CEO인 리바우드로부터 비롯됐고 그는 회사의 미래를 위해 이것이 매우 결정적이며 중요하다고 판단했던 것이다.

그는 멀린에게 협상을 맡겼지만 협상의 진척사항을 면밀히 파악하고 있었고, 아주 결정적인 순간에 개입했다. "한때 나는 그 거래를 포기할 준비가 되어 있었습니다. 그만둘 생각이었죠. 이때 친구가 된 리바우드와 점심을 먹었는데 이때 그가 다시 나를 협상테이블에 앉게 했죠. 리바우드가 없었다면 그리고 다농그룹 최고위층의 지지가 없었다면 그 거래는 일어나지 않았을 것입니다. 그 상황은 기업 인수합병 추진 부서에서 그룹 최고위층을 설득하는 형태가 아니라 가장 높은 자리에 앉은 사람이 '우리는 이 거래를 꼭 해야 한다'라고 말하는 상황이었죠"라고 허쉬버그는 말했다.

거래를 성사시키려는 리바우드의 강한 의지는 스토니필드 팜의 사업 모델이 다농그룹과는 근본적으로 다르고, 그것은 적어도 꽤 잘 혹은 다농그룹의 그것보다 더 잘 작동하고 있다는 것을 알게 되었던 것에 기인한다. 다농그룹의 사업 모델은 소비재 회사들이 따라야 할 표준과도 같은 것이었다. 가능한 한 제품 원가는 낮추고 매출총이익을 높게 유지한 다음 이 매출총이익으로 시장에 광고와 마케팅을 미친 듯이 퍼부어 가능한 많은 사람들이 더 많은 제품을 사도록 만드는 전략이었다. 이 과정에서 브랜드의 충성도가 창출되었다.

그러나 스토니필드 팜의 경우 제품의 질을 기반으로 경쟁하며 가족 단위의 농부들을 지지한다는 신념으로 인해 다농그룹보다 매출원가는 높았고 매출총이익은 더 낮았다. 그 결과 스토니필드 팜은 브랜드를 구축하기 위한 광고 및 기타 전통적인 마케팅 도구를 활용할 수 있는 현금흐름을 확보하지 못하고 있었다. 그러나 연이은 설문조사 결과 스토니필드 팜 고객의 브랜드 충성도는 다른 요거트 회사보다 훨씬 더 높은 것으로 나타났다. "고객들이 슈퍼마켓에 들어가면 '요거트'를 찾는 대신 '스토니필드 팜'을 찾았지요"라고 허쉬버그는 말했다. 뿐만 아니라 순수익률은 다농그룹의 여러 다양한 사업과 같거나 혹은 오히려 더 높았다. 이러한 이유로 리바우드 회장은 스토니필드 팜의 사업 모델에 대해 모든 수단을 동원해 많은 것을 배우기를 열망한 것이었다.

허쉬버그는 사실 자신만의 내면의 동기도 있었다. "나는 실제 주주들의 엑싯을 위한 협상을 하고 있었지만 나는 이 거래로 인해 더 이상 주주들에 대한 걱정은 그만하고 스토니필드 팜을 다음 단계로 도약시키는 데 주력하고 싶은 심정이었습니다. 다농그룹은 분명 큰 다국적 기업이었지만 유기농 식품 회사는 아니었어요. 이런 상황에서 나는 이들과 합기도 무예를 펼치는 것 같은 거의 도박에 가까운 동행을 선택한 거죠. 나는 그들의 자산 및 강점을 나의 미션을 수행하는 일에 활용하는 동시에 회사를 경영하는 독립성과 자유를 유지하려고 했습니다. 아울러 우리의 DNA 중 일부를 다농그룹에 심고 싶었어요. 그것은 단순히 '유기농'을 추구한다는 것 이상의 정신이었습니다. 많은 유기농 회사들이 어느 제품이 '유기농'으로 인정받는다면 본인들이 유기농 사업을 하고 있다고 이야기하죠. 하지만 그들은 그 이상의 신뢰와 진실성을 구축하지 못합니다. 진실성은 바로 우리의 DNA에 있는 것이죠. 우리는 완전하게 투명합니다. 소비자는 우리를 신뢰하지만 우리는 매일 그 신뢰를 소비자로부터 얻어야 해요. 나는 그것을 당연히 주어지는 것으로 생각하지 않습니다." 허쉬버그는 말했다.

2001년 가을 스토니필드 팜과 다농그룹은 마침내 기업 인수 계약을 체결했다. 그것은 간단하지 않았다. 매매 계약 문서만도 수십 인치 두께였고 상호 의무와 여러 미래에 대한 가정적인 시나리오들이 긴 목록을 이루었다. 합의된 조건에 따라 스토니필드 팜은 별도의 기업으로 남게 되었고 다농그룹은 기존 외부 주주에게 약 1억 2,500만 달러를 지불하고 지분의 약 75퍼센트를 소유할 것이라고 공표했다. "그들은 우리에게 최고 기업가치 배수를 인정해주었습니다. 나는 그것이 무엇인지 자세히 말할 수는 없지만 단언컨대 그 당시 일어났던 거래 중 단연 최고의 배수였습니다. 그래서 나는 주주들에게 당당할 수 있었고 또 그들에게 훌륭한 일을 할 수 있었죠"라고 허쉬버그는 말했다.

허쉬버그와 회사의 관리자 및 직원들은 주식의 나머지 25퍼센트를 보유하면서 이사회의 총 5명의 이사 중 3명의 이사들을 통제하게 될 것이었다. 대신 다농그룹은 다음과 같은 3가지 거부권을 부여받았다. 첫째, 그들이 승인하지 않는 기업인수는 불가하다. 둘째, 100만 달러 이상의 자본 지출을 거부할 수 있다. 셋째, 미리 합의된 특정 기준들을 초과하는 사업 계획은 무력화시킬 수 있다. 이중 두 번째 거부권이 가장 중요한 것으로 이후에 판명되었지만 당시 허쉬버그는 그것을 깨닫지 못했다. 연간 매출이 8,500만 달러 정도였던 스토니필드 팜으로서는 자본 지출이 100만 달러를 넘는 일이 지금까지 한 번도 없었기 때문이다. 그러나 몇 년이 지나 그는 점차 거의 모든 자본 지출에 대해 모기업의 승인을 얻어야 하는 상황이 되었다. 물론 그것들은 대체로 승인되었다.

거부권 외에도 다농그룹은 만에 하나 허쉬버그가 스토니필드 팜 라인의 매출을 계속 성장시키지 못할 경우를 대비한 보호 장치를 원했다. 이에 따라 양측은 2016년까지 계약 기간 동안 최소 허용 가능한 성장률을 결정하기 위한 공식을 도출했다(이 공식은 그 이후에도 다시 활용이 가능한 것이었다). 허쉬버그가 이 기준을 충족하는 경우에만 이사회에서의 다수결 권한을 유지하게 되는 것이었다. 그는 한편으로 자신의 통제를 벗어난 사건, 가령 이웃 공항에 있는 비행기로 인해 스토니필드 팜이 큰 해를 입어 매출이 심각하게 떨어지는 것과 같은 경우에 대한 보호 장치를 원했다. 그들은 회사가 2년 연속 매출이 하락하지 않는 한 다수결 권한을 잃지 않는 것으로 결정했고, 어떤 해에 매출이 하락하면 향후의 매출 성장률 기준 연도는 그 전년의 정상 매출 연도가 아닌 바로 매출이 하락한 당해 연도를 기준으로 산정됨에 합의했다.

모든 계약 사항이 이행되기 위해 이 거래는 두 단계에 걸쳐 전개되었다. 1단계에서 다농그룹은 스토니필드 팜 지분의 40퍼센트를

위대한 창업가들의 엑싯 비결

매입하고, 매도 대상 주주들의 주식은 에스크로 계좌에 묶어두기로 했다. 그리고 2년 동안 다농그룹은 스토니필드 팜을 대량의 음식 서비스 계약에 편입시키고 회사의 제조 부문을 지원하는 등 10여 가지 사항을 이행하기로 했다. 그 후 허쉬버그는 이제 다농그룹이 계약상 의무를 충분히 이행했는지의 여부를 판단하면 되었다. 만일 그렇게 판단된다면 다농그룹은 나머지 지분들을 사들일 수 있게 되는 것이었다. 그렇지 않다면 다농은 소수지분자로 남게 되고 나머지 계약은 무효가 되는 것에 합의했다.

허쉬버그는 바로 고객들과의 신뢰를 위해 이러한 시험 기간이 필요했다고 말했다. "천연 식품을 선호하는 우리의 고객들은 큰 대기업에 회사가 넘어갔다고 의심할 수 있다는 것을 나는 알고 있었죠. 그 2년의 시험 기간을 통해 나는 다농그룹과의 거래를 완수할지, 완수한다면 언제 마무리 지을지에 관한 확신을 가지게 되었습니다. 또한 나 역시 우리를 인수하는 회사에 대한 불안감이 있었기에 2년의 기간은 나에게도 도움이 되었습니다. 나는 그들이 누구인지 잘 몰랐고 우리가 거래를 하는 데 있어 모든 것을 사전에 완벽히 검토했다고 확신할 수 없었습니다. 더구나 내 주위에는 이 거래가 불가능하다고 이야기하는 친구들이나 경험 많은 사업가들이 많았어요. 그러나 그 2년은 정말로 내게 자신감을 안겨 주었습니다. 다농그룹은 나의 신뢰를 얻은 것입니다. 내가 얻은 결론은 이를테면 '결혼하기 전에 반드시 연애를 해볼 것'이라고 할 수 있겠죠."

13년이 지난 후에도 허쉬버그에게 후회는 없었다. 스토니필드 팜의 매출은 4억 달러까지 성장했고 다농그룹과의 관계는 그 어떤 때보다 강력하다. 허쉬버그 또한 이제 개인적인 엑싯을 계획 중인데 그는 이미 2012년 1월 CEO 자리에서 내려와 이사회 의장이 되었지만 그가 첫 번째로 CEO직을 물려준 벤앤제리스의 전임 CEO 월트 프리스Walt Freese가 제대로 일을 해내지 못한 탓에 1년도 채 되지 않아 CEO직에서 물러나야 했다. 그는 두 번째 후계자로 이스티브 토렌스Esteve Torrens를 불러들였는데 그는 이전에 스토니필드 팜 유럽 본부의 제너럴 매니저로 근무한 후 영업 부사장으로 일했고 허쉬버그와도 잘 아는 인물이었다. 그는 "이런 과정을 거치며 나는 한 사람을 후계자로 만들기 전에 그와 일해보는 것이 얼마나 중요한지 알게 됐습니다"라고 말했다.

허쉬버그는 지난날을 되돌아보며 스토니필드 팜을 매각하는 과정에서 자신이 한 옳은 일들을 되짚어 보았다. "간단한 교훈은 '먼저 묻지 않고서 얻을 수 있는 것은 없다'는 것입니다. 그것은 진부하고 너무 기본적인 말처럼 들리지만 몇 번이고 나는 반복해서 이야기하고 싶을 정도로 모든 것이 응축된 말이라고 생각합니다. 기업가들은 통상 질문하는 것에 능숙한 반면 대부분의 사람들은 '무엇이 가능한가'에 대해 매우 제한적으로 생각하죠. 그것은 정말 유감스러운 일입니다. 왜냐하면 그럴 필요가 전혀 없거든요. 내가 성사시킨 거래가 이뤄낸 것을 간단히 표현한다면 그것은 '두 당사자가 함께하기를 원할 때 어떤 것이든 가능하다'는 것입니다."

그것은 확실한 교훈이다. 그러나 그만큼 중요한 교훈이 또 하나 있다. 허쉬버그는 계약 협상 과정 하나하나를 그 어느 것도 당연시 여기지 않았고, 자신을 치켜세우는 입에 발린 칭찬이나 돈이 만드는 현혹에 휩쓸리지 않고 다농그룹이 스토니필드 팜을 인수하여 얻고자 하는 바가 무엇인지를 정확히 파악했다. 그러한 세심한 주의를 기울이는 데서 멈추지 않고 시험 기간을 두는 예방책까지 강구했다.

물론 운이 크게 따른 것이 사실이다. 어찌 보면 모든 것이 그랬다. 무엇보다 허쉬버그가 리바우드와 멀린을 협상 파트너로 두었던 점이 행운이었다. 그러나 행운이 결코 성공을 보장하지는 않는다. 중요한 것은 '행운에서 비롯되는 수익률(짐 콜린스의 문구를 빌리자면 말이다)'을 높이 가져가는 능력이다. 허쉬버그가 그러한 능력을 취하기 위해 한 것은 바로 다농그룹이 스토니필드 팜에 대해 벌인 기업 실사의 노력만큼 스스로 인수자인 다농그룹을 꼼꼼히 들여다본 것이었다.

왜 우리 회사를 사려는지
파악하는 것이 먼저다

내가 놀라워하는 사실 중 하나는 많은 기업의 오너들이 회사를 매각하려고 하면서도 잠재적 인수자가 왜 자신의 회사를 사려고 하는지 깊이 조사하지 않는다는 점이다. 나는 그 이유가 이들이 매각이 성사됨으로써 곧바로 얻게 될 그 무언가에 집중하기 때문이라고 생각한다. 이는 자연스러운 현상이며 매각의 역동성이 이러한 경향을 부추기는 것도 있다. 매각을 진행하는 오너 입장에서는 인수하려는 이들에게 가격 오퍼를 구하고 그러한 제안이 실사 과정에서 사라져버리는 것을 막고자 노력하는 등 모든 정서적 에너지가 거래를 완성시키는 데 쏠리게 되어 있다.

이때 당신이 놓치고 있을지도 모르는 것은 인수자 역시 소위 '영업' 모드로 움직인다는 점이다. 그들은 자신들이 인수를 할 적임자임을 알리기 위해 자신들의 신뢰성, 선의 그리고 미래에 대한 비전, 피인수 회사와 잘 들어맞는 궁합, 당신의 회사와 직원들에 대한 칭찬 등을 아낌없이 드러내곤 한다. 의심할 여지없이 많은 인수자들은 자신의 모든 행동과 말에 대해 신실하게 접근한다. 그러나 반대로 많은 오너들이 나중에서야 본인들이 오도되었다거나 혹은 감히 말하자면 속았다고까지 생각하는 사례를 찾는 것은 어려운 일이 아니다. 실제로 그들의 감정은 옳을 수 있다. 많은 약속들이 맺어지고 또 깨지며 계약상 의무가 무시되기도 하기 때문이다. 더욱이 그때쯤이면 보통 너무 늦은 시점이라는 것이다. 거래가 종료되고 나면 곧바로 오너의 영향력은 사라져버리고 만다.

행복한 엑싯에 성공한 오너는 이런 정말 지저분하고 당황스러운 일들을 용케 피한 사람들인데 이는 주로 거래를 할 때 인수자가 거래를 추진하는 진짜 동인은 무엇이며 매각이 이루어지고 난 후의 행동에 대해 미리 잘 가늠한 것에 기인한다. 다른 이들은 거래가 모두 끝나고 나서야 이를 고생 끝에 깨닫는다. 바비 마틴Bobby Martin은 후자의 경험을 한 사람 중 하나다.

마틴은 네이션스뱅크(뱅크 오브 아메리카의 전신)의 젊은 세일즈맨이었다. 이제 막 대학교를 졸업했고, 사업 아이디어를 하나 가지고 있었다. 그는 노스캐롤라이나주 윌밍턴Wilmington에 있는 기업 영업 담당관으로서 지역에 있는 회사를 방문하여 은행의 다양한 제품과 서비스를 홍보했다. 그의 고객 기업들은 매우 다양한 산업에 걸쳐 분포해 있었고 직원 수가 5명에서 수백 명에 이르기까지 그 규모도 다양했다. 그는 통상적으로 사출 성형 회사, 레스토랑 체인 및 공조 HVAC 서비스 회사와 같이 다양한 업종의 고객들에게 전화 영업을 했다. 그러한 과정에서 그가 고객의 산업에 대해 더 많이 알면 알수록 세일즈가 더 원활해진다는 사실을 알게 되었다.

그래서 그는 매번 세일즈 전화를 하기 전에 해당 산업에 대한 심층적인 리서치를 수행하고 그가 배운 것을 토대로 5~10개 정도의 질문을 가지고 영업에 임하는 것을 습관화했다. "플라스틱 제조업체를 상대한다고 가정하면 지난 1년 동안 수지 및 기타 원자재 가격이 25퍼센트 올랐다는 사실을 인지한 뒤 업체 사장에게 '수지 가격이 지난 1년 동안 25퍼센트 올랐다는 것을 압니다. 그것이 당신의 운전 자본에 어떤 영향을 미쳤나요?' 또는 '그런 상황이 당신의 신용 한도와 차입금에 어떤 영향을 미쳤나요?'라고 물었죠. 그러면 대부분의 업체 사장들은 '아니 이쪽 분야에 대해 어떻게 그렇게 잘 알아요?' 하고 되묻곤 했죠"라고 그는 말했다. 당시 대부분의 은행 영업 담당자들은 날씨와 스포츠 같은 것을 화제 삼아 영업을 하던 시기였다.

마틴은 잠재적 고객 기업의 고위 관리자를 상대로 프레젠테이션을 할 때도 이러한 접근 방식을 썼다. 그는 업계의 회사들이 겪고 있는 도전 요인들을 이야기하며 자신의 세일즈 피치를 그에 따라 만들어나갔다. 그러한 정보가 없었던 그의 경쟁자들은 은행이 제공할 수 있는 극히 일반적인 것에 관해 아주 일반적인 이야기를 들려주는 것뿐이었다.

마틴의 영업 기법은 매우 효과적이었고 덕분에 그가 따내는 고객 계좌의 수는 크게 늘어났다. "하지만 나에게는 창업가 기질이 있었죠. 언제나 은행 정책에 일종의 도전을 하는 사람이기도 했는데 그것은 그 정책들이 나빠서라기보다는 내가 원래 그런 성향의 사람이었기 때문입니다"라고 그는 말했다.

그는 얼마 지나지 않아 자신이 하고 있는 일을 사업화하는 것에 대해 생각하기 시작했다. 그는 자신의 방법을 다른 은행들은 물론이고 다양한 업계의 비즈니스 고객을 보유한 회사들도 활용할 수 있다는 것을 깨달았다. 1999년 그는 결국 은행을 그만두고 퍼스트 리서치First Research라는 회사를 설립하여 사업 계획을 구상하기 시작했다. 이 사업은 영업 사원의 요구에 맞춘 최신 업계 보고서를 제공하는 구독 사업이었다.

마틴 자신은 대부분의 시간을 영업을 뛰는 데 소비해야 한다는 것을 깨달았고 따라서 연구를 수행하고 보고서를 준비할 수 있는 파트너가 필요했다. 논리적으로 생각했을 때 자연히 산업 정보를 고객들에게 이미 제공하고 있는 업체들이 후보가 되었다. 그러나 그가 접촉한 그 어떤 회사도 관심을 보이지 않던 차에 보스턴에 소재한 어느 회사에서 도움이 될 만한 사람들의 목록을 건네주었다. 그중 한 명인 잉고 원저Ingo Winzer는 매사추세츠주 웰즐리Wellesley에서 로컬 마켓 모니터Local Market Monitor/LMM라는 회사를 운영하며 전국의 부동산 시장을 분석해 제공하는 서비스를 하고 있었다. 마틴은 그에게 전화를 하기로 마음먹었다.

"그것은 내 인생에 있어 가장 운이 좋았던 전화 통화였습니다. 그는 훌륭한 사람이자 엄청나게 똑똑했고, 산업 정보를 매우 명확하고 간결하게 그리고 정확하게 수집하는 방법을 알고 있었습니다. 업계에서 명성도 뛰어났죠." 마틴이 말했다. 원저는 수많은 기사를 작성하며 〈월스트리트 저널Wall Street Journal〉 〈배런Barron's〉 등에서 주택 및 부동산 부문의 권위자로 자주 거론됐다.

마틴은 그에게 함께할 것을 제안했다. 원저가 공동 창업자이자 연구 부문의 수석 부사장으로 퍼스트리서치에 합류하여 첫 30개의 보고서를 만들면 마틴은 자신의 지분 중 35퍼센트를 그 대가로 그에게 지급하는 조건이었다. 원저는 이 제안을 수용했다. "30개의 보고서를 작성하는 데 6~12개월이 걸렸습니다. 그때 나는 보고서들을 사냥하듯 쫓았지요"라고 원저는 말했다.

대부분의 스타트업들과 마찬가지로 퍼스트리서치 역시 초기에 현금흐름이 여유롭지 못했던 탓에 창업자들은 애초에 생각한 사업의 정체성과 관련이 있는지의 여부를 떠나 그 어떤 것이든 현금을 벌 수 있는 일들을 했다. 윈저가 만들 수 있는 것이라면 그것이 무엇이든 마틴은 열심히 팔았고 그렇게 조금씩 회사의 현금흐름이 개선되어갔다. 마틴과 윈저는 벌어들인 돈을 집으로 가져가는 대신 2000년 3월에 마틴의 전 은행 동료인 윌 브롤리Wil Brawley를 영업 부문을 담당할 새로운 파트너로 맞이하고 지분의 10퍼센트를 부여했다. "그것은 내가 한 일 중 두 번째로 똑똑한 일이었습니다. 물론 가장 잘한 일은 윈저와 파트너가 된 것이었죠." 마틴이 말했다. 그와 브롤리 모두 전직 은행 영업 직원이었기 때문에 은행에 서비스를 판매하는 데 특히 효과적일 수 있었고, 그들은 이후 2년 동안 이 부분에 집중했다.

비즈니스에서 성공적인 창업보다 더 흥미진진한 것은 없다. 2000년대 초반 회사가 좋은 성과를 내며 퍼스트리서치의 모든 직원은 즐거운 시간을 보냈다. 이런 가운데 회사를 매각한다는 것은 오너들에게는 너무나도 먼 이야기일 수밖에 없었다. "사람들은 우리의 엑싯 전략이 무엇인지 물어보곤 했는데 그때마다 윈저와 브롤리, 그리고 나는 그저 웃었습니다." 마틴이 말했다. "우리는 그것이 세계에서 가장 바보 같은 짓이라고 생각했어요. 사업을 시작하면서 팔려는 의도를 갖는다는 것 말이지요. 우리는 엑싯 전략에 대해 무지했고, 실제 그것을 원하지도 않았습니다. 우리는 고객과 제품에 110퍼센트 집중했어요. 그 밖의 모든 것은 그저 잡음과 같은 것이었죠."

비록 그들이 엑싯에는 거의 관심을 갖지 않았지만 회사가 성장함에 따라 생기는 외부의 관심까지 완전히 무시할 수는 없었다. 2006년이 되자 퍼스트리서치는 직원 수 약 40명에 650만 달러의 매출을 올리는 회사로 성장했다. 고객군은 이제 은행을 넘어 소프트웨어 및 회계 등 여러 산업에 제품과 서비스를 판매하는 기업들로까지 확대됐다. 이때 마틴과 그의 파트너들에게 때때로 회사의 매각을 타진하는 사람들이 접근해오곤 했다. "그것을 계기로 우리는 우리 사업의 가치에 대해 생각하기 시작했어요. 하지만 회사가 계속 성장하고 있고, 행복하며, 매각할 생각이 없다면 즉 바로 우리와 같은 경우라면 모든 것을 잊고 회사를 계속 경영해나가는 데 초점을 맞추면 됩니다"라고 마틴이 말했다.

그해 여름, 그는 보스턴에서 열린 전시회에서 회사 부스를 지키던 중 기업 리서치 회사인 후버스Hoover's의 비즈니스 개발 담당자를 만나게 되었다. 그녀는 회사의 자료를 검토하고 마틴과 이야기를 나누며 퍼스트리서치에 대해 좋은 인상을 받았다. "훌륭하네요. 후버스와 잘 맞을 것 같아요. 당신 회사를 사야겠습니다"라고 그녀는 말했다.

그녀는 회사로 돌아가 후버스 사장에게 퍼스트리서치에 대해 이야기했다. 그 후 마틴은 후버스의 모기업인 던 앤 브래드스트리트Dun&Bradstreet의 비즈니스 개발 담당자로부터 전화를 받았다. 그들은 두 회사가 함께 일할 수 있는 방법을 모색하고 싶다고 말했다. 그다음에는 후버스 사장이 퍼스트리서치 본사가 있는 랠리Raleigh로 날아와 논의를 계속하고 싶다는 의사를 전해왔다. "나는 그들이 어떤 마음을 가지고 있는지 꽤 확신했습니다. 사업 제휴를 이야기할 목적으로 사장을 보내지는 않으니까요. 그것을 알고 있음에도 나는 그 미팅의 목적을 표면적으로는 사업 제휴로 전제하고 접근했지요. 과거에는 회사를 매각할 생각이 없었지만 세상에 못 파는 것은 없잖아요?"라고 마틴은 말했다.

사람들이 '세상에 못 파는 것은 없다'라고 말할 때는 가격이 충분히 매력적이라면 고려할 가능성이 있다는 것을 의미한다. 여기서 중요한 질문이 떠오른다. '과연 얼마만큼의 가격이면 충분하다고 할 수 있을까?' 마틴은 이에 대해 파트너들과 상의했다. 그들은 만약 3,000만 달러 근처의 가격이 제시된다면 제안을 받아들여야 한다고 결정했다.

그러나 그들은 이것을 서둘러 요구하지 않았다. 회사 사정은 좋았고 일은 즐거웠다. 매출은 증가하고 있고 영업이익율 또한 훌륭했다. 한편 마틴은 직원 수가 50명에 가까워짐에 따라 인력 관리가 더욱 어려워지고 있음을 인정했다. 그러나 그는 그 문화를 좋아했다. "진정한 의미의 자유란 것이 있었어요. 모두 자발적으로 일하는 분위기였죠. 개성이 듬뿍 묻어나는 일이기도 했어요. 젊고 또 에너지 넘치는 문화였습니다. 직원들의 이직이나 퇴직은 거의 없었어요. 직원들 보수는 훌륭했고 즐기는 문화가 있었지요. 우리는 매년 멋진 곳으로 단체 여행을 떠나기도 했습니다. 우리의 모토 중 하나는 '일은 삶의 도구다. 일이 삶의 목적일 수는 없다'였습니다. 우리

위대한 창업가들의 엑싯 비결

는 매주 40~50시간 정도 일을 했어요. 나는 일주일에 70시간씩 일하는 사람에게 좋은 인상을 받지 못해요. '이봐 친구, 자네 인생은 어디로 갔지?' 하는 생각이 들기 때문이죠." 마틴은 말했다.

그럼에도 불구하고 마틴은 '모든 것은 가격이 적당하다면 팔 수 있다'는 신념을 굳게 가지고 있었다. 후버스와 던 앤 브레드스트리트 사장은 회사를 방문하고 간 후로도 계속 마틴에게 회사의 매각을 권유했다. 마틴은 사장과의 미팅 때 정중히 합병 제안을 거부했던 터였다. 결국 그들은 마틴에게 얼마를 요구하는지 물었다. 그는 자신이 생각하는 금액을 불렀고 논의는 계속됐다. 그들은 궁극적으로 2,650만 달러에 합의를 보았는데 그중 2,250만 달러가 계약 체결 시점에 지불되어야 했다.

마틴은 매각 후 퍼스트리서치의 문화에 어떤 일이 생길지 조금 염려가 되기도 했지만 제시된 가격은 그냥 지나치기에는 너무도 매력적이었다. "솔직히 말하자면 바로 우리가 받을 수 있는 금액이 주요 결정 요인이었어요. 그것은 우리 미래를 위한 유연성을 가져다주는 것으로 모두에게 좋은 대가가 지급되는 것이었죠. 물론 이 돈을 단지 우리 3명의 오너가 다 갖는 것이 아니었습니다. 우리는 직원들에게 회사의 가치 상승으로 이익을 얻을 수 있는 일종의 지연 보상 플랜을 갖고 있었고 이는 재정적으로 훌륭한 보상이 되었죠." 마틴은 말했다.

투자의향서에 서명하자마자 실사가 시작됐다. 실사 기간은 전체 3개월도 채 안 걸렸지만 회사 경영과 프로세스 관리를 함께하려는 고전적인 실수를 저질렀기 때문에 그는 꽤 스트레스를 받았다고 말했다. "한 10억 개 정도의 질문이 들어왔어요. 그래서 나는 두 개의 풀타임 업무를 한꺼번에 수행했고 가족들도 힘들어했죠." 그는 아이가 있었고 아내는 둘째 아이를 임신 중이었다. "또한 내가 양복을 입고 있는 사람들과 왜 그렇게 많은 미팅들을 하고 있는지 직원들에게 설명해주지 못하는 것도 스트레스였습니다. 비밀 유지는 SEC(미국 증권거래위원회)규정 때문에 매우 중요했지만 반대로 우리 회사의 문화는 투명성과 개방성을 바탕으로 만들어졌으니까요. 결국은 나 스스로 투명하지도 열려 있지도 않은 행동을 한 셈이었어요. 하지만 규제 때문에 어쩔 수 없었죠."

2007년 3월에 거래는 종결되었지만 마무리 과정 역시 쉽지 않았다. 퍼스트리서치의 많은 고객들이 계약상 묶여 있는 것이 아니었기 때문에 마틴은 고객들이 회사의 오너십이 변경된 후에도 떠나지 않을 것이라는 점을 분명히 해야만 했다. "그것은 정말 힘들었습니다. 나는 그들의 법률 부서와 이 문제를 다루었는데 조율 과정은 어수선하고 또 어색했어요." 직원들에 대한 이연 보상 계획에도 생각지 못한 변경이 불가피하게 되었다. 거래 종결일이 되어서야 직원들에게 회사의 매각에 대해 알릴 수 있었고 수표를 받기 위해서는 회사가 일체의 이슈로부터 면책된다는 데 동의하는 문서에 서명해야 했다. 아울러 그들은 던 앤 브레드스트리트의 주주가 합병 사실을 통보받을 때까지 기밀을 유지할 것을 요구받았다.

그러나 그런 스트레스와 어색함은 모두 실제 매각 이후 피할 수

위대한 창업가들의 엑싯 비결

없이 그가 겪어야 했던 것에 비하면 아무것도 아니었다. 그는 그 여파가 수개월은 간 것으로 기억했다. 심적으로 너무 상처를 받아 생애 처음으로 심리치료를 받기도 했다. 어느 순간 자신이 의사의 지시로 심장 기능이 정상인지 테스트하는 러닝머신 위에 있는 것을 발견했다. 돌이켜 보면 마틴이 정서적으로 다가올 변화에 대한 준비를 하지 않은 채 매각 절차에 뛰어들었음이 분명했다. 그가 매각을 준비하면서 과연 던 앤 브래드스트리트가 왜 그렇게도 퍼스트리서치의 인수를 원했는지 그리고 후버스와 퍼스트리서치가 합병되었을 때 실제로 무슨 일이 일어날것인지에 대해 면밀히 생각해본 적이 없었다는 것이 그가 매각 후 힘든 시간을 보낸 주된 이유였다.

예를 들어 그는 후버스가 기존 퍼스트리서치의 서비스를 자신들의 영업 채널을 통해 판매하기 시작할 때 생기는 부작용들을 미리 가늠하지 못했다. 영업 사원들은 어떻게 보상받아야 하는가? 만약 두 회사의 영업사원이 모두 그 문제의 고객과 관계가 있다면 누구의 판매로 인정해주어야 하는가? 두 영업사원은 어떻게 서로 협력해야 하는가? 이러한 질문들은 전적으로 예견할 수 있었고, 문제가 해결되는 과정에서의 혼란과 사람들이 개인적으로 갖게 되는 고뇌 등도 충분히 예상할 수 있었다. 그러나 마틴은 그중 어떤 것도 미리 내다보지 않았다. 결과적으로 그의 전직 직원들이 느끼는 고뇌는 엄청난 수준이어서 그를 놀라게 했고 그 또한 그들과 함께 고통받았다.

"그들은 세상이 완전히 뒤엎어진 듯 받아들였습니다. 실제로 모든 것이 바뀌었죠. 새로운 경영진이 꾸려졌습니다. 나는 더 이상 책임을 지지 않았어요. 그들은 합병 때문에 겪고 있는 심적인 어려움들을 나에게 토로하곤 했죠. 그들이 겪고 있는 일들을 보며 나 역시 엄청난 스트레스를 받았고 그들의 심정을 알게 되었습니다"라고 마틴은 말했다.

그러나 이 모든 것은 마틴이 던 앤 브래드스트리트의 인수 동기에 관해 분명히 이해했다면 예상 가능한 것이었다. 그들은 퍼스트리서치의 인력 또는 고객을 필요로 했던 것이 아니었다. 그들은 오로지 지적재산권을 필요로 했다. 특히 마틴이 다양한 종류의 산업에 걸친 고객들에게 영업을 하는 판매직들의 생산성을 개선하도록 개발한 시스템을 노렸던 것이다. 물론 그들은 그 지적자산과 함께 따라오는 현금흐름을 원했지만 그 시스템이 후버스의 제품믹스에 통합되면 그것은 황금 알뿐만 아니라 황금 알을 낳는 거위까지 모두 갖게 됨으로써 퍼스트리서치의 인수는 성공으로 정의될 수 있던 상황이었다.

마틴은 기업 매각 후 15개월이 지나 회사를 영영 떠났다. 회사를 떠날 무렵 고통은 덜해졌지만 여전히 그는 정상적으로 돌아오지 못한 느낌이었다. '정상적'이라는 말은 곧 이전 직원들과 편하게 이야기할 수 있다는 의미였다. 약 80퍼센트의 사람들이 회사를 떠나거나 해고됐다. 또 '정상적'이란 것은 그들과 실제로 함께 고통을 느끼지 않더라도 그들의 심정을 이해할 수 있음을 의미했다. 실제로 그렇게 되기까지는 몇 달이 더 필요했다.

그가 결과적으로 회사의 매각을 후회하는지 혹은 그렇지 않은지를 판단하기까지는 훨씬 더 많은 시간이 소요되었다. 매각 후에 그는 다시 일할 필요가 없을 정도로 충분한 돈을 갖게 되었다. 그는 글을 쓰기 시작했고, 창업 정신에 관한 책을 집필 중이다. 그는 글쓰기를 좋아하는 한편 무언가를 만드는 것 또한 좋아한다고 말했다. 그는 자신이 비영리 단체를 만드는 일을 하게 될지도 모르겠다고 했다. 그렇다면 그는 퍼스트리서치와 같이 또 다른 영리 목적의 비즈니스는 구축하고 싶지 않은 것일까? 이에 대해 그는 "잘 모르겠습니다. 또 그런 고통을 겪어야만 한다면 사업을 다시 시작하는 것이 맞는 건지 모르겠어요. 하지만 아마도 두 번째 시도는 사안들을 더 잘 이해할 수 있기 때문에 더 쉬울 것입니다"라고 답했다.

2010년에 마틴은 또 다른 산업 리서치 회사인 버티컬 아이큐 Vertical IQ를 창업했다. 이 회사는 오늘날까지 번창하고 있으며, 그는 퍼스트리서치의 전직 직원 몇 명을 고용했다.

고맙지만 사양합니다

허쉬버그와 마틴은 회사를 다른 사람에게 매각한 오너들 중에서도 좀 예외적인 사례임은 분명하다. 그들은 매각 거래에 접근하는 목적부터 다른 보통 사람들과는 매우 달랐다. 허쉬버그는 기업 매각 후에도 그의 회사가 이전과 똑같은 회사명, 인력 및 경영진을 보유한 독립 법인으로 계속되기를 원했다. 반면 마틴은 거부하기 너무나 아까운 규모의 매각 대금으로 인해 회사의 매각을 결정했다. 그러나 나중에서야 자신이 생각했던 것보다 회사 직원들의 운명에 관해 더 많은 신경을 쓰게 되었다. 그것은 분명히 그에게 최악의 시간이었을 것이다.

그래서 나는 다시 2장의 메시지로 돌아가보려 한다. '당신이 누구인지, 무엇을 원하는지, 왜 그것을 원하는지에 대해 아는 것이 중요하다'는 메시지를 기억하는가? 여기에 중요한 한마디를 덧붙인다면 당신의 잠재적 인수자에 대해서도 그것과 똑같이 알아야 한다. 허쉬버그와 같이 매각 후 회사의 문화와 정체성을 유지하는 것에 열의가 있는 경우에는 보통 회사의 상장, 임직원들에게 매각 또는 가족들에게 매각하는 방법을 떠올리지만 그는 이것 외에도 가능한 방법을 찾아 자신이 원하는 방향의 매각을 이끌어냈다. 그는 남다른 소명이 뚜렷한 회사들이 자신의 사례를 모범으로 삼을 수 있다고 믿는다. 물론 프랭크 리바우드와 같은 인수자 측의 훌륭한 협상 파트너가 없었다면 허쉬버그의 방식이 가능했을지 의문이지만 말이다.

어쨌든 허쉬버그의 경우가 전형적이라고 보기는 어렵다. 많은 오너들이 허쉬버그보다는 마틴의 경우와 비슷한 경험을 하게 되는데, 즉 기업을 매각한 후 직원과 회사의 운명에는 관심을 갖지만 기존의 사업이 독립적으로 유지되는 데는 큰 관심이 없는 경우다. 그들은 보통 유사한 기업 문화를 가지고 있고 현재 회사의 잘 작동되고 있는 시스템을 계속 사용하고자 하는 개방성을 지닌 인수자를 찾게 된다. 또한 직원들이 계속 행복하고 그들의 시스템이 긍정적인 방향으로 검증되며 존속되기를 바란다. 때때로 이러한 시도는 성공하는데 우리가 1장에서 살펴본 비디오람을 매각한 레이 파가노의 경우가 바로 그러한 사례다. 그러나 많은 경우의 오너들이 매각 당시에는 올바른 파트너를 찾았다고 판단하지만 나중에 가서는 이내 실망하게 된다.

제프 휴닉크Jeff Huenink는 처음으로 비즈니스를 시작했을 때 불과 대학을 나온 지 몇 년 되지 않은 26세 청년이었다. 플로리다주 탬파Tampa에 있는 그의 회사 썬 서비스 오브 아메리카Sun Services of America Inc.는 1983년 동전식 산업용 세탁 장비를 빌려주는 소규모 상점들을 사들여(18만 달러를 지불했다) 세운 것이었다.

2년 후 그는 동종 회사를 하나 더 인수했는데 이 회사는 많은 동전들이 직원들에 의해 도난당하고 있던 것을 모르고 싼값에 내놓은 것을 인수한 것으로 드러났다. 따라서 그는 단 6개월 만에 이 회사에 대한 투자금을 회수했다.

이 거래를 계기로 그는 한 가지 생각에 눈을 뜨게 되는데 그것은 바로 작고 저평가된 회사를 사들여 이들을 표준적으로 함께 운영한다면 매우 수익성 높은 회사를 일굴 수 있는 잠재력이 있다는 것이었다. 그 후 15년 동안 그는 썬 서비스 오브 아메리카를 정확히 이러한 전략으로 성장시켰다. 업계 협회에 적극적으로 참여한 그는 이사회에 합류하여 나중에 회장직까지 역임했는데 그는 이를 통해 매각 물건으로 나온 회사를 식별할 수 있는 방대한 네트워크를 갖게 되었다. 좋은 후보가 등장했을 때 그는 그것을 얻기 위해 적극적으로 움직였다.

썬 서비스 오브 아메리카는 연간 매출이 최대 1,000만 달러까지 상승했고 직원 수는 30명에 이르렀다. 그들은 특출하게 생산적이고 효율적인 팀이었다. 직원당 매출액과 영업이익률은 업계 평균을 훨씬 상회했다. "적은 비용으로 더 많은 일을 해냈습니다. 우리는 오버 헤드가 매우 낮았고 상당히 생산적이었죠. 따라서 직원들에게 후하게 보상해줄 수 있었습니다." 휴닉크는 말했다.

회사는 10년 이상 번영했지만 1990년대 후반 들어 휴닉크는 엑싯을 고려할 시기가 되었다고 생각했다. "업계는 매우 성숙했고 훌륭한 회사를 인수하는 것이 점차 어려워지고 있었기 때문에 일종의 좌절감을 느꼈습니다. 솔직히 말해서 나는 얼마 안 있어 우리가 가진 세탁 기술이 구닥다리가 될 수도 있다고 생각했습니다. 그래서 생각했죠. '그래, 이것은 분명 훌륭한 사업이고 나는 이것을 좋아해. 하지만 남은 인생 동안 뭔가 하고 싶은 다른 일은 없는 걸까?' 라고요."

동시에 주식 시장은 호황을 누리고 있었고, 자신이 가지고 있는 것과 같은 안정적이고 반복적으로 수입이 발생하는 현금 장사는 매우 매력적인 투자처였다. 인수자들이 상각 전 영업이익의 12배에 달하는 기업가치를 기꺼이 지불하려고 할 정도로 이보다 좋은 매물을 찾기는 쉽지 않았다. "아마도 평생에 한 번 있을 기회였을 것입

위대한 창업가들의 엑싯 비결

니다"라고 그는 말했다.

휴니크는 다양한 선택을 고려했다. 하나는 다른 세탁 장비 임대 업체를 인수합병하여 업계 내에서 점유율을 높인 뒤 상장하는 것이었고 또 다른 대안은 매수를 희망하는 적절한 투자자에게 회사를 매각하는 것이었다. 그는 고민 끝에 후자가 가장 좋은 방편이라고 결론을 내렸다.

그는 두 곳의 잠재적 인수자와 협상을 시작했고 마침내 매사추세츠주 월탐Waltham에 본사를 둔 그의 경쟁사 중 하나인 맥그레이Mac-Gray를 선택했다. 1997년 4월, 거래가 종결됐을 때 인수 회사는 여전히 비상장된 상태였지만 곧 상장을 할 계획을 가지고 있었고, 휴닌크에게는 이 또한 마음에 드는 구석이었다. 회사의 가치로 지불되는 금액은 1,400만 달러였고 그중 760만 달러는 맥그레이 주식을 통해 지급되는 것이었다. 휴닌크는 맥그레이가 상장될 때 주식 시장의 높은 기업가치 배수를 통해 이익을 얻을 것이라고 생각했다. 그러나 회사가 계속 비상장으로 남거나 상장 시에도 주식이 기대만큼의 가치를 평가받지 못할 경우 자신을 보호하기 위해 그는 풋옵션Put option(옵션거래에서 특정 기초 자산을 미래의 특정 시기에 미리 정한 가격으로 팔 수 있는 권리_옮긴이)을 지정하여 미리 합의된 가격으로 자신이 받은 맥그레이 주식을 되팔 수 있는 권리를 얻었다. 이를 통해서 그는 자신이 받은 맥그레이 주식의 최소 가치를 보장받은 셈이었다.

그러나 그가 맥그레이에 회사를 팔기로 결정한 주된 이유는 문화적 적합성 때문이었다. 맥그레이의 문화는 썬 서비스 오브 아메리카와 유사할 뿐만 아니라 맥그레이의 임원들도 그의 방식과 시스템을 채택하고 싶어 했다. 그들은 특히 썬 서비스 오브 아메리카의 노동생산성과 효율성에 놀라워했는데 썬 서비스 오브 아메리카의 단위당 운영비용은 맥그레이의 절반밖에 되지 않았기 때문이다. 휴닝크는 맥그레이의 단위당 운영비용 개선을 위해 필요한 조치를 자신이 제공할 수 있다는 것에 기뻤다. 이는 무엇보다 맥그레이 주식의 가치를 높이는 데 도움이 될 것이었기 때문이다.

그러나 얼마 지나지 않아 맥그레이의 고위 관리자들이 결국 휴닝크가 제안하는 조치들을 실행하지 않을 것이라는 점이 분명해졌다. 휴닝크는 곧 그 이유를 알게 되었다. "필요한 조치들을 시행하는 것이 극도로 어려웠을 것입니다. 그들은 인력구조상 시니어나 간부직들을 줄이고 회사 전체의 보상 및 관리체계를 뜯어고쳐야만 했어요. 이들이 일하는 방식은 우리 회사와 매우 달랐죠. 즉 내 방식과는 크게 달랐지만 어쨌든 그것은 자신들의 회사이고 자신들의 방식을 더 선호했습니다. 문제될 건 없었죠. 사업에서 성공하는 방식은 매우 다양하니까요." 휴닝크는 말했다.

이야기한 바와 같이 회사의 운영 철학에 관한 이견이 매우 컸기 때문에 그는 1998년 12월 드디어 자신의 주식을 모두 현금화하기로 했다. 그 무렵 맥그레이는 이미 상장에 성공했지만 그가 가지고 있던 주식은 사전에 풋옵션을 설정했던 가치보다도 더 밑바닥에 머무르고 있었다. 그는 풋옵션을 행사하기로 했다. 그는 이 일이 회사에 '작은 핵폭탄을 투하하는 것'과 같았다고 회상했다.

그는 나중에 자신 외에도 그러한 경험을 한 오너들이 많다는 것을 알았다며 다음과 같이 말했다. "나는 회사를 팔거나 합병한 몇몇 친구들로부터 같은 이야기를 들었습니다. 매각 전 인수자 측은 당신의 회사가 얼마나 훌륭하게 운영되고 있는지에 대해 많은 칭찬을 할 것입니다. 그리고 본인들도 그렇게 하는 법을 배우고 싶다고 하죠. 그러나 그런 일은 결코 일어나지 않습니다. 내 생각에 그것은 다른 누군가가 더 낫거나 똑똑하다는 것을 인정하는 것이기 때문입니다. 그것은 누구에게나 인정하기 힘든 일입니다."

투자자가 돌아서는 경우

휴닉크의 경험에 비추어 볼 때 전략적 투자자가 기업 인수 후 인수한 회사와 직원들에게 어떤 일을 가할지를 정확히 아는 것에는 한계가 있다. 일반적으로 머지않은 미래에 일어날 일에 신경이 쓰이면 쓰일수록 우리는 보다 신중할 필요가 있다. 대다수의 경우 전략적 인수를 시도한 회사의 문화가 피인수 회사를 지배하게 될 것이며 당신이 쌓은 자산은 사라질 것이다. 그리고 직원들에게 일어나는 일은 그들이 변화에 적응할 수 있는 능력에 따라 크게 좌우될 것이다.

그렇다면 재무적 투자자들의 경우는 어떨까? 어쩌면 이들은 회사의 인수 목적이 상대적으로 더 명확하기에 이들의 행동을 예측하는 것이 더 쉬울 것이라고 생각할 수도 있다. 이들 대다수는 다른 누군가의 돈을 가지고 투자를 한다. 즉, 본인들의 전주에게 기쁨을 주는 한편 유동화되기 어려운 자산에 묶여 있는 투자금을 현금화하는 것에 늘 신경을 쓸 수밖에 없는 것이다. 이들은 결국 이러한 관심사를 최우선으로 하는 의사결정을 하거나 혹은 당신에게 이와 같은 의사결정을 종용할 것이다. 그것이 회사의 장기적인 최선의 이해와 부합하지 않더라도 말이다.

하지만 재무적 투자자들의 동기가 그렇게 분명하기만 하다면 얼마나 좋겠는가. 테크놀로지 산업에 있어서는 재무적 투자자들의 이해를 잘 안다고 생각했으나 결국엔 자신이 깜깜이 상태였음을 깨닫게 된 창업가들의 사례가 정말 많다. 내가 알고 있는 소프트웨어 업체의 한 창업가(그를 '조안'이라고 하겠다)의 사례를 함께 살펴보자.

갑자기 경기가 침체되기 시작한 2009년에 그녀는 벤처 투자자 중 한 명과 불화를 겪기 시작했다. 그전까지 좋았던 관계는 벤처캐피털 회사가 경험이 적은 직원 한 명(그를 '마티'라고 하겠다)을 이사회에 배치한 이후에 특히 무자비하게 악화됐다. 이사회에서 마티는 조안을 거의 경멸하는 듯한 태도로 불손하게 굴고 무리한 행동을 하며 그녀에게 싸움을 걸었다. 이사회 밖에서 마티는 일반 직원들과 조안의 관계도 헤치려 들었다. 수개월 동안 벤처캐피털은 조안의 삶을 피폐하게 만들 수 있는 모든 조치를 취했고 대체로 그들의 노력은 성공했다.

가장 타격이 컸던 마지막 한수는 회사의 가치를 크게 제고시킬 기업 인수 안건을 마틴이 뒤엎고 나선 것이었다. 처음에는 안건에 찬성해놓고 서명 당일 마음이 바뀌었다며 그것을 저지시켜버렸다. "그것으로 업계에서의 내 명성은 파괴되고 말았어요." 조안이 말했다. 그녀는 지쳐버린 나머지 그 벤처캐피털의 설립자 중 한 명이자 마티의 보스를 직접 찾아가기에 이르렀다. 이들은 논의 끝에 다음 3가지 조건을 갖추면 벤처캐피털이 인수를 승인한다는 데 합의했다. 첫째, 조안은 이사회 의장직에서 물러나 당분간 CEO직만을 유지한다. 둘째, 18개월 내에 회사를 매각할 준비를 한다. 셋째, 벤처캐피털이 회사의 매각을 요구할 때 이를 거부하면 CEO직에서 물러난다.

이러한 합의 과정 속에서 그녀는 자신이 겪어온 일들에 대한 실마리를 조금이나마 찾을 수 있었다. "회사의 통제권을 두고 다투는 것이었어요. 그들은 투자금을 회수해 엑싯하기를 원했지만 내가 회사를 파는 것에 동의하지 않을 것이라고 염려했던 거죠" 그녀는 말했다.

그러나 그녀는 왜 벤처캐피털이 그렇게 급히 서둘렀는지 왜 회사의 가치, 나아가 벤처캐피털이 보유한 지분의 가치를 높일 수 있는 개선책을 막고 나섰는지 여전히 이해할 수 없었다. 그 수수께끼의 열쇠를 찾아준 이는 그녀의 친구 회사에 투자한 어느 투자자였다. 친구가 조안의 문제를 자신의 투자자에게 언급하자 그는 회사를 매각했을 때 돈이 누구에게 어떻게 돌아가는지 한번 확인해보라고 조언했다. 그는 투자자마다 지분을 매입하며 지불한 가격이 다를 것이기에 회사를 매각했을 때 챙겨가는 돈이 어떻게 차이가 나는지 확인해보라는 것이었다.

조안은 투자 은행 담당자에게 계산을 요청했고, 그 결과 모든 것이 분명해졌다. 벤처캐피털은 투자에 대한 수익으로 회사가 3,000만~8,000만 달러로 매각될 경우 미리 정해진 수익을 분배받을 수 있는 우선 주식을 보유하고 있었다. 다른 사모펀드 투자자도 비슷한 거래를 했다. 조안 자신을 포함하여 보통주를 보유한 사람은 우선주 보유자에게 수익이 모두 지급된 후에 분배금을 받게 되어 있었다. 그러나 총 매각 금액이 8,000만 달러를 초과하면 우선주가 보통주로 전환되고 모든 주주는 소유한 주식 수에 따라 돈을 나눠 받게 되는 것이다. 벤처캐피털의 관점에서는 회사가 3,000만 달러나 8,000만 달러 또는 그 사이의 어떤 가격이든 상관없이 매각했을 때 받게 되는 수익금이 미리 정해져 있었다. 물론 이 수익금은 회사가치가 8,000만 달러 이상으로 증가하면 따라서 늘어나겠지만 그 차이는 회사의 가치가 그 수준으로 상승할 때까지 기다리는 것과 그에 내재된 위험을 정당화할 만큼 충분하지 않았다.

"나로서는 무릎을 친 순간이었어요"라고 그녀는 말했다. "이전에 그 사실을 깨달았다면 상황을 훨씬 다르게 처리했을 것입니다." 또한 조안은 벤처캐피털이 왜 자신들의 그러한 입장을 설명하지 않았는지 알 수 있었다. 그들은 이사회에 자리를 잡았기 때문에 자신들만이 아니라 모든 주주의 이익을 대변해야 할 '공정 의무'의 책임이 있었던 것이다. 만약 공정 의무의 책임을 저버리고 자신들의 속내를 드러냈다면 다른 주주들에게 소송을 당했을지도 모른다.

조안은 벤처캐피털의 공동 설립자가 생각하는 바를 시험해보았다. "나는 그에게 '마침내 당신이 가진 속내를 알아냈습니다'라고 말했죠. 그리고 내가 알게 된 것을 설명했습니다. 그러자 그는 딱 이 말만 하더군요. '당신의 셈법은 정확합니다'라고요."

두 인수자의 이야기

비단 조안뿐 아니라 많은 창업자들이 사모 투자자들은 자신들만의 아젠다가 있으며 그들이 특정하게 행동하는 이유는 겉으로만 봐서는 파악이 힘들다는 점을 깨닫는다. 또한 많은 창업가들이 사모펀드 투자자들이 자신들의 이해를 관철하기 위해 실행하는 가혹한 방편의 희생양이 되기도 한다. 사실 조안의 경험은 바질 피터스(6장 참고)가 넥서스 엔지니어링을 매각할 때 치러야 했던 대결보다 더 안 좋은 모습이었다. 실리콘밸리에서 사실 이러한 이야기는 정말 많다. 심지어 더펀디드닷컴Thefunded.com이라는 웹사이트는 투자자 그룹에 순위를 매기고, 투자자를 다루며 겪는 대부분의 부정적인 이야기들을 전달하기 위해 만들어졌을 정도다.

이 웹사이트의 설립자인 아데오 레시Adeo Ressi는 여러 차례의 창업 경험이 있는 기업가로 그가 벤처 투자자들과 거래를 하면서 겪은 이야기들을 들어보면 정신이 번쩍 들 정도다. 그러나 벤처캐피털과 사모펀드 그룹 중에는 회사의 가치 제고에 어마어마한 기여를 하는 것은 물론 창업가들이 원하는 엑싯을 할 수 있도록 해준 경우도 매우 많다. 마틴 바비넥(3장 참고)은 사모펀드 회사인 제너럴 애틀랜틱이 트라이넷의 대주주로서 단순히 자본을 제공한 것을 뛰어넘어 제공한 가치들을 지금도 높게 평가하고 있다. 이러한 훌륭한 사례는 아마 수천 가지가 더 있을 것이다.

그럼에도 당신은 때때로 재무적 투자자와 일반 투자자들의 투자 동기를 면밀히 구분하기 위해 노력해야 한다. 아무리 그들의 표면적 행동이 비합리적일지라도 거기에는 분명 합리적인 이유가 내재해 있고 그것에 더 가까이 접근할수록 당신에게는 득이 될 것이다. 물론 이상적으로 회사 전체 혹은 지분을 매각하기 전에 이를 파악하는 것이 좋을 것이다. 그리고 절대로 이 한 가지 사실을 잊지 말아야 한다. 사모펀드로부터 투자를 받기로 결정하는 순간 당신은 7년 이내에 회사를 파는 결정을 한 셈이라는 점을 말이다.

베릴 헬스Beryl Health의 창업자 폴 스피겔만Paul Spiegelman이 2009년 지분 매각을 고려할 때 바로 이러한 난관에 봉착했다. 그와 그의 두 형제는 1985년에 로스앤젤레스에 있는 아버지의 법률 사무소에 있는 작은 회의실에서 일하며 회사를 설립했다.

창업 당시 회사의 이름은 ERSEmergency Response Systems였는데 스피겔만의 형인 마크가 개발한 장치를 제조 판매하는 것으로 출발했고 이 장치는 병원에서 고위험 환자를 하루 24시간, 일주일 내내 모니터링할 수 있도록 해주었다. 스피겔만 형제는 장비를 구매한 고객들이 보내는 조난 신호를 기다리며 모니터링 스크린 옆을 번갈아 지키곤 했다. 스피겔만은 이 시기를 '많은 피자' 그리고 '많은 TV 시청'으로 기억했다.

그들의 진로가 변화하기 시작한 것은 1986년이었다. 현지 병원에서 근무하고 있던 고객 중 한 명이 병원의 환자들이 의사를 찾을 때 도움을 받을 수 있는 상담 전화 연결 서비스를 의뢰해왔다. 그 고객은 스피겔만 형제가 한가한 시간이 많다는 것을 깨닫고 이 상담 전화 연결을 대신 처리할 수 있는지 물어온 것이다. 병원은 그들에게 대가로 매월 3,000달러의 봉급을 지불하기로 했고 그들은 이 기회를 잡았다. 결국 여기서 훗날 베릴 헬스의 주력 사업의 길이 열리게 된 것이다.

처음에는 모든 게 원시적인 수준이었다. 스피겔만은 자신의 책 《왜 모두 웃을까?Why Is Everyone Smiling?》에서 다음과 같이 말했다. "우리가 한 일은 기본적으로 전화에 응답하고 의사의 이름을 색인 카드에서 찾아 읽어주는 것이었습니다. 그러나 점차 병원들이 지역 사회와 유대감을 형성하고자 노력한다면 그들은 모두 이러한 서비스가 필요할 것이라고 확신하게 되었죠."

그러던 중 1995년에 형제들에게 큰 전환기가 찾아왔다. 그들은 콜럼비아/에이치씨에이Columbia/HCA(현재 Hospital Corporation of America)에서 행하는 의사 추천을 포함한 전사적인 고객 전략 프로젝트에 가까스로 참여하게 된 것이다. 콜럼비아/에이치씨에이는 세계에서 가장 큰 영리 목적의 의료 사업자였기 때문에 이는 큰 기회였고, 형제들은 자신이 할 수 있는 최선의 제안을 만들기 위해 9개월 동안 그 일에 매진했다. 자신들과 같은 작고 알려지지 않은 회사가 선정될 가능성은 매우 희박했음에도 불구하고 그들은 프로젝트를 따냈고 달라스 지역에 대규모의 콜센터를 건립할 수 있는 상당한 예산을 확보하게 되었다.

형제들은 전율을 느꼈다. 그들은 여전히 캘리포니아주에 살면서 매주 달라스로 통근했는데 처음 2년 동안에는 모든 일이 순조로웠다. 그러나 1997년 콜럼비아/에이치씨에이가 의료비 청구 관행상의 추문으로 타격을 입게 되면서 형제들의 가장 큰 지지자였던 CEO 릭 스콧Rick Scott이 퇴출당하는 일이 벌어졌다. 그들은 자신들의 텍사스 모험이 여기서 끝날까봐 두려웠다. 그러나 콜럼비아/에이치씨에이는 계약을 유지했을 뿐만 아니라 그들로 하여금 건립 비용보다 훨씬 더 적은 금액으로 콜센터 시설을 그들이 매입할 수 있도록 허용했다.

이것이 모든 것을 바꿔놓았다. 그들은 하루아침에 자신들의 서비스를 개선하고 확장할 수 있는 플랫폼 역할을 할 최첨단 콜센터를 손에 쥐게 된 것이다. 1999년에 그들은 달라스에 있는 사업장들을 통합하고 회사 이름을 새로 지었다. 그들이 선택한 이름은 '베릴Beryl'이었는데 다양한 색채를 띠는 것으로 알려진 보석 이름에서 따온 것이었다.

그들은 정식으로 이 사업에 필요한 트레이닝을 받은 적이 없고 경험도 없었기에 직접 실행해가며 배우는 수밖에 없었다. 그런 방식으로 회사를 이끌어나가는 데는 분명한 장점이 있었다. 그들의 산업 분야 혹은 비즈니스 업계에서 일반적으로 통용되는 지식이 없기 때문에 정상적인 상황에서는 시도하지 않았을 일들을 실행해보는 경험을 쌓게 된다는 것이다. 때로는 그 과정에서 누군가를 별로 의식할 필요도 없이 자연스레 혁신을 이루어내기도 한다. 이렇게 이들 형제는 매우 고수익의 비즈니스 모델을 구축했고, 이를 토대로 전미 지역의 선도적인 환자 커뮤니케이션 아웃소싱 서비스를 개발하는 데 성공했다.

이 훌륭한 업적의 중심에는 베릴만의 기업 문화가 있었다. 사실 그들은 '기업 문화'라는 용어도 사업을 시작한 지 10년이 지나서야 알게 되었다. 그들의 마음속에 늘 있던 생각은 그저 친근하고 활기차며 가족적인 환경을 만들어 직원들이 좋은 시간을 보내고 열심히 일하며 고객들에게 수준 높은 서비스를 제공하도록 하는 것이었다.

그들이 큰 시설을 가지고 있다는 것은 큰 도움이 되었다. 콜럼비아/에이치씨에이 덕분에 베릴은 콜센터라고 하면 어둡고 으스스하며 여러 줄의 교환원 데스크들이 묶여 있을 것 같은 고정관념에서 벗어나 개방적이고, 널찍하며, 밝은 조명과 높은 천장, 색감 있는 벽지로 둘러싸인 사무실에서 일할 수 있었다. 어느 날이든 사무실을 둘러보면 큐비클 위로는 생일 축하 풍선 다발이 떠 있고, 당신이 충분히 오래 기다릴 수 있다면 축구를 하는 곰이 복도를 지나가거나 마이클 잭슨을 흉내 내는 배우 또는 투우사 복장에 롤러스케이트를 타는 재미있는 CEO의 모습을 볼 수도 있다.

폴 스피겔만이 베릴의 CEO였지만 이런 재미있고 유쾌한 기업 문화를 만든 것은 그의 동생 배리^{Barry}였다(큰형 마크는 2000년에 다른 사업을 시작했다). 그가 고객 그리고 직원들과 만들어낸 유대감은 강력했고 또 깊이가 있었다. 그래서 2005년에 그가 뇌암으로 생을 마감한 일은 모두에게 크나큰 충격이었다. 어느 정도는 사람들에게 예견된 일이었다. 17년 동안 잠잠했지만 2003년이 되어 그에게 암이 재발했기 때문이다. 생의 마지막 3개월 동안 특히 폴 스피겔만이 동생의 간병과 동생 가족들을 돌보는 데 시간을 쓰는 동안 직원들은 마음을 모아 회사를 잘 이끌어나갔다. 수십 명의 직원이 스피겔만 형제를 지원하고 배리에게 경의를 표하며 밤이면 촛불을 들어 그들을 위해 기도했다. 또한 그들은 배리와 함께했던 감동을 나누고 마음을 담은 일화들을 전했다.

스피겔만은 배리에 대한 직원들의 애도와 사랑이 넘쳐나는 것에 깊은 감동을 받았다. 가장 친한 친구이자 신념을 함께 나눈 동지를 잃어 버렸을 때 그는 회사의 직원들로부터 힘을 얻고 고양되었다. 그는 배리가 사업에 접근하던 방식에 대해 더욱 강한 확신을 갖게 되었다. 그것은 바로 언제나 '직원들을 최우선'으로 삼는 것이었다. "당신이 직원들에게 마음을 다함으로써 그들이 당신을 성심껏 대하는 것을 본다는 것은 정말 값을 매길 수 없는 경험입니다"라고 그는 말했다. "피는 섞이지 않았지만 우리는 가족이나 다름없었습니다."

그는 이제 자신이 베릴에 남은 유일한 설립자이기에 올바른 방향으로 회사의 미래를 결정해야 할 책임이 있으며, 많은 이들 즉 회사의 직원들은 물론 배리의 아내와 아이들 그리고 큰형인 마크의 가족들이 그를 믿고 있다는 것을 절실히 이해하고 있었다. 그가 내려야 할 한 가지 중요한 결정은 성장 자본과 일부 유동성을 제공할 외부 투자자를 유치하는 일과 관련이 있었다. 2000년대 초에는 형제들에게 투자하겠다는 사람들이 많았지만 당시에는 그런 제안들이 성가시게만 느껴졌다. 스피겔만은 훗날 자신의 책을 통해 "그들은 마치 돈 많은 늑대를 마주한 세 마리의 어린 돼지 같았죠"라는 말로 당시 자신과는 다른 부류의 뭔가 약삭빨라 보이는 투자 은행가들이 자꾸만 자신들에게 전화를 하는 것이 당황스러웠다고 고백했다.

그는 일종의 학습 목적으로 몇 명의 잠재적 인수자 및 그들의 대표들과 자리를 갖기도 했다. 하지만 그는 투자자들이 베릴의 성공 요인을 정확히 이해하지 못하고 있는 탓에 그들이 고려할 만한 가치 있는 제안은 하기 어려울 것이라는 확신을 갖게 되었다.

그러나 2009년 이 아젠다는 다시 테이블 위에 놓이게 되었다. 의회가 주요 보건 의료 법안을 통과시키며 병원들은 환자의 고객 경험을 개선하라는 규제 당국의 압력에 직면하기 시작했다. 스피겔만은 이로부터 베릴이 갖게 될 미래의 긍정적인 기회를 감지했지만 몇 가지 도전도 있음을 분명히 알고 있었다. 그때까지 회사는 300명의 직원들이 전국에 있는 모든 병원의 전화 문의와 환자 상담을 처리하며 매출 3,000만 달러를 올리고 있었다. 만약 회사가 인수 등으로 성장을 가속화한다면 향후 5년간 사업의 범위를 크게 확대해 지금 규모의 5~6배에 달하는 보다 영향력 있는 업체가 될 것으로 기대되었다. 하지만 반대로 회사가 기술 및 제품 개발에 막대한 투자를 하지 않는다면 업계 리더로서의 입지가 약화될 위험에 처해 있다고도 볼 수 있었다.

베릴의 고위 관리자들도 스피겔만과 마찬가지로 환경의 변화가 가져오는 기회를 살리려는 열망이 강했다. 그는 지난 2년간 보다 큰 사업을 운영하는 데 필요한 역량을 가진 야심 있는 사람들을 선택해 핵심 경영진을 업그레이드해왔다. 그는 그들에게 스스로의 진가를 발휘할 수 있는 기회를 줘야 한다는 의무감을 가지고 있었다.

또한 그는 외부 투자를 유치해야 할 개인적인 이유도 있었다. 우선 그는 자신이 생각한 성장을 이루려면 본인보다 더 경험이 많은 CEO가 필요하다고 생각했다. 이런 사람을 고용하는 데는 많은 돈이 들것이며, 적절한 사람을 찾기 위해 도움이 필요할 수도 있었다. 그는 새로운 CEO에게 운신의 폭을 만들어주기 위해 CEO직에서 물러나 적극적으로 움직이는 이사회 의장으로서 새로운 일을 맡을 준비가 되어 있었고, 이를 통해 그가 개인적으로 열정을 갖는 외부 프로젝트(나의 지원으로 설립한 〈Small Giants Community〉 등의 활동)에도 참여할 수 있게 될 것이었다. 특히 책을 출간한 이후로 그는 훌륭한 일터와 사람 중심의 기업 문화를 창조하는 중요성에 대해 다른 창업가들이 귀 기울일 만한 메시지를 전했다는 사실을 강하게 믿고 있었다.

2009년 봄, 스피겔만은 많은 투자 은행가들을 인터뷰하며 투자

유치를 주관할 회사를 찾은 끝에 결국 규모는 작지만 그가 이전부터 알고 있었던 넥서스 헬스 캐피털Nexus Health Capital을 선정하게 되었다. 딜북을 준비하는 데는 그로부터 몇 달이 더 걸렸다. 8월에 간단한 소개 자료가 나왔고 이를 통해 사모펀드 회사로부터 20여 개의 초기 제안이 접수됐다. 그들 중 12곳이 5시간에 걸친 경영진 프레젠테이션에 참석했다.

"이런 과정을 겪어본 적이 없었기 때문에 나는 단지 5시간의 회의만을 기반으로 그들 중 하나를 비즈니스 파트너로 선택해야 한다는 것을 알았을 때 놀라움을 금치 못했습니다. 마음속으로 '이렇게는 선택할 수 없어. 이들에 대해 더 잘 알아야겠어!'라고 생각했죠." 스피겔만은 말했다. 12곳 중 5곳이 추가적인 논의를 위해 연락해왔고 스피겔만은 그들에게 "당신은 돈 이외에 우리에게 무엇을 줄 수 있습니까?"라고 물으며 동일한 도전을 안겼다.

한 회사가 나머지 회사들보다 두드러졌다. 플렉스포인트 포드Flexpoint Ford라는 곳이었는데 시카고를 기반으로 하여 헬스케어 및 파이낸셜 서비스 부문에 초점을 둔 사모펀드 회사였다. 회사의 파트너는 베릴에 투자하는 것에 대해 진정으로 기대가 큰 듯 보였다. 그들은 베릴의 훌륭한 기업 문화가 회사의 재정적인 성공, 특히 경쟁 업체보다 40퍼센트 더 많은 의료비용 청구 건을 처리할 수 있는 생산성을 만들어낸 기여에 대해 크게 감탄했음을 분명히 밝혔다.

그러나 투자자들이 제시한 카드 중 가장 매력적이었던 것은 바로 잠재적 CEO 후보였다. 그들은 동종 업계에서 사람을 수소문하던 중 아주 훌륭한 경력의 후보자를 발굴해냈던 것이다. 팸 퓨어Pam Pure라는 인물이었는데 그가 최근 맥케슨 프로바이더 테크놀로지스 McKesson Provider Technologies에서 7년간 사장을 역임하는 동안 회사의 매출은 9억 달러에서 30억 달러로 성장했고, 마진은 5.8~10.7퍼센트로 확대되었다. 퓨어는 마침 자신의 경영 역량을 활용할 수 있는 좋은 사업체를 찾고 있었고 베릴은 그에게 이상적인 회사였다. 퓨어는 베릴의 사람들을 사랑했고, 베릴의 문화를 사랑했으며, 베릴이 이뤄낸 것을 좋아했다. 그녀는 베릴이 5년 안에 2억 달러 규모의 회사로 성장할 잠재력이 있음을 금세 알아보았고, 스피겔만 역시 퓨어가 그러한 성장을 지휘할 새로운 CEO로 적임이라는 것을 알아차렸다.

마침내 일이 진전되기 시작했다. 플렉스포인트 포드는 스피겔만의 기대보다 약간 낮은 인수 금액을 제안했지만 그것은 충분히 기대에 가까웠다. 베릴은 차년도 실적 예상치를 제출했다. 실사가 시작되었고 그다음 두 달 동안 스피겔만은 매각 프로세스를 거치며 감정적인 파고를 겪었다. 매일매일 새로운 일들이 생겼고 또 새로운 질문이 뒤따랐다.

플렉스포인트 포드는 베릴의 향후 사업 전망에 주된 관심이 있었다. 지난 7년간 매출과 이익이 꾸준히 두 자리 수 성장을 거듭했지만 별도의 영업 조직이 없어 프로젝션Projection의 신뢰성에 대한 의문이 제기되었다. 회사는 그에 따라 베릴의 가치 평가를 하향했고 스피겔만은 짜증이 났지만 보다 낮은 인수 금액을 수용할 수 있다고 마음먹었다. 그는 특히 플렉스포인트 포드가 단기적인 관점에서 회사를 평가하는 것이 몹시 불편했다.

묘하게도 거래의 줄다리기를 끝내게 한 것은 바로 팸 퓨어였다. 그녀는 2010년 3월 어느 날 저녁, 스피겔만에게 만남을 요청했다. 다음 날 아침 식사를 함께하는 자리에서 그녀는 2010년 1분기 베릴의 실적 수치를 전달받은 뒤 이틀 동안 도저히 잠을 이룰 수 없었다고 말했다. 그녀는 베릴이 2010년 재무 목표를 충족시키지 못할 가능성이 크다고 생각했는데 이는 어떤 면에서 보면 놀랄 만한 일이 아니었다. 회사의 운영은 예측가능성이 부족한 상태였던 것이다. 그것을 제공할 수 있는 시스템, 사람 또는 문화가 갖춰져 있지 못했다.

그러나 사모펀드 회사는 다른 사람들의 돈을 투자하는 투자자이기에 절대적으로 예측가능성이 필요하다. 게다가 그들은 피인수 회사에 그것을 강하게 요구하게 된다. 따라서 회사는 처음 2년 동안 실적을 만들어내야 한다는 엄청난 압박을 느끼게 될 것이었다. 플렉스포인트 포드는 벌써부터 중요한 영업직을 채용하는 데 돈을 쓰기보다는 이를 아껴 이익 목표를 달성해야 한다고 제안하고 있었다.

"내가 당신에게 말하고 싶은 점이 바로 그것입니다"라고 그녀는 말했다. "당신이 지금껏 이루어온 것들이 단기간 이익을 보려는 필요 때문에 망가질 수 있다는 말이죠." 회사가 입게 될 잠재적인 피해를 제외하고 그녀는 투자자의 요구 때문에 회사의 문화를 희생시켜야만 하는 선택을 강요받는 상황에 처할까봐 걱정하고 있었다. 이 이야기를 통해 스피겔만은 결심을 굳혔다. 그는 플렉스포인트 포드에 더 이상 베릴을 매각할 의사가 없음을 알렸다.

그로부터 몇 달 동안 그는 자신이 겪은 일들에 대해 깊이 반추해 보았다. 이런 경험이 그의 미래에 있어서 어떤 의미가 있을까? 그렇다면 베릴의 미래는 어떻게 될까? 언젠가 그가 회사를 떠나야 하는 것은 분명했다. 사모펀드가 어떻게 작동하는지에 대해 그가 배운 것을 기초로 해보면 그는 앞으로 어떻게 엑싯을 준비해야 할지 무척 고민이 되었다. 2011년 3월 3일, 그는 여전히 고심 중이라며 내게 다음과 같은 이메일을 보냈다.

나는 작은 거인과도 같은 기업을 재무적 투자자에게 매각한 후 그 회사가 그대로 존속할 것이라고 기대하는 것이 과연 현실적인가에 대해 숙고해왔습니다. 내가 겪은 사모펀드의 경험으로 볼 때 결론적으로 나는 재무적 투자자의 사업 모델은 우리 회사와 같은 기업이 운영되는 방식을 지지하지 않는다고 생각하게 되었습니다. 그들에게는 회사가 상품입니다. 그들은 그것을 다시 누군가에게 팔 때 이익을 얻고 원하는 수익을 내기 위해 무슨 일이든 합니다. 나는 우리가 하는 방식으로는 그들이 우리 회사의 문화와 직원 및 고객 참여를 소중히 여길 것이라는 기대를 할 수 없다는 것을 알았습니다. 그래서 그들은 창업자들로부터 회사를 넘겨받으면 여러 가지 변화를 추구하게 되는 것입니다. 우리 회사와 같은 기업에 가장 좋은 것은 또한 회사가 계속 존속되길 기대한다면 우리 사주들에게 회사를 매각하거나 지속적으로 충분히 좋은 수익을 내어 사업을 장기적으로 끌고 가는 것이 최선이라고 생각합니다. 나의 생각은 이러한데, 이에 대해 당신은 어떻게 생각하는지 궁금합니다.

나는 이 책의 4장에서 내린 결론을 그에게 똑같이 이야기해주었다. 3세대 이상의 기간 동안 독립적이면서도 비상장으로 그리고 고성과 문화를 유지해낸 기업의 소유 형태는 직원들이 회사의 주주이거나 혹은 가족이 지배하는 기업 두 가지 외에는 없다는 것을 말이다. 스피겔만이 당면한 즉각적인 문제는 바로 '이제 당장 어떻게 해야 하지?'였다. 회사의 고위 관리자들은 플렉스포인트 포드가 투자 제안을 하기 전부터 그림을 그리고 있던 성장의 목표들(사실 이것은 외부 투자 유치를 전제로 한 것이었다)을 계속 추진하고자 하는 열망을 가지고 있었다.

그것은 정신적으로나 재정적으로 스피겔만의 커다란 결단과 헌신을 필요로 하는 것이었다. 그렇다면 필요한 자본은 어디서 조달할 수 있을까? 회사 창립 초기에 은행의 소위 '특별 자산(기업 회생 절차를 밟는 부실 기업의 대출)' 관리 부서와 거래할 만큼 위기를 겪은 이후로 그는 빚을 지는 것에 대한 강한 거부감을 가지고 있었다. 대안은 회사의 이익을 더 많이 재투자해 상각 전 영업이익을 줄이고 자기자본을 투입하여 부분적으로나마 성장 자금을 조달하는 것이었다.

외부 투자자를 찾는 과정은 스피겔만에게 회사의 가치를 창출하는 방법에 있어 어마어마한 배움을 안겨주었다. 아마도 가장 큰 교훈은 향후 매출의 예측성과 가시성을 확보할 수 있는 영업 조직을 구축해야 한다는 것이었다. 또한 그는 제품믹스의 다양성에 대한 중요성을 인식하게 되었고 베릴은 오로지 병원 마케팅 부서와 거의 모든 사업을 수행해왔기 때문에 외부에서 볼 때는 매출을 만드는 데 있어 단 한 가지 방법에만 의존하는 취약성이 두드러졌다는 점도 알게 되었다. 마지막으로는 기술 요소를 무시할 수 없었는데 스피겔만은 자사의 기술을 업그레이드함으로써 엄청난 이익을 얻을 수 있는 잠재력에 대해 깨닫게 되었다. 예를 들면 운영 플랫폼을 클라우드로 전환하는 방안 같은 것이었다.

베릴이 이러한 개선책을 수행함에 따라 비용은 계속 증가했다. 스피겔만이 자신의 리더십 팀을 다시 업그레이드하기 위해 고용한 6명의 신규 고위 관리자의 인건비를 포함해 인력 비용만 연간 500만 달러 가까이 증가했다. 2011년 가을이 되자 베릴의 상각 전 영업이익은 바닥을 치고 다시 증가하기 시작했지만 스피겔만은 성장을 위한 투자의 모든 수익을 거두기까지는 아직 갈 길이 멀다는 것을 알았다. 이것은 그를 잠시 멈추게 했다. "때로는 최고재무책임자가 '돈을 더 투입해야 할 것 같아요'라고 말했죠. 그때 당시 나는 이제 '더 이상 그렇게 하고 싶지 않아요'라고 답할 수 있는 지점에 도달한 것 같았습니다"라고 스피겔만은 말했다.

바로 그때, 그는 시가총액 17억 달러에 달하는 의료폐기물처리 기업인 스테리사이클Stericycle의 사업 개발 담당자로부터 한 통의 전화를 받았다. 일리노이주 레이크 포레스트Lake Forest에 본사를 두고 있던 이 회사는 최근에 환자들을 상대로 전화 상담 서비스를 제공하는 부서를 만들었는데 두 회사가 서로 협력하는 방향을 모색하길 원하고 있던 것이다. 스피겔만은 기꺼이 논의할 의사가 있음을 밝혔고, 스테리사이클 본사에서 두 명의 직원이 시카고로부터 미팅을 위해 날아왔다. 그로부터 9개월간 논의가 계속되었고, 스테리사이클의 사람들이 여러 번 회사를 방문했으며, 시간이 갈수록 더 많은 고위 간부가 미팅에 참여했다. 스테리사이클은 분명 베릴을 인수하는 데 관심이 있었다. 하지만 스피겔만은 적절한 타이밍이라고는 생각하지 않는다고 말했다. 성장을 위한 그의 투자가 성과를 내기까지는 약 4년이 걸릴 것이고 베릴의 수익성은 그즈음 지금의 위치보다 높아질 것이 분명했기 때문이다. 그는 그들에게 2년 후에 다시 논의할 것을 제안했다.

그러나 스테리사이클은 기다리고 싶어 하지 않았다. 사람들은 재무 상황에 대해 물어보았고 베릴의 가치를 대략적으로 추산했다. 스피겔만은 다시 한번 논의를 미루며 자신이 만약 매각을 실제로 결심한다면 가격 외에도 회사의 문화를 보존하는 것과 같은 여러 요소들을 생각해보아야 한다고 설명했다. 또한 그는 기업가치 평가에 관해 베릴이 현재 진행하고 있는 투자가 충분히 결실을 거두었을 때 얼마만큼의 수익이 가능할지를 예측해 매각 금액을 스스로 추정해보았다. 그는 매각 자체를 고려하기 전에 스테리사이클 측에 적어도 그 범위 내에서 매각 금액이 설정되어야 한다고 말했다.

스테리사이클은 동요하지 않았고 그 후로도 더 많은 미팅과 토론이 있었다. 결국 모회사의 CEO 겸 최고재무책임자가 베릴로 직접 찾아왔다. 스피겔만은 "사람들이 직접 찾아올 때마다 우리 회사의 가치가 상승할 것이라는 것을 알고 있었어요"라고 말했다. 그는 특히 CEO가 기업 문화의 중요성을 즉각적으로 간파한 것에 좋은 인상을 받았다. 실제로 그는 스테리사이클이 베릴과 비슷한 문화를 일구길 원한다고 말했고 인수가 성사되면 스피겔만이 이를 도울 수 있을 것이었다.

협상은 더욱 진전되어 실제로 거래가 성사될 가능성이 높아졌다. 스피겔만은 주요 관리자 4명과 함께 시카고로 날아가기로 결정한 뒤 향후의 전체 전략을 공유하기 위한 계획을 세웠다. 스피겔만이 접한 소식에 따르면 스테리사이클 사람들은 베릴의 관리자들에게 완전히 매료되었는데 자신들의 사업 담당자들보다도 훨씬 더 세련되고 경험이 많다는 것을 느꼈기 때문이었다.

이후 CEO가 최고재무책임자와 함께 베릴을 방문하여 투자 계약을 구체적으로 논의했고 후속 전화 통화로 합의에 이르렀다. 스테리사이클의 제안 금액은 플렉스포인트 포드가 제안했던 최고 금액보다 50퍼센트 더 높았다. 이는 곧 회사가 자체적으로 성장하기 위해 투자한 자본에 대한 보상뿐 아니라 회사가 그린 성장 계획의 달성 가능성에 대해서도 미리 평가받게 되었음을 뜻했다.

거래 내용에 대한 큰 틀의 합의를 기초로 투자자 측은 실사를 진행할 수 있었다. 스피겔만은 플렉스포인트 포드와 이미 실사 경험이 있었고 그때의 경험은 전혀 즐겁지 않은 것이었다. "그 당시 나는 실사 기간 내내 스트레스를 받았습니다. 그로 인해 체중이 불었고 운동까지 멈추었죠. 회복하는 데만 1년 반이 걸렸어요. 하지만 이번에는 완전히 달랐죠. 모든 과정이 너무나 편안하고 차분했기에 심지어 내 아내조차도 그때와는 내가 달라 보인다고 말할 정도였어요." 스피겔만은 말했다.

그의 평정심은 어디서 나온 것일까? "내 경험에 의하면 재무적 투자자는 회사가 그들이 생각한 것만큼의 가치가 없다고 주장할 근거를 찾는 것에 초점을 맞추어 실사에 들어갑니다. 플렉스포인트 포드와 실사를 진행하며 나는 상당한 규모로 내 회사의 값어치가 평가 절하되는 것에 동의해야 했기 때문에 꽤나 스트레스를 받았죠. 하지만 스테리사이클은 더 많은 사람들을 투입해 실사를 했지만 실제로는 유쾌한 경험이었어요. 모두 쉽게 대처할 수 있는 일이었죠. 그들은 무엇이 잘못되었는지를 찾지 않았어요. 그들은 단지 우리가 설명해준 것들의 진실성을 검증하길 원했습니다."

스피겔만은 말을 계속 이어갔다. "두 경험은 밤과 낮이라고 할 만큼 정반대였어요. 나는 이것이 양쪽 투자자의 접근법에 차이가 있었기 때문이라고 생각해요. 사모펀드 회사는 자신들에게 주어진 시간이 4~6년 정도라고 보았기에 당장 지불하는 기업가치가 자신들의 투자 수익에 상대적으로 큰 영향을 미치게 되는 것이지요. 그러나 전략적 투자자는 자신이 투자하는 회사의 주식을 훨씬 더 길게 보유하고자 하기 때문에 그들은 단지 당신이 자신들을 속이지 않았는지 확인하고 싶은 것입니다."

거래는 2012년 11월 1일에 마침내 종결됐다. 스테리사이클은 베릴의 상급 관리자 13명 모두에게 스톡옵션을 제공했고, 스피겔만이 계속 CEO로서 경영에 참여해줄 것을 원한다는 사실을 분명히 했다. 그는 적어도 1년 동안 회사에 머무는 것에 동의했다. 그리고 몇 달간 그는 예상치 못한 그러나 유쾌한 경험들을 하게 됐다고 말했다. 그는 베릴에 여전히 자신의 사무실을 가지고 있었지만 늘 자리를 지키지는 않았고 그가 없이도 매니저들은 훌륭히 일을 잘 처리해나갔다. 그들 중 몇몇은 모기업이 된 스테리사이클의 인정을 받아 더 큰 책임이 따르는 일을 맡아달라는 요청을 받기도 했다.

시간이 갈수록 스피겔만 역시 회사를 위해 자신이 점점 더 많은 역할을 하고 있음을 발견했는데, 회사는 그를 최고문화책임자CCO로 임명했다. 그가 하는 많은 일들은 스테리사이클 본사의 다른 사업 부문에 훌륭한 기업 문화를 수립하는 것과 관련이 있었다. 그의 이러한 역할에 대해 CEO 및 다른 고위 간부들의 강력한 지지가 뒤따랐고 그는 일을 해나갈수록 더 많은 무언가를 이루려는 의욕을 키우게 되었다.

그는 회사를 매각한 후 1년이 지나 다음과 같이 말했다. "나는 '성숙한 회사의 기업 문화를 긍정적으로 변화시킬 수 있는가'와 같은 주제의식에 완전히 매료되었습니다. 특히 상장한 대형 회사의 문화에 대해 말이죠. 정말 재미있는 상황을 다루게 되었고 이는 내가 회사를 팔았을 당시에는 생각조차 못했던 것입니다."

또한 스피겔만은 스테리사이클로부터 본인들이 인수하기를 희망하는 회사의 오너들은 물론 인수를 검토하고 있는 회사의 오너들과 이야기를 나누거나 협력하는 형태의 지원 활동을 점점 더 많이 요청받았다. 스테리사이클의 기업 인수 속도를 감안할 때(매 분기마다 8~10건) 그는 엑싯 과정의 다양한 단계에 있는 사람들을 관찰하고 자신의 감정을 그들과 비교할 수 있는 많은 기회를 가졌다.

그는 말했다. "나는 기업 매각 후 자신이 처하게 된 상황에 놀라는 사람들이 정말 많다는 것을 알게 되었어요. 마치 그들이 스위치를 누르는 것 같죠. 그러나 나는 이 또한 우리 인생의 한 부분이라는 것을 이해합니다. 우리는 수년간 그렇게 일해왔으니까요. 덕분에 나는 엑싯을 통해 내가 최종적으로 지금의 위치에 서 있게 되기까지 얼마나 많은 운이 따랐는지 깨달았습니다."

엑싯에 있어 그다음으로 중요한 질문은 다음 장 주제이기도 하다. 그것은 바로 '기업을 매각한 후 본래 자신의 삶으로 어떻게 하면 쉽게 돌아갈 수 있을까?'이다.

9장

엑싯은 끝이 아니다

FINISH BIG

"다음 여정이 시작되어야만
당신의 엑싯은 끝이 난다."

엑싯의 전 과정을 몸소 겪은 기업가들은 종종 회사를 떠나는 것이 창업하는 것보다 훨씬 더 어렵다고 이야기한다. 이를 가장 절실하게 느낀 사람 중 하나가 바로 랜디 번즈Randy Byrnes다. 그는 펜실베이니아주 요크York에 있는 인력 고용회사의 오너로서 1975년 24세의 나이에 창업가의 길로 들어섰다. 그는 창업 전 9개월간 구직 상담사로 일해왔는데 결국 자신의 생각이 틀린 것으로 판명 났지만 애초에 그는 상담 일을 통해 얻은 지식을 심리학 석사 학위 취득에 활용해볼 생각으로 이 직업을 택한 것이었다. 하지만 그는 곧 이 일이 상담 업무가 아닌 영업에 가깝다는 것을 알게 되었다.

그러나 돈이 필요했던 그는 회사에 계속 남아 있었고, 하루는 전화를 붙잡고 일하던 중에 사장으로부터 점심 식사 초대를 받았다. 사장은 그에게 "자네가 이 회사를 인수했으면 하네"라고 말했고 번즈는 놀란 표정으로 "네?… 무슨 돈으로 말입니까? 대략 계산을 해 봐도 나는 오히려 당신에게 빚을 지고 있는 걸요"라고 대답했다.

사장의 셈법은 이랬다. 그 사업은 그에게는 일종의 투자였는데(사실 안 좋은 투자였다) 자신이 한 투자로부터 수익을 거두는 유일한 방법은 시간을 두고 회사를 누군가에게 매각하는 것뿐이라고 보았다. 그는 냅킨을 움켜쥐고 그 위에 거래 조건을 적기 시작했는데 그 내용은 '앞으로 7년 동안 자신에게 월 450달러를 지불'하고, '두 사람이 만날 때면 시그램 양주 한 병을 꼭 가져올 것' 이 두 가지였다.

그날 일을 마치고 번즈는 그 소식을 아내인 수Sue에게 알렸다. "여보, 나는 이 회사를 살 거야!"라고 말하자 아내는 감격의 눈물을 흘렸다. 충분히 그럴 만한 이유가 있었다. 당시 그녀는 지역 병원의 응급실 간호사로 1년에 7,000달러라는 박봉을 받고 있었고, 그녀의 남편은 고용주에게 이미 1,000달러의 빚을 지고 있었다.

그러나 번즈의 부모는 이 아이디어에 단호히 반대했다. 번즈는 사업 경험이 전혀 없을 뿐더러 그에 관한 교육을 받은 적도 없었기 때문이다. "나는 대학에서 경영학 관련 강의를 들어본 적이 단 한 번도 없었어요. 사업에 대한 지식이 그 누구보다 부족했죠." 번즈는 말했다.

그럼에도 불구하고 그와 아내는 회사를 인수하기로 결정했다. 기업가 정신을 발휘할 최적의 시기라고 판단했기 때문이다. 그는 사장에게 수락 의사를 밝혔고 사장이 건넨 두 페이지짜리 계약서에 서명했다. 두 사람은 이 사실을 다른 9명의 직원들에게 이야기했는데 그중 7명이 회사를 그만두겠다는 의사를 밝혔다. 그들의 결정이 번즈 개인에 대한 나쁜 감정 때문이 아니라는 것을 그는 잘 알고 있었다. 그들은 모두 혼자 아이들을 키우는 싱글맘이었고 무엇보다 안정적인 소득원이 중요한 직원들이었다.

겉으로 갖추어야 할 자격 요건은 부족했지만 번즈는 실제로 훌륭한 사업가의 면모를 보이기 시작했다. 회사가 성장함에 따라 회사의 모습도 성숙해졌는데 구직자들을 고객으로 두던 회사는 점차 기업을 대상으로 저임금의 임시직 인원을 찾아주거나 엔지니어, 프로그래머와 같은 중간급의 전문 인력을 소싱해주는 사업 모델로 발전했다. 임시직 부문의 인력을 찾는 기업 대상의 영업사원 한 명은 새로운 서비스 영역을 발견하기도 했는데 그것은 중간급의 전문 인력에 대해서도 임시직 인원 소싱이 필요하다는 것이었다. 그녀는 번즈에게 이러한 사실을 이야기했고, 번즈는 몇 가지 조사를 한 끝에 아직 그 부분은 투자를 정당화할 수 있는 규모로 시장이 충분치 않다고 결론 내렸다.

"나는 내 생각을 그녀에게 말했어요. 그런데 그녀는 책상에 손을 내려놓더니 내게 이렇게 말하더군요. '이봐요, 멍청이 아저씨! 우리는 이 사업을 해야만 한다고요'. 그래서 나는 말했죠. '그래요, 홀리. 당신이 정말로 우리가 이 사업을 할 필요가 있다고 생각한다면 방법을 한번 찾아봐요.' 그런데 그녀는 내 요청대로 일을 해냈어요. 그녀의 아이디어로 시작한 이 사업 덕분에 3년간 회사의 성장이 가속화되었죠." 번즈는 말했다.

1980년대 말 번즈의 회사는 더 번즈그룹The Byrnes Group으로 불리며 펜실베이니아 남동부에 3개의 지사와 40명의 직원을 두고 연매출 1,200만 달러를 기록할 정도로 성장했다. 번즈는 계속해서 오픈북 경영 등 최신 경영 기법들을 도입했는데, 이는 회사의 성과를 제고했을 뿐만 아니라 기업 문화를 더욱 강건히 했고 매출은 자연스레 뛰어올랐다. 번즈그룹은 1994년과 1995년 두 해 동안 창사 이래 최대의 호황을 기록했고 직원은 48명으로 늘었으며 연매출은 3,200만 달러에 달했다.

바로 그때 번즈는 깨달았다. "나는 간혹 오후 2시에 고객에 대한 생각은 물론 아무 일도 하지도 않은 채 마음을 비우고 사무실에 앉아 있곤 했어요. 그때마다 내 자신에게 말했죠. '이것은 옳지 않아. 사람들은 내가 그들을 위해 무언가를 열심히 하고 있다고 생각할 텐데 사실 나는 그렇지 않잖아.' 그런 감정은 매우 불편했습니다. 만약 누군가가 나를 위해 일하면서도 최선을 다하지 않는다면 나역시 반감이 생길 테니까요. 나는 다른 회사 오너들 중 회사에 기여하는 바 없이 그저 묻어가는 걸 보곤 하는데 나는 그런 사람들을 존중할 수 없었어요." 번즈는 말했다.

그는 결국 회사를 매각하기로 결정했다. 그러고는 회사에서 자기 다음으로 직급이 높으며 매니저들 중 가장 유능하다고 평가받던 린다 로헤니츠Linda Lohenitz에게 자신의 결정을 공유했다. 그녀는 번즈가 겪고 있는 고뇌를 감지하고는 플로리다주 탬파에 있는 다른 인력 파견 회사인 시스템 원System One의 간부 중에 자신의 친구가 있다고 언급했다. 덕분에 번즈는 그를 통해 시스템 원의 창립자 겸 CEO 인 존 웨스트John West를 만났다. 존이 번즈에게 준 인상은 매우 좋았 다. 린다는 번즈에게 엑싯을 원한다는 이야기를 존에게 하면 어떻 겠냐고 물었고 번즈는 이를 환영했다. 그녀는 그 후 존으로부터 회 사의 합병에 관심이 있다는 소식을 가지고 돌아왔다.

번즈는 존과 연락을 취한 후 탬파로 이동하여 시스템 원 시설을 둘러보고 주요 관리자들을 만났다. 그는 조직의 높은 에너지 수준, 경영진의 능력, 자신들의 부족한 전문 지식과 경험을 채우기 위해 외부 자문단을 구성하려는 노력에 깊은 인상을 받았다. 또한 두 회 사는 비슷한 가치를 추구하는 듯 보였다. 그는 회사의 합병에 대한 낙관적인 기대를 가지고 돌아왔다. 그러나 협상은 기대했던 것보다 더 어려웠다. 주된 원인은 협상 중간에 회사의 가치에 대한 생각이 바뀌었기 때문이다.

특히 이 거래는 매도자인 번즈에게 더 중요했고 이는 번즈의 협 상 포지션을 약하게 하는 요인이었다. 그는 약 50만 달러의 현금과 시스템 원의 주식 22퍼센트 그리고 이사회 자리를 얻는 것으로 합 의했는데, 사실 그는 이 거래 조건을 좋은 것으로 평가하지 않았다. 그가 협상 결과 불리한 조건을 수용해야만 했다는 점과 회사의 가 치를 실제보다 낮게 평가받았다는 생각은 1996년 10월 29일에 거 래가 종결될 때까지 그의 마음을 어둡게 했다.

그리고 그것은 시작에 불과했다. 번즈는 엑싯에 있어 가장 어려 운 부분은 거래가 종결된 뒤에 시작된다는 것을 알게 되었다. 그것

위대한 **창업가들의** 엑싯 비결

은 바로 새로운 삶으로의 전환 혹은 이전이었다. 그가 자신이 세운 회사를 떠나 새로운 커리어로 전환했다고 자신 있게 말하기까지는 15년이란 시간이 더 걸렸다.

당신의 우물이 마를 때까지

나는 대부분의 기업가들이 자신의 사업을 완전히 떠나기 전까지는 사업을 하며 자신들이 무엇을 얻어왔는지 정확히 이해하지 못하는 게 아닌가 하는 생각이 든다. 결국 창업가들은 행동 지향적이며 목표 지향적인 사람들로 그러한 성향을 뺀다면 아무것도 아닌 존재라고까지 말할 수 있다. 그들은 자연스럽게 회사를 소유하고 또 운영하는 데서 오는 무형적인 보상보다는 사업이 갖는 즉각적인 니즈에 더 집중하는 경향이 있다. 그러나 더 이상 그러한 보상을 받지 못한다면 상실감을 느낄 수밖에 없다.

처음에는 정확히 자신이 무엇을 잃었는지 알지 못하기도 한다. 어쩌면 당신은 불행한 감정을 자신이 행한 엑싯을 제외한 다른 원인 탓으로 돌릴지도 모른다. 또한 모든 문제가 사실은 당신 내면의 문제일 뿐이라고 믿을 수도 있다. 물론 나는 그것이 사실이라고 생각한다. 모든 문제는 당신의 내면에서 비롯된다. 하지만 그렇다고 해서 어떤 상실감이나 지속되는 혼란과 같은 문제가 더 다루기 쉬워지는 것은 아니다. 정확한 원인을 알게 될 때까지는 증상을 치유하는 데 어려운 시간을 보내야 할 것이다.

우리는 이미 사업을 매각한 후 이러한 어려움을 겪은 몇몇 오너들의 사례를 살펴보았다. 랜디 번즈의 경우는 다소 달랐는데 그것은 그가 나중에 말한 대로 그러한 어려움 자체를 학습의 대상으로 삼았기 때문이다. 그는 무려 9년 동안 상실감을 극복하고 또 그 원인을 이해하는 데 힘든 시간을 겪은 끝에 두 딸의 격려에 힘입어 학교로 돌아가기로 결정했다. 그는 말했다. "딸들이 내게 대학에서 학생들을 가르치는 것은 어떠냐고 물었을 때 나는 딸들이 '아빠가 잘 지내지 못하는 것 같아 걱정이야'라고 말하고 있다는 것을 알았어요. 그래서 나는 생각했죠. '그래, 내가 대학 강단에 서는 것은 분명 가능한 일이야!'

그러나 대학 강단에 서기 위해서는 관례적으로나마 박사 학위라는 최소 요건을 갖출 필요가 있었다. 그는 캘리포니아주 산타바바라에 있는 필딩Fielding 대학원 박사 과정에 등록했다. 수업은 주로 자기 주도 학습으로 이루어지며 많은 자제와 인내심을 요구했다. 번즈는 끝까지 인내심을 가지고 2009년 9월에 논문을 쓰기 위한 연구를 시작했고 자신의 논문에 '정상에서의 전환: 회사로부터 분리된 CEO의 자아 정체성Transition at the Top: CEOs' Sense of Self When Separating from Their Company'이라는 제목을 붙였다.

그는 그로부터 3개월 동안 15~500명의 직원 수에 100만~1억 달러 매출을 올리는 비상장회사의 오너 16명을 인터뷰했다. 그는 이 작업이 마치 13년 전 자신이 엑싯할 때 느꼈던 감정들을 탐구하는 것처럼 느껴졌다. 그가 인터뷰한 대부분의 사람들은 비슷한 이유로 엑싯 이후에 많은 어려움을 겪고 있었다. 그는 고생스럽게 이러한 과정을 겪는 것이 지극히 정상이며 그것을 실제로 경험할 때는 그 사실을 잘 알지 못했기 때문에 더욱 힘들었다는 것을 비로소 깨달았다.

번즈가 겪은 특별한 매각 상황 또한 그를 더욱 힘들게 만들었다. 매각 후 3년 반이 지나서야 번즈의 회사를 인수 합병한 모기업 시스템 원이 다른 회사에 매각되었고 그때서야 번즈는 자신이 받은 주식을 현금화할 수 있었다. 그 시간 동안 그는 자신만의 감옥 같은 곳에 갇혀 있었다. 엑싯 당시 그는 혼자 매우 순진한 생각을 했었는데 그것은 번즈그룹과 시스템 원이 동등한 위치에서 하나로 합쳐지리라는 것이었다. 그가 착각하고 있었다는 사실은 합병된 회사의 최고운영책임자 임명에 관한 첫 이사회에서 존 웨스트와 충돌함으로써 명백해졌다. 회의가 끝난 후 웨스트는 자신의 불쾌감을 표현했고 번즈의 역할이 보조적인 것임을 알렸다.

그것은 번즈에게 입을 다문 채 자신이 일군 사업이 해체되고 또 절반에 가까운 사람들이 직장을 잃는 광경을 지켜만 봐야 한다는 것을 뜻했다. "나는 깊은 책임을 느꼈습니다. 눈앞의 상황에 대한 좌절감으로 인해 심적으로 표류하다시피 했죠. 하루하루 바쁘게 지냈지만 한 달쯤 지나 되돌아보면 내가 성취한 것이 무엇인지 뚜렷하게 찾을 수 없었죠." 그는 자신이 겪은 문제의 일부는 본인이 회사를 매각한 후 무엇을 할 것인지에 대해 계획을 세우지 않았던 것이 원인이라고 생각했다. "계획을 세웠어야 했어요. 이제 와서 그때를 돌아보면 목적 없이 배회하는 날들을 지낸 것 같아요."

그의 아내 수는 그 기간 동안 남편의 상태를 '불만투성이'라고 묘사했다. 시스템 원이 2000년 4월에 매각되자 그의 기분은 다소 밝아졌다. 몬스터닷컴Monster.com(구직 서비스를 제공하는 웹 사이트_옮긴이)을 보유한 티엠피 월드와이드TMP Worldwide Inc.의 주식이 시스템 원 주주들에게 매각 대금으로 지급됐다. 번즈는 그의 전직 직원 25명을 비롯하여 몇몇 핵심 자문 인력들과 이렇게 받은 주식을 나누어 가졌는데, 사실 이들은 자신들이 보상을 받으리라고는 전혀 기대하지 않았다. 번즈는 자신의 이런 행동이 자기 자신에게도 큰 만족감을 주었다고 말했다.

그러나 시스템 원의 매각이 번즈가 가지고 있던 실존적인 문제를 해결해주지는 못했다. 그는 자신이 사업을 하며 일했던 만큼 적극적으로 열중할 만한 새로운 일을 아직 찾지 못했기 때문이다. 그러는 가운데 그는 대학 강단에 서겠다고 결정할 때까지 5년 동안 계속 표류했다. 2010년 6월 박사 학위를 받았을 때 마침내 그는 자신이 찾고 있던 무언가가 분명해지는 것을 느꼈고, 21년 동안 일궈온 사업과 그것을 떠난 후 얻은 경험 두 가지 모두에 대해 새로운 관점을 가지게 되었다.

그가 한때 가지고 있다가 잃어버린 것은 크게 4가지였다. 자신의 정체성, 목적, 성취감, 개별적 혹은 집단적으로 자신의 회사 직원들과 소통해온 네트워크가 바로 그것이었다. '정체성'이란 곧 우리

말로 가장 쉬우면서도 무해한 질문인 "당신은 무엇을 하는 사람인가요?"라는 질문에 답할 수 있는 능력을 뜻했다. 기업의 많은 오너들은 내게 이 질문에 대답하기가 두렵다고 이야기한다. 사업을 운영하고 있다면 답은 뻔하다. 하지만 너무 뻔한 대답은 종종 혐오의 대상이 되기도 한다. 많은 전직 기업가들은 '전前 ○○'와 같이 과거의 직위로 불리는 것에 대해 굉장한 반감을 가지고 있고 더군다나 '은퇴'했다는 표현은 더욱 혐오한다. 번즈도 "어떤 일을 하시는 분이죠?"라는 질문에 곤란을 겪은 적이 있다. "사람들은 내게 '당신은 누구이며 무엇에 어떻게 기여합니까?'라고 묻고 있었습니다. 그 질문에 대한 마땅한 답이 없었기에 나는 황망했죠. 아마 많은 사람들이 비슷한 것을 경험했을 것입니다"라고 그는 말했다.

번즈의 '목적'은 자신의 회사와 너무나 깊이 한 몸이 되어 있던 터라 회사를 매각하기 전까지는 그것을 당연시했었다. 그는 자신의 논문에서 번즈그룹에 대해 '48명의 전문성 있는 직원들로 이루어졌으며 임원, 계약직, 임시직 등 인력 소싱 부분에서 맞춤형 서비스를 제공하는 회사'였다고 묘사했다. 기업 매각 후 그는 이렇게 말했다. "서로에게 다짐했던 믿음들, 즉 고객의 니즈를 충족시키고, 직원들의 삶의 질을 개선시키며, 회사의 수익성과 지속적인 성장을 향한 다짐들은 멈춰버리고 말았습니다. 나는 기업 매각으로 인해 나를 이처럼 자신들을 위해 옳은 일을 하며 최선의 의사결정을 할 것이라고 믿었던 훌륭한 동료들을 이끌 수 있는 기회를 다시는 갖지 못하게 되었습니다."

번즈에게 '성취'란 무언가 의미 있는 일을 하는 것, 예를 들면 싱글맘들에게 좋은 일자리를 제공하는 것과 같은 일에서 얻는 보람을 뜻했다. "우리는 직원들을 성장시켰습니다. 그리고 시장에서 강력한 입지를 확보했죠. 덕분에 많은 싱글맘들이 전 배우자와 같은 다른 사람의 도움 없이 독립적으로 자녀들을 부양할 수 있게 되었죠. 바로 우리 회사와 함께하며 벌어들인 소득으로 말이죠. 거기서 얻는 나의 성취감은 어마어마했습니다"라고 번즈는 말했다.

그의 아내 수에 따르면 어쩌면 번즈는 직원들 개개인과 맺은 유대관계에 대해 과소평가했을지도 모른다. 그러한 관계는 번즈에게 있어 23세의 젊은 시절부터 떼려야 뗄 수 없는 삶의 일부였기에 평소 그 중요성을 잘 인식하지 못했을 수도 있다. 기업을 매각한 후 그는 이러한 유대관계는 더 이상 복제가 되지 않는다는 것을 비로소 깨달았다.

번즈는 다음과 같이 고백했다. "나는 2000년부터 2005년까지 스타트업들과 관계를 맺으며 투자자로서 혹은 이사회 이사로서 참여하게 되었습니다. 그러는 동안 회사는 물론 그 안에 있는 사람들과 깊은 관계를 맺을 수 있는 또 다른 플랫폼을 찾고자 노력했지만 잘 되지 않았죠. 그 활동은 만족스럽지 못했어요. 적어도 1996년부터 2000년까지는 시스템 원 이사회에 참여했었기 때문에 나는 여전히 내가 아는 사람들의 복지에 영향을 미친다는 의식을 가지고 있었죠. 그러나 다른 이사회들은 참여하면서도 뭔가 개인적인 유대를 만들 수 없었습니다. 그래서 나는 비록 당시에는 깨닫지 못했지만 그러한 개인적인 유대관계야말로 내가 사업을 통해 얻은 가장 훌륭한 것 중 하나라는 것을 깨달았죠. 그때 당시에는 분명히 인식하지 못했지만 사업을 하는 동안 내 주위 사람들은 끊임없이 나를 필요로 했고 나 역시 그들이 필요했던 것입니다."

번즈의 이러한 발견이 그를 자유롭게 했다. 그는 자신이 했던 사업이 자신의 내면에 어떤 부분을 근원적으로 충족시켜주고 있었는지 발견함으로써 자신의 정체성과 자신이 무엇을 원하는지 그리고 왜 그것을 원하는지에 대해 많은 것을 배우게 된 것이다. 이를 통해 그는 두 가지 삶의 혜택을 얻었다. 그가 얻어낸 새로운 통찰 덕에 그는 이전보다 더 번즈그룹이라는 회사에 대해 깊은 감사의 마음을 갖게 되었고 동시에 '경영진 코칭'이라는 새로운 커리어를 시작하는 길로 인도될 수 있었다.

번즈는 마침내 새로운 커리어로의 전환을 마쳤다. 그렇다면 그의 엑싯도 끝이 난 걸까? 그는 말했다. "그렇습니다. 이제 나는 번즈그룹과 21년 동안 함께했던 기회는 물론 앞으로 얻게 될 인생의 기회에 대해서도 깊은 감사의 마음을 갖게 되었어요. 논문을 쓰는 동안 나의 질문은 항상 '나는 이로부터 무엇을 얻고 어떻게 성장할 수 있는가?'였죠. 다른 사람들을 돕기 위해 내가 쌓아온 이 지식을 활용하고 싶었습니다. 그리고 나는 지금 그 일을 하고 있습니다."

다시 바닥에서부터 창업할 때 필요한 세 가지

자신이 세운 회사를 떠나기로 한 결정에 대해 CEO의 자아의식이 어떤 영향을 받는지 분석하는 데 있어 번즈가 유달리 깊이 있는 경험을 한 것일지도 모르지만 다른 한편으로 그는 평균적인 모습을 갖고 있기도 하다. 바로 그가 회사에 심어놓은 문화를 자랑스러워했던 만큼 그리고 직원들과 맺은 유대관계를 잃는 것을 힘들어했던 만큼이나 그는 그런 경험을 되풀이하고 싶지 않아 했기 때문이다. 그의 새로운 벤처회사인 번즈 어소시에이츠Byrnes Associates는 1인 기업이며 그는 앞으로도 그렇게 유지할 계획이라고 말했다. 그가 중요하다고 생각하는 개인적인 유대관계는 앞으로 직원을 향한 것이 아닌 고객을 대상으로 쌓아나갈 생각이다.

이는 사업을 매각한 기업가들 사이의 공통된 패턴이기도 하다. 내가 인터뷰한 대부분의 사람들은 다시 회사 직원을 관리할 의사가 없다고 분명히 말했다. 그들이 만약 다시 사업의 세계로 돌아간다면 많은 이들이 그런 것처럼 2~3명 이상의 인력을 관리하는 감독이나 책임이 부여되는 역할은 하고 싶지 않다는 것이다. 과거에 고성과 문화를 성공적으로 일군 전직 오너조차도 새로운 사업을 시작하며 다시 그러한 형태로 일할 생각은 없다고 말했다. 그것은 아마도 그들이 처음 그런 시도를 할 때는 몰랐지만 이제는 함께 일하고 싶은 사람들로 팀을 꾸리는 노력이 얼마나 어렵고 또 정서적으로 많은 에너지를 소모시키는지 알기 때문이라고 생각한다.

물론 비교적 어린 나이에 엑싯을 경험한 젊은 오너들 중에는 일부 예외가 있기도 하다. 바로 데이브 허쉬Dave Hersh가 그 좋은 예일 것이다. 그는 자이브 소프트웨어Jive Software(이하 자이브)라는 스타트업을 29세에 창업해 CEO로 일했고, 8년 반 동안 성공적으로 회사를 운영한 후 37세의 나이로 CEO직을 사임했다. 그때까지 자이브는 소위 소셜 비즈니스 소프트웨어 업계의 선두주자로서 위상을 확립하고 기업 상장이 기대되는 회사였다. 허쉬는 당시 CEO 자리에서 물러난 다음 자신이 무엇을 할 것인지 전혀 알 수 없었다. 그러나 몇 년이 채 지나지 않아 그는 자신이 다른 회사를 또 경영해야만 한다는 것을 깨달았다. "그렇지만 나는 어떤 사업을 다시 시작할 것인지 알아내는 과정을 겪어야만 했어요"라고 그는 말했다.

그가 처음 창업을 했던 이유는 생계 목적이었다. 그가 알고 있던 두 명의 프로그래머들은 회사 사람들이 온라인 포럼과 인스턴트 메시징 등을 활용해 대화를 할 수 있게 해주는 소프트웨어를 개발했다. 이 소프트웨어는 원래 오픈 소스, 즉 누구나 무료로 다운로드하여 사용할 수 있었지만 개발자들은 이를 중심으로 비즈니스를 구축하기로 마음먹었다. 그리하여 허쉬를 불러들여 사업화 노력을 이끌도록 했던 것이다. 허쉬는 아내의 대학원 공부 때문에 이제 막 샌프란시스코에서 코네티컷주 뉴 헤이븐New Haven으로 이주했던 터였다. 하지만 그들이 이주한 바로 다음 날 9·11 테러로 미국의 모든 경제가 멈춰버리는 바람에 다른 일자리를 구하기 어려운 상황이 되었고 허쉬는 다른 선택의 여지 없이 그 제안을 수락했던 것이다.

결과적으로 그의 선택은 매우 훌륭했다. 외부 자본이 없던 자이브는 2007년이 되자 연매출 1,500만 달러와 직원 65명을 거느린 회사로 성장했다. 그 시점에서 허쉬와 그의 파트너들은 자신들이 개발한 최신 제품 덕분에 이제 막 열리기 시작한 시장 기회를 놓치지 않으려면 사모펀드로부터 투자금을 유치해야 할 필요가 있다는 결정을 내렸다.

세콰이어 캐피털Sequoia Capital은 그해 8월 1,500만 달러를 투자했는데 허쉬는 이 투자금으로 영업과 연구개발 팀을 구축하고 영업 지원 개선 및 서비스를 추가하며 새로운 경영진을 영입했다. 하지만 이렇게 멋들어진 출발에도 불구하고 리먼 브라더스 사태로 인한 경기 침체로 회사는 대량의 직원 해고 사태를 겪은 후 2009년이 되어서야 다시 전열을 가다듬고 사업에 임할 수 있었다. "우리는 계속해서 사업을 수주하고 성장하며 약속한 실적을 달성해가고 있었습니다"라고 허쉬는 말했다.

그러나 여기에는 대가가 따랐다. "그러한 수준의 성공을 이루기 위해 나는 나 스스로 많은 책임을 떠안았고 또 집을 떠나 많은 출장을 다녀야 했습니다. 회사 일에 과하게 몰입한 나머지 나의 결혼생활은 무너지기 시작했죠. 결혼 8년차에 여섯 살도 안 된 아이 둘을 키우고 있던 아내와는 전혀 의사소통이 되지 않았습니다."

그 무렵 오리건주 포틀랜드Portland에 있던 자이브는 캘리포니아주 팰로앨토Palo Alto에도 사무실을 열게 되었다. 환경의 변화가 가정에도 도움을 줄 것이라고 생각한 허쉬 부부는 2009년 10월 샌프란시스코 베이 지역으로 두 명의 어린 딸과 함께 새 둥지를 틀었다. 그러나 그것이 부부간의 문제를 근본적으로 해결해주지는 못했다. "내가 집에서 하고 싶은 역할을 수행하며 동시에 회사가 요구하는 역할을 하는 것이 어려울 거란 사실이 분명해졌어요." 허쉬는 말했다.

한편 이사회는 자이브를 주식 시장에 상장하는 것에 관한 논의를 시작했다. 이사회에서 허쉬는 상장회사의 CEO가 되고 싶지 않다는 의사를 분명히 했다. 이사회는 허쉬가 대신 이사회 의장이 되고, CEO는 상장 이후에도 회사를 경영할 수 있는 누군가로 교체한다는 데 합의했다.

허쉬는 2010년 2월에 그렇게 보직을 바꾸었고 자신이 창립을 도왔던 회사로부터의 느린 그리고 고통스러운 엑싯을 시작했다. "엄청나게 힘든 일이었습니다. 나는 회사에 대한 충성심이 아주 높은 리더였어요. CEO 역할을 맡지 않음으로써 나는 사람들을 실망시켰다고 생각했죠. 그러나 나는 그것이 옳은 선택이라는 것을 알고 있었어요. 당시 나에게는 좋은 아빠 그리고 좋은 남편이 되는 것이 더 중요했습니다."

물론 그가 이사회 의장 역할을 수행한다고 해서 그의 삶이 더 수월해진 것은 아니었다. 새로운 CEO가 취임하면 종종 그러하듯 회사의 문화는 극적으로 빠르게 변화하기 시작했다. 직원들은 허쉬를 찾아오거나 이메일을 통해 더 이상 자이브가 예전의 그 회사가 아니라며 과거를 그리워했다. 그들 중 대부분은 결국 회사를 떠났다. 허쉬는 1년 정도 회사에 더 머물렀다. 회사가 IPO에 가까워짐에 따라 사내 이사의 수를 줄여야 할 필요가 커졌다. "나는 어쨌든 떠나고 싶었습니다. 내 역할은 끝났고 또 나의 회사도 더 이상은 아니었으니까요"라고 그는 말했다.

39세의 나이로 앞으로도 성과를 내며 일할 수 있는 많은 세월을 앞에 두고 있었던 그는 몇 달 후 새로운 일을 찾기 시작했다. 한 사업체의 출범을 도왔고, 기업 인수 업무를 하기도 했다. 또한 몇몇 회사의 이사회에 합류하고, 약간의 엔젤투자를 실행했으며, 비영리 기업에 자문을 제공하기도 했다. 처음 몇 년 동안 그는 큰 기관과 업무하는 것을 피하곤 했지만 2012년에는 벤처캐피털 회사인 안드레센 호로위츠Andreessen Horowitz에 이사회 파트너로 합류했다.

"처음에는 독립적으로 움직인다는 것이 좋았지만 CEO가 된 이후로 그것은 감옥과도 같았어요. 나는 예전에 함께 일했던 사람들과의 동료애가 그리웠습니다. 뭔가 단절된 느낌이었죠. 자문가든 이사회 멤버든 가끔 나타나서 마치 설교하듯 내 의견을 피력하곤 하지만 의사결정의 근간이 되는 중요한 정보들은 결국 모두 놓치게 되죠. 더 중요한 점은 함께 역경을 이기고 성공을 써나가며 쌓아가는 동료애 같은 것은 기대할 수 없다는 것입니다. 나는 정말 그것이 그리워요. 나에게는 그런 것이 매우 중요합니다." 허쉬는 말했다.

파트타임으로 그가 안드레센 호로위츠에 합류한 이유는 벤처캐피털에 대해 배우고 싶었을 뿐만 아니라 자신이 무엇을 하고 싶은

지 알아내는 동안 '잠시 머물 곳'이 필요했기 때문이다. 그것을 알아내는 것은 그가 상상했던 것보다 더 어려웠다. 과연 그는 정확히 무엇을 찾고 있었을까? 동료애는 자신이 찾고 있던 것의 한 조각이라고 생각했다. 또 다른 것은 그가 다소 뒤늦게 깨달았지만 창조적인 통제력을 갖는 것이었다. "그것은 다른 사람의 생각에 기대지 않고 바로 내가 가진 가치관에 따라 회사의 구조, 의사결정 그리고 성과를 규정해나가는 것을 의미합니다. 나는 한참을 지나서야 내가 다음 사업에서 갖고자 하는 그 통제력의 수준을 깨달을 수 있었어요. 만약 내가 이것을 일찍 깨달았다면 많은 시간과 에너지를 아낄 수 있었을 것입니다." 허쉬는 말했다.

그는 특히 빅터 프랭클Viktor Frankl의 《빅터 프랭클의 죽음의 수용소에서Man's Search for Meaning》 등과 같은 책을 읽거나 자신과 비슷한 상황을 겪은 전직 기업가들과 대화를 나눔으로써 자신이 자이브의 CEO로서 가졌던 목적의식을 상실했음을 분명히 인식할 수 있었다. "정말 무서운 건 내가 이 세상과 더 이상 연결되지 않은 느낌이 든다는 것이었어요. 그런 감정을 이야기하는 누군가의 글을 읽을 수는 있지만 실제 본인이 느껴보기 전에는 그것을 알 수 없습니다" 라고 허쉬는 고백했다.

그는 또한 풀타임으로 사업에 참여하면서 눈에 띄지 않게 얻게 되는 이득인 '삶의 단단한 구조'가 사라졌다는 것도 느꼈다. 비즈니스 요구 사항에 따라 당신은 목표를 설정하고 이를 향해 나아가는 삶의 원칙들을 설정해왔다. 그런데 더 이상 그러한 구조가 없다면 어떨까? 허쉬의 표현에 따르면 '백지 상태'가 되어버린 자신과 맞닥뜨리게 된다. "당신은 항상 좋은 것들로 그 백지를 채우지는 못합니다. 나는 내 일상에 어떤 질서와 구조가 있다는 것을 인식할 때 성과를 잘 내는 유형의 사람입니다. 모든 것이 특정한 목적이 없는 상황에서 이루어져야 한다면 좋은 일들을 추진하기 위해서는 스스로 더 많은 의지력을 발휘해야만 합니다. 하지만 어떤 구조를 갖게 된다면 당신은 당신에게 유익한 것을 만들 수 있고 굳이 그러한 것들을 의식할 필요가 없습니다. 인위적인 의지력이 필요하지 않죠. 삶의 의지라는 것은 유한한 자원입니다."

내가 그를 만났을 때쯤 허쉬는 본인이 다시 찾아야 하는 것들을 종합적으로 파악하고 있었다. 그는 자신이 필요로 하는 것들을 얻기 위해서는 또다시 다른 사업을 처음부터 다시 일궈나가야만 가능하다는 결론을 내렸다. "특히 세 가지가 있어요"라고 그는 말했다. "내가 하는 일에 하나의 통일된 '목적'이 필요합니다. 두 번째는 '부족'입니다. 즉 내 주변에 있는 사람들과의 공동체가 필요해요. 나는 그들이 성과를 낼 수 있도록 체계를 세우고 또한 삶을 더 잘 살아갈 수 있도록 도와줄 것입니다. 그리고 셋째는 바로 '구조'입니다. 내 삶과 내가 매일 전념할 수 있는 무언가를 떠받치는 구조가 필요하죠. 나는 이 세 가지가 사라졌을 때 무슨 일이 벌어지는지 몸소 겪어보았습니다. 절대 아름답지 않은 경험이었어요. 나는 다시 한번 전력을 다해 사업에 임할 준비가 되어 있습니다."

위대한 창업가들의 엑싯 비결

끝이 아니라 또 다른 시작이다

1장에서도 이야기했듯이 기업가의 엑싯은 그다음의 목적 그리고 그것에 전념하는 모습을 갖기 전까지는 끝난 것이 아니다. 그러한 지점에 도달하기 위해 랜디 번즈와 데이브 허쉬는 그들이 일군 회사를 떠났을 때 본인이 상실한 것들이 무엇인지 정확히 알아내야만 했다. 비록 그러한 면에서 그들이 유일한 사례는 아니지만 그렇다고 또 이러한 경험을 너무 일반화해서는 안 된다. 자주 반복되는 패턴이 있지만 각 패턴에 대한 예외 또한 쉽게 찾을 수 있기 때문이다. 때로는 똑같은 회사에서조차 놀라울 만큼 서로 다른 경험을 하는 사람들을 우리는 쉽게 찾을 수 있다.

이쯤에서 콜로라도주 볼더Boulder에 소재한 레그온라인RegOnline의 창업자 아틸라 사파리Attila Safari와 그의 파트너 필 플래그Bill Flagg의 이야기를 한번 살펴보자. 사파리는 1990년대 후반 웹상에서 중소규모의 캠페인 이벤트를 관리할 수 있는 소프트웨어를 제작·판매하기 위해 회사를 창업했는데, 영업과 마케팅이 자신의 강점이 아닌 것을 인식하고 2002년 플래그에게 동업을 제안했다. 당시 레그온라인의 직원은 단 4명뿐이었고 연매출은 약 100만 달러 정도였다. 디트로이트 출신인 플래그는 이전 비즈니스에서 기념 포스터, 1년을 한눈에 볼 수 있는 달력, 마우스 패드 등의 광고를 비롯하여 여러 차례 창업을 해본 경험이 있는 사업가였다.

그와 사파리는 3개월간의 기간을 두고 서로 호흡이 맞는지 시험해보기로 했다. 사파리는 46세, 플래그는 33세로 13세의 나이 차이에도 불구하고 둘은 별 무리 없이 훌륭하게 호흡을 맞췄다. 결국 그들은 서로에 대한 믿음으로 파트너십 계약서에 서명했고 플래그는 레그온라인의 지분 20퍼센트를 매입했다. 사파리는 CEO, 플래그는 사장직을 맡으며 리더십을 갖춘 레그온라인은 점차 번창하기 시작했다. 그로부터 4년 동안 인력은 70명으로 늘어났고, 연매출은 약 1,000만 달러로 증가했으며, 세전이익률은 45퍼센트까지 올랐다. 회사가 매출과 이익 목표를 달성하자 사파리는 플래그에게 주식의 10퍼센트를 더 나눠주었다.

모든 일이 잘 풀리고 있었기에 플래그는 그저 이렇게 무한정 사업이 지속되길 원했다. 그러나 모든 것은 그의 동업자에게 달려 있다는 것을 깨닫고는 사파리에게 혹시 추후에라도 사업을 매각할 생각이 있는지 물었다. 그러자 사파리는 "당연하지!"라고 말했고 플래그는 그에게 사파리의 지분을 사들여 그가 은퇴할 수 있도록 자금 유치를 돕겠다고 이야기했다. "나는 언제나 회사를 만들되 팔지 않는 것을 선호했어요. 그러나 사파리와 동업하는 것이 좋았고 그와의 파트너십을 끝내고 싶지 않았기 때문에 약간의 딜레마가 있었죠. 나는 그때 뭔가 방법을 찾지 않는다면 갑자기 훌륭한 인수 제안이 사파리에게 들어와 그가 그것을 받아들일지 모른다는 우려를 갖게 되었어요." 플래그는 말했다.

결국 레그온라인의 매각은 플래그가 상상했던 것과 똑같지는 않았지만 그가 우려했던 것과 비슷한 상황에서 일어났다. 그것은

위대한 창업가들의 엑싯 비결

2007년 초 그들이 인수를 고려하고 있던 경쟁업체인 쓰리바^{Thriva}에 걸었던 전화 한 통에서부터 시작되었다. "나는 쓰리바의 창립자 매트 얼리먼^{Matt Erlichman}에게 매각 의사를 묻기 위해 전화를 걸었어요. 그러자 그는 '마침 다음 주에 액티브 네트워크^{Active Network}가 우리를 인수한다는 발표가 있을 예정이라 무척 흥미롭네요'라고 했어요. 그는 전향적으로 우리에게 혹시 액티브 네트워크와 이야기를 해볼 의향이 있는지 물었죠. 나는 '금액이 너무 높지만 않다면'이라고 답하며 이익의 20배수 정도를 이야기했어요. 그러자 그는 '액티브 네트워크가 고려하는 것과 비슷한 범위에 있네요. 내가 소개를 하죠'라고 했습니다." 플래그는 말했다.

쓰리바와 마찬가지로 샌디에이고^{San Diego}에 위치한 액티브 네트워크는 레그온라인과는 또 다른 틈새시장을 공략하고 있는 경쟁사였다. 벤처캐피털로부터 조성한 약 1억 7,000만 달러가 넘는 자금을 가지고 그들은 기업 인수전에 나선 상태였고, 레그온라인에도 관심을 보인 적이 있지만 제안한 금액대가 3,000만 달러 정도로 너무 낮았기에 사파리와 플래그는 당시에 이를 즉시 거절했었다.

몇 달 후 액티브 네트워크의 사장으로부터 자신의 CEO와 함께 볼더에서 점심을 함께 먹자는 이메일이 왔다. 식사 대부분을 소소한 잡담에 할애한 후 사장은 단도직입적으로 질문을 던졌다. "원하는 금액이 얼마입니까?"

플래그와 사파리는 식사 장소로 가는 길에 바로 그 질문에 대한 답을 상의했고 4,000만 달러면 적당하다는 데 동의했다. 그러나 사파리가 자리에서 '5,000만 달러'라고 이야기하는 바람에 플래그는 크게 놀랄 수밖에 없었다. 액티브 네트워크의 사장은 아무런 반응이 없었지만 사파리와 플래그는 함께 있던 CEO의 얼굴에 미소가 지어졌다는 사실에 주목했다. 사무실로 돌아오는 길에 사파리는 말했다. "젠장! 내가 너무 낮게 불렀어. 그들은 더 높은 금액을 생각하고 있었을 텐데." 그 일이 있은 직후 액티브 네트워크는 약 5,000만 달러 수준의 제안을 보내왔다.

플래그는 액티브 네트워크와의 협상을 자제시키려고 했지만 어느새 협상은 점점 더 진지해지고 있었다. "과거에 내가 소유한 회사에 대해 인수 제안을 하는 사람들이 있었죠. 나는 경험을 통해 회사를 팔아 단번에 수백만 달러를 벌 수 있다는 것에 과도하게 흥분하는 사람들의 모습이 어떠한지 알고 있었습니다"라고 플래그는 말했다. "또한 협상 자리를 박차고 나갈 의지가 있는 자만이 협상의 레버리지를 가질 수 있다는 점도요." 그들은 레버리지를 필요로 했는데 그 이유는 액티브 네트워크의 인수 제안 금액을 좀 더 높이고 싶었기 때문이었다. 그들은 액티브 네트워크가 보낸 감사 보고서의 각주를 통해 쓰리바의 인수가액이 레그온라인에 제안한 금액보다 높다는 점을 알게 되었다. 레그온라인이 더 수익성이 좋은 회사임에도 불구하고 말이다. 그들은 그것을 받아들일 수 없었다.

"나는 말했어요. '사파리, 만약 우리 회사가 현재 5,000만 달러의 가치가 있다면 매년 30퍼센트씩 성장했을 때 2년 뒤 회사의 가치는 1,000만 달러가 돼요. 우리는 이 정보를 이용할 수 있고, 굳이 지금 회사를 팔 필요는 없다고 생각해요'라고 말이죠. 나는 속으로 그가 거래를 취소하길 원했습니다. 그러나 사파리는 회사를 매각하는 과정에 완전히 사로잡혀 있었죠. 그건 좀 이상한 부분이었어요. 물론 일단 한번 그 기차에 올라타면 멈추고 다시 되돌아가기가 정말 어렵다는 걸 나 역시 알고 있죠. 하지만 나는 '다시 살펴보자. 정말 이것을 원하는가?'와 같은 모드로 바뀌었고 그 뒤로도 계속 생각이 오락가락했죠."

논의 중인 수치는 사실 플래그가 유치를 희망했던 투자금을 훨씬 상회하는 수준이었고 협상을 중단할 가능성은 더 이상 남아 있지 않았다. 남은 문제는 '매각 대금으로 현금과 주식을 각각 어떤 비율로 지불할 것이냐'뿐이었다. 2007년 9월 사파리와 플래그는 액티브 네트워크의 회사 운영 상황을 확인하고 협상을 계속하기 위해 샌디에이고로 날아갔다. 방문 과정에서 그들은 액티브 네트워크 측이 연말까지 거래를 성사시키겠다는 의지가 강하다는 것을 알 수 있었다.

플래그는 이렇게 말했다. "이봐요, 한 1년간 거래를 미루는 게 어때요? 우리 회사는 확실히 성장가도에 있고 매우 즐겁게 일하고 있어요. 회사를 서둘러 팔 이유가 없습니다. 그러자 액티브 네트워크 측은 1,000만 달러를 인수 금액으로 더 불렀다.

기차는 더 속도를 내기 시작했다. 실사는 간신히 2주가 걸렸고 재무적인 현황에 국한되었다. 계약의 세부 사항에 대한 협상은 좀 더 오래 걸렸다. 그리고 2007년 10월 31일 마침내 거래가 종결되었다. 사파리와 플래그는 많은 현금을 거래 종결 시점에 챙겼다. 비록 매각 후 기업 실적에 연동된 보수는 지급받지 않았지만 나머지 대금을 향후 2년에 걸쳐 지급받기로 했다. 수익금의 상당 부분을 비상장회사의 주식으로 받았기 때문에 실제로 그들이 얼마만큼의 돈을 손에 쥐었는지는 논쟁의 여지가 있다. 액티브 네트워크는 이 거래의 규모를 6,500만 달러로 평가했지만 사파리가 나중에 알게 되었듯이 그 추정은 액티브 네트워크가 상장된 2011년 5월 이후로 한 번도 도달해본 적 없는 높은 주가를 가정한 것이었다.

"나는 정말이지 두 가지 면에서 후회가 남습니다. 첫 번째는 사실이 아닌 것을 믿도록 오도되었다는 것, 즉 그들의 상장 계획과 상장 후 주식 가치는 모두 지나치게 기대에 찬 것이었습니다. 두 번째 후회는 나중에 알게 된 것이지만 내가 잃어버린 것 때문이었죠. 나는 자랑스러울 만한 아주 멋진 회사를 만들었습니다. 작은 왕국과 70명의 직원을 두고 있었고 일에 몰입했죠. 당시에 나는 성취 지향적인 그리고 생산적인 삶을 살았습니다. 하지만 이제는 집에 머물러야 하고 또 할 일이 많지 않은 것에 대해 기분이 좋지 않았습니다"라고 플래그는 말했다.

그러나 처음에는 두 사람 모두에게 집에 머무를 수 있는 선택권은 없었다. 회사를 액티브 네트워크에 매각한 후에도 둘 다 계속 일을 해야 했기 때문이다. 그 대가로 그들은 2년에 걸쳐 스톡옵션을 지급받았다. 두 사람 모두에게 이 시기는 행복한 경험이 아니었다. 사파리는 CEO에서 중간 관리자로서의 역할 이전을 잘 받아들이지 못했다. "보통 처음 6개월간은 일의 구조를 재편하느라 너무 바빠서 그것을 잘 느끼지 못하죠. 하지만 서서히 내가 하는 일에 간섭이 시작되고, 점점 더 회사는 나에 대한 의존도를 줄이며, 나아가 내가 의사결정에 참여하는 것을 원하지 않는 상황으로 흘러가죠." 사파리는 말했다.

플래그는 매각 후 6개월 동안 레그온라인에 머물며 회사의 경영 관리 기법을 액티브 네트워크가 보유한 다른 사업체에 전파시키는 것을 돕는 데 동의했다. "레그온라인의 방식은 관계를 벗어나는 것이었어요. 우리는 커미션을 기반으로 보상받지 않는 판매 팀을 만들었고, MBA나 급여가 높은 관리자들을 다른 회사에서 스카우트해오지 않았죠. 바로 그 점만 비교해봐도 액티브 네트워크는 수익성이 레그온라인의 절반 정도밖에 되지 않을 거예요"라고 그는 말했다.

그러나 늘 그렇듯 그가 제안한 변화는 실제 액티브 네트워크에서 실행되지 않았다. 그리고 액티브 네트워크는 직원과 고객을 대하는 창업자들의 핵심 원칙과 위배되는 새로운 정책을 레그온라인에 실행시키기 시작했다. "얼마 지나지 않아 나는 더 이상 견딜 수 없었습니다. 그들은 시스템적으로 내가 어떠한 변화를 만들어내는 것을 막았으니까요." 플래그는 결국 2010년 4월에 레그온라인을 떠났다. 파트타임으로 여전히 일하고 있던 사파리도 몇 달 후 완전히 회사를 떠났다.

그 시점부터 그들의 인생 경로는 급격히 달라졌다. 회사를 매각한 것에 대한 플래그의 후회보다도 사파리의 후회는 더 깊고 오래 갔다. 특히 2008년 증권 시장의 폭락 시기에 사파리는 회사를 판 대가로 받은 돈의 상당 부분을 주식 투자로 잃기까지 했다. 더욱이 그가 집에서 시간을 많이 보내며 결혼생활에도 악영향을 미쳤다. 마침내 그는 2010년에 이혼하기에 이르렀고 이러한 모든 일을 겪으며 그는 회사를 팔았던 자신의 얼빠진 결정에 대한 심한 자책감에서 빠져나오기 힘들어했다.

"보통 자신에게 묻게 되죠. '도대체 무슨 생각으로 그렇게 한 거야?'라고 말이죠. 스스로 이렇게 훌륭한 회사를 세웠는데 그 회사는 매각 후 완전히 엉망으로 경영되고 있음에도 번성하고 있으니 만일 그것을 팔지 않았다면 지금은 얼마나 더 가치가 올라갔겠어요. 돌이켜보면 그 당시 조금 회사 일을 내려놓고 일주일에 2~3일 정도로 출근 일수를 줄이며 가족과 함께 개인적인 시간을 좀 더 가질 수도 있었죠. 아마 그것이 더 만족스러운 삶이었을 거예요."

사파리는 계속 말을 이어갔다. "자존심이 결국 일을 방해했죠. 그것은 당신에게 '언제라도 새로운 회사를 차릴 수 있고 또 그것을 똑같이 성공시킬 수 있어'라고 이야기합니다. 다른 몇몇 사람들에게는 그게 맞을지 모르지만 내 경우는 아니었어요. 나는 다시 시작할 에너지가 없었습니다."

한때 그는 친구와 팀을 이루어 주거용 부동산을 매입해 리모델링을 한 뒤 매각하는 일을 했다. 약 2년 동안 그는 잘 지냈지만 곧 리모델링을 맡았던 친구가 심한 뇌졸중에 걸리고 말았고 사파리는 혼자 사업을 꾸려갈 자신이 없었다. 그러고는 무슨 일이 벌어졌겠는가? 사파리는 "글쎄요. 나도 잘 모르겠습니다"라고 답했다.

플래그의 경험 역시 정말 힘든 것이었다. 하지만 운이 좋아서였는지 아니면 본능적으로 혹은 선천적인 주의력을 발휘한 탓인지 그는 지분을 매각한 대가로 받은 돈을 전문적인 자금 관리인과 계약까지 체결하며 투자했던 사파리와는 달리 한 푼도 다른 곳에 투자하지 않았고 결과적으로 주식 시장 붕괴로부터 피해를 입지 않았다. 또 그의 가정생활은 엑싯 이후에 훨씬 더 좋아졌다. 그는 2008년에 결혼했고 2009년에 첫 아이를 얻었다. 한편 그의 눈앞에는 많은 사업 기회들이 넘쳐났다. "회사 매각 후 많은 일거리들이 날아들었습니다. 레그온라인과 액티브 네트워크 일을 하면서 조금씩 그일들을 시작했었죠. 덕분에 나는 정말로 많은 흥미로운 기회들을 얻게 되었습니다." 플래그는 말했다.

아마도 플래그는 이전에도 회사를 세워 매각해본 경험이 있었고, 레그온라인은 그의 것이라기보다는 사파리의 것에 가까웠기 때문에 플래그의 정체성이나 목적의식이 사파리만큼 레그온라인에 묶여 있지는 않았던 것으로 보인다. 따라서 그의 전환기는 사파리보다 훨씬 짧았다. 회사를 완전히 떠나기 전부터 그는 엔젤투자를 시작했고 창업가들과 함께 스타트업들을 성장시키는 일에 몸을 담았다. 앤아버에 본사를 둔 '징거맨스 커뮤니티'에서 영감을 얻은 그는 더 펠릭스 펀The Felix Fun이라는 단체를 설립했다(그는 앤아버에 있는 미시간 대학에 다녔었다).

플래그는 이 단체에 대해 "보울더에 기반을 두고 있고 훌륭하며 또 자생적으로 커나가는 평생을 운영할 목적으로 일궈진 사업체들의 공동체입니다…. 고객들에게 소리 높여 사랑받고 직원들은 나날이 번성하며 오너들은 회사와 함께 인생을 살아가길 원하는 그런 회사들의 모임입니다"라고 설명했다. 플래그는 실제로 그 공동체에 속한 어떤 회사도 경영하지 않는다.

"나는 경영을 하지 않아요. 대신 오너이자 경영자인 동업자들을 데리고 있죠. 그들에게 나는 운전석 뒷자리의 조언자 같은 존재입니다. 나는 그게 좋아요. 그곳에서 훌륭한 일들을 많이 접하게 되고 또한 사람들에게 어떤 방향으로 가야 할지 조언해줄 수 있기 때문입니다. 그것은 정말 즐거워요. 나는 그 일을 매우 즐기고 있습니다. 물론 나 스스로 버스를 운전하며 목적지에 대한 기대를 가진 사람들을 가득 채운 채 도착해야 할 목표를 스스로 정해가는 일과는 매우 다르죠. 분명히 우리가 레그온라인에서 가졌던 그러한 참여의 수준이 그립기도 합니다. 또한 이 일은 맨 처음 무언가를 시작할 때처럼 새로 만들어내야 하는 어려움이 있습니다. 제대로 된 팀을 얻기까지 당신은 잘못된 인력을 고용하기도 하고 또 새로 사람을 뽑고 해고하는 일들을 거쳐야 합니다. 그것은 굉장히 고통스러운 과정이죠. 하지만 나는 나의 노력으로 일궈낸 팀을 얻기 위해 기꺼이 그러한 고통을 감내할 것입니다."

플래그는 덧붙였다. "어떤 시점에 있어 당신은 핵심 팀과 함께 즐기며 일하는 국면에 접어들 것입니다. 만약 아주 쉬운 손놀림으로

위대한 창업가들의 엑싯 비결

성장하는 회사에 훌륭한 팀을 구축하여 성공할 수 있다면 정말 많은 사람들이 몇 번이고 그 일에 달려들 테죠. 하지만 바닥에서부터 새로운 팀을 다시 조직한다는 것은 분명 너무나도 고통스러운 일입니다."

엑싯의 일반적인 원칙

레그온라인 매각 후 사파리와 플래그의 인생 경로를 가른 요인은 분명 다양할 것이다. 그것은 나이, 성격, 살아온 배경, 인생관 등 4가지를 포함한다. 요점은 절대 한 사람의 경험에 비추어 다른 사람이 겪게 될 일을 예언할 수 없다는 것이다. 이런 점을 전제로 나는 다소 위험을 무릅쓰고 그동안 내가 보고 들은 바를 기반으로 엑싯의 과정 중 '전환 단계'에 통용되는 몇 가지 일반적인 원칙을 소개하려 한다. 당신의 경우에 적용할 수 있을지는 당신의 판단에 맡기겠다.

1. 우리는 모두 또 어디론가 향해 가야 한다

대부분의 비즈니스 오너들에게 엑싯은 다른 무엇인가로의 전환을 위한 시작점이 된다. 운이 좋은 사람들은 엑싯을 하기 전에 이미 자신이 가야 할 곳을 알고 있다. 그보다 운이 덜 좋은 사람들은 바로 그 지점에서 그것을 알아내기 위해 노력한다. 그리고 대부분의 사람들은 '회사를 떠난 후가 아닌 떠나기 전에 미리 그것을 알았으면 얼마나 좋았을까'라고 이야기한다. 즉 어디론가 떠나야 한다면 출발지가 아닌 행선지를 아는 것이 당연히 일이 더 수월해질 수밖에 없는 것이다.

SRC 홀딩스의 잭 스택으로부터 나는 바로 그 지점에서 다른 오너들이 귀담아 들어볼 만한 조언을 얻었다. 지난 4장에서 이야기한 것처럼 스택은 자신의 표현에 따르면 '양심에 거리낌 하나 없이' 떠날 수 있는 훌륭한 회사를 일구는 데 30년 이상의 시간을 쏟았다. 그것은 강건한 재무 상태, 잘 교육된 직원들, 오너 없이도 비즈니스를 끌고 갈 수 있는 리더들 그리고 검증된 경영시스템 등을 뜻한다. 2013년 여름, 그는 이 4가지를 모두 달성했고 동시에 '회사에 머물 것인가 아니면 떠날 것인가' 혹은 '전격적으로 자신의 엑싯 의사를 철회할 것인가'의 결단 앞에 직면하게 되었다.

그는 이때 조언을 구했다. 그 대상은 82세의 전설적인 스프링필드 사업가인 에드윈 '쿠키' 라이스Edwin 'Cookie' Rice로 그는 그의 가족이 소유한 병 음료 유통회사에서 60년 넘게 일해 온 사람이었다. 스택은 말했다. "그는 나에게 큰 질문을 던졌죠. '당신이 할 만한 더 좋은 일이 있습니까?'라고 말이죠. 나는 그 질문에 대한 답을 생각해 봤고 솔직히 그렇지 않다는 것을 알았습니다."

그래서 그는 당분간은 SRC에 남아 있기로 했다. 다른 오너들 역시 자신의 사업을 정리할지 말지 결정하기 전에 스스로에게 이와

위대한 창업가들의 엑싯 비결

같은 질문을 해보아야 한다. 만약 그 질문에 대한 답이 '그렇다'라면 스스로 '더 좋은 그것'이 무엇인지 구체화시킬 필요가 있다.

2. 대부분의 전환에는 시간이 걸린다

경험이 풍부하고 세련된 기업가들 중에서도 소수만이 자신의 사업을 처음으로 매각하여 엑싯했을 때 무엇을 기대할 수 있는가에 대해 안다. 사업에 임했던 기간이 길수록 그 충격은 더 크고 그것을 극복하는 데 있어서도 더 오랜 시간이 걸린다. 놈 브로드스키는 1979년에 그의 첫 번째 회사인 퍼펙트 쿠리어^{Perfect Courier}를 설립했고, 그 후 가장 값어치가 컸던 시티스토리지를 포함하여 여러 개의 회사를 창업했지만 30년이 지난 2007년에서야 그것을 매각한 후 실질적으로 엑싯에 성공할 수 있었다(2장, 4장 참고).

그는 새로운 커리어를 쌓을 준비가 되어 있다고 생각했다. 하지만 실상은 그렇지 못했다. "당시에 곧바로 회사를 떠나지 않아도 되었던 상황은 내게 행운이었습니다. 나는 몇 년 동안 계속 그 사업에 참여했죠. 만약 그렇지 않았다면 정서적으로 많이 황폐해졌을 것입니다. 왜냐하면 내가 하는 사업 자체가 나의 정체성이 되기 때문입니다. 하지만 정작 사업을 하고 있을 때는 그것을 몰랐어요. 그러므로 당신이 사업을 매각할 때 당신 영혼의 일부를 포기하는 것이 되지만 그 누구도 당신에게 그러한 이야기를 해주지 않습니다. 당시 사람들이 이야기하는 것은 오로지 '돈'뿐이니까요. 그들은 당신이 겪게 되는 정신적인 고통이나 변화의 필요성 등에 대해 미리 준비해야 한다는 것을 이야기해주지 않죠. 아내인 일레인^{Elaine}과 나는 지역 사회에서 사업과는 관련이 없는 나만의 정체성을 비로소 갖게 되었습니다. 그러나 이와 같이 적응하는 데는 최소 3년이란 시간이 필요했습니다." 브로드스키는 말했다.

전직 오너들과 이야기를 나눠본 경험에 의하면 보통 이러한 전환을 하는 데는 평균 3년이란 시간이 필요하다. 앞서 살펴보았듯이 어떤 기업가들은 훨씬 더 많은 시간이 필요하고 또 어떤 기업가들은 훨씬 더 적은 시간을 필요로 한다. 당연히 가장 적은 시간을 필요로 하는 이들은 몇 번의 창업과 매각 경험이 있는 전문적인 창업가들이다. 만약 당신이 한 사업에서 다른 사업으로 전환하는 것에 익숙하다면 당신은 스스로의 정체성을 찾고, 목적의식을 발견하며, 성취감을 느끼는 데 어느 한 회사에 의존하지 않을 것이다. 아울러 자신의 삶을 떠받치는 구조 그리고 동료애 등의 가치를 회사가 아닌 다른 어떤 곳에서 찾을 가능성이 높다.

3. 돈 관리는 완전히 새로운 일이다

회사를 매각한 후 어떠한 정서적 도전을 겪든 간에 매각 대금이 전송된 후 통장 잔고에 찍힌 쉼표가 들어간 숫자들을 확인하는 것처럼 흥분되는 일은 없을 것이다. 비록 비상장회사의 오너라면 적어도 장부상에 상당한 재산을 쌓아놓고 있겠지만 그건 어디까지나 현금화되기 전까지는 이론적인 것에 불과하다. 당신이 이뤄낸 일이 무엇인지 깨닫는다면 스스로 자부심이 충만해질 것인데 이는 매우 당연한 결과다. 당신이 그 사업을 구축했고, 다른 사람들의 도움 없이는 불가능했겠지만 야전사령관 역할을 한 당신이 없었다면 아마도 그 사업은 성공할 수 없었을 것이다.

이처럼 훌륭히 일군 사업을 매각해서 얻는 즐거움을 가장 빨리 파괴하는 일이 바로 제대로 고민하지 않은 투자처에 상당한 자금을 쏟아부어 손실을 보는 것이다. 썬 서비스 오브 아메리카(8장 참고)의 오너였던 제프 휴닌크는 이를 뼈저리게 깨달았다.

"우리가 회사를 팔 때 간과하는 사실은 우리가 또 다른 사업을 시작하고 그것이 곧 우리의 자산 관리가 된다는 점입니다. 또한 예전 사업에서 통하던 성공 공식이 새로운 사업에 꼭 들어맞는 법은 없다는 점이죠. 매각 대금으로 받은 돈을 인출하고 나니 욕심이 생겼습니다. 나는 내가 똑똑하다고 생각했고 잘못된 판단으로 벌게 된 돈의 상당 부분을 잃었습니다. 시장의 원리를 잘 이해하지 못한 채 상장 전인 회사에 투자를 했던 것이죠. 그 후에 나는 올랜도에 있는 주택 건축 회사를 사서 매출을 제로에서 4,000만 달러까지 증대시켰고, 품질 부문에 있어 JD파워상을 수상하는 등 여러 훌륭한 일들을 해냈습니다. 그러나 결국 주택 시장이 붕괴되면서 회사 문을 닫아야만 했죠. 나는 그 사업으로만 약 300만 달러를 잃었어요"라고 말했다.

불행히도 면밀한 사전 심사 끝에 선정한 자산 관리인을 두는 것도 도움이 되지 못했다. 휴닉크뿐 아니라 주식 시장 붕괴로 큰 손실을 본 레그온라인의 전 오너 아틸라 사파리도 마찬가지였다. 휴닉크는 말했다 "여러 명의 자문위원이 필요하다고 생각합니다. 투자결과를 측정하고 일종의 심사위원단에 그것을 검토하게 해야 합니다. 어쩌면 비스티지 그룹과 같이 당신에게 솔직한 조언을 제공할 수 있고 회사를 매각해본 경험이 있는 창업가들 그룹이라면 좋을 것입니다." 이것이 바로 앞서 소개한 이볼브 유에스에이의 설립 배경이다(6장 참고). 어쨌든 조심스럽게 일을 진척시키며 위험 자산에 투자할 자금의 한계를 정해두는 계획을 수립하는 것이 좋은 방편일 것이다.

4. 한번 기업가는 영원한 기업가다

뻔한 말을 해서 미안하지만 모든 사람이 기업가가 되는 것은 아니다. 어떤 사람은 기업가가 되고 또 어떤 사람은 되지 못하는 것은 인간의 정신세계와 관련된 주제다. 그러나 당신을 맨 처음 기업가가 되도록 이끌어준 것이 무엇이든 당신이 더 이상 어느 기업의 오너가 아니라고 해서 그것이 갑자기 사라지지는 않을 것이다. 당신은 그와 관련하여 기업가로서의 욕구를 해소할 만한 당신만의 방법을 터득해야 한다. 그러는 동안 당신은 행복하지 않다고 느끼는 상황에 처할 것이다. 당신이 맞닥뜨릴 수도 있는 몇 가지 상황들의 예를 함께 살펴보자.

1) 당신의 은퇴생활이 아주 편안하지는 않을 것이다

앞서 언급했듯이 많은 비즈니스 오너들에게 '은퇴'라는 말은 혐오의 대상이다. 그들이 더 많은 여가 시간이 생길 때 무엇을 할지에 대해 생각하지 않는다는 뜻은 아니다. 회사를 일군다는 것은 상당한 수준의 자기희생을 뜻하며 이때 희생되는 것은 바로 당신이 가족들과 함께 보내거나 혹은 다른 이해를 추구하며 보낼 수 있는 시간이다. 아마 당신은 엑싯 이후 골프나 낚시, 정원 가꾸기, 요리 등을 하며 주어진 시간들을 보내면 어떨까 생각할지도 모른다. 어쩌면 이런 활동 등으로 가득한 삶을 꿈꿔 볼 수도 있을 것이다. 하지만 이런 삶이 당신에게 행복을 가져다줄 것이라고는 기대하지 않는 것이 좋다.

"회사를 매각한 후 나는 하고 싶었던 골프 그리고 다른 것들을 하는 데 시간을 아주 많이 보냈지요. 하지만 내게 골프가 훌륭한 게임이었던 이유는 긴장을 풀어주고 또 삶의 속도를 조절해준다는 데 있다는 것을 알게 되었어요. 일주일에 서너 번 골프를 친다면 그것은 마치 일과 같아지죠. 자주 골프를 치면서 더 잘하기를 기대하기 때문이에요. 더 이상 즐길 수 없기 때문에 내게는 실망스러운 상황으로 다가올 수밖에 없죠"라고 휴닉크는 말했다.

토니 하틀이 플래닛 탠을 매각했을 때도 비슷한 경험을 했다(7장 참고). 당신은 아마 기억할 것이다. 40세까지 열심히 돈을 벌고 회사를 매각한 후 그동안 회사를 일구기 위해 미뤄둔 일들을 하겠다는 그의 목표를 말이다. 회사 매각 직후 그는 바깥세상으로 나갔다.

"나는 3개월 동안 여행을 하며 즐겼지만 어머니의 건강이 좋지 않아 집에 오게 되었습니다. 어머니가 세상을 떠난 후 다시 여행을 떠났지만 예전 같지 않았죠. 그것은 마치 매일매일 진수성찬 식사를 즐기면서도 더 이상 그것에 감사함을 느끼지 못하는 것과 같았습니다. 나는 집에 묶여 있다시피 해야 했죠. 목적의식을 잃어버린 느낌이었습니다. 나는 어머니와 나의 회사가 그리웠습니다. 또 뭔가 의미 있는 일이 그리웠죠. 나를 몰입시키는 뭔가가 사라졌고 동료애도 더 이상 느낄 수 없었습니다. 나는 그저 집으로 갈 수밖에 없었어요." 하틀은 고백했다.

물론 배리 칼슨처럼(1장, 6장 참고) 은퇴라는 개념에 대해 전혀 문제를 느끼지 않는 사람도 있다. 그는 파라선 테크놀로지스라는 자신의 회사를 파는 일 자체가 은퇴였기 때문이다. 하지만 그의 경우에도 약 18개월간 은퇴 상태로 지내다가 회사를 매각한 지 2년 반이 채 지나지 않아 다시 풀타임으로 근무하게 되었다.

레이 파가노는 자신의 회사인 비디오람을 팔고(1장 참고) 5년이 지난 시점까지 여전히 은퇴생활을 즐기고 있다는 점에서 상당히 예외적인 경우라고 할 수 있다. 하지만 그의 경우에도 몇 가지 새로운 비즈니스를 시작해야 한다는 압박감을 이기지는 못했다. 그는 아내와 함께 요트 장식 사업을 시작했고 나중에는 그의 아들과 함께 스낵 자판기 사업을 벌였다.

위대한 창업가들의 엑싯 비결

2) 직원으로서 당신은 형편없는 사람일지 모른다

대부분의 기업가들은 직관적으로 알고 있다. 일단 한번 보스가 되면 누군가에게 지시를 받으며 일하는 직원이 되는 것은 매우 어렵다는 사실을 말이다. 아주 특별한 회사에서 일하는 경우가 아니라면(그런 경우는 소수일 것이다) 스스로 모든 것을 기획하고 운영하는 동안 가졌던 독립성을 너무나 그리워하게 될 것이다.

더 정확히 말하자면 당신은 누군가의 좋은 직원이 되는 것 그리고 누군가의 건설적인 팀 구성원이 되는 법을 잊어버렸을 가능성이 크다. 랜디 번즈가 시스템 원의 CEO인 존 웨스트에게 골칫거리가 되었을 때와 마찬가지로 당신의 보스에게 불편함을 안기는 사람이 될 가능성이 큰 것이다. 당신은 동의하지 않는 결정을 비난할 것이며 그러한 행동을 부적절한 순간에 그리고 부적절한 미팅 자리에서 터뜨릴 확률이 높다. 그러고 나서 사람들이 당신의 말에 더 이상 귀 기울이지 않을 때 혹은 당신이 너무나 익숙하게 누리던 공경심 같은 것을 받지 못한다고 느낄 때 당신은 낙담하게 된다.

그럼에도 불구하고 회사의 오너가 직원이 되는 일이 결코 불가능하다고 말할 수는 없다. 애슈톤 해리슨의 경우는 이러한 전환이 잘 이루어진 편이었다. 그녀가 자신의 회사인 셰이즈 오브 라이트를 매각했을 때 그는 새로운 오너를 돕기 위해 회사에 더 머물렀고(4장 참고), 폴 스피겔만은 자신의 회사인 베릴을 인수한 모기업 스테리사이클의 최고문화책임자로 일했는데(8장 참고) 두 사례 모두 당사자들에게는 의욕을 불러일으키는 일인 동시에 보람 있는 경험이었다.

또한 다농그룹에 회사를 매각하고서도 모기업을 위해 두 가지의 신사업 런칭 일을 지원하며 자신이 매각한 '스토니필드 팜'의 CEO 그리고 나중에는 이사회 의장직까지 맡았던 개리 허쉬버그의 경우도 마찬가지였다(7, 8장 참고).

그러나 주목할 것은 이 3명 중 해리슨만이 매각 후 회사 실적에 따라 추가적인 보상을 받았다는 점이다. 보통 엑싯하는 기업가는 매각 조건으로 회사에 남을 때 직원 신분이 되는데 상당한 비중의 매각 대금을 수년에 걸쳐 나누어 지급받게 되고 이는 상당 부분 회사의 실적과 연동된다. 문제는 거래가 체결되는 순간부터 목표 달성을 위한 모든 책임과 위험은 기업을 매각한 오너가 지게 되는 한편 인수 회사는 그것을 도울 만한 재정적인 인센티브가 없어진다는 것이다. 한편 두 회사가 합병되는 순간 기업을 매각한 오너는 이제 더 이상 회사의 성공을 위해 익숙하게 누려왔던 자유를 누릴 수 없게 된다.

'매각 가능성 스코어'라는 지표를 만든 존 워릴로우는 이와 유사한 부정적인 사례를 많이 접했는데(2장, 3장 참고) 이에 대해 다음과 같이 말했다. "기업가는 창의력과 혁신으로 커나가지만 인수 회사는 회사의 프로세스를 기반으로 번성합니다. 기업가는 자율성이 있어야 움직일 수 있는 반면 인수자는 뭔가 정해진 규격에 들어맞고 규칙을 잘 따르는 사람을 필요로 합니다. 그 결과 남아 있기로 했던 기업가가 자발적으로 떠나거나 해고됨에 따라 대부분의 언아웃 권리는 일찍 종료되게 되죠."

그는 자신의 회사를 파는 오너에게 매각 거래 종결 시점에 즉각 받을 수 있는 현금이 자신이 받아들일 수 있는 최소한의 금액에 못 미친다면 매각 거래 협상을 중단해야 한다고 조언한다.

5. 너무 이른 것이 너무 늦은 것보다 훨씬 낫다

아틸라 사파리가 깊은 후회 속에 깨달은 것처럼 '전환 단계'는 당신이 회사를 팔기 전 가능한 모든 옵션들을 고려하지 못했음을 발견하는 데 있어 최악의 시기다. 이 단계야말로 맘에 들지 않는다고 해서 되돌릴 수 있는 단계가 아니기 때문이다.

아주 드물게 예외가 있기는 하다. 2004년 12월, 롭 듀브^{Rob Dube}와 조엘 펄만^{Joel Pearlman}은 13년차 된 사무용품 회사인 이미지 원^{Image One}을 단카 비즈니스 시스템^{Danka Business Systems PLC}에 매각했는데 매각 대금의 일부를 일시불 현금으로 받고 나머지는 3년에 걸친 언아웃 방식으로 지급받기로 약속했다. 계약 조건에 따르면 이미지 원은 브랜드명을 유지할 수 있었고, 모기업의 막강한 자원(약 500명의 판매원)을 활용하여 전국으로 사업을 확장할 계획이었다.

그러나 계약서에 잉크가 채 마르기도 전에 두 사람은 후회하기 시작했다. 그 이유는 그들이 미처 몰랐던 거대 기업의 고질적인 사내 정치는 물론 느릿한 관료주의와 맞닥뜨렸기 때문이다. "우리는 훌륭한 성과를 낼 수 있는 온갖 인센티브가 있었고 그 일은 우리가 원하는 것이기도 했습니다. 그러나 그곳은 우리가 최선을 다할 수 없는 환경이었고 정말 실망스러웠습니다"라고 듀브는 말했다.

그러나 단카 비즈니스 시스템은 그들이 생각했던 것보다 훨씬 더 심각한 문제에 직면해 있다는 것이 드러났고, 2006년 3월에 새로운 CEO가 고용되어 회사를 턴어라운드시키게 되었다. 이때 이미지 원은 더 이상 새로운 CEO가 그리는 그림에 맞지 않게 되었고 그해 6월, 그러니까 회사가 매각된 지 18개월도 채 되지 않아 단카 비즈니스 시스템은 듀브와 펄만에게 회사를 되팔았다. 언아웃을 통해 지급될 보수는 포기한다는 조건으로 말이다.

그 무렵 그들의 비즈니스 목표는 매우 극적으로 변해 있었다. 매각 이전에 그들은 이미지 원을 가능한 크게 그리고 빨리 성장시키는 데 주력했지만 이제는 회사의 규모가 얼마나 커지는지 또는 얼마나 빠르게 확장되는지에 대해 너무 신경 쓰지 않기로 했다. 물론 회사를 계속 성장시키길 원했지만 그들은 동시에 기업 문화를 증진시키고 사람들의 삶에 변화를 이끌어내며 얻은 것을 공동체에 환원하는 것과 같은 가치에 집중하기로 했다. 또한 그들은 매년 회사의 10년 그리고 20년 후의 비전에 대해 논의하는 자리를 마련했다.

이와 같이 같은 회사에서 두 번의 기회를 갖는 것도 가능한 일이다. 하지만 그러기 위해서는 엄청난 행운이 따라야 한다. 다행히도 행복한 결과를 얻는 더 예측 가능한 다른 방법들이 있다. 이 방법들은 모두 당신이 어떤 선택을 해야만 하는 시기와 맞닥뜨리기 훨씬 전에 엑싯 프로세스의 첫 두 단계(탐색과 전략 수립)에 충분히 시간을 쏟는 것과도 관련이 있다. 그것은 당신이 택하고자 하는 다양한 옵선을 고려하며 그 하나하나를 탐색하고, 마치 듀브와 펄만이 그랬던 것처럼 주기적으로 미래의 비전을 점검해보는 것이다.

재차 이야기하지만 짐 콜린스의 정의처럼 산업 평균을 뛰어넘는 성과를 내고, 세상에 차별적인 임팩트를 만들어내며, 세대를 넘어서도 지속되는 훌륭한 기업을 만들기 위해서는 '일찍부터 시작하는 것'이 특히 중요하다. 그러나 한 세대에 걸쳐 지속적으로 놀라운 재무 성과를 내는 것만도 쉽지 않다. 당신의 후계자에게 당신이 이룬 업적을 기반으로 뻗어나갈 수 있는 훌륭한 기회를 줄 사람, 문화, 경영 메커니즘을 개발하기까지는 매우 오랜 세월이 걸리기 때문이다.

피니시 빅을 이루기 위해

놈 브로드스키는 2000년에 자신이 지은 4층짜리 건물의 3층에 있는 사무실에 앉아 있었다. 당시에는 뉴욕의 건축용도 규정상 이스트리버의 브룩클린 변에 그와 같은 건물을 짓는 것이 가능했다. 그의 책상에서는 파노라마처럼 펼쳐지는 맨해튼의 스카이 라인이 한눈에 들어왔고, 중간 중간 강에 있는 예인선, 바지선, 관광 보트들이 눈에 띄었다. 그가 시티스토리지와 다른 회사들을 매각했을 때 넣은 조건이 바로 그의 사무실이 있는 층과 그 위층 모두에 대해 완전히 자유로운 접근권을 얻는 것이었다. 위층은 현재 그와 그의 아내 엘레인이 여행을 떠나지 않거나 혹은 다른 지역(플로리다, 콜로라도, 롱아일랜드 해변 등)에 머무르지 않을 때 사는 거주 공간이다.

비록 매각 후 그의 전환 단계 역시 그의 예상보다 어려웠고 많은 시간이 걸렸지만 브로드스키는 회사를 매각한 것에 대해 후회하지 않았다.

"사람들은 항상 내게 묻습니다. '혹시 예전이 그립지 않습니까?' 라고요. 그럴 때마다 나는 '아니요, 이제라도 회사로부터 떨어지게 되어 다행이에요'라고 답하죠. 재미있는 부분은 내가 과거를 돌아 보며 이렇게 말한다는 거죠. '아, 정말 내가 미련했군!'이라고요. 물 론 내가 하는 일을 좋아했지만 꼭 그렇게 회사 책상에 그리고 특정 한 장소에 매여서 지내지 않고서도 사업을 통제할 수 있는 길이 정 말 많았었는데 말이죠. 내가 지금 두 가지 사업을 동시에 벌이고 있 는 것은 정말 훌륭한 일입니다"라고 브로드스키는 말했다.

그가 이야기한 사업은 노스다코타주에 있는 호텔과 뉴욕에 있는 패스트 캐주얼 레스토랑이었는데 그는 시티스토리지에서 엑싯한 이후에 수년에 걸쳐 이 둘을 공동 창립하고 사업 자금을 조달했다. 그가 자금을 조달한 또 다른 사업은 실패했고, 그의 네 번째 사업도 손실을 볼 가능성이 있지만 호텔과 레스토랑 체인 사업은 매우 성 공적이어서 다른 사업에서의 손실을 몇 배로 만회할 수 있을 정도 였다. 그의 훌륭한 동업자들 그리고 경이로운 현대 기술 덕분에 그 는 두 사업체가 있는 곳에서 물리적으로 많은 시간을 쓸 필요가 없 었다. 비록 항시 이 두 사업체를 모니터링하고 있기는 하지만 말이 다. 이러한 업무 환경에 그는 더 없이 만족스러워했다. "나는 이제 일을 하기 위해 책상 앞에 매여 있어야 하는 사업으로는 돌아가지 않을 것입니다"라고 그는 말했다.

이러한 변화는 브로드스키가 시간을 보내는 방식뿐만 아니라 그의 사고방식에도 영향을 미쳤다. "나는 예전과는 완전히 다릅니다. 더 현명해졌다고 말할 수도 있지만 꼭 그렇다고 말할 수는 없습니다. 나이가 듦에 따라 시간이란 것이 얼마나 귀중한지 깨닫게 되었어요. 보통 기업의 오너들은 일하며 자신의 방식을 사랑하고 나이가 들면서 무언가 일하는 다른 방식이 있다는 것을 잘 깨닫지 못합니다. 나는 사업을 매각함으로써 그것을 볼 수 있었습니다. 그 결과 이제 나는 시간의 가치를 다르게 봅니다. 만약 내가 회사를 팔지 않았다면 여전히 나는 예전에 하던 것을 하며 행복했을지 모르지만 이 훌륭한 기회들을 놓쳤을 것입니다." 브로드스키는 말했다.

그렇다면 그는 왜 항상 그러한 방식으로 움직이지 않았을까? 이러한 질문에 대해 그는 "회사를 가진 채로 그것을 시작할 수는 없었습니다. 물론 나보다 더 똑똑한 누군가는 그럴 수도 있었겠지만 나로서는 방법을 찾지 못했을 것입니다"라고 말했다.

그가 일에 매이지 않으면서도 새로운 사업을 일구고 운영해나갈 수 있는 자금과 역량은 만약 그가 시티스토리지를 일구고 매각해서 쌓은 부가 없었다면 또한 평생을 기업가로 살며 쌓은 지식이 없었다면 얻지 못했을 것이다. "사업을 매각하는 것은 내게 끝이 아니었습니다. 그것은 새로운 커리어의 시작이었죠. 내 모습을 살펴보면 나는 여전히 최첨단을 달리고 있어요. 바켄Bakken 셰일 유전, 패스트

캐주얼 레스토랑 그리고 나의 사업을 조언해주는 사람들까지 모두 말이죠. 나는 많은 것들을 볼 수 있는 기회를 얻고 있어요. '이거 참 괜찮네. 이전보다 훨씬 더 많은 것을 할 수 있어!' 사업을 매각했기 때문에 이렇게 깨달을 수 있었죠."

요즘 브로드스키가 '돈을 번다는 것'은 좀 특별한 의미를 지닌다. 그가 투자한 사업들이 돈을 벌지 못한다면 그는 그것을 '실패'라고 간주할 것이다. 그렇지만 그가 부를 늘리기 위해 벤처 기업에 투자하는 것은 아니다. 그는 이미 자신이 평생 쓸 돈보다 더 많이 그리고 다음 세대에 물려줄 것 이상으로 부를 축적했음을 본인도 알고 있다. 그의 재산 대부분과 조금이라도 더 늘어나는 재산들은 모두 자선 단체에 기부금으로 돌아갈 것이다. 그에게 이러한 동기를 부여하는 것은 그와 완벽하게 들어맞는 새로운 커리어를 발견하고 그 안에서 커져가는 기쁨 때문이다. 아울러 그는 자신과 다른 기업가들이 기여해온 것, 즉 일자리 창출과 경제 성장, 국부 증진과 같은 것 이상으로 사회에 기여하고 있다는 만족감을 얻고 있다.

바질 피터스 역시 비록 그의 진정한 소명을 찾기까지는 몇 년의 시간이 소요되었지만 '피니시 빅'을 이룬 사업가이다. 그는 자신의 회사인 넥서스 엔지니어링을 사이언티픽 아틀란타에 매각하고도 약 1년간 회사에 남아 근무했다. 그 후 그는 생각을 잠시 정리하기 위해 여행을 즐긴 후 1995년 ICTV라고 불리는 실리콘밸리의 스타트업 CEO직을 수락했다. "사실 나는 캐나다 사람들 특유의 열등감을 가지고 있었어요. 전 세계 사람들은 실리콘밸리를 점점 더 커지고 미래가 밝은 곳이라고 보고 있었지요. 나는 그것을 경험해보고 싶었어요." 2년 반 후에 그는 실리콘밸리가 결코 그가 창업했던 캐나다보다 회사를 설립하고 일구기에 더 좋은 곳이 아니라고 결론 내렸다. 그는 새로운 CEO에게 자리를 물려준 뒤 밴쿠버로 돌아와 자신이 사랑하는 일을 했다. 바로 기술 회사들을 키우고 매각하는 일이었다.

그는 사람들을 관리하는 일을 좋아하지 않았다. 그래서 투자자로 변모했는데 처음에는 자신의 돈으로 투자했지만 나중에는 헤지펀드 대표로, 이후에는 스스로 벤처캐피털 펀드를 조성해 CEO로 나섰다. 벤처캐피털에서 그는 조기의 투자 회수 성과를 거두기도 했다. 그러나 그는 5년 후에 벤처캐피털을 떠났는데 그 이유는 벤처캐피털이 스타트업에 스스로 감당할 수 있는 자금보다 더 많은 투자를 받게끔 강요하며 해를 끼치고 있다고 믿었기 때문이다(그의 파트너들은 총 5,000만 달러로 조성된 펀드에서 200만 달러 미만의 개별 투자는 할 수 없다는 의견이었다). 그는 자신만의 엔젤투자 펀드를 출범시켰고 계속해서 조기 투자 회수에 성공했다. 또한 다른 사람들이 조기에 성공적인 엑싯을 설계하고 실행할 수 있도록 지원하며 그 일에 열정을 가지고 임했다.

앞서 언급했듯이 2009년에 그는 《빠른 엑싯》이라는 책을 출간했는데 책에서 그는 지금의 시대가 먼 훗날 내다봤을 때 테크놀로지 창업가들에게 황금기로 기억될 것이라는 자신의 생각을 논리적으로 전개했다. "지금까지 내 커리어를 통틀어 테크놀로지 창업가들이 이렇게 적은 자본으로 회사를 시작할 수 있고, 그것을 빨리 성장시키며, 창업한 지 몇 년이 되지 않은 시기에 엑싯에 성공할 수 있는 상황은 일찍이 본적이 없습니다. 오늘날 많은 기업가들이 단지 2~3년 만에 엄청난 부를 창출할 수 있는 것이죠." 그의 책과 블로그가 세상에 나오자 수많은 강연 요청이 밀려들었고 그는 자신의 거의 모든 시간을 이에 할애하기 시작했다.

그는 불평하지 않았다. "나는 지금 자연스레 내가 하고 싶은 일을 하며 시간을 보내고 있습니다. 이 일을 앞으로 수십 년 동안은 더 할 수 있을 거예요. 몇몇 회사에 투자하는 것과 다른 회사들의 성공적인 엑싯을 돕는 것 그리고 다른 사람들이 그것을 배우는 것을 돕는 것 사이에서 나는 내가 누릴 수 있는 만큼의 즐거운 시간을 보내고 있습니다. 다른 일을 생각할 겨를이 없어요"라고 그는 말했다.

마틴 바비넥 역시 '피니시 빅'을 이루어냈다(3장 참고). 다른 많은 이들과 달리 그는 2008년 트라이넷의 CEO직에서 내려올 때 혹은 2009년 이사회 의장직을 사임할 때 모두 감정적인 동요 같은 것을 거의 느끼지 않았다. 그가 그러한 전환이 상대적으로 쉬웠던 이유는 엑싯을 위한 여정 초기에 얻은 깨달음 덕분이었다고 말했다.

그는 자신이 주주들을 위해 일하는 한 명의 직원이며 그들에게 1990년 트라이넷의 생존을 위해 빚을 졌다고 느꼈다. 이때가 엑싯을 생각한 지 2년째 되는 해였고 회사는 당장 며칠 뒤에라도 파산할지 모르는 상황이었다. 그는 또한 경각을 다투던 시기에 자신들의 자금을 회사에 납입했던 관리자들 그리고 직원들을 위해 일하고 있는 자신을 발견했던 것도 큰 이유였다. 그들은 다른 회사에 비해 낮은 보수를 받으면서도 자신과 함께 버텨주는 사람들이었다.

그러나 결정적으로 그에게 깨달음을 주었던 계기는 1995년에 셀렉트 어포인트먼츠에 지배지분을 매각한 것이었다. "일단 이런 문턱을 넘으면 당신이 하는 일은 온통 주주들을 위한 일이 된다는 현실과 맞닥뜨리게 됩니다. 또한 당신은 당신의 미래가 당신 자신만의 것이 아니라는 것을 깨닫게 되죠. 일단 한 주체에게 경영권을 넘기면 그들은 당신이 과연 회사를 경영하기에 적합한 사람인지 판단할 능력과 권한을 가지게 됩니다"라고 그는 말했다. 그러한 현실을 수용하기 어려웠던 것일까? 그는 "그렇지는 않아요. 나는 우리가 하고 있는 일의 의미를 알았기에 그것은 우리 팀을 위해 또 투자자들을 위해 옳은 결정이었습니다"라고 말했다.

그러나 그는 2008년 CEO직에서 물러난 뒤 자신이 아닌 다른 누군가가 책임을 지며 회사를 이끌어나가고 있다는 생각을 할 때마다 불편함을 느꼈다. "20년 동안 설립하고 경영해온 회사에 다른 누군가가 새로 들어와 회사를 다른 관점에서 바라보기 시작하면 그것을 받아들이기란 쉽지 않죠." 바비넥은 말했다. 그의 가장 충직하고 오랫동안 함께 일한 직원들 중 일부가 새로운 리더십 아래서는 자신의 미래를 예측할 수 없어 회사를 떠나겠다고 했을 때는 그 역시도 무척 힘이 들었다. 하지만 그는 그러한 감정을 극복하고 그의 후임자인 버튼 골드필드 Burton Goldfield가 2014년 3월 27일 트라이넷을 증권거래소에 상장시키기까지 회사를 훌륭히 이끈 것을 높이 칭송했다.

그가 계속 회사의 주요한 주주로 그리고 이사회 멤버로 남았다는 사실도 마음의 평화를 유지하는 데 도움이 되었다. 그는 골드필드에게 CEO직을 내준 후에도 거의 2년 동안 이사회 의장으로 풀타임 근무했다. 그러나 나는 그가 '피니시 빅'을 이룬 가장 결정적인 요인은 이러한 시간을 활용해 자신의 다음 커리어를 진지하게 고민했던 것에 있다고 생각한다. 결과적으로 트라이넷을 위해 더 이상 일하지 않게 된 후에도 그는 자신의 정체성이나 목적의식에 관해 아무런 문제를 겪지 않았다.

그는 이미 다음 프로젝트를 위한 기반을 마련했다. 그것은 바로 업스테이트 벤처 커넥트Upstate Venture Connect/UVC라는 비영리 단체를 만들어 뉴욕 북부에 창업가 정신을 부흥시키는 것이었다. 물론 UVC만이 그가 열정을 쏟게 된 프로젝트는 아니었다. 그는 매년 5~10개의 기술 스타트업들을 뉴욕 시라큐스Syracuse로 초청해 3개월간의 집중적인 코칭을 제공하는 '멘토십 기반 스타트업 엑셀러레이터' 프로그램인 스타트패스트StartFast의 런칭을 도왔다.

또한 활동적인 엔젤투자가가 되어 뉴욕 북부의 스타트업들을 위한 4개의 시드 캐피털 펀드를 조성하는 데 참여했고, 여러 벤처캐피털 펀드의 유한 파트너이자 자문위원으로서의 활동도 병행했다. 아울러 그는 자메이카에서 가족 휴가를 보내던 중 저개발 국가에서 어떻게 하면 의미 있는 변화를 이끌어낼 수 있을지 고민한 끝에 그곳에서 처음 창업을 하는 기업가들과 미국의 경험 많은 기업가들을 서로 연결해주는 네트워크를 구축하기 시작했다.

그리고 마침내 그는 영리 목적의 소프트웨어 비즈니스를 공동 설립했다. 그가 설립한 인트로넷IntroNet은 사용자로 하여금 직업적인 그리고 개인적인 네트워크를 관리하고, 상호 간 소개나 추천을 쉽게 할 수 있도록 하는 서비스로 그가 투자한 모든 회사에도 도움이 기대되는 사업이었다.

그는 과연 이러한 삶이 즐거울까? "나는 정말 엄청나게 즐겁습니다. 마치 사탕 가게 안에 있는 아이 같이 즐겁죠. 재정적인 고민 없이 내가 하고 싶은 일을 할 수 있는 자유와 내가 하고 싶지 않은 일을 하지 않아도 되는 자유를 누리고 있습니다. 하지만 트라이넷을 만들지 않았다면 그 어떤 것도 누리지 못했겠죠. 지금과 같은 내 삶을 만들어준 것이 바로 트라이넷입니다." 바비넥은 말했다.

우리가 이번 장을 시작하며 살펴보았던 기업의 오너들은 당시에는 깨닫지 못했지만 막상 회사를 팔고 난 후 과거에 자신이 누리던 무형의 가치들을 그리워하는 이들이었다. 목적의식, 정체성, 성취감, 창조적인 통제력, 사람들과의 공동체(부족) 그리고 삶을 떠받치는 구조 등이 바로 그러한 것들이었다. 브로드스키와 피터스, 바비넥은 그 반대쪽 스펙트럼에 있는 사람들이다. 세 사람 모두 분명 과거와 차이는 있지만 새로운 삶에서 그 무형의 것을 다시 획득하거나 유지할 수 있었다. 그들은 더욱 행복해하며 그 어느 때보다 자신의 삶을 즐기고 있기에 그들이 어떻게 그러할 수 있었는지, 왜 그러한지에 대해 검토해볼 가치가 있는 것이다.

돈은 분명히 '피니시 빅'의 한 구성 요소다. 대부분의 사람들이 상상하는 것만큼 돈이 만병치료제일 수는 없지만 오너들의 삶은 그들이 지분을 팔아 상당한 현금을 확보하게 될 때 변화하게 되는데, 그 이유는 부분적으로 그들이 다른 일을 할 수 있는 자유를 얻고 재정적인 걱정으로부터 해방될 수 있기 때문이다. 장부상 많은 자산을 가지고 있고 사업으로부터 상당한 소득을 얻고 있는 창업자들조차 그것을 한꺼번에 잃어버릴 위험은 늘 존재한다. 환급성이 떨어지는 비상장 주식을 일종의 유동성 높은 자산으로 전환시키면 그러한 위험은 완전히 제거되지는 않더라도 상당 부분 줄어들게 되며 그 결과 당신은 한마디로 더 이상 돈 걱정은 하지 않아도 된다. 단 당신이 그 돈으로 바보 같은 짓만 하지 않는다면 말이다.

그러나 행복이란 걱정이 사라진 상태 그 이상을 의미해야 한다. 대부분의 기업가들에게 앞서 이야기한 무형적 가치는 행복에 있어 큰 역할을 한다. 따라서 브로드스키, 피터스, 바비넥이 다른 오너들이 어려움을 겪는 것과 달리 '피니시 빅'을 이루기 위해 한 일은 무엇이었을까? 답은 '봉사'와 관련이 있다고 믿는다. 그들은 다른 사람들이 사업적으로 성공하도록 돕는 것에서 행복의 상당 부분을 찾았다. 이 책을 위해 내가 인터뷰한 거의 모든 전직 오너들이 엑싯이후 누군가에게 도움을 줄 수 있는 길을 찾았고 그와 관련된 사업을 일구었다. 그것이 바로 성공적인 기업가들이 가장 방법을 잘 알고 있는 남을 도울 수 있는 영역이었기 때문이다. 사업을 일구는 과정에서 쌓은 풍부한 경험을 가진 이들이 상대적으로 경험이 적은 창업가들에게 지식을 공유함으로써 봉사하는 것은 논리적으로도 매우 합당한 일이다.

봉사란 생각해보면 성공적인 기업가들이 자신의 비즈니스로부터 도출해낼 수 있는 목적의식 가운데 가장 주요한 요소일 것이다. 최소한 그들은 기업을 운영하며 고객에게 봉사한다. 그러지 않고서는 회사가 성공하기 어렵기 때문이다. 그리고 성공한 많은 기업가들은 의식적으로 그들의 직원과 지역사회에 봉사한다.

자신의 사업을 매각한 오너들이 무언가 목적의식이나 정체성을 잃어버린 것 같다고 이야기할 때, 그들이 정말로 잃어버린 것은 바로 자기 자신보다 더 위대하고 가치 있는 다른 무언가에 봉사하고 있다는 느낌과 더불어 뜻을 같이한 영혼들(부족)과 그 일을 함께하며 그들 스스로 우선순위를 정해(창조적 통제력과 삶을 떠받치는 구조) 지속적으로 진척도를 측정할 수 있는 기회(성취감)다.

이 책에 등장한 모든 사람의 경험으로부터 가장 중요한 교훈을 찾자면 바로 기업 또는 회사란 비단 경제 활동을 하는 조직일 뿐만 아니라 사회적인 조직임을 우리에게 상기시켜준다는 것이다. 즉 우리의 삶에 목적과 의미를 부여하고 동료애, 삶의 방향, 우리 모두가 너무나 간절히 원하는 성취감을 안겨주는 대상이다. 그럼에도 기업가들이 엑싯을 이야기할 때 왜 경제적 측면의 방정식(기업의 매각 가치와 본인에게 지급되는 돈)에 초점을 맞추려고 하는지 우리는 쉽게 이해할 수 있다. 재정적인 독립에 대한 사람들의 보편적인 열망을 고려했을 때 누군가 그것을 성취하면 이는 분명 주목받을 일이기 때문이다.

그러나 당신이 엑싯을 준비하고 있는 오너라면 당신이 얻을 수 있는 돈에 대해서만 생각하는 것은 실수일 것이다. 당신에게 더 큰 도전은 가능한 한 엑싯 전에 당신의 회사가 채워주었던 다른 필요들을 엑싯 후에 무엇으로 대체할 수 있을지 알아내는 것이다. 브로드스키, 피터스, 바비넥이 그러했던 것처럼 말이다. 만약 당신이 그들처럼 손에 쥔 부를 보다 더 큰 소명으로 나아가는 디딤돌로 활용할 수 있다면 그것이야말로 '피니시 빅'이라고 부를 수 있을 것이다.

감사의 글

많은 사람의 도움이 없었다면 이 책을 쓸 수 없었을 것입니다. 감사의 말을 쓰면서도 가장 걱정이 되는 것은 혹 누군가의 이름을 빼먹을지도 모른다는 것입니다(당신의 공헌을 만약 내가 언급하지 못했다면 용서해주세요. 당신이 알려주신다면 나는 기꺼이 답례하기 위해 노력할 것입니다).

우선 놈 브로드스키와 함께 2006년부터 2008년까지 매거진 〈인크〉에 연재한 '더 오퍼The Offer' 이야기부터 하고 싶습니다. 브로드스키의 회사를 매각할지 고민하는 과정과 경험을 연재하면 어떨까 하는 아이디어는 당시 편집자 로렌 펠드먼으로부터 나온 것이었습니다. 로렌은 현재 〈뉴욕 타임즈New York Times〉의 중소기업 부문 편집을 담당하고 있죠. 우리는 편집장인 제인 베렌스톤이 이끄는 편집 팀은 물론 매거진 독자들로부터 큰 지지를 얻었습니다. 이 기회를 빌려 〈인크〉 편집부와 독자들 모두에게 감사드립니다.

연재 칼럼에 대한 압도적인 반응으로 인해 나는 엑싯에 관한 책을 쓰는 것에 대해 생각하게 되었습니다. 그러한 주제에 대해 나는 평소 조언을 구해온 두 사람과 깊이 상의했죠. 도저히 그 누구와도 비교할 수 없는 에이전트 대표 질 크니림Jill Kneerim과 출판인 아드리안 자크하임Adrian Zackheim이 바로 그들입니다. 그들은 나를 격려했고 그것에 고무된 나는 예비 조사를 시작했습니다. 그러나 내가 실제로 그 주제에 대해 거의 알지 못한다는 점을 발견하기까지는 단지 두세 번의 대화만으로도 충분했습니다. 그로부터 아주 긴 학습의 과정이 시작되었고 지금도 마찬가지입니다. 그런 과정 속에서 나는 정말 많은 선생님들과 조언가, 멘토, 나를 응원해주는 동지들을 만날 수 있었습니다.

우선 나를 가르쳐준 선생님들로는 놈 브로드스키와 시티스토리지에 있는 그의 파트너들인 엘레인 브로드스키, 샘 캐플란Sam Kaplan, 루이스 와이너Louis Weiner를 언급하고 싶습니다. 그들에게 나는 큰 감사의 빚을 졌습니다. 늘 그러했듯이 나는 SRC의 공동 창립자 겸 CEO인 잭 스택에게 내가 조사한 내용에 대해 공동 저술과 멘토링을 자주 그리고 많이 부탁했습니다. 〈인크〉의 전 동료였던 조지 젠드론George Gendron과 존 케이스John Case는 내가 새로운 커리어를 쌓을 때마다 나의 생각에 동조해주는 훌륭한 친구들입니다.

또한 마틴 바비넥, 칩 콘리, 핑 루Ping Fu, 폴 새기노, 폴 스피겔만, 톰 월터Tom Walter, 애리 웨인즈웨이그, 스티븐 윌킨슨Steven Wilkinson도 모두 나의 좋은 친구들입니다. 테이텀Tatum의 창립자이자 《5년 후No

위대한 창업가들의 엑싯 비결

Man's Land》의 저자이기도 한 더그 테이텀Doug Tatum은 처음부터 믿을 수 없을 정도로 넉넉한 도움과 충고를 베풀었고, 훗날 기업 매각의 기술적인 측면에 대해 책임지고 나를 지도해준 밥 토미Bob Tormey를 소개해주었습니다. 스티브 킴벌, 바질 피터스, 브랜던 앤더슨Brendan Anderson, 제프 카들릭Jeff Kadlic, 존 워릴로우, 제리 밀즈Jerry F. Mills 또한 그러한 부분에 있어 큰 도움을 주었습니다.

코리 로젠Corey Rosen은 '전국 기업주 센터National Ownership Center'의 설립자로서 승계 문제를 다루는 직원 소유 기업에 대한 깊은 통찰을 제공했습니다. 그리고 〈인크〉의 많은 편집자들(로렌 펠드먼, 에릭 샤인, 래리 캔터와 제인 베렌스톤)은 내가 엑싯과 관련한 주제로 매거진에 기고한 글들의 편집을 도와주었고 덕분에 그 글들 중 일부를 이 책에 담을 수 있었습니다. 〈인크〉의 오너인 조 만수에토Joe Mansueto, 사장이자 대표 편집자인 에릭 슈렌버그Eric Schurenberg, 편집자 짐 레드베터Jim Ledbetter에게도 감사한 마음을 전하고 싶습니다. 그들은 이 책이 과연 빛을 볼 수 있을지 의문시되는 시기에도 지지를 아끼지 않았습니다.

이 책의 내용 대부분은 75명 이상의 전·현직 비즈니스 오너들과의 심층 인터뷰를 통해 얻게 된 것입니다. 그들 중 일부는 원래 나의 지인이었지만 대부분은 친구와 동료들로부터 소개받은 사람들입니다. 비스티지 의장인 스털링 레니어Sterling Lanier가 특히 그러한 면에서 도움을 주었습니다. 그는 비스티지 네트워크의 동료 의장들에게 내 프로젝트에 대해 알릴 것을 제안해주었습니다. 팀 풀톤Tim

Fulton, 길 허먼Gil Herman 그리고 작고한 개리 앤더슨은 훌륭한 이야기 와 통찰력을 지닌 전직 오너들을 나에게 소개해주었습니다.

나는 내밀하면서도 때로는 고통스러운 자신의 이야기를 나를 믿 고 털어놔준 오너들에게 감사하다는 말로는 모자랄 만큼의 깊은 경 의를 표합니다. 모든 사람들이 자신의 이야기가 기록되는 것을 허 용했는데 이는 상당한 용기가 필요한 일이었습니다. 자신의 이야기 를 나에게 함으로써 그들이 개인적으로 얻는 것은 아무것도 없었습 니다. 그들은 단 한 가지 이유, 즉 동료 기업가를 도우려는 마음으 로 그렇게 한 것입니다. 지면의 제약으로 그들의 이야기를 모두 담 지 못한 것이 아쉬울 뿐입니다. 비록 책에 직접 저술하지 못한 이 야기일지라도 그들의 경험은 내게 중요한 통찰을 주었고 책 곳곳에 담겨졌습니다. 도움을 준 이들에게 감사를 표합니다(영어 알파벳순).

John Abrams(South Mountain Company), Joel Altschul(United Learning), Jack Altschuler(Maram Corp.), Jim Ansara(Shawmut Design&Construction), Michael Ansara(Share group), Robin Azevedo(McRoskey Mattress Co.), Martin과 Krista Babinec(TriNet), Jim Ball(Fast Cash), Mitch Berne(Integra Logistics), Bill Butler(WL Butler Construction), Randy 와 Sue Byrnes(The Byrnes Group), Barry Calrson(Parasun), Bob Carlson(Reell Precision Manufacturing), Loren Carlson(CEO Roundtable), Amy Castronova(Novatek Communications), Yvon Chouinard(Patagonia), Chip Conley(Joie de Vivre Hospitality), Kit Crawford(Clif Bar&Company), Steve Dehmlow(Composites One), Rob Dube(Image One), Charlotte

위대한 창업가들의 엑싯 비결

Eckley(O&S Trucking), Gary Erickson(Clif Bar&Company), Bill Flagg(RegOnline), Richard Fried(Sea Change Systems), Ping Fu(Geomagic), Kevin Grauman(The Outsource Group), Clint Greenleaf(Greenleaf Book Group), David Hale(Scale-Tronix), Peter Harris(Cadence), Ashton and Dave Harrison(Shades of Light), Tony Hartl(Planet Tan), Edie Heilman(Mariposa Leadership), Al Herback(Calumet Photographic), Dave Hersh(Jive Software), Gary and Meg Hirshberg(Stonyfield Farm), Kathy Houde(Calumet Photographic), Jeff Huenink(Sun Services), Rob Hurlbut(Niman Ranch), Dave Jackson(First Choice Health Care), Jeff Johnson(Arcemus), Jean Jodoin(Facilitec), Ed Kaiser(Polyline Corp.), Phil Kaplan(Adbrite), Steve Kimball(Tuscan Advisors), Kenny Kramm(FlavorX), Bruce Leech(CrossCom National), Michael LeMonier(MedPro Staffing), Martin and Linda Lightsey(Cadence), Steve MacDonald(Parasun), Bobby Martin(First Research), Ted Matthews(Promonad), Ron Maurer(Zingerman's Community of Businesses), Fritz Maytag(Anchor Brewing), Mike McConnell(Niman Ranch), Jean Moran(LMI Packaging Solutions), John Morris(NetLearning), Gary Nelson(Nelson Corp.), Bill Niman(Niman Ranch), Nicolette Hahn Niman(BN Ranch), Jim O'Neal(O&S Trucking), Ray Pagano(Videolarm), Bill Palmer(Commercial Casework), Aaron Patzer(Mint.com), Basil Peters(Nexus Communications), John Ratliff(Appletree Answers), Adeo Ressi(The Founder Institute), Paul Rimington(Diemasters Manufacturing),

Attila Safari(RegOnline), Paul Saginaw(Zingerman's Community of Businesses), Nancy Sharp(Food-for-Thought Catering), Kyle Smith(Reell Precision Manufacturing), Bruce D. Snider(Custom Home magazine), Janet Spaulding(Videolarm), Paul Spiegelman(Beryl Health), Jeff Swain(Niman Ranch), Todd Taskey(Solutions Planning Group), Bob Wahlstedt(Reell Precision Manufacturing), Tom과 Larry와 Kevin Walter(Tasty Catering), John Warrillow(Warrillow&Co.), Ari Weinzweig(Zingerman's Community of Businesses), Bob Woosley(iLumen), Ed Zimmer(ECCO).

나는 인터뷰의 대부분을 디지털 방식으로 녹음했는데 만약 내가 그것을 모두 받아 적어야 할 경우 절대 책을 끝내지 못할 것이라는 사실을 알고 있었습니다. 다행히도 나를 위해 그 일을 성심껏 해준 전사자들이 있습니다. 마가렛 곰퍼츠Margaret Gompertz, 제인 샤히Jane Shahi, 제니퍼 메이Jenniffer May, 트리샤 오토Tricia Otto, 스티븐 테라다Steven Terada에게 감사드립니다.

이들의 도움에도 불구하고 이 책을 완성하는 데는 맨 처음 생각했던 것보다 훨씬 더 많은 시간이 소요되었습니다. 발행인인 아드리안 자크하임의 인내에 무한한 감사를 전합니다. 그뿐 아니라 아드리안의 훌륭한 포트폴리오 팀에 있는 윌 웨이서Will Weisser, 재클린 버크Jacquelynn Burke, 브리트니 웨인크Brittany Wienke, 제시 메시로Jesse Maeshiro, 노이린 루카스Noirin Lucas, 지넷 윌리엄스Jeannette Williams, 로날드 오뜨웰Roland Ottewell, 알리샤 시어도어Alissa Theodor 및 커버 디자이너 피

위대한 창업가들의 엑싯 비결

트 가르소^{Pete Garceau} 그리고 빼놓을 수 없는 아드리안의 훌륭한 편집 팀원들 모두에게 부족함 없는 찬사를 보내고 싶습니다. 특히 나는 편집 팀의 세 명과 함께 일하는 기쁨을 누렸는데 코트니 영^{Courtney Young}, 브루크 캐리^{Brooke Carey}, 나탈리 호바체브스키^{Natalie Horbachevsky}가 바로 그들입니다. 출판 막바지 단계에서 보여준 나탈리의 현장 편집 지도에 특별한 감사를 보냅니다.

책을 집필하는 내내 나는 세계 최고의 문학 에이전트인 질 크니림^{Jill Kneerim of Kneerim}과 윌리엄스 앤 블룸^{Williams&Bloom}의 변치 않는 지지와 격려를 누렸고, 호프 데네캠프^{Hope Denekamp}로부터 적극적인 도움을 받았습니다. 그들이 없었다면 나는 분명 길을 잃고 말았을 것입니다. 또한 이 책에 잘 어울리는 표지 사진을 제작해준 바트 나겔^{Bart Nagel}과 시카고의 골츠그룹^{Goltz Group} 창립자이자 CEO인 제이 골츠^{Jay Goltz}에게 감사를 표합니다. 제이는 나의 전작인《스몰 자이언츠가 온다》의 제목을 붙여주었을 뿐만 아니라 이 책의 제목인《피니시 빅(원제)》도 그의 제안이었습니다. 그의 아이디어는 그가 응원하는 컵스 야구팀만큼이나 성공적이었다고 생각합니다.

그 누구보다도 이 책의 출간을 기뻐하는 사람은 44년 동안 함께한 나의 아내 리사 메이젤^{Lisa Meisel}일 것입니다. 그녀는 내가 이 책을 쓰는 동안 혼자 손주들을 돌보는 책무를 떠안아야 했습니다. 다행히도 우리는 멋진 손자인 오웬, 역시나 멋진 손녀인 키키, 피오나와 함께하는 축복을 누리고 있습니다. 이 아이들은 오웬과 키키, 피오나의 부모들, 즉 나의 아들인 제이크와 며느리 마리아, 나의 딸 케이트와 사위 매트가 그랬듯이 우리에게 끝없는 즐거움을 선사하고 있습니다. 그리고 이제 또 한 명의 손자인 잭 아서 나이틀리를 맞이하려 합니다. 내가 늘 잊지 않고 있듯이 그들이 곧 내가 하는 일을 가능하게 하고 또 의미를 부여하길 원합니다.

FINISH BIG

위대한 창업가들의 엑싯 비결

초판 1쇄 발행 | 2021년 10월 5일
초판 2쇄 발행 | 2021년 11월 1일

지은이 　　　| 보 벌링엄
옮긴이 　　　| 강정우
펴낸이 　　　| 전준석
펴낸곳 　　　| 시크릿하우스
주소 　　　　| 서울특별시 마포구 독막로3길 51, 402호
대표전화 　　| 02-6339-0117
팩스 　　　　| 02-304-9122
이메일 　　　| secret@jstone.biz
블로그 　　　| blog.naver.com/jstone2018
페이스북 　　| @secrethouse2018
인스타그램 　| @secrethouse_book
출판등록 　　| 2018년 10월 1일 제2019-000001호

ISBN 979-11-90259-89-7　03320